DR. GEORG RÖTTGER

ÖKONOMIE und das GANZE

Der Weg aus der Magie des Geldes

Ebozon Verlag

Buch

Dieses Buch ist das dritte Buch einer Trilogie zum übergreifenden Thema *„Die Transformation unserer Gesellschaft"*.

Das Anliegen des Autors ist es zu zeigen, dass unser *rationales Bewusstsein* alleine nicht dazu in der Lage ist, unsere globalen Probleme zu lösen. Nur ein *erweitertes* Bewusstsein, das auch seine *Voraussetzungen* mit einbezieht, wird uns in die Lage versetzen, den globalen Herausforderungen gerecht zu werden.

Die Voraussetzungen unseres rationalen Bewusstseins sind unsere *operationalen Strukturen.* Unsere *individuellen* operationalen Strukturen entsprechen auf gesellschaftlicher Ebene den operationalen Strukturen des *ökonomischen Systems.* Entgegen der soziologischen Systemtheorie operieren sie jedoch in einem *anderen Modus.* Das *Prinzip* ihres Operierens ist ihnen jedoch gemeinsam. Genau dies ist es, was ihre *Einheit bildet* und die Transformation ermöglicht.

Die *Transformation* vollzieht sich in den *operationalen Strukturen.* In unserem *begrifflichen Denken* ist eine Transformation *unmöglich.*

Dr. Georg Röttger

ÖKONOMIE und das GANZE

Der Weg aus der Magie des Geldes

Ebozon Verlag

Von Dr. Georg Röttger ist in unserem Haus außerdem erschienen:
Ökonomie ohne Geld?
Ökonomoe und Bildung

Dieses Buch ist auch als eBook erhältlich.
E-ISBN: 978-3-95963-690-2

Bibliografische Information der Deutschen Nationalbibliothek:
Die Deutsche Nationalbibliothek verzeichnet diese Publikation in der Deutschen Nationalbibliografie; detaillierte bibliografische Daten sind im Internet über http://dnb.dnb.de abrufbar.

1. Auflage Juni 2020

ein Unternehmen der CONDURIS UG (haftungsbeschränkt)
www.ebozon-verlag.com

Covergestaltung: media designer 24
Coverfoto: Pixabay.com
Layout / Satz: Ebozon Verlag
Druck: Customized Business Services GmbH,
Ferdinand-Jühlke-Straße 7, 99095 Erfurt

ISBN: 978-3-95963-693-3

Inhaltsverzeichnis

1. Einleitung..8

2. Problemfelder der Gegenwart..........................13

2.1 Klima...13
2.2 Migration...19
2.3 Terror...27
2.4 Ungleichheit..39
2.5 Digitalisierung...46

3. Die operationale Struktur I objektiver Modus..58

3.1 Die Bildung der Elemente..............................59

3.2 Die Bildung des Lebendigen...........................71
3.2.1 Von der Entstehung der Erde bis zu den Bakterien...71
3.2.2 Von der ersten eukaryotischen Zelle bis zu den Pflanzen und Tieren............................85

3.3 Die Bildung der Menschheit.........................100
3.3.1 Von den ersten Säugetieren bis zum Ende der aneignenden Lebensform...............100
3.3.2 Die produzierende Lebensform.....................117
3.3.2.1 Von der neolithischen Revolution zur Bildung der Schrift..117
3.3.2.2 Von der Achsenzeit bis heute.......................133

4. Die operationale Struktur II subjektiv empfindender und sozialer Modus..165

4.1 Der Wille...165

4.2 Das Gedächtnis 171

4.3 Zeit, Wert und das Soziale 183
4.3.1 Das Soziale 183
4.3.2 Zeit und Wert 189
4.3.3 Bindung und Übergangsobjekte 197

4.4 Die zweite Reflexion 207
4.4.1 Bedeutung und Einordnung 207
4.4.2 Die Entdeckungen Maria Montessoris 210
4.4.3 Verschränkung der Lebens- und Menschheitsgeschichte 218

5. Die operationale Struktur III ein vollkommen neuer Modus 237

5.1 Die Stufen des Bildungsprozesses 237

5.2 Freilegung des Geldes 242
5.2.1 Das Medium Zeit 245
5.2.1.1 objektiv messbar – ortlos, gegenwärtig 245
5.2.1.2 Logistik im Medium der objektiven Zeit 251
5.2.2 Das Medium Wert 264
5.2.2.1 objektiv messbar – ortlos, lebendig 264
5.2.2.2 Qualitätswesen im Medium des objektiven Werts 266
5.2.3 Das Medium Geld 276
5.2.3.1 objektiv messbar – ortlos, magisch 276
5.2.3.2 Controlling im Medium Geld 280

5.3 Freilegung der Intelligenz 287
5.3.1 natürliche Intelligenz – künstliche Intelligenz 289
5.3.2 Verfügbarkeit – Unverfügbarkeit 305
5.3.3 kategoriale Struktur – operationale Struktur 324

5.4 Die Transformation unserer Lebensform.......331
5.4.1 Intellektsystem und ökonomisches System....331
5.4.2 Geldwirtschaft und Realwirtschaft................333
5.4.3 Produktivität und Wachstum........................338
5.4.4 Die Freiheit der sich bildenden Lebensform..348
5.4.5 Die Aufhebung der funktionalen Differenzierung..360

6. Schluss..380

7. Nachwort...395

Literatur 403

1. Einleitung

Wir leben in einer *Zeitenwende.* Alle wesentlichen Probleme sind *globaler* Art und machen doch zugleich dem *Einzelnen* Angst. Wir *fühlen uns bedroht* von der *Klimakatastrophe*, von der *Migration*, vom *Terror*, vom *Zerbrechen der Gesellschaft* aufgrund zunehmender sozialer *Ungleichheit*, von der *Digitalisierung*, die die Arbeitsplätze bedroht und uns zugleich zu Sklaven der künstlichen Intelligenz zu machen scheint. Das *Neuartige* an dieser Bedrohungslage ist die Tatsache, dass sie *zugleich* den *Einzelnen berührt* wie auch, dass sie ein *globales Phänomen* ist.

Bisher konnten Probleme vor Ort, regional oder national gelöst werden. Für diese *neuartige Problemlage* haben wir jedoch keine institutionellen Lösungsmechanismen. Die Tendenzen zum Nationalismus weisen angesichts des globalen Ausmaßes in die vollkommen falsche Richtung. Sie vergrößern die Bedrohungslage eher noch, indem sich die Mächtigsten durchsetzen, ohne dass diese *erkennen* würden, dass sie sich damit langfristig selbst schädigen. Es fehlt daran, diese *neue* Problemlage in ihrer *Dialektik*, d. h. in ihrer *Einheit* von *konkreter Berührung* und *abstrakter Erkenntnis*, in ihrer *Ganzheit* zu begreifen. Wir benötigen ein „Verfahren", das *zugleich* das *Konkrete* unserer Empfindungen und das *Abstrakte* unserer Begriffe *fassen kann.* Es geht um nicht weniger als die *Einheit* des *Sagbaren* und des *Unsagbaren.*

Die eigentliche Problemlage sind daher gar nicht einmal die Probleme selbst, sondern das Fehlen eines „Lösungsverfahrens", das alle einbezieht und *alle anerkennen* können. Genau dies ist erforderlich! Hier steht weder auf politischer noch auf wissenschaftlicher Seite etwas „zur Verfügung". Das, was es *anzuerkennen* gilt, kann uns jedoch gar nicht *zur Verfügung* stehen! Es sind die *operationalen Strukturen*, von denen wir vollkommen abhängig sind. Denn diese *operationalen Strukturen* machen *Veränderungen* erst möglich. In ihnen *vollziehen sich erst Veränderungen.* Dies lässt sich natürlich wiederum begrifflich *beschreiben.* Aber diese Beschreibung ist nicht der *Vollzug* der Veränderung selbst. Denn der ist *operationaler* Art und nicht begrifflicher bzw. *kategorialer* Art.

Niemals in der Menschheitsgeschichte haben *Veränderungen* in einer derartigen *Geschwindigkeit* und *Intensität* stattgefunden wie heute. Daher sind auch die *operationalen Strukturen* nie so recht in unser Bewusstsein gerückt. Bisher haben wir mit der *Statik* der *kategorialen Strukturen* selbst noch die *Bewegung* beschrieben. Mit ihnen alleine ist das, was sich heute *in uns* und *um uns herum* abspielt, aber nicht zu fassen. Und dieses *Nicht-fassen-Können* macht uns *Angst.* Denn wir sind gewohnt, mit unserem *Intellekt* das Umfeld zu *beherrschen.* Wir beherrschen aber unser Umfeld nicht mehr. Im Gegenteil, das, was uns bisher geholfen hat, scheint uns *zugleich* zu bedrohen. Die *künstliche Intelligenz* ist hierbei nur die zurzeit letzte Bedrohung. Aktuell dominiert jedoch die *Corona-Pandemie* alles andere. Was sie mit uns macht, ist *sprachlich* alleine nicht zu fassen. *Sie* wird allerdings vorübergehen. Jedoch wird sie den *Prozess,* den ich in diesem Buch beschreibe, beschleunigen. Sie wird uns zeigen und vor allem *spüren* lassen, dass das, was wir mit dem *Begriff Solidarität* nur *beschreiben,* uns alleine helfen kann, diese Krise zu bewältigen. *Solidarität* ist eine *operationale Struktur*, sie ist ein *körperliches Handeln*, nicht nur eine *sprachliche Handlung.*

Die Lösung kann daher nur von den *operationalen Strukturen* kommen, die uns jedoch *nicht zur Verfügung* stehen. In unserer *intellektualistisch* geprägten Welt ist dies ein *Paradoxon* und daher *nicht lösbar.* Wir stehen also aus der Sicht unserer *so* geprägten Welt vor einem *unlösbaren Problem.*

Es ist eine *global wirkende* und zugleich *existentielle Angst*, die durch die Veränderung entsteht. Etwas Fundamentaleres kann es nicht geben. Es betrifft uns alle, die *Menschheit insgesamt.* Wir alle empfinden diese Hilflosigkeit, weil wir das *Geschehen* nicht fassen können. *Begrifflich* ist dies auch *unmöglich.* Dies ist es, was es *anzuerkennen* gilt.

Es geht nicht nur darum, den *Anderen* anzuerkennen. Es geht um etwas viel *Tieferes.* Es geht darum etwas *anzuerkennen*, was uns *nicht zur Verfügung* steht, von dem wir jedoch *vollkommen abhängig* sind. Dies sind unsere *operationalen Strukturen*, die alleine *Veränderungen* ermöglichen. Mit noch so ausgefeilter Begrifflichkeit können wir nichts verändern. Denn Veränderung ist ein *Prozess*, der sich vollzieht. *Nur der Vollzug selbst ist Wirklichkeit.* Wirklichkeit ist etwas, das mich *innerlich berührt* und damit *operationaler Art.* Ich kann zwar mein inneres Berührtsein *beschreiben*, aber das ist nicht mein *Gefühl selbst.*

Das, was für mein *subjektives Empfinden* gilt, gilt auch für das *Soziale.* Wir können die *sozialen Beziehungen* in der Gesellschaft *beschreiben*, aber das sind nicht die *sozialen Beziehungen selbst*, die sind *operationaler* Art und *lebendig.* Die Begrifflichkeit und damit die *kategorialen Strukturen*, also Sprache und Schrift, sind etwas ganz Anderes. Mit ihnen kann ich weder meine *subjektiven* Empfindungen noch meine *sozialen* Beziehungen fassen. Es ist schlicht *unmöglich.* Sie operieren in einem *anderen Modus.*

Unser *reflexives Denken* ist eine sehr junge Errungenschaft der Menschheitsgeschichte. Erst seit etwa zweieinhalbtausend Jahren besitzen wir diese kulturelle Fähigkeit. Mit seinen *kategorialen Strukturen*, seinem begrifflichen Denken, hat es uns *theoriefähig* gemacht. Philosophie, Wissenschaft und Technik konnten damit entstehen. Seine *Basis* sind jedoch *operationale Strukturen. Alles* in unserem *Kosmos* ist *operationaler Art!* Unsere *kategorialen Strukturen* sind aus ihnen erst hervorgegangen. Ohne *operationale Strukturen* würden wir keinen Gedanken und keinen Begriff hervorbringen können.

Hinzu kommt, dass wir mit unserer *definitorischen Begrifflichkeit* die *Zeit still stellen.* Was wir benötigen, ist eine *zweite Reflexion,* die Reflexion auf unseren *Ursprung,* auf die *operationale Struktur.* Diese Reflexion ist eine *Integration* des eigenen Ursprungs und zugleich seine *Anerkennung.* Diese *Anerkennung* erst macht uns *frei* und damit *zukunftsfähig.* Es ist die Anerkennung des uns *Unverfügbaren,* die uns zur *Freiheit* führt. Wir benötigen auch weiterhin Begriffe und damit die *kategorialen Strukturen.* Wir müssen sie nur durch eine *zweite Reflexion,* also durch Integration der *operationalen Strukturen, erweitern.* Dies ist etwas *fundamental Neues* in der Menschheitsgeschichte.

Während der von *Karl Jaspers* so genannten *„Achsenzeit"* Mitte des ersten Jahrtausends vor unserer Zeitrechnung bildete sich die Fähigkeit, die Gedanken auf die eigenen Gedanken zu beziehen. Damit war das *reflexive Denken* geboren. Dies bedeutet aber auch, dass die Gedanken in sich selbst kreisen und keinen *direkten* Bezug mehr zur *äußeren* Welt haben. Damit hat sich ein *neues System* ausdifferenziert, das *Intellektsystem* mit seiner Begrifflichkeit, den *kategorialen Strukturen. Ermöglicht* haben dies die *operationalen Strukturen,* die alleine Veränderungen ermöglichen, also *Neues* entstehen lassen können.

Mit der dadurch möglich gewordenen intellektuellen Durchdringung der *äußeren* Welt – in *objektivierender* Einstellung – haben wir Technologien entwickeln können, die uns unseren *materiellen Wohlstand* beschert haben. Heute bedroht uns diese *objektivierende* Einstellung, die ja Resultat eines *ausdifferenzierten* Systems ist, also nicht das *Ganze* fassen kann. Die *soziale Welt* und die Welt der *subjektiven Empfindungen* sind dem Intellektsystem *unzugänglich.* Das Intellektsystem kann diese Welten lediglich *beschreiben,* aber nicht *vollziehen.* Dazu bedarf es der ihm zugrunde liegenden *operationalen Strukturen.* Diese sind uns aber *unverfügbar.*

Von diesen *operationalen Strukturen* wird aber in diesem Kosmos alles getragen, auch unser Denken. Doch *unserem Denken* selbst sind sie *nicht verfügbar.* Von ihnen sind wir jedoch *vollkommen abhängig.* Wie wir mit diesem *scheinbaren Paradoxon* fertig werden können, zeigt dieses Buch. Es zeigt die *Tiefe* unserer heutigen *globalen* Probleme auf. Unser Intellektsystem *alleine* wird sie aus *systembedingten* Gründen nicht lösen können. Unser Intellektsystem kann nicht das *Ganze*, die *Einheit* des *konkret Gefühlten* und des *abstrakt Gedachten* fassen. Unsere Welt ist aber nur *eine* Welt in ihrer *Trinität* von *objektiver* Welt, *sozialer* Welt und der Welt unserer jeweiligen *subjektiven Empfindungen.* Erst aus dem *einen Ganzen* heraus, an dem wir *selbst teilhaben*, können wir wieder *Orientierung* finden.

2. Problemfelder der Gegenwart

2.1 Klima

Der Sommer 2018 war ungewöhnlich lang, trocken und heiß. Während ich beginne, dieses Buch zu schreiben, liegen die Temperaturen in Deutschland zwischen 25–30° C. Das Ungewöhnliche ist, dass wir uns schon in der zweiten Hälfte des Oktobers befinden und auf den November zugehen. Am Wochenende waren wir auf dem Feldberg im Taunus. Der Himmel war wolkenlos. Ein wunderschöner Tag in der Natur bei Sonne pur. Wir saßen im T-Shirt draußen auf der Terrasse des Restaurants, auf fast 900 m Höhe, bei Kaffee und Kuchen. Im Anschluss unternahmen wir eine Wanderung und kamen an einer sehr breiten kilometerlangen Schneise vorbei. Sie führte vom Gipfel ins Tal und war zum großen Teil wieder zugewachsen. Wir vermuteten hierin eine ehemalige Ski-Piste.

Am Abend erlebten wir einen traumhaften Sonnenuntergang. Wir waren hungrig und beschlossen, auch im Gipfelrestaurant zu Abend zu essen. Da die Sonne nun untergegangen war, entschieden wir uns, drinnen zu sitzen. Neben unserem Tisch hingen Bilder mit Winterlandschaften: verschneite Wälder, Seilbahn und Ski-Pisten. Über uns hingen ein Hundeschlitten und schräg vorne eine Rettungsrutsche. Im weiteren Umfeld befanden sich alte nostalgische Skiausrüstungen. Wintersport wird hier heute nicht mehr betrieben. Dazu sind die Winter zu mild geworden und damit die Schneesicherheit zu gering, um einen Wintersportbetrieb aufrechterhalten zu können.

Aber in diesem Jahr war es nicht nur ungewöhnlich lange heiß und trocken, sodass das Korn auf den Feldern vertrocknete. Wenn es regnete, war es oft wolkenbruchartig. In wenigen Minuten kamen Wassermassen aus den Wolken wie sonst nur in Monaten oder gar das ganze Jahr über. Der trockene Boden konnte dann die riesigen Wassermassen nicht aufnehmen. Bäche wurden so in minutenschnelle zu reißenden Strömen. Meterhohe Flüsse schossen so durch Dörfer und Städte. Die Wassermassen rissen Autos und ganze Straßenzüge mit sich. Andernorts entstanden Erdrutsche und Schlammlawinen, die ganze Häuser mit sich rissen und/oder unter sich begruben.

Die Wirbelstürme vor der Südwestküste der USA und im pazifischen Raum nehmen an Anzahl und Stärke zu. Durch die Aufheizung der Ozeane konzentrieren sich durch Verdunstung riesige Wassermengen in der Atmosphäre. Gleichzeitig nehmen die Windgeschwindigkeiten durch die höheren Temperaturdifferenzen zu. Riesige Wassermengen bei gleichzeitig gewaltigen Stürmen verwüsten die Küstenregionen.

Durch die Erwärmung des Wassers dehnt sich das Wasser aus und lässt den Meeresspiegel noch zusätzlich ansteigen. Dieser steigt ohnehin schon an durch das Abschmelzen der Polkappen und der Gletscher. Der *Klimawandel* aufgrund des CO_2-Ausstoßes ist heute schon Wirklichkeit. Doch gehen wir systematisch und *ganzheitlich* vor.

Um den Klimawandel zu verstehen, müssen wir das *Ganze* verstehen. Etwas ist in Unordnung geraten zwischen Sonne und Erde. Es ist der Energieaustausch zwischen unserer Atmosphäre und dem Weltraum. Wenn mehr Sonnenenergie auf die Erde trifft als in den Weltraum abgestrahlt wird, erwärmt sich die Erde. Ein physikalisch einfacher Zusammenhang. Das System Erde ist nicht mehr in der Lage genügend Energie abzugeben, um die Temperatur konstant zu halten. *Natürliche* Temperaturschwankungen sind in der Erdgeschichte immer wieder aufgetreten. Sie werden hervorgerufen z. B. durch Änderungen der Erdbahn um die Sonne oder Änderung der Neigung der Rotationsachse der Erde. Andere Ursachen in der Vergangenheit waren aber auch Einschläge von Meteoriten und Asteroiden. Aber auch große Vulkanausbrüche sind in der Lage, Kälteperioden zu erzeugen, das heißt die Sonne wird daran gehindert, ihre Energie auf die Erde zu bringen.

Zunächst müssen wir aber noch die Begriffe *Klima* und *Wetter* unterscheiden. Die physikalischen Parameter sind dieselben. Der wesentliche Unterschied ist die Art der Betrachtung der *Zeit*. Das Wetter bezieht sich auf den aktuellen Zustand der unteren Atmosphäre an einem Ort. Das Klima ist ein statistischer Ausdruck des Wetters über einen Zeitraum. Als Bezugszeitraum wird in der Regel eine Zeitspanne von 30 Jahren herangezogen. So sind z. B. die über unseren Planeten gemittelten oberflächennahen Lufttemperaturen zwischen den Zeiträumen von 1951–1980 und 1981–2010 um fast 0,5° C gestiegen. Heute besteht kein ernstzunehmender Zweifel mehr daran, dass wir Menschen die Hauptverursacher dieser Erderwärmung sind. Ursache sind die Treibhausgase, die wir in die Atmosphäre emittieren. Dahinter steht die riesige Energieumwandlung unseres *ökonomischen Systems* auf unserem Planeten.

Die wichtigsten Treibhausgase sind Kohlendioxid (CO_2) und Methan (CH_4). Kohlendioxid wird freigesetzt vor allem bei der Verbrennung von Kohle und Erdöl. Methan entsteht durch Trockenlegung von Mooren, Auftauen von Permafrostböden, aber auch bei den Verdauungsprozessen von Wiederkäuern, vor allem bei Rindern. Die in den Mägen von Rindern erzeugte Menge von Methan ist heute die wichtigste anthropogene Quelle von Methan.

Das Fatale an der Erderwärmung ist, dass die unterschiedlichen Prozesse rückgekoppelt sind und sich dabei gegenseitig verstärken. Die Erde ist – aus menschlicher Sicht – ein gewaltiges System im Kosmos, das wiederum aus Teilsystemen aufgebaut ist, die enge Wechselbeziehungen haben. Unser aus dem Weltraum gesehen „blauer“ Planet ist ein Gesteinsplanet. Im 3. Kapitel werden wir sehen, dass nicht alle Planeten von dieser Art sind. Dort werden wir auch sehen, wie *feinabgestimmt* alles sein muss, damit überhaupt *Leben* entstehen und erhalten werden kann. Für den klimatischen Zusammenhang sind folgende Systeme bzw. Sphären von Bedeutung:

- Lithosphäre (Gesteinsphäre)
- Pedosphäre (Böden)
- Biosphäre (Pflanzen und Tiere)
- Kryosphäre (Region von Eis, Schnee und Permafrost)
- Hydrosphäre (Wasserkreislauf zwischen Ozeanen, Kontinenten und Atmosphäre)
- Atmosphäre (Verbindet uns mit dem Weltall)

Alle Systeme speichern *Wärme* und geben Wärme ab in sehr unterschiedlicher Art, Menge und Geschwindigkeit und wechselwirken dabei. Wenn die Temperaturen steigen, schmelzen z. B. Schnee und Eis. Deren Flächenausdehnung nimmt ab und damit die Reflexion der Sonnenstrahlen. Hierdurch nimmt die Temperatur auf der Erde zusätzlich zu. Wenn es noch wärmer wird, tauen die Permafrostböden auf und emittieren dadurch zusätzliches Methan, also Treibhausgas, das nochmals zur Steigerung der Erderwärmung beiträgt. Warme Luft kann mehr Wasserdampf speichern. Wasserdampf ist aber auch ein Treibhausgas, sodass mehr Wasserdampf zu mehr Wasserdampf führt. Alles *rekursive* Steigerungsprozesse, die die Erderwärmung zusätzlich beschleunigen. Alleine die Wasserdampfrückkopplung erhöht die Wirkung von CO_2, um den Faktor zwei bis drei. Daher ist es so wichtig, dass die *Ursachen*, also unsere extreme Energieumwandlung von Kohle und Erdöl (Benzin) und unsere extensive Viehwirtschaft reduziert werden.

Interessant ist es nun zu wissen, dass der natürliche Treibhauseffekt das *Leben* auf diesem Planeten *erst ermöglicht.* Dieser natürliche Treibhauseffekt ermöglicht erst dieses uns gewohnte gemäßigte Klima von im Mittel +15° C. Ohne diesen Mechanismus wäre es auf der Erde um 33° C kälter. Ein Leben wäre für die meisten Lebewesen unter diesen Bedingungen nicht möglich. Der Treibhauseffekt ist daher für uns *überlebenswichtig.* Treibhausgase absorbieren Wärmestrahlung (langwellige Strahlung), die von der Erdoberfläche, den Wolken und der Atmosphäre selbst abgestrahlt werden. Sie strahlen die Wärme sowohl in Richtung Weltall als auch in Richtung Erdoberfläche. Sind aber zu viele Treibhausgase vorhanden, wird zu wenig in das Weltall abgestrahlt. Extrapoliert man die Treibhausemissionen der letzten Jahrzehnte in die Zukunft, so wird es bis 2100 gegenüber 1850–1900 um ungefähr 3–5° C wärmer sein. Mit unseren technologischen Fähigkeiten ist es jedoch möglich, den Anstieg auf ca. 1,5–2° C zu begrenzen. Die heutige *Technik* gibt dies her. Alleine unsere mangelnde *globale Kooperationsfähigkeit* scheint dem entgegenzustehen. Hier liegt das eigentliche Problem. Was ist das dominierende Prinzip des *Lebens, Konkurrenz oder Kooperation?* Die Ökonomen gehen von Konkurrenz aus. Das *ökonomische System* aber ist das System, in dem die Energie umgewandelt wird. Im Prozess der Energieumwandlung entstehen die Treibhausgase. Ist mit dem ökonomischen Prinzip der *Konkurrenz* unser *globales* Klimaproblem lösbar? Noch dazu in einer Welt mit zunehmender Konkurrenz der Nationen, also mit *Nationalismus.* Das Problem liegt eindeutig im *Sozialen*, nicht im *Technischen.*

Gegenüber dem Zeitraum von 1850–1900, das ist die Zeit der Industrialisierung, ist die globale Erdoberflächentemperatur um ca. 1° C gestiegen. Für Deutschland liegt der Temperaturanstieg seit 1881 bei 1,4° C. Damit treten nachweislich mehr Dürren und zugleich mehr Starkniederschläge und Überschwemmungen auf. Seit Beginn der Temperaturmessungen liegen von den 14 wärmsten Jahren 13 in diesem Jahrhundert. Das global wärmste Jahr war 2015.

Die im Sommer mit Meereis bedeckte Fläche hat sich seit Beginn der Satellitenmessungen im Jahr 1979 um ein Drittel reduziert. Der Meeresspiegel ist seit 1900 um ca. 20 cm gestiegen. Davon alleine seit 1993 um 8 cm. Selbst bei starken Maßnahmen wird der Meeresspiegel bis zum Ende des Jahrhunderts nochmals um 40 cm steigen. Möglich sind auch 70 cm.

Alleine bei einem Anstieg der globalen Temperatur um nur 0,5° C werden nach dem neuesten Bericht des Weltklimarates IPCC 46 Millionen Menschen dann in Gebieten leben, die von dauerhaften Überflutungen bedroht sind. Dies sind vor allem China, Indien, Bangladesch, Vietnam, Indonesien und Japan. Aber auch Menschen in Brasilien, den USA und den Niederlanden sind betroffen. Dies ist wohl nicht mehr zu verhindern. Wohl aber jeder weitere Anstieg der globalen Temperatur auf über 1,5° C seit der Industrialisierung.

Es ist nicht unser technisches Können, das uns daran hindert, das damit verbundene menschliche Leid zu verhindern. Es sind die Mentalitätsstrukturen der Menschen, die sich im ökonomischen System durchsetzen. Diese haben uns den gewaltigen Wohlstand beschert. Nun bedroht diese Mentalitätsstruktur ihre eigenen Grundlagen. Diese *dialektische* Entwicklung gilt es in ihrer *Tiefe* zu verstehen.

So wie die Treibhausgase weder positiv noch negativ zu bewerten sind, ist auch unser ökonomisches System weder gut noch böse. Wir müssen nur seinen Stellenwert im *Ganzen* und damit seinen Sinn verstehen. Die Ökonomie ist der gesellschaftliche Austausch der Menschen mit der Natur. Sein Sinn ist das gute Leben. Ökonomie, Natur und Gesellschaft sind eine Einheit, ein *Ganzes.* Der Energieaustausch unseres Planeten mit dem Weltall ist nur *global*, d. h. *kooperativ*, wieder einzustellen. Heute befinden wir uns in einem neuen Erdzeitalter, dem *Anthropozän*. Der Chemie-Nobelpreisträger Paul Crutzen hat diesen Begriff geprägt. Er verdeutlicht, dass der Mensch durch sein selbst geschaffenes *ökonomisches System* einen ähnlich großen Einfluss auf die Umwelt ausübt wie die natürlichen Faktoren.

Es gilt daher, die *Operationsweise* des *ökonomischen Systems* zu verstehen. Die *Ökonomen alleine* sind hierzu aus verständlichen Gründen nicht in der Lage. Denn *die Ökonomie ist der Austausch der menschlichen Gesellschaft mit der Natur*. Es geht also um dieses *Ganze*.

2.2 Migration

Migration ist ebenfalls ein *globales* Phänomen. Während jedoch die von Menschen gemachte Erderwärmung ein neues Problem darstellt, ist die Migration schon so alt wie die Menschheit. Heute geht man davon aus, dass sich der *homo sapiens* vor ca. 200.000 Jahren in Afrika entwickelt hat. Der bisher älteste Fund wird auf 160.000 Jahre geschätzt. Weiter weiß man heute, dass es eine erste Migrationswelle aus Afrika in Richtung Asien vor etwa 100.000 Jahren gab. Diese ist wohl aus klimatischen Gründen gescheitert. Eine zweite gelungene Auswanderungswelle hat vor ca. 60.000 Jahren stattgefunden. Ebenfalls in Richtung Asien. Vor ca. 40.000 Jahren sind die Nachfahren dieser Auswanderer in Australien angekommen. Dieser heute isoliert liegende Kontinent war zu jener Zeit noch über Land zu erreichen. Zwischen 30.000–40.000 Jahren vor unserer Zeitrechnung sind die ersten Migranten in Europa eingetroffen, das damals von Neandertalern besiedelt war.

Ursache für diese Migrationswelle aus Afrika waren *verschlechterte Umweltbedingungen*. Der Austausch der menschlichen Gemeinschaften mit der Natur hatte sich aufgrund klimatischer Veränderungen derart verschlechtert, dass sich der homo sapiens dazu entschloss, sein Territorium großräumig zu verlassen.

Wenn wir die globale Erderwärmung nicht in den Griff bekommen, werden sich Migrationsströme wegen Dürren, Wassermangel, Orkanen und unregelmäßiger Monsunregen in Zukunft wieder in Bewegung setzen. Dies hat es in der Menschheitsgeschichte häufiger gegeben. Nur waren die Ursachen *natürlicher* Art. Heute sind die klimatischen Verschlechterungen von uns Menschen selbst verursacht. Die Grundvoraussetzungen für ein *ökonomisches Handeln* (der Austausch mit der Natur) sind dann nicht mehr gegeben. Oder sie haben sich derart verschlechtert, dass ein Überleben in den Strukturen unserer heutigen globalen Ökonomie unmöglich ist. Dies gilt heute insbesondere für die Südhalbkugel. Besonders in Afrika droht der Klimawandel die Böden unfruchtbar zu machen. Im Sudan und im Norden Nigerias verlassen Tausende Bauern und Viehhirten ihre Dörfer. Dies ist einer der wichtigsten Gründe dafür, dass sich die Terrormiliz Boko Haram in der Region ausbreiten konnte.

Während die Zahl der Hungernden auf der Welt zurückging, insbesondere in Süd- und Ostasien, ist die Zahl der Unterernährten in Afrika gestiegen. Im Jahr 2015 waren es 220 Millionen. Bezogen auf den Kontinent ist das ein Anteil von 20 %. Das Durchschnittsalter der Menschen südlich der Sahara liegt bei 25 Jahren. Wenn sie überhaupt etwas besitzen, dann besitzen sie ein Smartphone. Hierüber sind die jungen Menschen bestens über die Lebensverhältnisse in Europa informiert. Dies ist neu. Ist es da ein Wunder, dass sich diese Menschen auf den Weg nach Europa machen?

Insbesondere in Afrika gibt es neben dem *Klimawandel* noch zwei wichtige Ursachen für Migration. Der eine Grund liegt in den *Strukturen unseres ökonomischen Systems.* Es sind die diskriminierenden Handelsbeziehungen der reichen Ökonomien Europas mit den armen Staaten Afrikas.

Trotz der Migration Zehntausender vor allem junger Menschen aus Afrika möchte die EU über ihre skandalöse Landwirtschafts- und Handelspolitik nicht sprechen. Mehr als 40 % des EU-Haushaltes fließen in Agrarsubventionen. 2014 waren dies über 40 Milliarden Euro an Direktzahlungen. Dazu kommen weitere Ausfuhrprämien. Auf diese Weise werden die Entwicklungsländer mit konkurrenzlos billigen Agrarprodukten überflutet. In Westafrika lagen die Produktionskosten für Geflügelfleisch 2014 bei 1,80 €. Das EU-Fleisch wurde dort für die Hälfte des Preises angeboten. Am bekanntesten wurde die europäische Subventions- und Dumpingpolitik durch das Milchpulver. Vor einigen Jahren führte der Import von Milchpulver dazu, dass in Burkina Faso die Mehrzahl der nomadischen Kleinbauern ihre Existenz verloren. Sie fanden für ihre Milch keine Abnehmer mehr. In Ghana führte der Import von Tomatenmark aus der EU zum Niedergang der einheimischen Tomatenproduktion. 46.500 Kleinbauern aus Ghana verdingen sich heute als billige Arbeitskräfte in Italien in der Landwirtschaft. Dies sind ebenfalls durch *ökonomische Strukturen* selbst erzeugte Migrationsströme. Nur hier wirken sie *direkt* aus der Ökonomie selbst. Bei der über den Klimawandel erzeugten Migration wirkten die *ökonomischen Strukturen* als Erzeuger dieses Klimawandels und daher *indirekt.*

Ein weiterer schon oben angekündigter Grund für die Migration ist die *koloniale Vergangenheit.* Dies betrifft vor allem Afrika, aber auch die Kriege von Afghanistan über den Irak bis Syrien. Hierhinter standen ökonomische Interessen. Im Nahen Osten war es vor allem das Öl, das die jungen Industrien des Westens benötigten. In Afrika waren es vor allem neue Absatzmärkte für die Industrie. Daneben natürlich auch die Rohstoffe, die es galt, billig zu erwerben. Die heute häufig anzutreffenden korrupten

„Eliten“ in Afrika haben die Positionen eingenommen, die die Kolonialherren zurückgelassen haben.

Ein Verständnis für Demokratie konnte daher in Afrika kaum entstehen. Viele afrikanische Politiker versuchen heute mit illegalen Mitteln, an der Macht zu bleiben. Sie halten ihre Ämter für ererbt. So sahen es schon die Gründungsväter, die das Erbe ihrer Kolonialherren angetreten haben. Ein Bewusstsein dafür, was *politische* Gegnerschaft bedeutet, fehlt ihnen. So sieht es Asfa-Wossen Asserate, ein Großneffe von Haile Selassie, dem letzten Kaiser Äthiopiens. In fast allen Ländern fehlen daher auch die für eine Demokratie notwendigen Institutionen und Strukturen. Das Wirtschaften in die eigene Tasche ist weit verbreitet.

Ein einträgliches Geschäft dieser „Eliten“ ist das *Landgrabbing* durch ausländische Investoren. Internationale Konzerne und ebenso Finanzinvestoren haben den Boden als lukratives Investment entdeckt. In den letzten Jahren haben so über fünf Prozent der gesamten afrikanischen Ackerfläche den Besitzer gewechselt. Derzeit werden bereits Verhandlungen über weitere zwanzig bis dreißig Prozent des Ackerlandes geführt. Besonders betroffen sind hiervon ausgerechnet die ärmsten Länder Afrikas wie Südsudan, Sudan, Demokratische Republik Kongo, Äthiopien, Mosambik, Tansania und Sierra Leone.

Die Investoren propagieren den Erwerb des Ackerlandes als Maßnahme im Kampf gegen den Hunger. Das Gegenteil ist der Fall. Nur acht Prozent des gegenwärtigen Landerwerbs dient der Lebensmittelproduktion. Die einheimische Bevölkerung profitiert praktisch nicht von diesen Investitionen. Die Konzerne suchen gezielt nach korrupten Regierungen, um ihre Interessen durchzusetzen. Der Preisanstieg für Nahrungsmittel beschleunigt den Prozess des Verkaufs von billigem Land an Investoren. Zugleich macht es die herrschenden Cliquen in Afrika auf Kosten der Ärmsten reicher. Der Präsident der Welternährungsorganisation

FAO, José Graziano da Silva, verglich das *Landgrabbing* in Afrika 2012 mit den Zuständen im Wilden Westen.

Im Frühjahr 2016 tauchten die sogenannten *Panama Papers* auf. In ihnen werden nicht nur eine Vielzahl führender Vertreter international tätiger Firmen aufgeführt, die in Afrika Geschäfte machen, sondern ebenso einflussreiche afrikanische Politiker. Hierunter amtierende und ehemalige Staatschefs, Senatspräsidenten, Vorsitzende der höchsten Gerichte sowie ihre Familienangehörigen. Jährlich fließen nach vorsichtigen Schätzungen mehr als 50 Milliarden Euro in Form illegaler Finanzströme aus Afrika ab. Die Summen, die sich aus Korruption, Goldwäsche und Steuerflucht zusammensetzen, übertreffen die Entwicklungshilfe bei weitem.

Vor diesem Hintergrund von Ausbeutung und Armut ist in Bezug auf die Auswanderung aus Afrika die *Bevölkerungsentwicklung* von Bedeutung. Wie schon oben erwähnt, ist Afrika ein Kontinent mit sehr jungen Menschen. Mehr als 50 % ist jünger als 25 Jahre. Etwa 40 % sind sogar jünger als 15 Jahre. Die Weltbevölkerung wird von heute 7,4 Mrd. auf 9,7 Mrd. in 2050 ansteigen. Bevölkerungsexperten schätzen, dass die Zahl dann weiter auf etwa 11,2 Mrd. anwachsen wird. Da mit zunehmendem Wohlstand und besserer Bildung die Geburtenraten abnehmen, wird die Weltbevölkerung sich auf 11–12 Mrd. einpendeln und dann wieder abnehmen. Für die Ernährung und das Leben auf unserem Planeten sind 12 Mrd. Menschen eine Herausforderung. Es ist aber eine lösbare Aufgabe. Dies ist also nicht das eigentliche Problem.

Dieses liegt in der sehr unterschiedlichen Zunahme der Bevölkerungszahlen bis 2050. Während die Weltbevölkerung, ohne Afrika, nur um 18 % zunehmen wird, liegt die Zunahme in Afrika bei 110 %. In Afrika leben heute 1,2 Mrd. Menschen. Ihre Anzahl wird sich bis 2050 mehr als verdoppeln und auf über 2,5

Mrd. zunehmen. Vor dem Hintergrund der heutigen geringen ökonomischen Leistungsfähigkeit ist abzusehen, dass Millionen von Menschen vor allem nach Europa auswandern werden. Bisher hat Europa sich hierauf nicht eingestellt. Im Gegenteil, die ökonomische Ausbeutung Afrikas geht weiter. Europa schafft sich seine eigenen Probleme.

Nun ist es das Normalste der Welt, dass sich die Menschen ihre eigenen Probleme schaffen. Wer sollte dies sonst tun? Aber nur wir Menschen können auch die Lösungen zur Beseitigung schaffen. Und dies vor allem *rechtzeitig*. Durch Abwarten, wie dies heute die Politiker tun, werden Herausforderungen nicht bewältigt.

Wir Menschen müssen noch lernen in *Prozessen* zu denken. Dazu bedarf es der *Zeit*. Ingenieure wissen, dass Maschinen und Prozesse *gewartet* und gegebenenfalls auch *geändert* werden müssen. Ansonsten kommt es zum Stillstand oder Zusammenbruch. Es gilt also schon vorher – *bevor* es zu Problemen kommt – einzugreifen, und nicht erst, wenn sie da ist. Politiker scheinen dies nicht zu wissen. Was Politiker offensichtlich auch nicht wissen ist *kooperativ* auch über Staatsgrenzen hinweg, also global, zu denken, wenn man es mit *globalen Problemen* zu tun hat. So hat Deutschland die südlichen EU-Staaten alleine gelassen, als schon Zehntausende über das Mittelmeer zu uns kamen. Jetzt bekommt Deutschland die Quittung. Das Gleiche gilt für die Eurokrise. Ich komme hierauf zurück.

Im Jahr 2015 kam die größte Zahl von Migranten nach Deutschland bzw. Europa. Mit Abstand kamen davon die Meisten aus Syrien, nicht aus Afrika. Die Ursache ist der Krieg in Syrien. Kriege waren schon immer wesentliche Ursachen für Vertreibung und Flucht. Der Krieg in Syrien ist ein grausames Geschehen. Jeder Krieg bringt Tod und unsägliches Leid. Dennoch ist festzustellen, dass Tod und Gewalt durch Kriege im Laufe der

Menschheitsgeschichte abgenommen haben. Die Welt ist sicherer und die Menschen sind gewaltfreier und einfühlsamer geworden, entgegen aller subjektiver Wahrnehmung. Dies hat vor allem *Steven Pinker* in seinen beiden ausführlichen und umfangreichen Büchern (s. Literaturverzeichnis) zeigen können. Dieser Trend ist eindeutig. Von daher ist davon auszugehen, dass Migration durch Kriege verursacht zurückgehen wird. Hingegen wird die Migration aus *klimatischen* und *ökonomischen* Gründen zunehmen. In welchem Ausmaß sich dies ereignen wird, haben wir jedoch selbst in der Hand. Hier sind keine höheren Mächte im Spiel.

Im Jahr 2015 kamen ca. 1 Million Migranten nach Deutschland/Europa. Auf 80 Millionen Deutsche bezogen bedeutet dies: 80 Menschen kümmern sich um einen Neuen. Ist das ein Problem? Oder ein anderes Verhältnis. In Europa leben 76 Millionen Menschen, die nicht hier geboren sind. Wenn es jetzt 1 Million mehr wären, also nicht 76 Millionen, sondern 77 Millionen? Hätten wir dann in Europa ein Problem? Doch nicht wirklich! Man kann aber eines daraus machen. Migration ist ein globales Problem. Globale Probleme lassen sich nur global, d. h. *kooperativ* lösen.

Aber verbleiben wir noch kurz im Jahr 2015 und in Deutschland. Das Verhältnis 80 : 1 ist nur dann ein Problem, wenn man eines daraus macht. Wenn selbst der damals oberste politische Verantwortliche, Innenminister de Maizière, von *Flüchtlingswellen* spricht, die unser Land überfluten, hat er nicht das *Ganze* im Blick. *Ein* Migrant kann keine 80 Einheimischen überschwemmen. 1 Million Migranten ist zwar eine große Zahl, aber 80 Millionen auch. Die *Relation* ist entscheidend. Es sind dann pro Tag im Mittel 2140 Migranten gekommen. Wenn diese auch alle zur selben Zeit am gleichen Ort angekommen wären, ist das eine logistische und humanitäre Herausforderung, aber darauf kann man sich einstellen. Diese Aufgabe wurde auch gelöst, aber vor allem von freiwilligen Helfern.

Unser damaliger Innenminister hat keine gute Figur abgegeben. Er hat nur immer von *Problemen* gesprochen und ständig eine *abwehrende Einstellung* den Migranten gegenüber signalisiert. Aber wie will man jemanden *integrieren*, dem man signalisiert, dass er eigentlich unerwünscht ist? Die Voraussetzungen für eine gelingende Integration zu schaffen, wäre seine vornehmliche Aufgabe gewesen. Denn sind *diese* nicht gegeben, haben wir wirklich ein Problem, aber ein *selbst* geschaffenes.

Wie sollen sich Menschen, die sich nicht angenommen fühlen, integrieren? Dies kann nicht gelingen! Zu einer gelingenden Integration gehören Herz und Verstand. Menschliches Einfühlungsvermögen und sachliche Effizienz. An Beidem hat es an entscheidenden staatlichen Stellen gemangelt. Dies rächt sich langfristig. Eine Gesellschaft, in der es Gruppen gibt, die sich nicht angenommen fühlen – und dies sind nicht nur die Migranten – sondern die große Zahl der Harz-IV-Empfänger und unser modernes Prekariat, einer solchen Gesellschaft fehlt der *Zusammenhalt*. Denn jetzt werden noch die einen gegen die anderen ausgespielt. So erzeugt man *selbst Rechtsextremismus*. Eine solche Gesellschaft ist unfähig, den *globalen* Problemen gerecht zu werden. Denn um diese anzugehen, bedarf es noch zusätzlich der *Kooperation mit anderen Staaten*. Dies ist aber unmöglich, wenn die *Solidarität* schon im Inneren fehlt. Wenn wir nicht das *Ganze* sehen und dabei zugleich *jeden Einzelnen*, werden wir unsere *globalen* Probleme nicht meistern können. Und unsere wirklichen Probleme sind *global*, auch wenn unsere Berliner Politiker sich zurzeit lediglich mit sich selbst beschäftigen. Und unser Innenminister Seehofer spielte dabei noch die Hauptrolle. Er hätte wahrlich anderes zu tun.

2.3 Terror

Das Ziel der Terroristen ist Verunsicherung und das *Auseinanderbrechen* der Gesellschaft. Der *Zusammenhalt* der Gesellschaft ist schon heute gefährdet, wie wir oben gerade gesehen haben. Durch *eigenes* Handeln bzw. Nichthandeln. Es bedarf daher nicht mehr viel und die Strategie der *Islamisten* geht auf. Es spielt den *Rechtsextremisten* in die Hände. Beide haben das gleiche Ziel: *Verunsicherung und die Spaltung der Gesellschaft*. Auch hier zeigte sich unser Innenminister den Herausforderungen nicht gewachsen. Wegen eines möglichen Terrorangriffs wurde das Fußball-Länderspiel in Hannover am 17. November 2015 abgesagt. Auf die Frage nach Einzelheiten antwortete Thomas de Maizière: „Ein Teil dieser Antworten würde die Bevölkerung verunsichern" (Theveßen. 2016: 3). Damit hat er aber genau das erreicht, was er vorgab zu vermeiden. Die Zuschauer erhielten damit den Eindruck, dass alles wohl viel Schlimmer ist, als die Bilder hergaben. Am folgenden Tag hätte er in der ZDF-Sendung *Was nun?* die Möglichkeit gehabt, der *selbsterzeugten Verunsicherung* entgegenzuwirken. Ein einfühlsamer Minister hätte niemals diese Verunsicherung noch verstärkt. Doch der Innenminister sagt: „Wir haben auch Fälle, wo wir gar nicht informieren, das Risiko eingehen, einen Hinweis nicht für wichtig zu nehmen, und hoffen, dass die Veranstaltung gut zu Ende läuft. Und niemand weiß Bescheid. Das muss auch möglich sein" (Theveßen. 2016: 24).

Eine solche Erläuterung verunsichert noch mehr. „Risiko eingehen", „hoffen, dass es gut läuft", „niemand weiß Bescheid". Solche Formulierungen zeugen nicht von hoher Sensibilität bezüglich der Gefühlslage der Bevölkerung bei einem drohenden Terrorangriff. Es geht nicht darum, die Bevölkerung mit Lügen zu beruhigen. Der Innenminister hätte ganz einfach die Arbeitsweise und Maßstäbe der Sicherheitsbehörden darstellen können, wie

Elmar Theveßen treffend kommentiert. *Thomas de Maizière* hat jedoch die *Zweifel* an den Fähigkeiten staatlicher Strukturen *weiter verstärkt.* Und damit den *Rechtsextremisten* wie den *Islamisten* in die Hände gespielt.

Dem *Rechtsextremismus* geht es darum, Unsicherheit zu erzeugen und die Unfähigkeit *demokratischer* staatlicher Strukturen zu beweisen, um an deren Stelle *autoritäre* zu installieren. Dem *Islamismus* geht es um das Gleiche. Er will durch Terror Unsicherheit und Chaos stiften und damit eine Situation schaffen, in der ein „normales" Leben nicht mehr gewährleistet ist. Beide müssen also erst die Atmosphäre schaffen – der Glaube, demokratische Strukturen seien heute nicht mehr geeignet –, um an deren Stelle autoritäre einzurichten.

Bei der Migration 2015 haben sich die Politiker zerstritten, anstatt *beherzt* und *effizient* zu reagieren. Und dies tun sie noch heute. Man darf in einer Demokratie unterschiedlicher Meinung sein. Aber wenn eine Aufgabe da ist, muss man sie anpacken und *nachhaltig* lösen. Wenn dies nicht erfolgt, spielt man den antidemokratischen Kräften in die Hände. Migration wird uns auch in Zukunft begleiten, wie wir oben gesehen haben. Darauf muss sich unsere Gesellschaft einstellen. Wenn wir aber diejenigen, die zu uns kommen, nicht unterstützen und ihnen nicht das Gefühl geben, angenommen zu sein, sehen wir nicht das *Ganze.* Ökonomie, Klimaveränderung, Migration und Terror lassen sich nicht voneinander isolieren. Auch wenn unsere Politiker uns das glauben machen wollen.

Die Anzahl junger Männer und Frauen, die von Deutschland aus in den *Dschihad* gezogen sind, wird offiziell mit ca. 700 angegeben. Wahrscheinlich ist die Zahl aber mehr als doppelt so hoch. Und dies sind nicht nur Kinder bzw. Jugendliche eingewanderter muslimischer Familien, sondern stammen auch aus deutschen Familien. In der Hauptsache stammen die Jugendlichen aus muslimischen Familien aus der zweiten und dritten Migrationsgeneration. Es sind Jugendliche ohne Orientierung und Halt. Ihnen fehlt es an *Anerkennung* und Orientierung. Daher ist es ein leichtes, sie in den Bann des Islamismus zu ziehen. Dort wird ihnen dieses gewährt. Er bietet ihnen die einfache, absolute und einzige Wahrheit. Jugendliche *ohne Selbstwertgefühl* können auf diese Weise leicht und gezielt gewonnen werden. *Ahmad Mansour*, ein arabisch-israelischer Diplom-Psychologe, der sich in Deutschland mit dem Extremismus beschäftigt, meint hierzu: „Im Augenblick sind die Salafisten die besseren Sozialarbeiter. Sie bedienen die Bedürfnisse der Jugendlichen. Sie holen sie dort ab, wo sie zuweilen verloren und orientierungslos stehen. Sie machen sich die Mühe, in einer Sprache zu sprechen, die diese Jugendlichen verstehen“ (Mansour. 2017: 39). Dann stellt er die entscheidende Frage an uns selbst: „Warum tun wir das nicht?“

Wir benötigen *gesamtgesellschaftliche Konzepte* und eine neue Pädagogik. Wir benötigen ein vollkommen neues Verständnis, von dem, was *Bildung* eigentlich bedeutet. Bildung ist nicht nur ein *Begriff*, Bildung ist ein *Prozess*, der *gelebt* werden muss, nur dann vollzieht sie sich wirklich und ist *nachhaltig*. Dann *lebt* auch der Begriff und für die Jugendlichen entsteht *Wirklichkeit*. Wirklichkeit ist etwas *Ganzes* und erschöpft sich nicht nur in Sprache. Kinder und Jugendliche benötigen mehr als nur nach dem Trichtermodell *Wissen eingeflößt* zu bekommen. Das ist eine *technische* Vorgehensweise. Dazu weiter unten mehr.

Auch das Vorgehen bei der Migration scheint für Innenminister *Seehofer* auf Verwaltungstechnik reduzierbar zu sein. Das Wichtigste bei der Migration scheint bei ihm die *Abwehr* zu sein, nicht die *Integration*. An seinem 69. Geburtstag lobt er sich selbst, 69 Flüchtlinge abgeschoben zu haben. Sinnvoll ist es sicherlich, straffällig gewordene Personen abzuschieben. Aber per se stolz darauf zu sein, Migranten abzuschieben, zeugt nicht von hoher Empathie. Wohl kein Migrant setzt sein Leben aufs Spiel, um an einem „Flüchtlingstourismus“ teilzunehmen. Dahinter steckt immer Armut, Hunger, Verfolgung oder Krieg. Daher ist mit einer Abschiebung in aller Regel menschliches Leid verbunden. Dieses technische Vorgehen bei der Migration entspricht nicht dem *Lebensgefühl* der heutigen Menschen in Deutschland. Daher werden solche Politiker bei Umfragen von der Mehrheit auch abgestraft. Dies sollte uns optimistisch stimmen. Unsere Gesellschaft ist offensichtlich schon weiter als unsere Politiker.

Es gibt Dinge, die man *technisch* lösen kann. Allerdings bedarf es dazu der *Kooperationsbereitschaft* der beteiligten Stellen. Der NSU-Prozess hat aufgedeckt, wie mangelhaft die Kooperation zwischen den staatlichen Sicherheitsbehörden ist. Wegen dieser mangelhaften Kooperation sind auch die Datensysteme und damit die Datenbestände nicht integriert. Es gibt keine *Ganzheit*. Es gibt kein einheitliches Netzwerk. Was schon auf nationaler Ebene technisch vollkommen unzulänglich ist, ist international eine „Farce“. So nennt es *Elmar Theveßen*. „Der Kampf gegen den Terrorismus in Europa ist in weiten Teilen eine Farce, gescheitert an nationalen Egoismen, naiven und unfähigen Politikern, überforderten und unterbesetzten Sicherheitsbehörden . . .“ (Theveßen. 2016: 31). Die Farce finde seinen Boden, so fährt er fort, in den sozialen und politischen Rahmenbedingungen. Er nennt denn auch den Terrorismus in Europa *„hausgemacht“*. Die in Deutschland verantwortlichen Innenminister stellen sich als die großen Wissenden dar, die aber der Bevölkerung nichts zutrauen können. Für *Seehofer* ist das Wichtigste die Abschiebung und die Schließung der Grenzen. Die Wirklichkeit des Problems und seine Ursachen kommen so nicht in den Blick. *Kooperation und Solidarität* wird benötigt bei der *sozialen* Integration der Gesellschaft wie bei der *technischen* Integration der Datensysteme.

Um überhaupt mit geeignetem Handeln gegen den Islamismus vorgehen zu können, bedarf es eines wesentlich erweiterten Blickes auf diesen Fundamentalismus. Der Blick unserer Politiker ist sowohl räumlich wie zeitlich viel zu eng. Mit kurzfristigen nationalen Maßnahmen ist dem Terrorismus nicht beizukommen. Grenzschließungen und das Installieren eines Überwachungsstaates sind genau die Reaktionen, die die Terroristen erreichen wollen.

Der *islamische Fundamentalismus* ist eine Verherrlichung der idealisierten Frühzeit des Islam, also des 7. Jahrhunderts. Es ist das Bestreben einer Umgestaltung von Gesellschaft, Kultur und Politik auf der Grundlage der Werte und Normen *jener Zeit.* Dies will auch die Mehrheit der Muslime nicht. Dessen muss man sich zunächst einmal gewiss sein. Mit diesem Wissen – nicht in jedem Muslim einen Fundamentalisten oder gar Terroristen zu sehen – kann man auch entspannter an das Thema herangehen. Richtig ist aber auch die allgemeine Vorstellung der Muslime, dass politische Autorität religiös legitimiert sein muss. Die Trennung von Politik und Religion hat sich im islamisch dominierten Raum noch nicht durchgesetzt. Daher ist die *Instrumentalisierung der Religion* in diesem Raum ein zentrales Problem. Aber machen wir uns nichts vor, trotz Trennung von Religion und Politik im sogenannten Westen, wird auch bei uns noch die Religion instrumentalisiert. Siehe *Söders* Maßnahme, Kreuze in Behörden und öffentlichen Einrichtungen aufzuhängen oder ganz einfach das „C“ bei *politischen* Parteien. Oder aber auch die Aussage der Islam gehöre nicht zu uns. Aber – bei uns kann darüber diskutiert werden. Aber auch – von einer *Neutralität* und gleichberechtigten Anerkennung aller Religionen zeugt diese Ablehnung in unserem Gemeinwesen nicht. Offensichtlich gibt es Menschen in unserem Staatswesen, die nicht *wirklich* dazu gehören. Was müssen Menschen empfinden, die dies täglich wahrnehmen?

Doch wohl: eigentlich gehöre ich nicht *wirklich* dazu. Lässt sich so in einer Gesellschaft leben? Ein glückliches Leben zu führen, heißt doch vor allem, *angenommen zu werden* und nicht abgelehnt zu werden.

Festzuhalten bleibt, dass auch bei uns unsere vom Christentum geprägte Geschichte noch tief in der Gesellschaft eingeschrieben ist. Dies ist im Grundsatz d. h. bei anderen Religionen in anderen Weltregionen ebenso. Frei ist davon niemand. Das ist das Natürlichste der Welt. Die Geschichte prägt die jeweilige Gegenwart. So ist es auch im islamisch geprägten Nahen Osten. Daher eine kurze Geschichte dieses Teils der Welt, aus dem der islamistische Terror zu uns kommt. Es ist eine Geschichte von *Demütigungen* einer Vielzahl von Völkern.

Es lassen sich drei islamische Weltreiche unterscheiden. Alle drei waren sunnitisch-islamisch. Die beiden ersten wurden von *arabischen* Kalifen beherrscht. Kalif heißt „Nachfolger". Der Kalif war der Nachfolger des Religionsgründers *Mohammed.* Seine Aufgabe war es, die Glaubensfundamente des Islam zu wahren und durchzusetzen. Zum anderen sollte er die politische Ordnung und Einheit der islamischen Gemeinschaft schützen. Er war also sowohl religiöser wie auch politischer Herrscher. Ihm oblag es, die Gültigkeit der *Scharia,* des islamischen Gesetzes, zu gewährleisten. Andere Religionen wurden geduldet und nicht verfolgt. Teilweise unterlagen sie jedoch besonderer Abgaben.

Das erste der beiden *arabisch* geführten Reiche, das Omayyaden-Reich (661–750) hatte seine Hauptstadt in Damaskus. Danach wechselte das Herrschergeschlecht. Das nach ihnen benannte Abbasiden-Reich (750–1258) verlegte die Hauptstadt nach Bagdad. Die arabischen Kalifen wurden ab dem 9. Jahrhundert immer abhängiger von den Kommandeuren der Palastwachen. Diese bestanden aus Kriegern und Anführern *türkischer* Seldschuken-Stämme. Seldschuken sind Angehörige eines Turkvolkes, das aus der zentralasiatischen Steppe in die heutige Türkei eingewandert war. Die Anführer der Palastgarden bekamen vom Kalifen den Titel „Sultan“ (Herrscher). Sie übten schließlich die wahre Herrschaft aus und degradierten den Kalifen zur Marionette. Zur Legitimation ihrer eigenen Macht benötigten sie allerdings den Kalifen. Er stand für die religiöse und politische Einheit der islamischen Gemeinschaft, der *umma*.

1258 eroberte *Dschingis Khan* Bagdad. Das *arabische* Abbasiden-Reich konnte dem Sturm der *Mongolen* nicht standhalten. Es zerfiel in eine Vielzahl von kurzlebigen Kleinstaaten mit zumeist *mongolischen* und *türkischen* Herrschern. Ab dem 13. Jahrhundert hatten die *islamischen Araber* nichts mehr zu sagen. In ihrer Welt hatte sich die höchste kulturelle und intellektuelle Blüte der damaligen Zeit entwickelt. Bei uns herrschte zu dieser Zeit noch *„tiefes Mittelalter“*. Das Buch bzw. der Film *„Medicus“* zeigt diesen Unterschied der kulturellen Entwicklung sehr deutlich. Auf der einen Seite der mittelalterliche „Bader“ und auf der anderen Seite der hochkulturelle philosophierende „Mediziner“ Dieser Philosoph ist im übrigen *Ibn Sina*, in Europa bekannt unter dem Namen *Avicenna*. Er ist einer der islamischen Philosophen, von denen die bedeutendsten *christlichen Kirchenlehren* stark beeinflusst sind. Arabischsprachige Philosophen haben uns den „ganzen“ *Aristoteles* übergeben. Kirchenlehrer wie *Albertus Magnus* und *Thomas von Aquin* sind tief geprägt von der arabischen Philosophie. Einem *Araber*, Mohammed, hatte Gott den Koran, die heilige Schrift des Islam, offenbart. Die islamisch-arabischen Menschen müssen die Vernichtung ihres Reiches als große *Demütigung* empfunden haben.

Den beiden *arabisch*-islamischen Reichen folgte das Osmanische Reich (1302–1922). Regiert wurde es von *sunnitischen* Sultanen aus der *türkischen* Herrscherdynastie des Reichsgründers *Osman*. Turkvölker haben ab dem 11. Jahrhundert Anatolien erobert und besiedelt. Osman I war dort Herrscher eines sehr kleinen Territoriums. Seine Vorfahren waren um 1230 von Zentralasien nach Anatolien eingewandert und haben allmählich den *sunnitisch-islamischen* Glauben angenommen.

Die osmanischen Sultane waren ebenfalls kämpferische Verfechter des orthodoxen *sunnitischen* Islam. Dabei wurden sie allerdings herausgefordert von den *schiitischen* Safawiden-Schahs. Sie eroberten 1501 den *Iran* und bekehrten dessen Bevölkerung zum schiitischen Islam. Das *Schisma* des Islam entstand durch die Auseinandersetzung bei der Bestimmung des Nachfolgers ihres Propheten Mohammed, der 632 starb. Sein Tod stürzte die *umma*, die islamische Gemeinde, in existentielle Schwierigkeiten. Zwei Fraktionen standen sich gegenüber. Die eine, die Minderheitsfraktion, vertrat das Prinzip der engsten Blutverwandtschaft. Sie wollten Mohammeds Vetter *Ali* zum Nachfolger bestimmen. Die Mehrheitsfraktion konnte sich schließlich durchsetzen. Ihr Prinzip war die *Wahl* des Nachfolgers durch die Genossen des Propheten. Ihre Anführer waren die beiden Schwiegerväter Mohammeds *Abu Bakr* und *Omar*.

Die Mehrheitsfraktion konnte sich durchsetzen und wählte *Abu Bakr* (632–644) zu seinem Nachfolger. Als dieser ermordet wurde, wählten die Prophetengenossen *Othmann* (644–656) zu seinem Nachfolger. Er stammte aus dem Geschlecht der *Omayyaden*. Nach seinem Tod wurde *Ali* in Medina zum vierten Kalifen gewählt. Die Clan-Mitglieder der Omayya bestritten jedoch die Legitimität von Alis Kalifat. Sie warfen ihm vor, mit den Mördern Othmanns unter einer Decke zu stecken. Der Konflikt eskalierte und es brach ein Bürgerkrieg aus zwischen *Ali* und seinen Anhängern und *Muawiya*, dem Anführer der Rächer von Othmann. Aus den Anhängern Alis wurden später die *Schiiten* (shi'at Ali = Partei Alis). Aus den Gegnern Alis wurden die *Sunniten* (sunna = überlieferte Handlungsweise).

Das kurze Kalifat Alis gilt den Schiiten *bis heute* als die einzige Phase rechtmäßiger Herrschaft nach Mohammeds Tod. Als religiöse Konfession sind die Schiiten allerdings erst greifbar als Folge des verlorenen Kampfes von Alis Sohn *Hussein* gegen die Omayyaden. Hierum rankt der zentrale Gründungsmythos der *Schiiten.* Husseins Martyrium im Kampf gegen die siegreichen *Sunniten* ist Dreh- und Angelpunkt ihrer zentralen Riten. Ihr religiöses Zentrum ist heute der *Iran.* Anfang des 16. Jahrhunderts wurde dort durch die siegreichen Safawiden-Schahs das Glaubensbekenntnis der Schiiten zur Staatsreligion.

Die *Schiiten* waren der zwischen dem 8. und 12. Jahrhundert ausgeprägten *rationalistischen* Denkströmung stärker zugeneigt als die *Sunniten.* Sie beruht vor allem auf dem Studium der griechischen Philosophie, deren Interpretation und Weiterentwicklung. Von hier kamen sie ins mittelalterliche christliche Abendland. *Wilfried Buchta*, ein intimer Kenner der islamischen Welt schreibt hierzu Folgendes: „Nach Ansicht der Schia-Gelehrten unterschieden sich menschlicher und göttlicher Intellekt wesensmäßig nicht, sodass der Mensch die wesentlichen Prinzipien der von Gott gesetzten Weltordnung zu erfassen vermochte. Im Gegensatz zu den Sunniten glaubten die schiitischen *ulama*, dass die menschliche Ratio sehr wohl in der Lage sei, auch in Glaubensfragen Erkenntnisse zu erlangen. Auch deshalb sind schiitische Religionsgelehrte im Allgemeinen kreativer, innovativer und flexibler als ihre sunnitischen Kollegen, nicht zuletzt, was den Umgang mit Problemen und Herausforderungen angeht, die sich bei der Begegnung mit der westlichen Moderne ergeben“ (Buchta. 2016: 70). Von den 1,6 Milliarden Muslimen stellen die Schiiten mit etwa 10–15 %, also ca. 200 Millionen, nur eine Minderheit.

Die heute in *Saudi-Arabien* maßgeblichen *Sunniten* gehen auf *Mohammed ibn Abd al-Wahhab* (1703–1792) zurück. Er verbreitete seine Lehre in Saudi-Arabien Anfang des 18. Jahrhunderts. Für die *Wahhabiten* sind alle Neuerungen Irrlehren. Rationale Theologie sowie sufistische Mystik, beides Formen im schiitischen Islam, lehnt er ab. Gegen Ende des 18. Jahrhunderts gelang es ihm, den Stammesclan der Saud zu seiner Lehre zu bekehren. Der wahhabitische Islam ist die offizielle Staatsreligion Saudi-Arabiens. Die *Salafisten*, ebenfalls Sunniten, sind ebenso konservativ wie die Wahhabiten. Sie wollen eine gesellschaftliche und staatliche Ordnung, wie sie die idealisierte islamische Urgemeinde zu Mohammeds Zeiten hatte, einrichten. Teile von ihnen wollen dies mit Gewalt durchsetzen. Sein Mittel ist der *Dschihad* (= Kampf auf dem Wege zu Gott).

Dieses *Schisma* des Islam wird nun im Nahen Osten *instrumentalisiert*. Ähnlich war es im christlichen Europa in der Nachfolge der *Reformation*. Im 30-jährigen Krieg wurde die daraus resultierende Trennung des Christentums in zwei große Konfessionen von den europäischen Mächten instrumentalisiert. Dass es den Machthabern nicht wirklich um Religiöses ging, erkennt man schon daran, dass in den kämpfenden Heeren beide Seiten *jeweils* Söldner beider Glaubensrichtungen Seite an Seite kämpften. Den Söldnern ging es um Geld (zum Leben), den Kriegsherren um Macht und Einfluss in Europa.

In *Europa* entwickelten sich jedoch ab dem 16. Jahrhundert aus Reformation und 30-jährigem Krieg *Nationalstaaten* und die Idee ihrer *Souveränität*. Darüber hinaus setzte sich das Prinzip der *Trennung von Staat und Religion* durch. Im *Osmanischen Reich* hingegen galt im Zweifel der Islam als maßgebliches Prinzip für die gesellschaftliche und staatliche Ordnung. Verkörpert wurde dies im *türkischen* Sultan-Kalifen. Das Osmanische Reich war ein Vielvölkerstaat. Es reichte im Osten bis zum Kaspischen Meer und zum Persischen Golf im Süden über Ägypten bis zum Horn von Afrika und im Westen bis Algerien im Süden und zum Balkan im Norden. Die sunnitisch-islamischen Völker machten jedoch keinen Versuch eine eigene Staatlichkeit aufzubauen. Andererseits waren die Sultan-Kalifen auch keine sunnitisch-islamischen Missionare. Sie forderten von ihren Untertanen Steuern, militärische Dienste und Loyalität. Ein Flickenteppich aus verschiedenen religiösen, regionalen und ethnischen Gesetzescodices überzog das Reich. Ein sunnitisch-islamisches Bekenntnis wurde nicht gefordert. Jedoch waren es nicht mehr die *Araber*, die im dritten islamischen Weltreich das Sagen hatten. Dies war die zweite tiefe *Demütigung* nach der Eroberung von Bagdad durch die Mongolen und dem Zerfall ihres Reiches.

Die dritte tiefe *Demütigung*, die *bis heute* anhält, begann mit dem Zerfall des Osmanischen Reiches nach dem Ersten Weltkrieg. Alle arabischen Provinzen wurden den *europäischen Siegermächten* zugeordnet. In den Folgejahren entstand einerseits durch *Kemal-Atatürk* die türkische Republik auf laizistisch-nationaler Grundlage. Aus den übrigen Regionen entstand ein neues Staatensystem, dessen Grenzen durch Frankreich und Großbritannien festgelegt wurden. Die beiden Siegermächte teilten sich im sogenannten „Sykes-Picot-System“ (nach den Verhandlungspartnern benannt) den Nahen Osten ein. Dies geschah buchstäblich mit dem Lineal auf der Landkarte, ohne Rücksicht auf historisch gewachsene Beziehungen. Dem Völkerbund diente dies als Grundlage für die Einrichtung von Mandaten. Dies bedeutete die Übertragung der *Vormundschaft* über Völker, die sich vermeintlich nicht selbst zu regieren vermochten. Großbritannien bekam 1920 den Irak, Palästina und Jordanien zugesprochen. Frankreich bekam die Kontrolle über Syrien und den Libanon zugewiesen.

In den Folgejahren führten Frankreich und Großbritannien *nach ihren Vorstellungen* nationalstaatliche Strukturen ein. Ihr Einfluss währte auch nach ihrer Unabhängigkeit zwischen 1932 und 1948. Gegen diesen *Imperialismus* wehrten sich die schon zur osmanischen Zeit entstandenen arabisch-nationalistischen Bewegungen. Sie forderten uneingeschränkte Freiheit und Unabhängigkeit und lehnten die willkürlich gezogenen Grenzen ab. Ihr Kampf galt der Zerstückelung Arabiens. Ihr Ziel war *eine* arabische Nation. Bei allen arabisch-nationalistischen Parteien war dies der Kern ihres Gründungsmythos. Geboren wurde dies aus der Sehnsucht nach der glanzvollen Epoche der arabisch-islamischen Großreiche.

In Wahrheit gibt es jedoch gewaltige Unterschiede zwischen den 22 Staaten. Außer einer islamisch geprägten Identität gibt es jedoch kaum Gemeinsamkeiten. Selbst das jeweils gesprochene Arabisch kann nicht zur Verständigung beitragen. Ein Iraker kann sich nicht mit einem Marokkaner, ein Algerien nicht mit einem Omani verständigen, wenn sie nicht beide des Hocharabischen mächtig sind. Auch ihre eigenen historisch gewachsenen Kulturen sind sehr unterschiedlich. So entstanden schon ab 1940 in einzelnen Staaten jeweils eigene *nationalistische Ideologien*. Der zugkräftigste wurde der arabische Sozialismus Ägyptens.

Wie im letzten Kapitel schon über die nachkoloniale Zeit in *Afrika* beschrieben, griffen jetzt auch die *westlich orientierten Eliten* nach den Machtpositionen im zerfallenden *arabisch-islamischen Raum*, den die Europäer hinterlassen hatten. In opportunistischer Weise heuchelten sie nach außen Begeisterung für die arabisch-nationalistische Ideologie und dämonisierten den imperialistischen Westen. In den 1950-er und 1960-er Jahren entwickelten sich alle arabischen Staaten zu autoritär geführten „Präsidialrepubliken" oder wie Gaddafis Libyen in einen „Volksrätestaat". Das Volk jedoch darbte und die Eliten wurden reicher. Nur vor dem Hintergrund dieser *Demütigungen* ist die Orientierungslosigkeit der Menschen verständlich. Bei vielen ist die idealisierte islamische glorreiche Vergangenheit die einzige Identifikationsmöglichkeit. Dies ist der Nährboden für Fundamentalismus bis zum Terror. Ein solcher Terrorist weiß sich nach seinem Tod in einem besseren Leben. Die Sehnsucht der Menschen ist überall die gleiche, Menschen möchten ein gutes, glückliches und sinnvolles Leben führen. Fundamentalistische Prediger vermitteln diesen *Sinn* und versprechen *Glück*.

Wohin in *Deutschland* solche fundamentalistische „Predigten" nach Erstem Weltkrieg und Versailler Vertrag führten, ist bekannt. Nach dem Zweiten Weltkrieg halfen uns die USA, einen demokratischen Staat aufzubauen. Die arabischen Staaten erlebten nach dem Ersten Weltkrieg *bis heute* weiter *Demütigungen*.

2.4 Ungleichheit

Wir haben gesehen, dass sich auch in den vorangehend dargestellten Problembereichen letztlich ökonomische, im Medium *Geld* getriebene Dynamiken zu erkennen geben. Zerstörung des Ökosystems mit ihrer *Atmosphäre* durch kostenlose Aneignung. Ausbeutung der Ärmsten in der Dritten Welt durch ökonomische Machtstrukturen. Verlust ihrer Subsistenzgrundlage mit der Folge von Hunger und Elend führen dort zur *Migration*. Die erlittenen Demütigungen der Staaten im Nahen Osten im Zuge der Durchsetzung ökonomischer Interessen des Westens seit dem Ersten Weltkrieg, die bis heute anhalten, sind der tiefe Grund der Hoffnungslosigkeit, die zu Gewalt und *Terror* führt.

Wenn ich hier von ökonomischen Strukturen und Dynamiken spreche, meine ich das *neoliberale* ökonomische System. Dies ist jedoch nur *eine* Möglichkeit, wie sich die menschliche Gesellschaft mit der Natur austauschen kann. Heute *dominiert* sie allerdings unsere *globale* Ökonomie. *Weil* sie nicht das *Ganze* fasst, kann sie nicht nur *Reichtum* erzeugen, sondern *zugleich* auch *Armut*. Insgesamt hat sie die Welt wohlhabender gemacht. Aber sie spaltet die Welt in wohlhabende Staaten und arme Staaten. Das

Besondere ihrer Dynamik ist, dass sie auch die Einwohner wohlhabender Staaten in Arme und Reiche spaltet. Diese Schere nimmt zu. Damit *gefährdet* sie aber den gesellschaftlichen Zusammenhalt. Und dies nicht nur innerhalb der Nationalstaaten, sondern auch zwischen den Nationen, also den globalen Zusammenhalt. Das Interessante an dieser Entwicklung ist, dass das ökonomische System, das also *spaltet, zugleich* dabei ist – wie ich weiter unten zeigen werde – sich zu *einem global* operierenden System *zu schließen.*

Es sind daher zwei Tendenzen festzustellen, die die gleiche Grundlage haben. *Spaltung der Nationen* dieser Welt und der daraus resultierende neue *Nationalismus* und die *Spaltung der Gesellschaft* innerhalb der Nationalstaaten, der zugleich den Nationalismus befeuert. Denn die Abgehängten sehen sich bedroht durch das *Fremde.* Dieses Fremde wiederum können *anonyme* unverstandene (ökonomische) Kräfte sein oder auch *konkrete* fremde Menschen, in denen sich das Unverstandene und Bedrohliche verkörpern kann.

Zunächst zur Ungleichheit zwischen den Nationalstaaten – zur *globalen Ungleichheit. Ungleichheit* auf der Welt kann es nur geben, wenn die Menschheit insgesamt *reich* ist. Und dies ist heute der Fall, ökonomisches Wachstum hat es erst ab ca. 1700 gegeben. Nach *Piketty* wird bis dahin ein Wachstum des BIP pro Kopf und Jahr von ca. 0,02 % angenommen. Erst im 18. Jahrhundert begann das Wachstum dann langsam, Fahrt aufzunehmen. Zwischen 1700–1820 lag es erst bei etwa 0,1 %. Dann steigerte es sich von 1820–1913 auf 0,9 % und lag dann von 1913–2012 bei 1,6 % pro Jahr (Piketty. 2014: 106).

Danach hat sich das BIP pro Kopf seit 1700 auf etwa das 13-fache erhöht. Wohlgemerkt, es handelt sich um einen *Durchschnittswert* aller Menschen dieser Welt. *Weil* sich der Wohlstand in den letzten 300 Jahren so enorm erhöht hat, kann es auch zu enormer Ungleichheit kommen. Denn der durch das enorme wirtschaftliche Wachstum erzeugte Reichtum hat sich sehr unterschiedlich verteilt. So sind nach *Branko Milanović*, dem ehemaligen Leiter der Forschungsabteilung der Weltbank, die ärmsten US-Amerikaner wohlhabender als zwei Drittel der Weltbevölkerung (Milanović. 2017: 127). Trotz des weltweit steigenden Wachstums leben ca. eine Milliarde Menschen in Armut. Sie leben in knapp sechzig Ländern, vor allem in Afrika. Diese Länder stecken in einer Falle, aus der sie nach *Paul Collier*, der sie jahrelang systematisch untersucht hat, alleine nicht herauskommen. Auch Entwicklungshilfe im alten Stil durch Geben von Geld hilft hier nicht. „Wenn nichts unternommen wird, werden sich diese Länder in den kommenden Jahrzehnten noch weiter von der Weltwirtschaft abkoppeln und ein Ghetto des Elends und der Unzufriedenheit bilden" (Collier. 2017: 11).

Globales Wachstum führt nicht automatisch zur Beseitigung von Armut. Nach neoliberaler Anschauung sickern die Einkommenszuwächse der Reichen wie auch der reichen Staaten automatisch zu den Armen durch. Nach dieser gängigen sogenannten *„Trickle-Down-Theorie"* dürfte es keine Armen auf dieser Welt geben. Tatsächlich ist ein gegenteiliges Faktum festzustellen: Ein *„Rent-Seeking"* im Finanzsektor der Ökonomie. Hier kann aus *Geld-Reichtum* noch mehr Reichtum gemacht werden, *ohne Werte* zu schaffen. Ich komme hierauf zurück. Vor allem auf die Frage, *warum dies überhaupt möglich ist.* Vom Mainstream der Ökonomen wird dies bis heute nicht *wirklich* verstanden.

Wie *Piketty* in seinem Buch *„Das Kapital im 21. Jahrhundert"* beschrieben hat, liegt die Kapitalrendite = r in den letzten hundert Jahren immer deutlich über dem Wachstum des Einkommens/Kopf = g. Der reale Wert lag während dieser Zeit für die Kapitalrendite bei 4 % und für das Wachstum des Einkommens/Kopf lag er bei 1 %. Da es sich bei diesem Wachstum um

Exponentialfunktionen handelt, bemerkt man während der ersten Jahre kaum einen Unterschied. Während der ersten 10 Jahre zeigen sich auf der Grundlage der beiden Wachstumsraten (1,04 bzw. 1,01) noch keine beunruhigenden Differenzen. Das Kapital ist nach 10 Jahren lediglich um 27 % stärker gestiegen als das Einkommen. Nach 100 Jahren beträgt die Differenz jedoch 1148 %. D. h. solange die Kapitalrendite größer ist als das Wachstum des Einkommens/Kopf (r > g), nimmt die Schere exponentiell zu.

Nun sind die wirklichen Verhältnisse extremer, als die beiden *durchschnittlichen* Prozentsätze (r = 4 %, g = 1 %) es zum Ausdruck bringen. Denn wer heute schon über Reichtum verfügt, wird mit seiner Kapitalanlage mehr als 4 % erzielen. Ein Milliardär, und davon gibt es z. Z. etwa 2200 weltweit, wird eher bei 10 % als bei 4 % liegen. Wer wenig Kapital hat, wird eher bei 1 % oder weniger liegen. Und wer kein Kapital besitzt, geht leer aus.

In den letzten 30 Jahren hat es eine extreme Umverteilung des Nationaleinkommens gegeben. Und dies in fast allen Industriestaaten. Am extremsten fand dieser Prozess in den USA statt. Die Deregulierung des Finanzsystems machte es möglich, dass der *gemeinsam* erwirtschaftete Reichtum, das ist das Nationaleinkommen, von den ärmsten 90 % auf die reichsten 10 % umverteilt wurde. *Piketty* nennt dies in seiner Studie „bestürzend", was seit 1980 in den USA stattgefunden hat. „Betrachtet man das gesamte Wirtschaftswachstum während der dreißig Jahre vor der Krise, also von 1977 bis 2007, stellt man fest, dass die reichsten 10 % sich drei Viertel dieses Wachstums angeeignet haben. Allein die reichsten 1 % haben fast 60 % des Gesamtwachstums des amerikanischen Nationalvermögens innerhalb dieses Zeitraums an sich gerissen. Für die übrigen 90 % hat sich dadurch die Wachstumsrate des Durchschnittseinkommens auf weniger als 0,5 % jährlich reduziert. Diese Zahlen sind unbestreitbar, und sie sind bestürzend [. . .] Es fällt schwer, sich eine Wirtschaft und eine Gesellschaft vorzustellen, die mit einer derart extremen Divergenz zwischen sozialen Gruppen auf Dauer leben könnten“ (Piketty. 2014: 392).

Der Reichtum der Welt verschiebt sich immer mehr *von den Vielen ganz unten auf die Wenigen ganz oben*. Anfang der 2010er Jahre besaßen die reichsten 10 % der Erde 80–90 % des Weltvermögens. 1 % der Reichsten besaßen etwa 50 %. Und 0,1 % besaßen bereits 20 % des Weltvermögens. Die unteren 50 % besitzen weniger als 5 % des Gesamtvermögens. Dass dies so ist, ergibt sich aus der Tatsache, dass das ökonomische System im Medium *Geld* operiert, und dies bei der empirisch gesicherten Tatsache von $r > g$. *Beides* gemeinsam führt *systemisch bedingt* dazu, dass das *gemeinsam* erwirtschaftete Vermögen von den Armen zu den Reichen fließt. D. h. also es fließt von den Vielen zu den Wenigen. Tendenziell führt dies mit *beschleunigtem* Tempo – wegen der exponentiellen Wachstumsfunktion – dazu, dass in wenigen Jahrzehnten das Weltvermögen in den Händen von Oligarchen ist. Wie schon oben angesprochen gibt es 2018 etwa 2200 Milliardäre, dies sind 0,0000003 % der Weltbevölkerung. Bei Fortdauer dieses Trends wird der gesellschaftliche Zusammenhalt zerstört werden.

Die Anzahl der Armen auf der Welt lag nach Angaben der Weltbank 2015 bei 700 Millionen. *Arm* sind nach der Definition der Weltbank Personen, die von *weniger als 1,90 Dollar pro Tag* leben müssen. 1981 lag die Zahl noch bei 2 Mrd. Nach der neuesten Erhebung steigt die Zahl jedoch wieder. 2018 liegt sie bei über 800 Millionen. In Deutschland gilt eine Person als arm, die im Monat mit weniger als 900 € netto auskommen muss. D. h. die Armen in Deutschland, einem der reichsten Länder der Welt, besitzen etwa das 15-fache der Armen in den ärmsten Ländern der Welt. Gemessen am Einkommen der Ärmsten in den ärmsten

Ländern müsste man die Armen in Deutschland als reich bezeichnen. Aber ist das richtig?

Entscheidend sind das Lebensgefühl und die Lebenssituation der Menschen. Und dies hängt von dem Umfeld ab, in dem sie leben. Wenn alle Menschen auf der Welt ein Einkommen von 900 € hätten und überall die gleichen sozioökonomischen Bedingungen herrschen würden, wäre dieses Einkommen kein Problem. Erst wenn wir das *Ganze* sehen, erkennen wir überhaupt, dass es ein Problem ist.

Heute wird in Deutschland nach Zahlung der Miete von den 900 € noch etwa die Hälfte für den täglichen Bedarf übrigbleiben. An ein Auto oder eine Urlaubsreise ist dabei nicht zu denken. Auch werden Theater-, Konzert- und Museumsbesuche kaum möglich sein, ebenso Sport- und Freizeitveranstaltungen. Schicke Kleidung, Bücher, Geschenke für Freunde werden problematisch sein. Selbst das Zusammensein mit Freunden wird aus finanziellen Gründen zurückgehen, weil man sich selbst Kleinigkeiten nur eingeschränkt leisten kann. So ist an Restaurant- oder selbst Kneipenbesuche kaum zu denken. Kurz, die Lebenssituation ist prekär. Man muss nicht hungern, ist aber vom gesellschaftlichen Leben abgekoppelt.

In die Lebenssituation rutschen immer mehr Menschen ab, solange das ökonomische System im Medium *Geld* operiert bei $r > g$. Das Geld wird von unten nach oben „abgesaugt“ und dies *systemisch* und das exponentiell, d. h. mit *beschleunigtem* Tempo. Mit 20 und 30 Jahren mögen diese Menschen noch Hoffnung haben, ihr Einkommen zu steigern. Spätestens mit 40 oder 45 wird diese zarte Hoffnung in *Hoffnungslosigkeit* umschlagen. Denn ihre Rente wird weniger als die Hälfte ihrer jetzigen 900 € betragen. D. h. selbst wenn sie heute 1.200 € netto haben würden, kämen sie aus dieser prekären Lebenslage nicht heraus. Aufgrund des *„Staubsaugereffektes“* $r > g$ gerät ein immer größerer unterer Teil der Gesellschaft in diese prekären Verhältnisse, *obwohl* im *Durchschnitt* unsere Gesellschaft z. Z. jährlich um mehr als *2 % reicher wird. Oliver Marchart* spricht von einer Zone der Prekarität, die etwa ein Drittel der arbeitsfähigen Bevölkerung umfasst (Marchart. 2013: 14).

Die Situation ist jedoch noch deprimierender, wenn wir die *Kinder* mit berücksichtigen. In einem Wirtschaftssystem, dessen *einziges Medium Geld* ist, verursachen Kinder lediglich Kosten. Kinder haben keine Lobby. Jedes 5. Kind in Deutschland lebt auf Sozialhilfeniveau. Der *„Paritätische Wohlfahrtsverband"* geht von einer höheren Zahl aus. Danach leben in Deutschland 3,2 Millionen Kinder auf bzw. unter dem Sozialhilfeniveau, da viele aus Scham nicht zum Sozialamt gehen. D. h. ein *immer reicher werdendes Land* ist nicht in der Lage, dass seine Kinder in *Würde* aufwachsen können. Im Armutsbericht 2014 heißt es hierzu: „Kinder sind und bleiben in Deutschland ein Armutsrisiko. Die Kinderarmut in Deutschland stellt sich statistisch zunehmend als eine Armut von Alleinerziehenden, kinderreicher und/oder arbeitsloser bzw. langzeitarbeitsloser Eltern dar, und zwar, ohne dass man in den letzten zehn Jahren von irgendeiner signifikanten Verbesserung der Situation sprechen könnte" (Armutsbericht. 2014: 18 z. nach März. 2017: 140).

Kinderarmut hat erhebliche Einflüsse auf die Entwicklungschancen der Kinder. Arme Kinder leiden nicht nur unter den Einschränkungen der familiären ökonomischen Verhältnisse. Sie stoßen auch oft auf das Unverständnis bei den Lehrern. Aufgrund der eigenen Mittelschichterfahrung nehmen Lehrer immer wieder die materielle Unterversorgung der Kinder nicht als solche wahr. Ebenso wird die weniger starke häusliche Unterstützungsleistung bei den Hausaufgaben nicht berücksichtigt. Die Konsequenz ist, dass wissenschaftliche Untersuchungen immer wieder feststellen, dass die *soziale Herkunft* in Deutschland bestimmend ist für den

Bildungsverlauf. Auf diese Weise verfestigt sich Armut über die Generationen. Noch schlimmer, die Opfer dieses Prozesses werden zu Tätern umdefiniert und sanktioniert, die Kinder armer Eltern im *Bildungssystem*, ihre Eltern durch Arbeitsmarkt und Sozialpolitik im *Sozialsystem.*

Weiter unten werde ich zeigen, dass die *einseitige* Kommunikation im *Medium Geld* die zentrale Ursache dafür ist, dass wir uns aus diesem Teufelskreis nicht befreien können. Es ist vollkommen unökonomisch, das Potential unserer Kinder brach liegen zu lassen. Ebenso das ihrer Eltern! Es widerspricht dem Kern des ökonomischen Handelns, dem *ökonomischen Prinzip* selbst, Ressourcen nicht zu nutzen. Dabei ist über das *gute Leben* noch nicht einmal gesprochen. Das ist im Medium *Geld* ohnehin *unmöglich.* Nur unser eindimensionales Denken, unsere *Vorurteile*, veranlasst uns dies zu glauben. Wir werden sehen, dass selbst ein Auto, ein Haus, ein Flughafen *mit Geld* nicht herstellbar sind. Dass wir es trotzdem glauben, ist einem *Vorurteil* geschuldet.

Ein weiteres Vorurteil ist, dass Kinder *unproduktiv* sind. *Daher* spielen sie in der Ökonomie auch keine Rolle. Die Ökonomie kennt nur das Medium *Geld* und definiert daher einen ihrer zentralsten Begriffe, die *Produktivität*, mit Hilfe dieses Mediums. Ein fatales Vorurteil. Wir werden weiter unten sehen, dass *ohne unsere Kinder* eine Lösung all unserer Probleme *unmöglich* ist. *Die Ökonomie weiß nicht, was Produktivität bedeutet!* Im Medium *Geld* ist dies ganz einfach nicht erkennbar.

2.5 Digitalisierung

Wie alle vorangehenden Problembereiche der Gegenwart wird auch die Digitalisierung von den dynamischen *ökonomischen Strukturen* vorangetrieben. Doch bei der Digitalisierung geht es um etwas *vollkommen Neues.* Das „Wesen“ der ökonomischen

Strukturen wird beim Prozess der Digitalisierung *selbst* verändert. Der Grund hierfür liegt darin, dass ökonomische Strukturen *rationale Strukturen* sind. Sie werden von Menschen *hergestellt*. Und alles, was herstellbar ist, ist *digitalisierbar*. Nicht nur Verwaltungsprozesse im Dienstleistungsbereich, sondern auch die Herstellung von Maschinen ist digitalisierbar. Ganz allgemein ist *Arbeit digitalisierbar* und damit beseitigbar, durch Einsatz von Software bzw. *„künstlicher Intelligenz"*.

Durch die Weiterentwicklung der Software zur „künstlichen Intelligenz" wird sich aber nicht nur unsere *Arbeitswelt* grundlegend verändern, sondern auch unsere *soziale Welt*. Gemeint ist die Welt, von der wir glaubten, sie liege außerhalb der *Ökonomie* in der *Gesellschaft*. Die „künstliche Intelligenz" ergreift die gesamte Gesellschaft und *unterwirft* sie den *Imperativen der Ökonomie*.

Es gibt also zwei Problemfelder, die es bezüglich der Weiterentwicklung der Software zur „künstlichen Intelligenz" (KI) zu unterscheiden gilt. Einerseits die *Arbeitswelt:* Was passiert, wenn die Arbeit wegrationalisiert wird? Andererseits die *soziale Welt:* Die KI bedroht unser *Zusammenleben* durch Überwachung, Manipulation, ja Steuerung unseres *Selbst*. Obwohl ich beide Problemfelder getrennt behandeln werde, sind sie doch *untrennbar* miteinander verbunden. Denn ersteres Problemfeld birgt keinen geringeren *sozialen Sprengstoff* als letzteres. Hinter beiden steht die „künstliche Intelligenz", die unser *Menschsein* selbst bedroht. Nicht wenige Menschen fragen sich, ob wir in Zukunft nicht von Robotern und ihrer „künstlichen Intelligenz" beherrscht werden.

Es ist noch keine 200 Jahre her, da waren über 80 % aller Menschen in der *Landwirtschaft* beschäftigt. Heute beträgt ihr Anteil in den westlichen Ländern etwa 2 %. Die Menschen fanden Arbeit in der *Industrie*. Seit Jahrzehnten sinkt die Anzahl der Menschen jedoch auch in der Industrie weiter. Ursache hierfür sind *Rationalisierungsprozesse*. Auch das Sinken der Anzahl der Arbeitsplätze in der Industrie konnte wieder aufgefangen werden durch den wachsenden *Dienstleistungsbereich*. So sank der Anteil der Menschen im Industriebereich in den westlichen Ländern bis heute auf etwa 20 %–30 % mit wachsender Tendenz nach unten.

Nun stehen wir vor einer ganz neuen Situation. Während der Anteil derer, die im Industriebereich tätig sind, weiterhin abnimmt, werden auch *zugleich* Tätigkeiten im *Dienstleistungsbereich wegrationalisiert*. Möglich macht dies die immer leistungsfähigere *Software* und ihre ständig steigende *Vernetzung*. Gleichzeitig können immer größere Datenmengen gespeichert und in immer kürzerer Zeit mit ständig verbesserten Algorithmen verarbeitet werden. Bis hin zu *selbstlernenden Systemen*, der „künstlichen Intelligenz". Jetzt sind auch anspruchsvolle Tätigkeiten im Dienstleistungsbereich vom Verschwinden betroffen. Selbst Tätigkeiten, die heute von Akademikern ausgeübt werden, sind ersetzbar geworden durch KI. Nicht nur Buchhalter, Disponenten, Agenten, Lkw- und Straßenbahnfahrer können vollständig ersetzt werden. Auch die Tätigkeiten von Rechtsanwälten, Steuerberatern, Ärzten und Ingenieuren können teilweise oder ganz durch KI ersetzt werden.

Deutschland, der „Exportweltmeister", vor allem im Maschinenbau, setzt in diesem Rennen auf Industrie 4.0. Dies meint Autonomie der Fabrik, also Autonomie der Herstellungsprozesse – oder die *menschenleere Fabrik*. D. h. menschliche *Arbeit* wird durch *Kapital* ersetzt. Das Kapital nimmt nun die Form der „künstlichen Intelligenz" an. Das hat zur Folge, dass, nach unserem *heutigen* Verständnis von Ökonomie, der Anteil der Wertschöpfung durch Kapital immer mehr zunimmt. Gleichzeitig nimmt der Anteil der Wertschöpfung durch menschliche Arbeit ab.

In diesem Prozess werden die Besitzer von *Kapital* immer unabhängiger von denen, die nur über ihre *Arbeit* verfügen. Die zunehmende Asymmetrie von Kapital und Arbeit aufgrund der gesteigerten Möglichkeit mittels KI, Arbeit durch Kapital zu substituieren, verschärft den oben beschriebenen Prozess der Ungleichheit von Arm und Reich zusätzlich. *Yvonne Hofstetter* schreibt in ihrem Buch „Das Ende der Demokratie“: „Der bevorstehende hohe Automatisierungsgrad der digitalen Ära wird die Kosten der Produktion weltweit weiter senken. Bald wird es kaum mehr einen Routinejob geben, der nicht kopiert werden kann – und zwar millionenfach. Gewinner ist, wem es gelingt, menschliche Arbeit zu automatisieren. Finanzinvestoren, die Kapital aufbringen, um menschliche Arbeit mit dem Kapitalsubstitut „intelligente Maschine“ zu ersetzen, werden reicher, während die Armut der Erwerbstätigen, die darauf angewiesen sind, für ihren Lebensunterhalt zu arbeiten, weiter zunimmt“ (Hofstetter. 2016: 312).

Die Kapitalbesitzer brauchen nicht einmal selbst für die Rationalisierungsprozesse zu sorgen. Denn wie wir oben mit *Piketty* gezeigt haben, ist es, solange r > g gilt, möglich, sich mit *Geld* Kapital anzueignen, ohne selbst Werte, sprich „künstliche Intelligenz“, zu schaffen. Es ist heute möglich, aus Geld mehr Geld zu machen ohne das Zwischenglied Wert. Aufgrund der *Rekursivität des ökonomischen Prozessierens* wird daher die *KI in wenigen Jahren im Besitz von Oligarchen* sein.

Aber damit hat die *Rekursivität der Digitalisierung* noch nicht ihr Ende gefunden. Denn die Kapitalbesitzer haben schon heute eine Ahnung davon, dass die Gesellschaft zerrissen wird und auseinanderbricht, wenn die *Ungleichheit* weiter zunehmen wird. Ihnen ist es nicht entgangen, dass es zu Revolten oder gar zur Revolution kommen kann. „Sie fürchten Steuererhöhungen, Revolution oder sogar Krieg. Nichts davon halten sie für einen wünschenswerten Weg des sozialen Ausgleichs“ (Hofstetter. 2016:

313). Die Lösung *ihres* (der Oligarchen) Problems ist jedoch schon längst in Bearbeitung.

Sie sind davon überzeugt, auch den *sozialen Ausgleich* mittels „künstlicher Intelligenz" nicht nur *herzustellen* sondern auch zu Gunsten ihrer Profilmaximierung *zu steuern.* Das Interessante ist, dass dies zu Beginn des Prozesses, den ich nun vor allem mit *Shoshana Zuboff* beschreiben werde, nicht in ihrer Absicht lag. Aber im Verlauf des ökonomischen Prozessierens sind sie in den *Sog der Rekursivität* des ökonomischen Akkumulationsprozesses hineingezogen worden.

Ich spreche hier von den großen fünf Internetgiganten Google, Facebook, Microsoft, Amazon und Apple. Davon sind Google, Facebook und Microsoft reine Digitalunternehmen, d. h. sie bewegen keine *Materie*, sondern nur *Daten. Google* ist das teuerste Unternehmen der Welt mit einem Börsenwert von über 1 Billion €. Sein Börsenwert ist größer als der der 15 größten deutschen DAX-Unternehmen. Zum Vergleich: *Siemens* hat einen Börsenwert von etwa 100 Mrd. €, hat aber knapp 380.000 Beschäftigte. *Google* hat bei einem mehr als zehnmal höheren Börsenwert, aber mit nur 80.000 Beschäftigten nur etwa ein Fünftel der Beschäftigten von Siemens. D. h. der Börsenwert pro Beschäftigten ist bei Google *fünfzig Mal* so hoch. Diese Entwicklung hat in nur 20 Jahren stattgefunden. Google wurde 1998 gegründet. In dieser kurzen Zeit ist offensichtlich *„aus dem Nichts"* ein Wert von 1 Billion € entstanden. Bezogen auf die 80.000 Beschäftigten ist das ein Wert/Beschäftigten von 12,5 Millionen €. Bei Siemens würde dieser Wert/Beschäftigten 0,26 Millionen € betragen. Siemens wurde 1847 gegründet, also vor 171 Jahren.

Welche Aussagekraft bzw. welche Bedeutung der Begriff *„Wert"* in der Ökonomie hat, werde ich weiter unten besprechen. Aber schon bei diesem Vergleich zeigt sich sehr deutlich, dass *Geld* als *Werteinheit* keinerlei Vergleiche zulässt. Dennoch wird es in der Ökonomie als *das* Maß *aller* Dinge angesehen. Die Ökonomie kennt *nur* das Geld. Es ist das *einzige Medium,* in dem das *ökonomische System* operiert. So jedenfalls sieht es der Mainstream der Ökonomen.

Aber zurück zu unseren digitalen Giganten. Ihre Größe gemessen als Börsenwert ist nicht das Problem. Das Problem ergibt sich aus der *Macht*, die sich aus ihren *Tätigkeiten* ergibt. Und die sind *vollkommen neu.* Bisher schlugen die Unternehmen aus unserer *Arbeit* Kapital. Die digitalen Giganten schlagen aus unserem *Selbst* Kapital. Das, was die Ökonomen Wertschöpfung nennen, resultierte aus unserer *Arbeit.* Der Kapitalismus ist jedoch ein ökonomisches Handlungssystem, das *Arbeit* durch Kapital ersetzt. Das Rationalisierungsinstrument ist *heute* die *„künstliche Intelligenz"*. Wenn die Arbeit als Potential der Wortschöpfung und damit des Profits *beseitigt* wird, muss zu diesem Zweck etwas *Neues* her. Dieses Neue sind unsere *persönlichen Erfahrungen und unser Innenleben*, das wir den digitalen Giganten übergeben.

Niemand hat diesen Prozess geplant. Auch die beiden Google-Gründer, die Studenten der Stanford Universität *Larry Page* und *Sergey Brin* nicht. Ihre ursprüngliche Absicht war die Information der Welt zu organisieren, durch Rückkopplungsprozesse ständig zu verbessern und für alle und zu jeder Zeit zur Verfügung zu stellen. Sie fassten ihre Suchmaschine *„Search"* als ein *rekursives* Lernsystem auf. Google nutzte auch die Informationen, die als *„Verhaltensüberschuss"* bei der Interaktion mit den Usern anfielen, um den *Dienst* zu verbessern. Das Unternehmen verkörperte damit den Eindruck einer demokratischen Kraft. „In dieser Anfangsphase von Googles Entwicklung sorgte die Kopplungsschleife bei der Verbesserung seiner Suchfunktionen für ein Gleichgewicht der Kräfte: Suche bedurfte der Menschen, von denen sie lernen konnte, und die Menschen brauchten die Suche, um von ihr zu lernen. Diese Symbiose ermöglichte es Googles Algorithmen, lernend immer relevantere und umfassendere Suchergebnisse zu produzieren. Mehr Anfragen war gleichbedeutend mit verbessertem Lernen; verbessertes Lernen sorgte wiederum für höhere Relevanz. Höhere Relevanz führte zu mehr Anfragen und mehr Nutzern" (Zuboff. 2018: 91).

Die anfallenden Verhaltensdaten setzte man in der ersten Phase ausschließlich zum *Nutzen der User* ein. Was die Nutzer an Verhaltensdaten preisgaben und von Wert für das Unternehmen war, wurde zur Verbesserung der Suchergebnisse eingesetzt. Aus den Verhaltensdaten Werbeeinnahmen zu generieren, lehnten sie vehement ab. Als die 1998 ihre Suchmaschine vorstellten, nahmen sie hierzu Stellung: „Wir gehen davon aus, dass werbefinanzierte Suchmaschinen von Natur aus hin zum Anzeigenkunden und weg von den Bedürfnissen der Kundschaft tendieren. Eine solche Tendenz ist schwer auszumachen, könnte aber trotzdem eine erhebliche Wirkung auf den Markt haben [. . .] Das Produkt der Werbung sorgt unserer Ansicht nach für zu viele gemischte Anreize, was eine wettbewerbsfähige, transparente und wissenschaftlich orientierte Suchmaschine von kritischer Bedeutung erscheinen lässt" (Sergey Brin, Larry Page 1998, zitiert nach Zuboff. 2018: 94).

Doch Ende 2000 setzte eine *neue Rhetorik* ein. *Google* stellte fest, dass mit den wachsenden Beständen an Verhaltensdaten, die über die Verbesserung der Suchergebnisse hinaus zur Verfügung standen, exponentielle *Gewinne* zu realisieren waren. Dieser *„Verhaltensüberschuss"* war der „Heilige Gral" der Werbung. Da *Google* zunehmend in finanzielle Probleme geriet, musste dieser Schatz gehoben werden. Das *Überleben im ökonomischen System* hängt davon ab, ob *Gewinne* generiert werden oder nicht. Diese Entdeckung des *„Verhaltensüberschusses"* wurde streng unter Verschluss gehalten. Alles zielte nun darauf ab, die *Datenmengen* des Verhaltensüberschusses *zu erhöhen* und die *Algorithmen* ihrer Verarbeitung zu *verbessern.* Ziel war es nun, das Verhalten der User *vorauszusagen*, um dann in einem weiteren Schritt *Einfluss auf ihr Verhalten* zu nehmen. Je mehr Verhaltensdaten zur Verfügung standen, umso genauer konnten die User *manipuliert* werden. *Google* konnte so seinen *Kunden* – wohlgemerkt nicht den Usern der Suchanfragen – verbesserte Werbeverträge anbieten. Denn nun trat an die Stelle des *Ratespiels* in der Werbung die *Gewissheit,* auf mathematischer Grundlage der Algorithmen, die das *Verhalten vorhersagten.*

Dabei ist es möglich, nicht nur *Nutzerprofile* der einzelnen User zu erstellen, sondern auch für Gruppen durch *Vernetzung* ihrer Daten. Damit war der ursprüngliche Sozialvertrag zwischen *Google* und seinen Usern endgültig gebrochen. Es wurden damit Verhaltensdaten geteilt, die der User nicht hat teilen wollen. Zu diesem Zeitpunkt etwa 2003 war *Google* alleine in der Lage, den *Verhaltensüberschuss* seiner User zu überwachen, zu erweitern, auszuwerten, und begann auch damit, ihr Verhalten zu steuern. Diese Fähigkeit der Verhaltensvorhersage meldete *Google* zum Patent an. „Die Patentschrift für *Googles* Erfindung enthüllt ganz neue Möglichkeiten, mit einer automatischen Architektur die Gedanken, Gefühle, Absichten und Interessen Einzelner wie ganzer Gruppen zu erschließen. Ohne Wissen oder Einwilligung der Betroffenen erstellt man so ein geheimes Profil aus Verhaltensdaten, zu dem allein Google Zugang hat“ (Zuboff. 2018: 103).

Damit wurde der Grundstein für eine neue Form des Kapitalismus gelegt, den *Zuboff Überwachungskapitalismus* nennt. Dies ist eine Steigerung des *rekursiven* Akkumulationsprozesses. Denn nun wird der *Profit* nicht mehr aus der *äußeren Arbeit* geschlagen, sondern aus dem *inneren Selbst.* Und dies mittels des *Kapitals* der *künstlichen Intelligenz.* Die Ausbeutung mittels *Arbeit* ist nicht mehr notwendig. Sie wird ohnehin durch *Kapital* ersetzt. Eine zusätzliche Steigerung liegt darin, dass nunmehr die Möglichkeit gegeben ist, mit *mathematischer Gewissheit* die Konsumenten auf die durch das Kapital erzeugten Produkte zu lenken, durch gezielte *Manipulation* ihres Verhaltens. Die Konsumenten werden so selbst auch zu *Objekten* in den Händen der *Oligarchen des Kapitals.*

Die Degradierung der Subjekte zu Objekten mittels der *Rekursivität* iterativer Algorithmen weitet sich jedoch aus. Menschen werden *instrumentalisiert. Google* blieb nicht der Einzige, der aus dem *Verhaltensüberschuss* über die *Werbung* Kapital schlägt. Diese neue Logik griff zunächst auf *Facebook* über. Sein Gründer *Mark Zuckerberg* war wie die Gründer von *Google* Student. Seine Absicht war, die Studenten mit Professoren an Hochschulen über ein *soziales Netzwerk* zusammenzubringen. Er hatte es abgelehnt, seine Nutzer zur Kasse zu bitten, wie es Telefongesellschaften tun. 2007 machte er sein *soziales Netzwerk* für alle Welt zugänglich. Spätestens bei diesem Schritt wusste er, was er wollte.

Er stieß auf eine Ressource in seinem *sozialen Netzwerk,* das noch tiefer in das *Innenleben* seiner User vordrang, als dies bei *Google* der Fall ist. Bei *Facebook* geben die User ihre *intimsten* Gedanken und Gefühle preis. Auf der Basis dieser Daten konnte Nachfrage nicht nur *gesteuert,* sondern auch *geschaffen* werden. Die atemberaubende Quelle von Verhaltensdaten ist eine Goldmine des Überwachsungskapitalismus. Der schwerfällige Industriekapitalismus ist dagegen Steinzeit. Nun kann in *Sekundenschnelle* Nachfrage *geschaffen* werden, und dies, ohne dass die Nachfragenden davon wissen. Für die Oligarchen des Überwachungskapitalismus wird die *Freiheit* der Konsumenten zur *Gewissheit* durch ihre „künstliche Intelligenz“. Die ursprüngliche *Freiheit* wird durch KI zu *Wissen* objektiviert und damit beseitigt.

In dieser neuen Welt gibt es keine *Willensfreiheit.* Dies wird auch ganz offen propagiert. Wenn es sie je gab, war sie die Ursache für alle unsere sozialen Probleme. Denn soziale Probleme haben ihre Ursache in unserer *Unwissenheit.* Die Digitalisierung führt uns aus diesem Dilemma heraus. *Sie führt uns mit Gewissheit zusammen.* So ist es auch kein Widerspruch, wenn *Mark Zuckerberg* uns sagt, er wolle uns mit seinem sozialen Netzwerk *zusammenführen.* Menschen fühlen sich schließlich wohl, wenn sie sich in einer Gemeinschaft Gleichgesinnter aufhalten. Dies leistet das *soziale Netzwerk.*

Über das *„Internet der Dinge"* bekommen wir darüber hinaus auch die *Dinge*, die wir möchten. Im „Internet der Dinge" sind alle Dinge miteinander *vernetzt,* ob Kühlschrank, Waschmaschine oder Heizung, ob unsere Matratze oder unser Staubsauger, unser Auto oder unsere Kleidung. Alles ist mit Sensorik und Intelligenz ausrüstbar und vernetzbar. Die KI weiß zu jeder Zeit, wo wir sind, was wir tun, denken und fühlen. Sie erkennt unser Gesicht, unsere Sprache und unseren Tonfall, ja sogar unsere Stimmungslage. *Jederzeit kann sie hierauf reagieren.* Für die KI sind wir ein *Objekt unter Objekten.* Wenn wir häufig genug zu schnell durch die Kurve fahren, erfährt dies unsere Versicherung und erhöht automatisch die zu zahlende Prämie. Wenn unsere Sprache und Stimmung nicht adäquat ist, erhalten wir keine Anstellung, *Zuboff* nennt „ihn" den „Big Other" in Anlehnung an George Orwells „Big Brother". Für *Yvonn Hofstetter,* die lange im Bereich der KI tätig war, steuern, wir auf „Den (Das) Ende der Demokratie" zu. Im Untertitel ihres gleichnamigen Buches steht: „Wie die künstliche Intelligenz die Politik übernimmt und uns entmündigt". In ihrem Buch: „Sie wissen alles" zeigt sie, dass wir um unsere Freiheit kämpfen müssen. Die alles entscheidende Frage ist jedoch: wie?

Rechtliche Maßnahmen haben sich als vollkommen unzulänglich erwiesen. Niemand weiß, welche Daten und welche Algorithmen benutzt werden. Die Daten sind ihr Eigentum, die Algorithmen sind ihr Geschäftsgeheimnis. Das sind Grundregeln des Kapitalismus. Wollte man diese Regeln beseitigen, würde man den Kapitalismus beseitigen. Doch der hat mächtige Fürsprecher. Eine andere Strategie und *technische Abwehrmaßnahmen*. Dies würde zu einem *ständigen Wettrüsten* führen. „Es gibt Handyhüllen, die sämtliche Signale blockieren; es gibt Prothesen mit falschen Fingerabdrücken, mit denen sich verhindern lässt, dass Fingerspitzen »zum Schlüssel zu unserem Leben« werden; es gibt Antigesichtserkennungsbrillen, mit denen sich einschlägige Software austricksen lässt; es gibt eine Steppjacke, die Funkwellen und Trackingsensoren blockiert; es gibt einen Aroma-Diffuser, der einen metallischen Duft verströmt, wenn auf einem ihrer Geräte eine ungeschützte Website, ein ungeschütztes Netzwerk entdeckt wird; es gibt eine »Serendipitor-App«, die Überwachungsmethoden überlistet [. . .]" (Zuboff. 2018: 561).

Shoshana Zuboff kommt zu dem Schluss, dass das gläserne Leben unerträglich ist und unsere Freiheit zerstört. Aber nicht weniger unerträglich sei es, Masken zu tragen oder unsere Körper in strahlungsresistente Gewebe zu hüllen. Eine Möglichkeit bleibt uns jedoch. Wir können das *Prinzip der Rekursivität*, das auch hinter der *ökonomischen Operationalität* selbst liegt, die uns in die scheinbare Aussichtslosigkeit manövriert hat, in Anschlag bringen. Wie dies möglich ist, möchte ich im Folgenden plausibel machen. Der große Vorteil dieses Weges ist, dass der Prozess schon längst im Gange ist. Wenn dies nicht der Fall wäre, hätten wir *wirklich* ein Problem. Wir müssen *nur verstehen*, was schon längst in *Entwicklung begriffen* ist. Wir müssen nur den Nebel von den *Begriffen* wegziehen, mit denen wir täglich umgehen. Dann sehen/spüren wir auch die *Bewegung*. Mit unseren *defini-*

torischen Begriffen stellen wir die *Zeit* still. Wir nehmen uns damit selbst die Zukunft. Denn die kann *nicht objektiviert* werden, wie es die Hohen Priester der Informatik glauben.

Den Hohen Priestern mangelt es an *Bildung*. Bildung ist nicht methodisches Verarbeiten von Daten, die durch Beobachtung entstanden sind. Ihnen mangelt es an dem *der Informatik zugrunde Liegenden*. Ohne dass sie Informatik gar nicht betreiben können. Im Folgenden geht es darum, dieses *Zugrundeliegende* aufzudecken und in Anschlag zu bringen. Dieses Zugrundeliegende *operiert* schon seit Milliarden von Jahren *auch in uns*. Es hat u. a. auch die Informatik *hervorgebracht*. Aber es ist nicht auf Informatik reduzierbar. Es ist bei weitem mehr. In diesem *„Mehr"* steckt unsere noch *unbekannte* Zukunft. *Wir* sind *frei* für eine *selbstbestimmte* Zukunft.

3. Die operationale Struktur I objektiver Modus

Wir leiden heute an einem *grundsätzlichen* Problem. Wir glauben mit *Begriffen* unser menschliches, gesellschaftliches Leben gestalten und führen zu können. Begriffe werden *definiert.* Begriffe basieren auf *symbolischem Denken.* Diese *Symbole* können mit Maschinen, sprich Computern, in Form von *Daten* verarbeitet werden. *Begriffe* sind, weil sie definiert sind, *statisch.* Auch sie können ihre Bedeutung verändern. Aber dies nur in sehr, sehr langen Zeiträumen. Noch *Kant* nahm an, dass die *wesentlichen* Begriffe, seine *Kategorien, zeitlos,* apriori, also vor aller Erfahrung, in uns eingeschrieben sind.

In der Schule werden wir in und mittels dieser quasi zeitlosen *kategorialen Strukturen* ins gesellschaftliche Leben eingeführt. In der Schule, und später in der Hochschule ebenso, stehen uns zum Erfassen dieser Welt vermeintlich *nur* diese *kategorialen Strukturen* zur Verfügung. Dies ist ein Überbleibsel des *antiken Intellektualismus.* Im ersten Jahrtausend vor unserer Zeitrechnung hat die Menschheit eine bedeutende Leistung vollbracht. Sie lernte sich in *reinen Symbolsystemen* denkerisch zu bewegen. Das Denken lernte, sich *rekursiv* auf Gedanken zu beziehen, um so im reinen Symboldenken *zu verbleiben.* Ohne diese Leistung gäbe es keine *Informationsverarbeitung.*

Kategoriale Strukturen sind, wie oben erwähnt, *statisch* und als solche in Form von *Daten maschinell* verarbeitbar. Aber diese kategorialen Strukturen, unserer Sprache, *ruhen* auf *operationalen Strukturen.* Die operationalen Strukturen haben die kategorialen Strukturen erst ermöglicht und hervorgebracht. *Systemtheoretisch* würde man sagen, die kategorialen Strukturen, also die Sprache mit ihren Begriffen, haben sich aus den operationalen Strukturen *ausdifferenziert. Dialektisch* gesprochen müssen sie, in welcher Form und in welchem Entwicklungszustand auch immer, in den operationalen Strukturen vorhanden gewesen sein. *Neues* entsteht immer aus dem bereits Vorhandenen. Es scheint nur so, als käme es aus dem *Nichts*. Denn es war vorher ja nicht da. Sonst wäre es nicht *neu*.

Operationale Strukturen bringen also erst die Bewegung in die Welt. Operationale Strukturen *sind* Bewegung. Nur sie können daher überhaupt erst etwas *hervorbringen. Nur sie sind produktiv.* Die *Ökonomie* gibt es nur aufgrund *ihrer* Produktivität. Dieses ganze Kapitel 3 beschäftigt sich ausschließlich mit der Produktivität der *operationalen Struktur*, die die Elemente und damit die *Materie*, das Leben und die Menschen mit ihrem *Geist* hervorgebracht hat. Die Materie und der menschliche Geist haben sich erst *gebildet. Bildung ist Bewegung.* Nur in *Bildungsprozessen* kann wirklich *Neues* entstehen. Bildungsprozesse sind nicht auf *Logik* reduzierbar. Bildungsprozesse sind *dialektische* Prozesse. *Bildungsprozesse* sind *unhintergehbar*, sie stehen uns nicht wie *Herstellungsprozesse zur Verfügung*. Software, auch in der Form von *künstlicher Intelligenz*, ist in Herstellungsprozessen entstanden. Sie operiert rein *logisch*. Dialektische Prozesse sind nicht unlogisch, aber *mehr* als Logik. *Bildungsprozesse* sind die Bedingung der Möglichkeit von *Herstellungsprozessen*.

3.1 Die Bildung der Elemente

Wir *vollziehen* nun nicht den Bildungsprozess der Elemente. Dies geht *prinzipiell* so wenig, wie wir unseren eigenen Bildungsprozess (bewusst) vollziehen. Er vollzieht *sich*. Bildungsprozesse sind *selbstorganisatorische* Prozesse. Sie sind *unhintergehbar*. Wir können sie lediglich in *kategorialer Struktur beschreiben*. Das klingt so, als können wir demnach nicht aus dem *„antiken Intellektualismus“* heraus. Dem ist *nicht* so, wie wir am Ende feststellen werden. Nur das *Ganze* bringt allerdings die Klärung. Dennoch bleibt die *Unhintergehbarkeit*.

Und damit fängt alles an: Der Urknall. Aber an den Urknall kommen wir nicht heran. Die Gesetze der Physik reichen „nur" bis 10^{-33} Zentimeter. Das Universum muss nach diesen Gesetzen noch kleiner gewesen sein und *ohne Struktur*. Es war *reine Energie* ohne jegliche Masse. Aus diesem „Zustand" heraus haben sich erst die Elemente, die die *Materie* ausmachen, *gebildet*. Sie entstanden nach heutigem Wissen aus einem winzig kleinen *strukturlosen Ganzen* von ungeheuer hoher Temperatur und Dichte, welches mit ungeheuer hoher Geschwindigkeit zu unserem Universum expandierte. Dieser Expansionsprozess hält *bis heute* an.

Die anfänglich unvorstellbar hohe Temperatur von 10^{32} Grad ließ keine *Struktur* zu. Aus der Quantenphysik wissen wir, dass auch mit zunehmender Kleinheit keine Struktur mehr zu finden ist, sondern nur noch *Energie*. Erst wenn man genau hinschaut, und dies geht nur *instrumentell*, „sieht" man Teilchen. D. h. die Beobachtung selbst *bewirkt* erst, dass Teilchen „sichtbar" werden. Mit anderen Worten, wir können im Mikrokosmos nicht mehr beobachten, ohne dass das Beobachtete *durch* die Beobachtung *verändert* wird. Wir sehen die Dinge nur noch im *präparierten Zustand*. Uns ist es daher *prinzipiell* unmöglich, instrumentellen Einblick in diese Welt des Mikrokosmos zu bekommen. Und instrumentell muss es sein, da unsere Sinnesorgane den direkten Einblick nicht ermöglichen.

Da uns der Anfang *prinzipiell* nicht einsichtig werden kann, ist auch die Frage „was war vor dem Urknall" sinnlos. Diese Frage entsteht automatisch aufgrund unseres gelernten *kausalen* Denkens: Vor einer Wirkung muss es eine Ursache geben. Das *kausale Denken* führt uns hier nicht weiter. *Der Anfang vom Ganzen ist unhintergehbar.* Aber von den Anfangsbedingungen hängen alle gesetzesmäßigen Vorhersagen ab. Erst wenn die Anfangsbedingungen bekannt sind, ist *Logik* überhaupt sinnvoll einsetzbar. Die Anfangsbedingungen sind aber in der *Wirklichkeit* so gut wie nie vollständig bekannt. Mit dieser Einsicht erschließt sich, wie *klein* der Bereich ist, in dem die *Logik* einsetzbar ist. Letztlich ist sie nur im symbolischen Denken, das *rekursiv* immer wieder nur auf Gedanken zurückgreift, gültig, bei dem die Anfangsbedingungen *gesetzt* sind. Sobald wir diesen rein theoretischen Bereich verlassen, also uns der *Wirklichkeit* zuwenden, den *operationalen Strukturen*, also der Bewegung, entstehen erst die eigentlichen *menschlichen Aufgaben*, die uns auch *selbst bewegen* bzw. berühren. Dazu benötigen wir aber die Elemente, aus denen auch unser Körper aufgebaut ist. Diese Empfindungen resultieren aus unserer *lebendigen Leiblichkeit*. Dies sind die unserem symbolischen Denken – unseren kategorialen Strukturen – zugrundeliegenden operationalen Strukturen. *Zuerst waren die operationalen Strukturen!*

Diese waren zunächst *strukturlos* als *Energie* vorhanden. Jeder Schüler lernt in der Schule, dass Energie *nicht gerichtet* ist. Energie ist daher eine *skalare* Größe, keine *vektorielle* Größe. Ein Vektor hat neben seiner *Größe* auch eine *Richtung*. Dann wird aus der Energie eine *Kraft*. Die Kraft hat die gleiche Dimension wie die Energie. Darüber hinaus hat die Energie unseres Universums immer die gleiche Gesamtenergie. Sie geht nie verloren. Sie kann lediglich *umgewandelt* werden in eine andere Energieart, z. B. Wärmeenergie in elektrische Energie. Dies erfolgt in unsern Kraftwerken. D. h. aber auch, dass die Energie zu „Beginn" des Universums so groß war wie heute. Die Physiker kennen daher den *Energieerhaltungssatz*. Er ist die Grundlage fast aller physikalischen Berechnungen. Seit *Einstein* wissen wir auch, dass eine Energieart nicht nur in eine andere Energieart umgewandelt werden kann. Darüber hinaus wissen wir, dass *Energie* in *Materie* umgewandelt werden kann. Das zeigt sich z. B. auch im Sichtbarwerden von Teilchen bei Messvorgängen, wie oben angesprochen. Mathematisch steht für diesen Umwandlungsprozess die Gleichung $E = mc^2$.

Wir wissen also per Experiment, dass es kein Geheimnis ist, aus Energie Materie zu erzeugen. Es ist „nur" ein Umwandlungsprozess. In der Energie ist also – wie auch immer *verborgen* – die Materie schon enthalten. Nun bestehen Elemente aus Atomen. Atome wiederum bestehen u. a. aus *Atomkernen*. Diese gab es in der heißen winzigen „Ursuppe" des Anfangs noch nicht. Wie diese haben entstehen können, weiß man erst seit den 1950-er Jahren. Mit Ausnahme von Wasserstoff und wohl auch Helium haben sich die *Atomkerne* und ihre entsprechenden *Elemente* in *Sternen* gebildet. Wie sich diese sogenannte *primordiale Nukleosynthese*, die erste Verschmelzung von Protonen und Neutronen bildete, weiß man nicht wirklich. Sie hat sich in den ersten 20 Minuten nach dem *Urknall* ereignet. Im Übrigen ist der Begriff *„Urknall"* missverständlich. Denn es gab zu dieser Zeit ja keine Atmosphäre, in der sich der Schall hätte übertragen können. Wenn es den Urknall gab, muss er lautlos gewesen sein.

Dann vergingen nach der gängigen Kosmologie etwa 380.000 Jahre, ohne dass sich, außer weiterer Expansion und Abkühlung, Wesentliches ereignete. Jede kleine Abweichung vom Einheitsbrei wurde wieder egalisiert. Bis die Temperatur des Universums auf 4000° Kevin abgesunken war. Damit hatte das *erste Wasserstoffatom* die Chance, sich nicht nur zu *bilden* sondern auch *stabil* zu bleiben. Das war die Geburtsstunde eines der wichtigsten *Elemente des Lebens.* Das anfängliche hochenergetische Universum hatte offensichtlich einen *Drang nach Struktur und Materie.* Da im Universum nichts verloren geht, bestehen auch wir aus diesen uranfänglichen ca. 13 Milliarden Jahre alten Wasserstoffatomen. Auch wenn wir nicht mehr existieren, wird es diese Wasserstoffatome weiterhin geben. Im Universum wird alles „wiederverwendet". Da wir auch aus Elementen bestehen, die, wie wir gleich sehen werden, sich in Sternen gebildet haben, bestehen wir auch aus Atomen ehemaliger Sterne. Wir sind nicht nur *geistig*, sondern auch *materiell* „Teil" des *Ganzen*.

92 Prozent unserer menschlichen Materie hat sich *in Sternen gebildet*. Hierzu gehören Kohlenstoff, Stickstoff, Sauerstoff, Phosphor, Eisen, Calcium, Zink, Selen und noch einige andere Elemente. Mengenmäßig besteht das Universum zu 99 Prozent aus Wasserstoff und Helium. Diese beiden Elemente teilen sich wiederum im Verhältnis drei zu eins auf. Zum Leben ist das restliche eine Prozent jedoch unentbehrlich. Dieses eine Prozent hat sich in Sternen gebildet. Die ersten Sterne haben sich den gewaltigen ersten Wasserstoffkonzentrationen gebildet. Warum es zu diesen Konzentrationen kam, weiß man nicht wirklich. Damit hat sich zugleich eine der vier Grundkräfte des Universums gebildet, die *Gravitation*.

Die anfänglich gleichmäßig verteilte Materie begann sich *selbst zu organisieren*. Der einmal in Gang gesetzte Prozess erhöhte den *gravitativen Druck*. Dieser Druck erzeugt im Inneren einen *Gegendruck*. Denn durch den nach innen wirkenden gravitativen Druck erhitzte sich das komprimierte Gas und erzeugte eben hierdurch den inneren Gegendruck. Durch Abstrahlung der Hitze wurde der innere Gegendruck geschwächt, sodass der gravitative Druck weiter überwog. Damit konnte eine neue Runde der Kompression beginnen. Zugleich zog die Gravitation der Sterne immer mehr Gas an sich und *entleerte* damit die Zwischenräume von Gas.

Der ständig steigende Druck in den Sternen rief nach etwa 20 Millionen Jahren eine zweite Kraft auf den Plan, die *starke Kernkraft*. Sie wirkt nur, wenn sich Atomkerne zu nahe kommen. Die starke Kernkraft ist die anziehende Kraft der Quarks der Protonen. Sie hat eine extrem geringe Reichweite. Aufgrund des gewaltigen Drucks im Inneren des Sterns kommen sich die Protonen so nahe, dass die starke Kernkraft der Quarks des einen Protons auf die Quarks des anderen Protons wirken kann. Sie überwindet damit leicht die *elektromagnetische Kraft* (dritte Grundkraft) der Abstoßung zwischen den gleichnamig geladenen Protonen und verschmolz sie. Die neue Konfiguration setzte dann die Energie frei, die das Zupacken der starken Kernkraft geliefert hatte. Dieser *Bildungsprozess* wird *stellare Nukleosynthese* genannt. Die freiwerdende Fusionsenergie wiederum weist die Gravitation für sehr lange Zeit in die Schranken. Dieses *Prozessieren* nennen wir *Stern*. Unsere Sonne ist ein solcher Stern, der uns noch für etwa 5 Milliarden Jahre erhalten bleiben wird.

In Sternen *bilden* sich die *Bausteine des Lebens*. Druck und Temperatur in ihrem Inneren lassen die starke Kernkraft wirken, die zur Bildung neuer Atomkerne führt. Vier Wasserstoffkerne bzw. Protonen werden so zum Heliumkern verschmolzen. Die *Schwache Kernkraft* lässt dabei zwei Protonen zu Neutronen zerfallen. Der neu gebildete Kern wiegt danach 0,66 Prozent weniger als die Ausgangsprodukte. Dieser sogenannte *Massendefekt* wird in Form von Energie freigesetzt. Welche Elemente sich in den Sternen bilden, hängt von ihrer Größe ab. Aber alle Elemente jenseits von Helium werden dort gebildet.

Die Größe von Sternen liegt zwischen einem Zehntel und dem 300-fachen der Masse unserer Sonne. Die über Milliarden Jahre ablaufenden energetischen Prozesse im Stern lassen das Helium zu Kohlenstoff fusionieren. Bei einem Stern von achtfacher Sonnenmasse verschmelzen thermonukleare Prozesse nacheinander Kohlenstoff zu Stickstoff, Stickstoff zu Sauerstoff und so weiter über Elemente mit höheren Ordnungszahlen bis hin zum Eisen.

Je massereicher ein Stern ist, umso kürzer ist seine Lebenserwartung. Im Jahr 2010 wurde ein Stern entdeckt, der schon 55

Sonnenmassen verbrannt hat, aber immer noch aus 265 Sonnenmassen besteht. In solchen Sternen können sich alle uns bekannten Elemente bilden. Unsere Sonne bringt es bis zum Helium. In etwa 5 Milliarden Jahren wird sie sich zu einem *„Roten Riesen"* aufblähen. Dann wird sie zusammenfallen und zu einer mehrere Kilometer großen Materiekugel langsam abkühlen. Andere Sterne werden explodieren und ihr Material ins Weltall schleudern. Ein großer Stern kollabiert weiter und wird zu einem *„Schwarzen Loch"*.

Das beim Sterben der Sterne ins Weltall geschleuderte Material zieht sich unter dem Einfluss des eigenen Schwerefeldes zusammen und bildet dann die *zweite Generation* von Sternen. Den dabei ablaufenden Prozess versteht man aber noch nicht. Sterne der zweiten Generation sind jedoch mit *komplexerer Materie* ausgestattet. Die *dritte Generation* soll sich ähnlich *bilden.* Komplexere Materie bedeutet *Moleküle* bestehend aus *mehreren Atomen.* So hat man im interstellaren Raum schon *organische Moleküle* – auf Kohlenstoffbasis – mit bis zu 13 Atomen gefunden. Darüber hinaus wurden auf Asteroiden in unserem Sonnensystem einfache *Aminosäuren* entdeckt.

Offensichtlich hat sich über Milliarden von Jahren aus *strukturloser Energie* eine immer größere *Komplexität und Vielfalt an Materie* entwickelt. Im Mikrobereich haben sich immer größere *Verbindungen gebildet.* Von Quarks über Protonen zu Atomkernen und Atomen bis hin zu organischen Molekülen. Und dies in einer immer größeren Vielfalt. Zugleich hat sich dabei aus dem *strukturlosen*, unendlich *Kleinen* das gewaltige Universum gebildet mit seiner komplexen Struktur aus Sternen mit umlaufenden Planeten, Sternsystemen, rotierenden Galaxien, lokalen Gruppen von Galaxien, Galaxienhaufen bis hin zu Clustern und Superclustern. Eine Komplexität und Ordnung, die den physikalischen Gesetzmäßigkeiten der *Relativitätstheorie* gehorcht. Sie hat sich *selbstorganisatorisch gebildet.*

Die *Zunahme der Komplexität* im oben beschriebenen Mikrokosmos unterliegt den physikalischen Gesetzmäßigkeiten der *Quantentheorie.* Auch sie beruht auf dem Modell *selbstorganisierender Systeme.* Offene Systeme können durch *Selbstorganisation* noch mehr Komplexität erlangen, wenn Energie und Materie hindurchfließen. Allerdings gibt es ein entscheidendes Problem. Das Konzept der *Selbstorganisation* setzt ein *offenes* System voraus, das von *außen* Energie zugeführt bekommt, um seine Komplexität zu *steigern.* Das Universum wird aber als *geschlossenes* System gedacht. Es gibt kein Außen. Das Universum ist das *absolut Ganze* und als solches ein geschlossenes System. Das impliziert ein weiteres grundsätzliches Problem. Nach der herrschenden Lehre gilt in einem geschlossenen System das Prinzip der *zunehmenden Entropie.* Entropie heißt Unordnung. Das bedeutet, es ist *unmöglich,* dass es eine Zunahme der Komplexität im Universum gibt.

Das *Prinzip der Selbstorganisation* lässt sich empirisch nachweisen. Die Gesetze der Physik insbesondere ihre beiden Großtheorien, die *Relativitätstheorie* und die *Quantentheorie,* werden immer wieder empirisch bestätigt. Wir könnten weder zum Mond fliegen nach per GPS unsere Autos navigieren, gäbe es die Relativitätstheorie nicht. Und ohne Quantentheorie gäbe es keine Computer und Smartphones. Und dennoch fehlt etwas Fundamentales. Über das *Ganze* können sie uns nichts sagen. Daher sind auch Voraussagen über unser Universum reine Spekulation. In den letzten 100 Jahren haben sie sich mehrmals radikal geändert. Vom statischen zum dynamischen, vom schrumpfenden zum expandierenden, vom pulsierenden zum zeitlich begrenzten Universum, vom Wärmetod zum Kältetod des Universums bis zum ewigen Universum mit und ohne Anfang.

Aber schon die Entdeckung einer oder mehrerer *neuer Energieformen* könnte unser Weltbild verändern und die empirisch nachweisbare *Steigerung* der *Komplexität erklären*, meint *John Hands* (Hands. 2017: 231). Er ist allerdings sehr skeptisch, ob die gegenwärtige Arbeitsweise der Kosmologen hierbei zielführend ist. Kosmologen sind im Wesentlichen theoretische Physiker. Ihr Hauptwerkzeug ist die *Mathematik*. Er gibt zu bedenken, dass manche Kosmologen annehmen, ein *mathematischer Beweis* sei zugleich auch ein *wissenschaftlicher Beweis*. Doch hier gibt es einen fundamentalen Unterschied. Der mathematische Beweis bewegt sich im rein *symbolischen Denken*. Der wissenschaftliche Beweis muss sich an der *Wirklichkeit* bewähren. Auch die *Realität* reicht hier nicht aus, wie der Mainstream der Wissenschaftler jedoch heute noch glaubt. Denn die *Realität* ist ein Konstrukt und *repräsentiert* nur *rein begrifflich* die Wirklichkeit. Doch dazu später.

Was bleibt festzuhalten? Am Anfang war *Energie*. Das klingt wie: am Anfang war das *Wort*. Genauso ist es auch zu verstehen. Beides sind *Glaubenssätze*. Es ist sicher mit dem christlichen Glauben auch vereinbar zu sagen, am Anfang war die *Energie des Wortes*. Ein Physiker würde auch nichts dagegen einzuwenden haben. Denn *Worte* lassen sich auf *Daten* reduzieren. Daten lassen sich mit Software verarbeiten. Mittels Software bzw. „künstlicher Intelligenz" lässt sich das ersetzen, was mit *Arbeit* heute noch geleistet wird. Arbeit ist aber physikalisch nichts Anderes als Kraft x Weg. Zur Arbeit benötige ich also *Energie*. Wir können heute schon durch Eingabe von *Worten* in einen Sprachcomputer einen Automaten *Dinge produzieren* lassen. Hierzu bedarf es lediglich eines Flusses von Energie und Material. Aber auch das lässt sich mit Worten und „künstlicher Intelligenz" erledigen. Ebenso die Herstellung des Automaten. Dabei kann es einem schwindelig werden. Auflösen lässt sich dies mit Hilfe der *Zeit*. Denn Zeit ist nicht nur ein Begriff, also kategoriale Struktur, sondern *zugleich* auch operationale Struktur. Im Verlauf der Lektüre dieses Buches wird dies klar werden.

Was Energie *ist*, kann uns kein Physiker sagen. Wir kennen nur ihre *Wirkung*. Es geht nicht nur darum, dass wir nicht wissen, was die Energie *am Anfang* war. Die Physik weiß es *prinzipiell* nicht. Sie weiß auch nicht, was *Kraft* ist. Auch weiß sie nicht, was *Schwerkraft* oder Gravitation ist. *Brian Cox und Jeff Forshaw* machen das an der Weltsicht von *Newton* und *Einstein* einsichtig. *Newton* hätte „etwa Folgendes gesagt: »Die Erde wird von der Sonne durch die Schwerkraft angezogen. Diese Anziehung verhindert, dass die Erde hinaus ins Weltall fliegt, und beschränkt sie stattdessen auf eine Bewegung in einem großen Kreis«." Hingegen würde *Einstein* etwas völlig Anderes sagen: „Die Sonne ist ein massereiches Objekt und krümmt als solches die Raumzeit in ihrer Umgebung. Die Erde bewegt sich frei durch die Raumzeit, aber die Krümmung der Raumzeit zwingt die Erde auf eine Kreisbahn" (Cox und Forshaw. 2018: 225 f.).

In *Einsteins* Beschreibung ist eine Kraft offensichtlich eine reine Folge der Geometrie. An dieser Gegenüberstellung der Sicht auf den *Begriff Kraft* werden drei Dinge deutlich:

1. Es gibt eine Entwicklung und damit einen Wandel in der Sicht auf den Begriff Kraft.
2. Was Kraft ist, wird nicht nur nicht deutlich, er ist abhängig von anderen Begriffen wie Masse und Raumzeit.
3. Einsteins Sicht ist vollkommen unanschaulich. Was ist eine Krümmung der Raumzeit? Wie kann eine Kraft eine Folge der Geometrie sein? Noch schlimmer. Die Gravitation ist vollkommen verschwunden und durch eine Geometrie ersetzt.

In unserem täglichen Leben „wissen" wir alle, was eine *Kraft* ist. Z. B. wenn wir von einem Auto angefahren werden. Oder wenn wir einen Gegenstand aufheben oder eine Tasche tragen. Was wir zu *wissen* meinen, ist jedoch nur die *Wirkung* der Kraft. So ist dies auch in der *Mathematik* der Physiker. Die Größen Masse, Raumzeit, Krümmung und Gravitation haben aufeinander eine bestimmte, mathematisch in diesen Größen ausdrückbare Wirkung, besser *Beziehung*. So spiegelt die Krümmung einfach wieder, wie die Raumzeit in Anwesenheit von Masse und Energie gekrümmt wird.

Es gibt jedoch einen gravierenden Unterschied zwischen dem *Erleben* der Kraft und dem Messen bzw. *Berechnen* einer Kraft. Beim Erleben wird unsere *operationale Struktur* unmittelbar berührt. Berührung heißt *Bewegung*. Bewegung gibt es nicht ohne *Energie. Diese* Energie sind wir *selbst*. Eine Berechnung findet hingegen in einem *rein symbolischen Bereich* statt. Sie verbleibt in der *kategorialen Struktur*. Dies hat jedoch einen erheblichen Vorteil. Wir können hiermit vollkommen unanschauliche Welten einsehen. Einerseits den Makrokosmos andererseits den Mikrokosmos. Also Bereiche, die unseren Sinnen nicht zugänglich sind.

Wie der Vergleich zwischen den Sichtweisen von *Newton* und *Einstein* zeigen sollte, gibt es kein endgültiges Wissen über diese Welt. Was wir heute für gesichertes Wissen ansehen, kann morgen überholt sein. Der englische Chemiker *Humphry Davy*, der eine Vielzahl von Elementen entdeckt hat, sagte hierzu 1810: „Nichts ist so verhängnisvoll für die Entwicklung des menschlichen Verstandes wie die Annahme, dass unsere wissenschaftliche Weltsicht endgültig sei; dass es keine neuen Rätsel in der Natur gibt; dass unser Erfolg vollständig ist; und dass es keine neuen Welten zum Erobern gibt" (Davy. zit. nach Cox u. a. 2018: 176).

Was am Anfang war, wissen wir nicht. Auch wissen wir nicht, ob es überhaupt einen Anfang gab. Aber zu einem Zeitpunkt von ca. 14 Milliarden Jahren vor heute gab es offensichtlich eine für uns unvorstellbare Energiekonzentration. Damals gab es *Etwas* und nicht Nichts. Dieses Etwas war offensichtlich im Gleichgewichtszustand und ohne Struktur. Also in „gleichmäßiger Unordnung". Das aus einer Unordnung *selbstorganisatorisch* Ordnung entstehen konnte, hatte man bis zu den Arbeiten des Nobelpreisträgers *Ilya Prigogine* für *unmöglich* gehalten. Bisher konnte nur aus Ordnung Unordnung entstehen.

Prigogine hat die Physik des *„Seins"* in eine Physik des „Werdens" verwandeln können. Er führte damit eine historische Dimension in physikalische Prozesse ein. Und zwar derart, dass das zukünftige Verhalten eines Systems von seiner bisherigen „Systemgeschichte" abhängig wurde. Das heißt, die *Zeit* war nicht mehr wie in der Physik ein *Parameter*, sondern sie war *gerichtet*. Damit rückte die alte Idee einer Synthese von Natur- und Kulturgeschichte wieder in den Bereich des Möglichen.

In den 1960-er Jahren hat *Prigogine* zeigen können, dass in ungeordneten Systemen mit Hilfe eines Flusses von Energie und Materie durch das System eine komplexe Struktur entsteht. Dieser Fluss hält diese komplexe Struktur in einem stabilen, aber nicht starren Zustand. In diesem Zustand ist das System *„empfindlich"* für kleine Veränderungen. Wenn der Energiefluss ansteigt, kommt es zu neuen Instabilitäten, aus denen wiederum neue Strukturen höherer Komplexität hervorgehen können. Damit wurde *Prigogine* der Begründer *selbstorganisierender Systeme* im anorganischen Bereich.

Energie stand offensichtlich nicht nur am Anfang aller Bewegung zur Verfügung. Sie ist notwendig zur *Bildung* und *Stabilisierung* von *selbstorganisatorischen Systemen* und ihrer Fähigkeit zur *Komplexitätssteigerung*. Komplexitätssteigerung bedeutet Zusammenarbeit, Bindung und *Kooperation*. Denn Komplexität bedeutet, dass eine Vielzahl von Elementen *aufeinander abgestimmt sein muss.* Ein selbstorganisatorisches System *ist* ein System, in dem *alles aufeinander abgestimmt ist* und als *Ganzes* agiert.

Prigogine hat seine sich selbstorganisatorisch bildenden Strukturen, die aus Strukturlosigkeit bzw. Unordnung Ordnung bilden, *„dissipative Strukturen"* genannt. Er hat hierin den einfachsten physikalischen Mechanismus der *Kommunikation* eines *Ganzen* gesehen. „Das System muss als *Ganzes* agieren. Auf das Schlüsselwort *Kommunikation* werden wir wiederholt zurückkommen, und es ist von offenkundiger Bedeutung von der Chemie bis hin zur Neurophysiologie. In den dissipativen Strukturen trifft wohl einer der einfachsten physikalischen Mechanismen der Kommunikation zutage" (Prigogine u. a. 1993: 157).

3.2 Die Bildung des Lebendigen

3.2.1 Von der Entstehung der Erde bis zu den Bakterien

Physiker und Ingenieure können heute wunderbar mit der Energie *umgehen* und sie für unser menschliches Leben einsetzen. Ein Wissen darüber, was sie eigentlich *ist* und *woher* sie kommt, ist dazu nicht notwendig. Wir benötigen sie jedoch nicht nur für *Herstellungsprozesse.* Sie ist auch unverzichtbar für *Erkenntnisprozesse.* Sie ist die Bedingung der Möglichkeit von *Bildungsprozessen* schon im Bereich des Anorganischen. Diese *Bildungsprozesse* ermöglichen auch durch den *Fluss von Energie* den *Übergang* zur Bildung des Organischen und schließlich des *Lebens.* Hier nehmen sie allerdings eine andere Form des Prozessierens an. Bis sie schließlich beim Menschen *reflexiv* werden. *Maturana und Varela* schrieben hierzu Folgendes: „Das Erkennen ist Tun des Erkennenden in der Eigenart seines Lebendig-*Seins,* seiner

Organisation, verwurzelt. Wir behaupten, dass die biologischen Grundlagen des Erkennens nicht allein mittels der Untersuchung der Prozesse im Nervensystem verstanden werden können. Unerlässlich für ein Verständnis dieser Grundlagen scheint uns vielmehr ein Verständnis der Verwurzelung dieser Prozesse im *Ganzen* (Hervorhebung G. R.) des Lebewesens zu sein“ (Maturana u. a. 1987: 40).

Für *Maturana* sind Erkenntnisprozesse im Biologischen verwurzelt, und zwar im *Ganzen* des Lebewesens. Für diese Art der Selbstorganisation hat *Maturana* den Begriff *Autopoiese* geprägt. Im Folgenden werde ich diesen Betriff für das selbstorganisatorische Prozessieren im *Ganzen* benutzen. Auch für das Prozessieren im anorganischen Bereich. Es hält sich durch, von Beginn an, in der *Rekursivität* seines Prozessierens. Es greift immer wieder auf das *schon Vorhandene* zurück und wird dadurch von ihm abhängig. Dabei kann sich die *Autopoiese* selbst noch einmal *ausdifferenzieren* und neue Arten des Prozessierens bilden. Das *Prinzip*, alles aufeinander abzustimmen, *bleibt* dabei jedoch *erhalten*. Doch ich greife schon weit vor.

Zunächst musste sich in diesem sich selbstorganisierenden autopoietischen Prozess etwas *bilden*, aus dem sich dann *Leben* überhaupt *bilden* konnte. Das ist unser Planet, den wir *Erde* nennen. Das Leben benötigt so etwas wie eine Heimat, eine entsprechende *Umwelt*. Über die Sonne und ihre Entstehung habe ich schon gesprochen. Sie ist *unsere* Energiequelle. *Ihre* Energiequelle ist ihre *eigene* Schwerkraft. Diese Schwere drückt auf den Kern und erzeugt so die Temperatur. Das zusammengedrückte Gas wird heiß. Daher *strahlt* die Sonne, von der wir leben. Ihr Licht benötigt acht Minuten, um bei uns einzutreffen. Sie ist 150 Millionen Kilometer von der Erde entfernt.

Nach der herrschenden Lehrmeinung der Kosmologen bildeten sich die ersten Sterne ungefähr 20 Millionen Jahre nach dem

„Urknall". Unsere Sonne ist ein relativ „junger" Stern und etwa 4,6 Milliarden Jahre alt. Sie bildete sich also erst etwa 10 Milliarden Jahre nach dem *„Urknall"*. Mit Bildung der Sterne begann der große *Kreislauf der Materie*. Kosmologen gehen davon aus, dass unsere Sonne schon zur dritten oder vierten Generation von Sternen gehört. Wenn Sterne „sterben", blasen sie Materie in den interstellaren Raum. Teilweise schießt die Materie mit einer Geschwindigkeit bis zu 10.000 Kilometer pro Sekunde ins Universum. Diese Gase sind mit den Elementen angereichert, die die Sterne zuvor gebildet haben.

Unser Sonnensystem besteht zu 25 % aus Materie eines Sterns, der möglicherweise 20-mal schwerer war als unsere Sonne. Zu unserem Sonnensystem gehört nicht nur die Sonne als Zentralgestirn, sondern auch die Planeten mit ihren Monden. Man unterscheidet Gesteinsplaneten wie unsere Erde und Gasplaneten. Auch Merkur, Venus und Mars sind Gesteinsplaneten. Gesteinsplaneten sind wesentlich komplexere Gebilde als unsere Sonne. Sie ist „lediglich" ein großer heißer Gasball.

Bevor ein Stern zu strahlen beginnt, muss die Bildung der Planeten schon vorangeschritten sein. Bei einem Gesteinsplaneten wie die Erde bilden sich zunächst aus Staubteilchen Brocken. Die Brocken ziehen weitere Staubteilchen an. Einzelne Brocken stoßen aufeinander, werden dabei heiß und verschmelzen ineinander. Hier ist es die *Bewegungsenergie*, die beim Zusammenstoß das Material heiß hält. So verschmelzen immer weitere Brocken zu einem Planeten. Die Schwerkraft sammelt so die umherfliegenden Gesteinsbrocken ein. In der Frühphase der Erde schlug ein riesiger Brocken mit einem Fünftel der Erdmasse auf die Erde ein. Sein Eisenkern versank in der glutflüssigen Urerde. Große Teile der Erdkruste wurden dabei ins Weltall geschleudert. Die Teile sammelten sich in ca. 60.000 Kilometern Entfernung in

Form eines Gesteinsringes an. Hieraus bildete sich dann der *Mond*.

Unser *Sonnensystem* ist mit seinen Planeten und Monden ein *äußerst fein abgestimmtes System*. Wären nur einige Dinge auch nur geringfügig anders, hätte kein Leben auf der Erde entstehen können. Gäbe es z. B. den Jupiter nicht, wäre ein Leben auf der Erde nicht entstanden. Der *Jupiter* hat mit seiner Masse eine Schwerkraft wie alle anderen Planeten zusammen. Er fungiert wie ein Staubsauger und sammelt Gesteinsbrocken, die uns gefährlich sein können, ein. Vor allem solche wie die, von denen einer vor 65 Millionen Jahren auf der Erde einschlug und den Saurier das Ende bereitete. Ein zehn Kilometer großer Brocken reichte hierzu aus. Hätten wir den *Mond* nicht, würde sich die Erde dreimal schneller um ihre Achse drehen. Der Tag hätte nur 8 Stunden und es würden aufgrund der schnelleren Drehung der Erde um ihre Achse Stürme von 300–500 km pro Stunde über ihre Oberfläche hinwegziehen.

Aber auch die Erde selbst stellt für sich ein großes System dar, als ein *Ganzes*, deren Teilsysteme miteinander wechselwirken. Auf der Erde *bilden* belebte und unbelebte Natur eine *Einheit*. Sie bedingen sich wechselseitig und stehen in einem empfindlichen Gleichgewicht. Der Bildungsprozess der *Erde* als *Ganzes* schuf erst die Voraussetzungen für die Bildung des *Lebens*. Und wie oben gerade beschrieben, ist das System Erde wieder ein Teilsystem des Sonnensystems, von der sie abhängig ist. Und das Sonnensystem gehört wiederum einem noch größeren *Ganzen* an usw. Aber nun bleiben wir sprichwörtlich auf der Erde.

Die Wissenschaft fasst die verschiedenen Voraussetzungen, die für die Bildung des Lebendigen notwendig sind, in sechs Kategorien zusammen. (1) Wesentliche Elemente und Moleküle, (2) die Masse des Planeten, (3) die Temperaturspanne der Biosphäre, (4) die Energiequellen, (5) Schutz vor gefährlicher Strahlung und Einschlägen, (6) Stabilität (Hands. 2017: 235).

(1) Die wesentlichen Elemente und Moleküle

Die uns bekannten Lebensformen bestehen aus einer großen Vielfalt höchst komplexer Moleküle. Das einzige Element, das derart komplexe Moleküle bilden kann, ist *Kohlenstoff*. Dieser wird zu Beginn der Bildung des Lebens notwendig sein. Ebenso ist *Wasser* in flüssiger Form hierzu notwendig. Unter normalem Luftdruck existiert Wasser in flüssiger Form über eine ungewöhnlich breite Temperaturspanne von 0° Celsius bis 100° Celsius. Genau diese Spanne ist ideal für *biochemische Reaktionen*, die zur Reproduktion und Aufrechterhalten von *Leben* erforderlich ist.

(2) Die Masse des Planeten

Die Masse eines Planeten, auf dem sich Leben bilden kann, darf nicht zu klein, aber auch nicht zu groß sein. Ist die Masse zu klein, reicht das Schwerefeld nicht aus, Gase, wie z. B. *Sauerstoff*, für die Atmosphäre festzuhalten. Aber auch flüchtige Substanzen wie flüssiges *Wasser* könnten nicht an seiner Oberfläche festgehalten werden. Kleiner als ein Drittel der Erdmasse dürfte der Planet nicht sein. Ein Planet, der viel größer als zehn Erdmassen ist, würde Gase aus seiner Nebularscheibe einfangen und zu einem Gasriesen werden. Menschliches Leben wäre aufgrund der großen Schwerkraft nicht möglich.

(3) Die Temperaturspanne

Bindungen in komplexen organischen Molekülen lösen sich, wenn die Temperatur zu hoch ist. Bei zu niedrigen Temperaturen laufen biochemische Reaktionen zu langsam ab, um komplexe Moleküle bilden zu können. Essentielle Stoffwechselreaktionen könnten nicht aufrechterhalten werden.

(4) Die Energiequellen

Die wichtigste Energiequelle für die Oberfläche der Erde ist die Sonne mit ihrer *elektromagnetisch* abgestrahlten Energie. Der Planet darf nicht zu nah, aber auch nicht zu weit um die Sonne kreisen. Diesen Bereich nennt man die *zirkumstellare habitable Zone (CHZ).* Zu beachten ist, dass nicht nur die *Entfernung* zur Sonne entscheidend ist. Der tatsächliche Energiebetrag, der auf der Oberfläche ankommt, hängt von drei zusätzlichen Verhältnissen ab. (1) Der Reflexion von Wolken und Eis. (2) Der Rotationsperiode des Planeten um seine Achse. (3) Der wieder abgestrahlten Energie aufgrund der Beschaffenheit der Atmosphäre. Wie wir weiter oben schon erfahren haben, absorbieren Kohlendioxid, Wasserdampf und Methan die thermische Energie und strahlen sie wieder zurück. Dies führt zu dem uns bekannten *Treibhauseffekt.*

(5) Schutz gegen gefährliche Strahlung und Einschläge

Damit Leben existieren kann, muss die Biosphäre gegen gefährliche Strahlung von außerhalb der Erde geschützt werden. Dies übernimmt die besondere Zusammensetzung der Atmosphäre. Das bekannteste Beispiel ist die Ozonschicht, die uns vor zu hoher UV-Strahlung schützt. Wie wir vor einschlagenden Kometen oder Asteroiden geschützt werden, hatten wir schon weiter oben gesehen. Dies unterstützt vor allem der Jupiter als Staubsauger solcher Brocken, die mehrere Kilometer Durchmesser haben können und komplexe Lebensformen vernichten.

(6) Stabilität

Stabilität in jeder Hinsicht, vor allem in Hinblick auf die *Thermodynamik*, muss über lange Zeiträume gewährleistet sein. Die Bildung von Leben benötigt sehr lange Zeiträume, damit aus den erforderlichen Molekülen einfache Organismen entstehen können bis hin zur Komplexität des Menschen. Dieser Prozess hat vor ca. 3,8 Milliarden Jahren begonnen. Wir Menschen haben uns erst hinter der dritten Stelle nach dem Komma bemerkbar gemacht. Wir machen nur die letzten 0,05 % dieser Zeitstrecke aus. Fast die gesamte Zeit war *Vorlaufzeit für uns*. Und die hat uns geprägt, von ihr sind wir *abhängig*. Hier wurden *operationale Strukturen* gebildet, die noch *heute* auf uns wirken.

Die zentrale physikalische Wissenschaft, die sich mit der Gesamtheit der Prozesse beschäftigt, die ich hier beschreibe, ist die *Thermodynamik*. Sie beschäftigt sich sowohl mit den Vorgängen im Mikrokosmos wie auch mit denen im Meso- und Makrokosmos. Allen bekannt ist hier die Meteorologie, die sich mit dem Klima und dem Wetter beschäftigt. Hier geht es um die Zusammenhänge von Druck, Volumen und Temperatur. Aber sie beschäftigt sich auch mit Zusammenhängen im atomaren und molekularen Bereich. *Nick Lane* nennt sie die Wissenschaft des „Verlangens". Er ist Biochemiker und beschäftigt sich mit der „Anziehung" und „Abstoßung", dem „Mangel" und der „Entladung", der „Bindung" und „Trennung". Er weist ausdrücklich darauf hin, dass dies nach *Anthropomorphismus* klingt. Für *Nick Lane* ist es nach eigenem Bekunden unmöglich „über Chemie zu schreiben, ohne einen gewissen Anthropomorphismus einzustreuen. Moleküle »wollen« Elektronen abgeben oder aufnehmen, ziehen gegensätzliche Ladungen an, stoßen gleiche Ladungen ab oder verbinden sich mit Molekülen, die gleiche Eigenschaften haben. Eine chemische Reaktion läuft spontan ab, wenn alle molekularen Partner das Verlangen haben, sich daran zu beteiligen" (Lane. 2015: 22).

Anthropomorphismus ist ein veritabler Vorwurf, den Wissenschaftler anderen entgegenschleudern, um sie der *Unwissenschaftlichkeit* zu überführen. Auch *Nick Lane* hat dabei ein schlechtes Gewissen. Das ist aber nicht notwendig. Die Begründung erfolgt in drei Schritten, die in der *Natur unseres Bildungsprozesses* liegen:

(1) Jegliche *Kategorisierung* ist das Ergebnis von *Analogisierung*. Analogisierung ist eine fundamentale Fähigkeit unseres Denkens, um *Neues* zu entschlüsseln. Wir können gar nicht anders, als Neues zunächst einmal durch schon vorhandene Begriffe zu entschlüsseln. *Douglas Hofstadter* und *Emmanuel Sander* beschreiben es so im Prolog ihres fulminanten Werkes „Die Analogie" (2014: 38): „Wir behaupten, dass die Bedingung des Erkennens ein konstanter Kategorisierungsfluss ist und dass all dem nicht ein Akt der *Klassifizierung* [. . .], sondern das Phänomen der *Kategorisierung durch Analogisierung* zugrunde liegt. Dank der Kategorisierung durch Analogisierung haben wir die Fähigkeit, Ähnlichkeiten zu entdecken und uns diese Ähnlichkeiten im Umgang mit dem Neuen und Fremden zunutze zu machen". Gedanken sind ohne den Einfluss der Vergangenheit einfach *undenkbar*. Dank der Analogisierung können wir überhaupt die Gegenwart mit der Vergangenheit verknüpfen. *Analogisierung* ist die Fähigkeit unseres Geistes, die es uns ermöglicht, „das reiche Lagerhaus an Weisheit zu erschließen, das in unserer Vergangenheit gründet" (Hofstadter u. a. 2014: 38).

(2) Diese Fähigkeit unseres Denkens beschreibt aber nur den Mechanismus, wie es zu neuen *kategorialen Strukturen* kommt. Die *kategorialen Strukturen* selbst haben sich aber erst aus den *operationalen Strukturen*, die ich hier im Begriffe bin zu beschreiben, *ausdifferenziert*. Und dies erst *nach* der Bildung des Lebens. Kategoriale Strukturen stehen nur uns *Menschen* zur Verfügung. Also erst am *äußersten Ende* eines Milliarden von Jahren währenden autopoietisch operierenden Bildungsprozesses.

(3) Im weiteren Verlauf des Buches werde ich zeigen, dass sich nicht nur die kategorialen Strukturen aus den operationalen

Strukturen ausdifferenziert haben. Die operationalen Strukturen, also die *Autopoiese*, hat sich in ihrem selbstorganisierenden Prozessieren *selbst noch einmal ausdifferenziert.* D. h. die Autopoiese operiert in *drei unterschiedlichen Modi.* Im *objektiven* Modus, im *sozialen* Modus und im Modus des *subjektiven Empfindens.* Wie diese drei Modi der Autopoiese zusammenhängen, beschreibe ich im weiteren Fortgang des Buches. Daher können wir für die zwei unterschiedlichen Operationsweisen, die sich z. B. hinter dem Begriff *„Bindung"* entfalten, eben nur diesen einen Begriff benutzen, ohne uns des Anthropomorphismus schuldig zu machen. Ich meine, die *chemische Bindung* der Elemente und die *soziale Bindung* zwischen Mutter und Kind. Sie ist unerlässlich für die gesunde Entwicklung unserer Kinder. Nur so kann sich das *Soziale* in unserer Gesellschaft überhaupt *bilden*, das sich dann auch *sozial anfühlt. Dieses Soziale* gibt es heute noch gar nicht. D. h. der *soziale Modus* der Autopoiese ist erst dabei, *sich zu bilden.* Natürlich hat die *soziale Bindung* eine vollkommen *andere Bedeutung* als die *chemische Bindung.* Aber beide Prozesse wirken *autopoietisch*, nur in einem jeweils anderen Modus. Bei beiden Bindungen wirken *Kräfte.* Im *sozialen Feld* bildet sich erst diese *neue Kraft.*

Die Physiker unterscheiden *vier Grundkräfte* im Universum, die alle aufs Feinste aufeinander abgestimmt sind. Alle vier Grundkräfte sind erst mit dem *sich bildenden* Prozess der *Selbstorganisation* entstanden. Da die *Masse* sich auch erst ausdifferenzieren musste, konnte natürlich noch keine *Gravitationskraft* da sein. Auch die *starke Kernkraft* machte sich erst *nach* dem „Urknall" bemerkbar, wie oben dargestellt. Gleiches gilt für die *elektromagnetische Kraft* und die *schwache Kernkraft.* Warum sollten sich nicht im Laufe des autopoietischen Prozesses, der sich ja *selbst* auch erst bilden musste, und noch dabei ist, sich selbst noch einmal auszudifferenzieren, nicht auch *neue Kräfte* bilden? Dazu später mehr.

Kehren wir zurück zu dem Biochemiker *Nick Lane*, der den Molekülen ein „Verlangen" und ein „Wollen" zuordnet, also einen *„Willen"*. Dieser *Wille* operiert natürlich nicht im Modus des menschlichen Willens, sondern im *objektiven* Modus, eben der Moleküle, die Elektronen *aufnehmen* und *abgeben*. Ich werde diesen Willen weiterverfolgen über die verschiedenen Modi der Autopoiese bis zu unserem *freien Willen*, den wir mit unserer *reflexiven Vernunft* „begreifen" können. Der Wille ist die *operationale Struktur*, aus der sich die *kategoriale Struktur* der Vernunft erst sehr spät in der Menschheitsgeschichte ausdifferenziert hat.

Wenn wir uns nun mit der *Bildung des Lebendigen* beschäftigen, stehen wir vor einem ähnlichen *(analogen)* Problem wie beim Anfang der *Bildung des Unlebendigen* nach dem „Urknall". So wenig wie wir wissen, was den Anfang des Universums ausmacht, so wenig wissen wir, *was das Leben ausmacht*. Dennoch stehen wir jetzt vor der Frage, wie aus *Atomen* und *Molekülen Leben* entstehen konnte. Was macht das *Neue* beim Übergang vom Unbelebten zum Lebendigen aus? Zunächst einmal ist festzuhalten, dass wir es *in Sprache nicht fassen* können. Ansonsten wäre Sprache Leben. Sprache ist aber lediglich *kategoriale Struktur*. Sie repräsentiert das Leben. Sie ist nicht das Leben selbst. Das Leben ist *lebendig*. Beim Leben geht es um dieses *Lebendig-Sein*. Das ist mehr als nur *Sein*.

In *kategorialer Struktur* beschreibt *John Hands* das *Leben* wie folgt: „Die Fähigkeit einer abgeschlossenen Einheit, auf Änderungen im Inneren wie in ihrer Umgebung zu reagieren, Energie und Materie aus ihrer Umgebung zu gewinnen und diese Energie und Materie in innengeleitete Aktivität umzusetzen, die eine Aufrechterhaltung der eigenen Existenz einschließt" (Hands. 2017: 293 f.). Leben ist ein *Ganzes*, das seine *Umwelt* zur Bedingung hat und sich hierdurch selbst erhält. Dies geschieht durch seine *selbstorganisatorische* Operationsweise. Dieses Ganze ist insofern mehr als die Summe seiner Teile (Atome, Moleküle etc.), als es *neue Eigenschaften* besitzt, die keine seiner Bestandteile besitzt. Mit dem *Reduktionismus* des 19. und auch noch des 20. Jahrhunderts ist dies nicht mehr zu fassen. Wissenschaft hat daher in den letzten Jahrzehnten den Gedanken der *Emergenz* aufgegriffen. Die Anfänge dieser Idee gehen auf den englischen Philosophen *John Stuart Mill* zurück. Er formulierte ihn bereits 1843 in der oben beschriebenen Form, dass das Ganze mehr ist als die Summe seiner Teile.

Offensichtlich *ist* Leben die *dynamische Organisation* seiner Teile, die derart *integrierend* operiert, dass sich dabei *systememergente* Eigenschaften bilden. Für den Beobachter *erscheint* dabei so etwas wie eine *Intentionalität* oder auch ein „*Wille*". Da wir jedoch die Anfangsbedingungen dieses sich zur Autopoiese ausbildenden Prozessierens nicht kennen, wissen wir nicht, *was* dieses Prinzip eigentlich ausmacht. Wir wissen nur, dass es *als Prinzip*, das wir in *kategorialer Struktur* beschreiben können, *zugleich* eine *operationale Struktur hat*, die wir als lebendige Wesen auch *empfinden* können. In seiner Urform, dem anorganischen Prozessieren, lässt es sich *naturgesetzlich* nicht nur *objektiv* beschreiben, sondern auch in *Herstellungsprozessen handhaben*.

In seiner *gesteigerten Komplexität*, als *Lebendiges*, hört diese Handhabbarkeit auf. *Der Modus* dieser Autopoiese steht uns *nicht zur Verfügung*. Wir wissen nur, dass er in der Lage ist, *alles aufeinander abzustimmen*. Aus diesem *natürlichen Modus*, den wir *objektiv* beschreiben können, differenziert sich der *soziale* Modus und der Modus der *subjektiven Empfindung* aus. Dieser Bildungsprozess ist jedoch noch *nicht abgeschlossen* und *daher* noch nicht stabil. Weil *der* objektive Modus, in dem wir den *natürlichen* Modus *beschreiben*, also in *kategorialer Struktur*, erst aus dem noch unvollendeten *sozialen* Modus entsteht – wie ich weiter unten deutlich machen werden –, kann diese Beschreibung nicht vollständig sein. Daher das Problem des zweiten Hauptsatzes der Thermodynamik. Er besagt, dass in einem geschlossenen System die *Entropie* nicht abnehmen kann. Übersetzt bedeutet das, eine Komplexitätszunahme ist *unmöglich*. Da das Universum jedoch ein geschlossenes System *ist*, ist nach dem 2. Hauptsatz der Thermodynamik in ihm eine Komplexitätszunahme *nicht möglich*. Das Gegenteil lässt sich jedoch nachweisen, wie wir oben im Anorganischen bereits gesehen haben. Und das *Leben*, um das es nun geht, ist eine weitere *Komplexitätszunahme*. Die Voraussetzung, dass sich Leben überhaupt bilden konnte, ist die *Organisation des Anorganischen*. Es ist die dynamische Organisation der Vielfalt der Atome und Moleküle.

Da wir immer noch in dem *antiken Intellektualismus* befangen sind, fällt es uns schwer zu akzeptieren, dass der *objektive Modus*, in dem wir die Natur *beschreiben*, also die *kategoriale Struktur*, sich menschheitsgeschichtlich später gebildet hat als der *soziale Modus*, der allerdings noch unvollendet ist. Zuerst *begann* sich bei der Menschwerdung der *soziale Modus* zu bilden. Dies geschah noch ohne Sprache. In ihrem Ursprung gab es lediglich Gesten und Laute. Ich komme weiter unten hierauf zurück. Die *kategoriale Struktur*, in der wir *Naturgesetze* formulieren können, bildete sich erst vor ca. 2500 Jahren. „*Soziale*“ Gemeinschaften gibt es schon im Tierreich. Wir sind *heute* noch dabei, die *Idee* des Sozialen zu verwirklichen. Wir kennen das *Soziale* als *kategoriale Struktur*. Also als Idee, die es noch zu vollenden gilt, als *operationale Struktur*, die sich dann auch *sozial anfühlt*. D. h. aber auch, dass uns die *kategoriale Struktur* bei diesem *Bildungsprozess* hilft. Sie ist aber *nicht* der Bildungsprozess *selbst*. D. h. wir müssen erst das *Soziale* vollenden, dann kommen wir auch mit unseren *kategorialen Strukturen* weiter. Wir müssen das *Ganze* als Bildungs*prozess* (operational) *verstehen* (kategorial). Und dieser Bildungsprozess schreitet vom Unbelebten zum Lebendigen fort. *Dazwischen* gibt es nichts. Um diesen *Übergang* geht es nun.

So wie sich schon im *anorganischen Bereich* dissipative Strukturen durch einen ständigen Energie- und Materiefluss bilden und aufrechterhalten bleiben, so geschieht dies auch bei *Lebewesen*. Menschen sind hochkomplexe dissipative Strukturen. Es ist auch nicht so, dass zuerst die *Information* dagewesen wäre. Zuerst war *Energie* da, mittels derer sich *Strukturen* erst gebildet haben. Diese Strukturen als Ganzes *sind* schon Information. Das Leben einer Zelle ergibt sich aus ihrem Organisiert-Sein, das durch Energie- und Materiefluss aufrecht erhalten bleibt. Noch mehr: „Zellstrukturen werden durch den Strom von Energie und Materie geradezu zwangsläufig erzeugt" (Lane. 2017: 112). Zellen, aus denen wir bestehen, haben sich auch nicht gebildet durch ständige kleine Verbesserungen, sondern durch Zusammenarbeit und *Kooperation* von schon fertigen „Bauteilen". *Analog* dem, wie heute Autos aus Bauteilen *hergestellt* werden. In der Biologie wird dieser Bildungsprozess *Endosymbiose* genannt. Unsere Zellen sind *Phagozyten*, die sich schon Vorhandenes einverleibt haben und so ihre Komplexität erhöhen konnten. Das *primäre* Prinzip des Bildungsprozesses ist nicht Konkurrenz, sondern *Kooperation*. Konkurrenz, wie sie *Darwin* vorschwebte, gibt es, aber sie wird im *Ganzen* dominiert von *Kooperation. Lyan Margulis* nennt diese Verschmelzung zweier Körper dauerhafter Sex. So wie aus der sexuellen Verschmelzung der beiden Partner ein neues einzigartiges Wesen hervorgeht, so bildet sich auch *analog* aus der symbiogenetischen Verschmelzung ein *neues Wesen*. Dieses *neue Wesen* unterscheidet sich aber *deutlich* von beiden verschmolzenen Partnern (Margulis. 2017: 120).

Nick Lane, der keine Angst vor Analogisierungen hat, nennt die Bildung einer Zelle Fabrikation aus Bausteinen, die schon *vorhanden* gewesen sein müssen. *Darwin* konnte sich dies noch nicht vorstellen. So z. B. DNA, RNA, Katalysatoren, Membranen etc. Der Bildungsprozess selbst erfolgt nur bei ausreichendem Energie- und Materiefluss geeigneter Moleküle. „Was braucht man, um eine Zelle zu fabrizieren?

- ständigen Nachschub an reaktiven Kohlenstoffverbindungen für die Synthese neuer organischer Moleküle,
- die Versorgung mit freier Energie, um die biochemische Stoffwechselaktivität anzutreiben – die Bildung von Proteinen, DNA und derlei mehr,
- Katalysatoren, die diese Stoffwechselreaktionen beschleunigen und kanalisieren,
- die Ausschleusung von Abfallprodukten, um dem Zweiten Hauptsatz der Thermodynamik gerecht zu werden und chemische Reaktionen in die richtige Richtung zu lenken,
- eine Kompartimentierung – eine zellähnliche Struktur, die das Innere von der Außenwelt trennt und
- Erbmaterial – RNA, DNA oder ein Äquivalent, das die Form und Funktion in Einzelheiten festschreibt“ (Lane. 2017: 112 f.).

Vor ca. 3,8 Milliarden Jahren muss es eine Umgebung gegeben haben, in der sich diese Bausteine bilden konnten. Zu dieser Zeit gab es keinen Sauerstoff in der Atmosphäre. Dies war auch nicht notwendig. Leben ist auch ohne Sauerstoff möglich. Das beweisen heute lebende Bakterien. Notwendig war allerdings eine stabile Energiequelle. Diese gab es unter Wasser in Form von hydrothermalen Schloten als Durchflussreaktionen. Solche Schlote sind sogenannte *Schwarze Raucher*, die es heute noch gibt. Allerdings war deren Beschaffenheit und Umgebung von anderer chemischer Beschaffenheit. Es waren *alkaline* hydrothermale Schlote. Sie entstehen durch eine chemische Reaktion von Wasser mit dem Mineral Olivin. Olivin ist *Gestein* unseres Gesteinsplaneten. Die *Energie* liefert die Hitze des Erdinneren. Die Möglichkeit, diese Energie zu nutzen, bietet die Kontinentalverschiebung. „Gestein, Wasser und CO_2: Die Zutatenliste für Leben“ (Lane. 2017: 141).

Dies waren optimale und offensichtlich einmalige Voraussetzungen dafür, dass *Bakterien*, das erste Leben, entstehen konnten. Das war vor ca. 3,8 Milliarden Jahren, ca. 800 Millionen Jahre nach Bildung der Erde. Also relativ kurz nach ihrer „Geburt“. Sie beherrschten ca. 2 Milliarden Jahre lang konkurrenzlos die Erde. Aber insgesamt waren sie äußerst *kooperativ*. Im Übrigen gilt dies bis heute. *Sie* waren es, die uns das Leben ermöglichten, das wir *heute* kennen. Es waren die ersten Bakterien, die für uns Heutige die sauerstoffgetränkte Atmosphäre geschaffen haben. Sie sind es weiterhin, die unser heutiges Leben erst ermöglichen. Wir bestehen aus mehr *Bakterien* als aus *Zellen*.

3.2.2 Von der ersten eukaryotischen Zelle bis zu den Pflanzen und Tieren

Bakterien sind schon Zellen. Allerdings haben sie keinen *Zellkern*. Dies ist eine *strukturelle* Beschränkung gegenüber der *eukaryotischen Zelle* mit einem Zellkern. Daher zählen die Bakterien auch in der Biologie zu den *prokaryotischen Zellen*. Neben den Bakterien zählen hierzu auch die *Archaeen*. Bezüglich ihrer morphologischen Komplexität sind die *Prokaryoten* nicht einmal ansatzweise einem einzelligen *Eukaryoten* ebenbürtig (Lane. 2017: 180 f.).

Die *Prokaryoten* sind allerdings genetisch und biochemisch außerordentlich wandlungsfähig. Sie können relativ einfach Gene aufnehmen und abgeben. Darüber hinaus besitzen sie eine große metabolische Flexibilität. Sie haben es aber in ihrer 3,8 Milliarden Jahre langen Existenz nie zu einer höheren morphologischen Komplexität gebracht. Das Zellvolumen der *Eukaryoten* ist im Mittel etwa 15.000-mal größer als das der Prokaryoten. Dieses *Wachstum* war zugleich mit einer erheblichen *Komplexitätssteigerung* verbunden. Darüber hinaus waren die *ersten* Prokaryoten *ortsfest*. Möglicherweise diente das poröse Gestein, an denen sie sich bildeten, als Gerüst für den „Zusammenbau" und die Profilierung der Moleküle (Gaßner. 2017: 257, in Lesch u. a. 2017) im Strom von Energie und Materie.

Die jüngere Forschung bezüglich der Gene von Prokaryoten und Eukaryoten, zu denen auch wir Menschen zählen, hat eine erstaunliche Erkenntnis geliefert. Die Eukaryoten besitzen neben ihren eigenen Genen Gene von Bakterien und Archaeen. Die Gene der Prokaryoten teilen sich zu etwa drei Viertel auf Gene von Bakterien und ein Viertel auf Gene von Archaeen auf. Nun lässt sich feststellen, dass seit der Bildung der eukaryotischen Zellen kein Gentransfer mehr zwischen Prokaryoten und Eukaryoten stattgefunden hat. Daher nimmt die Wissenschaft heute an, dass es eine einmalige Endosymbiose zwischen Bakterien und Archaeen gegeben haben muss. D. h. *alle* heute existierenden eukaryotischen Zellen haben *einen gemeinsamen Vorfahren*, der aus einer Verschmelzung von Prokaryoten hervorgegangen ist. Es sieht also so aus, dass sich die eukaryotischen Zellen nicht durch einen lateralen Gentransfer nach Bakterienart, sondern durch *Endosymbiose* nach Eukaryotenart gebildet haben. Dabei hat nach heutigem Verständnis ein Archaeon als Wirtszelle und ein Bakterium als Endosymbiont gedient. Aus dem Bakterium haben sich dann *Mitochondrien* gebildet. Damit wurde das Potenzial der *eu-*

karyotischen Komplexität freigesetzt (Lane. 2017: 185 ff.). Die *Mitochondrien* haben sich zu den Kraftwerken der Zelle entwickelt. Sie treiben den gesamten Stoffwechsel an. Aber nicht nur unsere Verdauung, sondern auch unsere Muskeln und unser Gehirn. Auch unsere Gedanken benötigen *Energie*, sogar besonders viel. *Geist* ist ohne *Energie* und *Materie* nicht zu haben.

Die *erste Verschmelzung zweier Zellen* hat den endlosen Kreislauf der Einfachheit des Lebens der Prokaryoten aufgehoben. Aus der „*Intimität*" der Endosymbiose haben sich Eigenschaften bei der eukaryotischen Zelle gebildet, die zu einer morphologischen Komplexität führten, die den Reichtum des heutigen Lebens ausmacht. Vorab haben jedoch *Cyanobakterien* für den *Sauerstoff* unserer Erdatmosphäre gesorgt. Heute besteht kein Zweifel daran, dass sich diese einst freilebenden Bakterien nach einer Endosymbiose in der eukaryotischen Wirtszelle zu *Chloroplasten* entwickelt haben. Die Chloroplasten sind in der Lage, aus *Sonnenlicht ATP* (Adenosintriphosphat) zu bilden. ATP ist der universelle Energieträger der Eukaryoten. Der *Zellkern* hat sich vermutlich im Inneren der Zelle selbstorganisatorisch in *kleinen Schritten* entwickelt. Danach konnte sich die *sexuelle Vererbung* bilden. Die Gene im Zellkern werden dabei in jeder Generation neu kombiniert. Jedoch werden Gene der Mitochondrien via Eizelle von Mutter zu Tochter weitergeleitet. Sie werden also mütterlicherseits vererbt. Die Mitochondrien haben nach der *ersten* oben beschriebenen Endosymbiose aus Bakterium und Archaeon einige Gene behalten und nicht an den Zellkern abgebgeben. Im Übrigen gingen bei der Verschmelzung auch einige Gene verloren.

An dieser Stelle ist es nun angebracht, ein wenig zu verweilen. Wenn dies alles auch nur annäherungsweise richtig ist, sind *alle* Lebewesen auf unserer Erde miteinander *verwandt*. Da alles Lebendige einen gemeinsamen Vorfahren hat, sind wir Menschen mit jeder Blume und jedem Baum, mit jedem Delfin und jedem Hund verwandt. Und selbstverständlich auch untereinander. In allen Lebewesen dieses blauen Planeten, den wir seit kurzem auch vom Weltall aus bewundern können, befinden sich die Gene *eines Vorfahren*, der uns alle miteinander *„verbindet"*. Noch mehr: In jedem Lebewesen befinden sich die Atomkerne von Wasserstoffatomen, die sich Sekunden nach dem Urknall gebildet haben.

In den letzten Jahren hat sich ein *neues Weltbild* begonnen zu entwickeln. Nicht *Konkurrenz* ist das dominierende Entwicklungsprinzip, sondern Zusammenarbeit und *Kooperation*. Und wie wir gesehen haben, ist Kooperation eine ganz intime und *nachhaltige* Weise sich zu *„binden"*. Zunächst haben sich im Medium einer ursprünglichen Energie kleinste Materieteilchen gebildet und zu Atomen *verbunden*. Dann mehrere Atome zu Molekülen. Moleküle haben sich zu Molekülketten verbunden und schließlich über die Prokaryoten zu Eukaryoten *gebildet*. Das *Ganze* war ein *rekursives* Operieren, bei dem das *Neue* immer wieder auf das schon *Vorhandene* zurückgegriffen hat. All das hat sich in einem *Selbstorganisationsprozess gebildet*. Immer größer werdende *"Bauteile"* haben sich so zu immer *komplexeren Strukturen* entwickelt. Bis hin zu *lebenden einfachen Zellen*. Durch Verschmelzung zweier solcher Zellen hat sich unser aller gemeinsame Vorfahre *gebildet*.

Ich habe bewusst nie den Begriff *Evolution* benutzt. Nicht, weil es so etwas nicht gibt, sondern weil der Begriff heute zu einschränkend benutzt wird. Mit dem Begriff *Evolution* ist immer *Konkurrenzkampf* verbunden. Und *den* übertragen wir zu schnell auch auf den *Sozialbereich*. In der Ökonomie ist *Konkurrenz* ein zentraler und unreflektierter Begriff aus dem Arsenal der *Biologie*. Es dürfte sich jedoch herausgestellt haben, dass *Kooperation* das *dominierende* Prinzip im *Bildungsprozess* von unbelebter *und* belebter Materie ist. Der Begriff Bildungsprozess ist *offener* als der

Begriff Evolution. Er führt auch *weiter* als der Begriff Evolution, weil er die *Kooperation* schon in *dialektischer* Weise in sich aufgehoben hat. Hierzu später mehr. Bildungsprozesse sind zudem selbstorganisatorische Prozesse, die mit dem Prinzip der *Autopoiese* harmonieren, so wie sie *Maturana* auffasst. Für ihn sind *Erkenntnisprozesse* biologisch verkörpert. Auch dazu später mehr.

Der *Erkenntnisprozess* selbst *ist* ein *Bildungsprozess*. Eine Erkenntnis *bildet* sich. Selbstverständlich ist der Bildungsprozess von *Erkenntnis* nicht dasselbe wie der Bildungsprozess eines *Atoms*. Es ist jedoch ein Bildungsprozess, der selbstorganisatorisch abläuft bei einer entsprechenden *Umwelt*, die notwendigerweise dazu gehört. Die *Modi* der Autopoiese sind jedoch *verschieden*. Aber die Autopoiese hält sich durch und differenziert sich dabei selbst noch einmal aus in ihren Modi des Operierens. Das, was *gleich* bleibt, ist, *dass alles aufeinander abgestimmt ist*. Wäre das nicht der Fall, gäbe es keine *Übergänge*. Was *gleich* bleibt, ist dieses *Prinzip*. Die Modi operieren *„analog"*.

Dass Kooperation das *dominierende* Prinzip im Bildungsprozess ist, sehen wir nun im weiteren Fortgang. Denn *alles* Lebendige sind Zusammenschlüsse und *Verbindungen* mehrerer Zellen zu *Zellverbänden*. Würden sie nicht kooperieren, gäbe es bei uns Menschen *keine Organe*. Die Organe wiederum kooperieren miteinander, sonst gäbe es uns *Menschen* nicht. Wir Menschen wiederum bestehen aus 10 Billionen kooperierender Zellen. Das i-Tüpfelchen nun ist, dass wir *zusätzlich* aus zehnmal mehr Bakterien bestehen. 100 Billionen Bakterien *kooperieren* aufs Engste mit 10 Billionen Zellen. Wenn dies nicht der Fall ist, sterben wir.

Aber schauen wir zunächst, was aus unserer eukaryotischen Zelle wird, die noch im Wasser des Meeres lebt. Wenn sie nicht die rechte Umwelt hätte wie *Sonne, Licht, Sauerstoff* etc. wäre sie nicht lebensfähig. Auch der einzellige Eukaryot lebt nur in *Kooperation* mit und durch seine Umwelt. *Alles muss aufeinander abgestimmt sein,* sonst ist das Leben eines Eukaryoten nicht möglich. Dies gilt im Übrigen für *alles* Lebendige, auch für die Prokaryoten, die z. B. keinen Sauerstoff benötigen. Selbstverständlich gibt es auch *Konkurrenz* unter den Lebewesen. Sie ist jedoch nicht das dominierende Prinzip. „[. . .] das erfolgreichste Prinzip auf diesem Planeten ist eben nicht »survival of the fittest« (Überleben durch bestmögliche Anpassungsfähigkeit), sondern die Kooperation!" (Lesch. 2017: 213).

John Hands kommt zum gleichen Ergebnis. Die Übernahme des neodarwinistischen Modells versperrt dem Mainstream der Wissenschaftler die *Zusammenarbeit* als Ursache der Evolution. Dann kommt er zu folgendem Statement: „Zusammenarbeit spielt für das Überleben und die Ausbreitung des Lebens eine bedeutendere Rolle als Konkurrenz – von der Ebene der Gene über einzellige Organismen, Organellen innerhalb von eukaryotischen Zellen, eukaryotischen Zellen innerhalb von mehrzelligen Organismen bis hin zum Verhalten von Pflanzen und Tieren von den Insekten bis zu den Primaten" (Hands. 2017: 479).

Eine eukaryotische Zelle hat sich also durch Endosymbiose gebildet. Ihre Organellen stammen von unterschiedlichen Prokaryoten ab. Es ist also eine ganze Sammlung von Prokaryoten, die sich die eukaryotische Zelle symbiotisch einverleibt hat. Ein *Mehrzeller* ist ein Organismus bestehend aus eukaryotischen Zellen. Jeweils eine Gruppe solcher Zellen arbeitet zusammen und erfüllt spezielle Funktionen, etwa Gewebefunktionen und Organfunktionen. Alles zusammen bildet einen Organismus. Dies können Algen, Pilze, Pflanzen oder auch Tiere sein. Auch Pilze und Algen können eine Symbiose eingehen. Sie hat wahrscheinlich beim Landgang der Pflanzen geholfen. Pilze und Pflanzen wiederum können zu Mycorrhiza zusammenwachsen. Diese haben den Pflanzen wiederum geholfen, das Land zu erobern.

Insgesamt ist unsere Flora und Fauna aus dem Wasser heraus ans Land gekommen. Das erste pflanzliche und tierische Leben hat sich in unseren Ozeanen schon im *Präkambrium* gebildet. Mit Präkambrium bezeichnet man die Zeit vor dem *Kambrium*. Im Kambrium hat sich eine Vielzahl pflanzlichen und tierischen Lebens entwickelt. Daher spricht man auch von der *kambrischen Explosion*. Von Explosion spricht man, weil in der Zeit nach 540 Millionen vor heute nur innerhalb von 5–10 Millionen Jahren das Leben eine ungeheure Vielfalt annahm. Vor der *kambrischen Explosion* ereignet sich eine *Umweltkatastrophe*. Die Erde wurde am Ende des Präkambriums eine sogenannte *„Schneeballerde"*. D. h. die gesamte Erde war vereist. Das bereits *vorhandene* Leben wurde weitestgehend zerstört. Offensichtlich hat das Leben einen *„Willen" zu leben* und explodiert nach einer solchen Katastrophe. Dies ist erdgeschichtlich mehrfach geschehen.

Im *Präkambrium* entwickelten sich die ersten Lebewesen, wie oben beschrieben. Von ihnen sind jedoch nur wenige *Fossilien* erhalten, z. B. die *Cyanobakterien*. Gegen Ende des Präkambriums entstanden auch mehrzellige Organismen. Möglicherweise auch schon schalen- und skelettlose Tiere.

Pflanzen und *Tiere* haben ihren *Ursprung im Wasser*. Was jedoch eine Pflanze und was ein Tier ist, ist in seinem Ursprung nicht ganz klar. Wir kennen dies noch heute. Eine *Amöbe* z. B. ist ein beweglicher Einzeller. Lange Zeit galt sie als Tier. Heute ist man sich in der Wissenschaft nicht so sicher. Oder nehmen wir ein etwas eindeutigeres Lebewesen, die *Koralle*. Beim ersten Hinschauen sieht eine Koralle wie eine Pflanze aus. Sie zählt jedoch zu den Tieren. Es *gibt* Grenzen, jedoch sind Grenzen nie absolut, sie sind *fließend*. Es gibt immer *Übergänge*, sonst gäbe es kein *Ganzes*. *Übergänge* bedürfen jedoch immer der *Kooperation*. Sie macht das *Ganze* erst *möglich*. Übergänge *verbinden*. Der Begriff *Grenze* ist ein *dialektischer* Begriff. Er trägt seinen *Gegensatz* notwendigerweise in sich. Dies sollten wir auch bedenken, wenn wir über unsere Staatsgrenzen nachdenken.

Die *ersten* mehrzelligen *Tiere* im Wasser waren wohl, wie oben schon angesprochen, schalen- und skelettlos, z. B. Schwämme und Quellen. Die *ersten Pflanzen* an Land bildeten sich wohl aus wasserbewohnenden *Algen*. Interessant sind für uns die *Übergänge* vom Wasser, wo das Leben entstand, aufs Land. Diese *Übergänge* wären ohne *Zusammenarbeit* nicht möglich, wie wir gleich sehen werden. Die *Pflanzen* waren die Pioniere und bereiteten den *Tieren* ihren *wässrigen* Lebensraum vor, den sie gewohnt waren. Die Erde an Land war trocken und unfruchtbar. Die Pflanzen bereiteten den Tieren einen *feuchten und fruchtbaren Boden*, der das Land für Lebewesen bewohnbar machte (Margulis. 2017: 139 ff.).

Die *Pflanzen* entwickelten sich aus wasserbewohnenden *Algen*. Dieser Bruch mit dem alten Lebensraum war nur durch eine Symbiose zwischen *Algen* und *Pilzen* zu bewerkstelligen. Diesen Doppelorganismus nennen Botaniker *Flechten*. Die Lebensgemeinschaft der Flechten ist noch heute zu beobachten. Vor allem ihre Fähigkeit, aus *porösem* Gestein *fruchtbare Erde* zu bilden. *Lynn Margulis* beschreibt diesen Vorgang wie folgt:

> „Die trockenen Täler in Victorialand in der Antarktis sind eine eisige Hölle. In regelmäßigen Abständen fegen Windböen über die Felsen und lassen das schmelzende Eis des Sommers sofort wieder gefrieren. Und dennoch gedeihen hier, zwei oder drei Millimeter unter der Felsoberfläche verborgen, die Lebensgemeinschaften der Flechten, ein Gemisch aus Pilzen, Algen und Bakterien, das sogar porösen Sandstein besiedelt. Solange diese Lebensgemeinschaft durch die Kristallkörner des Quarzes mit Sonnenlicht versorgt wird, bleiben sie erhalten. Die Gesamtmasse der felsbewoh-

> nenden Flechten auf der Erde wird mit 13 x 10^{13} Tonnen geschätzt, eine Biomasse, die größer ist als die aller Lebewesen in den Ozeanen! Algen, die unter einer Schutzschicht aus Pilzen wachsen, klammern sich an den nackten Fels, breiten sich auf seiner Oberfläche aus und bauen ihn letztlich zu Boden ab, in denen Pflanzenwurzeln und das Geflecht der Pilzfäden eindringen können. Seit Hunderten von Jahrmillionen zersetzen die Gemeinschaften aus Pilzen und Algen das harte Gestein unseres rotierenden Planeten zu reichhaltiger, fruchtbarer Erde. Auch in gemäßigten Klimazonen sind Flechten entscheidend dafür verantwortlich, dass das Land für Lebewesen bewohnbar wird“ (Margulis. 2017: 143 f.).

Der gewaltige Erfolg der Pflanzen ist vor allem der symbiotischen Zusammenarbeit mit den Pilzen zu verdanken. *Mycorrhiza* sind heute knollenförmige symbiotische Strukturen zwischen Pilzen und Pflanzen. Der Pilz tritt hier mit den Wurzelhaaren der Pflanze in Kontakt. Die Mycorrhiza liefert dem pflanzlichen Partner Mineralstoffe wie Phosphor und Stickstoff aus dem Boden. Umgekehrt versorgt die Pflanze den Pilz mit Nährstoffen, die sie durch Photosynthese hergestellt hat. Schon in der frühesten Phase des Bildungsprozesses der Pflanzen vor 450 Millionen Jahren ist diese *produktive* Symbiose feststellbar. Die Biomasse an Land ist heute um ein Vieltausendfaches größer als in den Ozeanen. Den größten Anteil daran haben mit geschätzten 84 % die Bäume. Das *Leben an Land* ist heute mit seinem Ursprungsmedium *Wasser* durchtränkt. 90 % aller Pflanzen besitzen die Symbiose mit Pilzen. 80 % dieser Pflanzen würden sterben, würde man ihnen die *Zusammenarbeit* mit Pilzen wegnehmen.

Die Pflanzen haben beim Übergang aufs Land *ihre alte Umwelt neu geschaffen*, ihre *nasse von Wasser durchtränkte Umwelt.*

Bäume eignen sich besonders gut, Wasser in sich aufzunehmen und an Land zu bringen, um dann seine Verdunstung zu kontrollieren. Zu verdanken haben sie dies den *Pilzen*. Pilze sind mit weitem Abstand die größten Lebewesen der Erde. Der größte bis heute gefundene Pilz ist 150.000 m^2 groß und hat ein Gewicht von 100 Tonnen. In *Zusammenarbeit* mit Algen als Flechte und mit Pflanzen als Mycorrhiza haben sie *das Leben an Land gebracht* und für die *Tiere* vorbereitet.

Tiere hätten ohne die Pflanzen an Land nicht überleben können. Daher haben sie sich vorher auch nicht die Mühe gemacht. Mit ausreichender Bepflanzung war es nun möglich, ihren Lebensraum auszudehnen. Der neue *mit Wasser durchtränkte* Lebensraum war dem alten Lebensraum nicht unähnlich. Drei Dinge waren allerdings noch zu lösen:

- Atmung
- Laufen
- Schutz gegen Austrocknung

Diese auf den ersten Blick radikalen Veränderungen lassen sich aber heute gut erklären. Vor allem lassen sich die explosionsartigen Innovationen verständlich machen durch *Multifunktionalität, Redundanz* und *Modularität*. Das dahinter steckende *„Geheimnis"* ist immer wieder, dass der *Bildungsprozess* auf bereits *Vorhandenes* zurückgreift. Dahinter wiederum zeigt sich die Erinnerung oder das *Gedächtnis*, das sich in *Strukturen* ausdrückt:

Multifunktionalität heißt, dass sich bereits vorhandene morphologische oder physiologische Eigenschaften zur Erledigung neuer Funktionen weiter entwickeln.

Redundanz bedeutet hingegen, dass Strukturen aus mehreren Teilen bestehen, die eine Funktion vervollständigen. Ein und mehrere Teile dieser Struktur können dann für eine neue Funktion herangezogen werden.

Modularität bedeutet, dass Lebewesen aus Segmenten zusammengesetzt sind. Diese können über „Schalter" für unterschiedliche Aufgaben umgestaltet werden. Dies ist die *jüngste* Erkenntnis.

> „Das letzte Geheimnis ist die Modularität. Tiere, die wie Gliederfüßer – und in geringem Umfang auch wir Wirbeltiere – aus Segmenten zusammengesetzt sind, bestehen bereits aus Modulen. Die Extremitäten, die von den Segmenten der Gliederfüßer abzweigen, wurden auf erstaunliche Weise zu Organen für Nahrungsaufnahme, Paarung, Fortbewegung und andere Funktionen umgestaltet. Gliederfüßer gleichen einem Schweizer Taschenmesser: Jedes Segment trägt Extremitäten, die sich zur Erfüllung einer ganz bestimmten Funktion entwickelt haben. Das Gleiche gilt für die Wirbeltiere und ihre Finger und Zehen: Sie wurden so umgestaltet, dass sie ganz unterschiedliche Aufgaben wie das Gehen an Land, das Schwimmen und das Fliegen erfüllen können. [. . .] Hinter ihnen (den Körperteilen G. R.) stehen Systeme aus genetischen »Schaltern«, die im Embryo während seiner Entwicklung an den gleichen Stellen liegen wie später beim Gliederfüßer – oder auch beim Wirbeltier – die verschiedenen Gliedmaße" (Ward u. a. 2016: 190).

Die genetischen *„Schalter"* sind die sogenannten *Hox-Gene*. Es ist jedoch nicht so, dass diese Gene für die neuen Strukturen alleine verantwortlich sind. Es gibt kein Gen für eine spezielle Struktur oder Funktion. Es ist daher nicht alleine entscheidend, *welche* Gene man besitzt. Entscheidend ist vielmehr, *wie* sie *genutzt* werden (Ward u. a. 2016: 194). Dass dies so ist, zeigt die Tatsache, dass *alle heutigen Tierstämme* zum ersten Mal während der kambrischen Explosion auftauchen. Nach verschiedenen Zählungen sind dies ungefähr 32. Danach ist *kein neuer Tierstamm* hinzugekommen. Die *kambrische Explosion* ist daher eines der wichtigsten Ereignisse im Bildungsprozess des Lebendigen.

Aber wie sind die Tiere aus dem Wasser aufs Land gekommen. Sie sind nicht einfach aus dem Wasser kommend aufs Land marschiert. Auch hier gab es *Übergänge.* Die wahrscheinlichsten sind das *Süßwasser* und das *Wattenmeer.* In zeitweise ausgetrockneten Süßwassertümpeln könnten sich die Lungen gebildet haben. Ähnliches gilt für das immer wieder sich zurückziehende Meer im Wattbereich.

Die ersten Tiere an Land, deren *Fossilien* bekannt sind, waren kleine *Gliederfüßer.* Es waren Spinnen, Skorpione, Milben, Asseln und Insekten. Sie waren ähnlich gebaut wie die noch heute im Waser lebenden Arten. Ihr Vorteil war es, ein *Außenskelett* zu besitzen, das gegen *Austrocknung* schützte. Die Atmungsorgane, die Sauerstoff aufnehmen konnten, entwickelten sich in mehreren Abstammungslinien unterschiedlich. Da diese Tiere sehr klein waren, hatten sie im Verhältnis zu ihrem Volumen eine sehr große Oberfläche. Wahrscheinlich konnten sie zu Beginn hierüber den Sauerstoff der Luft aufnehmen. Zu dieser Zeit lag zudem der Sauerstoffgehalten der Luft zwischen 32–35 %. Heute liegt er bei 21 %.

Die ersten Lungen waren nicht die, die wir heute kennen. Sie waren sehr einfach gebaut. Das neuartige Atmungsorgan war die *Buchlunge.* Den Namen hat es erhalten, weil seine inneren Teile wie die Seiten eines Buches aussehen. Es sind lediglich flache Platten, zwischen denen das Blut fließt. Die Luft kam durch eine Reihe von Öffnungen im Außenpanzer. Weil eine solche Lunge keine Luft ansaugt, also passiv ist, ist sie auf einen hohen Sauerstoffgehalt der Luft angewiesen. Auch hier erkennen wir die *Zusammenarbeit* von Umwelt und Lebewesen. Die Dinge sind *aufeinander abgestimmt.* Die Flugfähigkeit erlangten die Insekten erst später. Die ältesten Fossilien sind rund 330 Millionen Jahre alt. Der älteste Hinweis auf Landtiere geht 430 Millionen Jahre zurück.

Die ersten *Wirbeltiere*, zu denen auch wir gehören, traten etwas später vor knapp 400 Millionen Jahren auf. Die ersten Vertreter an Land waren *Amphibien.* Auch sie sind nicht einfach aus dem Meer gestiegen. Amphibien gehen nicht direkt aus Fischen hervor. Vor etwa 420 Millionen Jahren gab es noch im Wasser lebend eine Verzweigung bei den Fischen. Auf diese Abzweigung gehen die Amphibien zurück. Es waren ihre Vorfahren. Diese Vorfahren hatten fleischartige Flossen, die ihnen die Bewegung an Land ermöglichten. Wir kennen zwei Arten dieser Fische. Die eine Art sind die *Quastenflosser*, die noch heute im Wasser leben. Die andere Art, aus denen sich dann die Amphibien entwickelten, sind die *Lungenfische.* Diese Fische können auch Luft atmen. Noch heute gibt es mehr als 100 Fischarten, die nicht nur mit Kiemen, sondern auch Luft atmen können. Bei 68, vielleicht auch mehr, solcher Fische hat sich die Luftatmung unabhängig entwickelt. Hieran erkennt man, wie leicht eine solche Anpassung ist. Die Tatsache, dass heute lebende Amphibien kein Salzwasser vertragen, deutet darauf hin, dass ihr Weg aus dem Meer wohl über Süßwasser erfolgte. In Australien gibt es allerdings auch Salzwasserkrokodile.

Dass wir Menschen *Wirbeltiere* sind, die vor 400 Millionen Jahren *das Wasser verlassen* haben, kann man noch heute an der *Embryonalentwicklung* ablesen. Unsere Individualentwicklung (Ontogenese) ist eine verkürzte Wiederholung der Stammesentwicklung (Phylogenese). Allerdings werden nicht alle Organe der Stammesgeschichte ausgebildet. Die Ansätze der Kiemenbögen sind jedoch noch heute bei der embryonalen Entwicklung des Menschen zu erkennen. Noch mehr: Vergleicht man den Embryo eines Fisches und eines Menschen im Frühstadium, zeigt sich etwas Bemerkenswertes. Beide Embryonen sind fast identisch in ihrer Form. D. h. unsere Phylogenese geht durch unsere Ontogenese in sehr verkürzter Form hindurch. Wir *erleben leiblich* unsere gesamte Stammesgeschichte. Diese *unsere Naturgeschichte* hat Folgen auch für *unsere Kulturgeschichte*, wie wir weiter unten sehen werden. Auch unsere *Erkenntnisprozesse sind Bildungsprozesse!* Sie finden ihren Anschluss an unsere Naturgeschichte.

Auch unsere *kulturelle Menschheitsgeschichte* geht durch unsere Individualentwicklung hindurch. Dieser *Bildungsprozess* ist so alt wie unser Universum. Er nimmt nur unterschiedliche Modi seiner Operationsweise an. Aber es ist immer dasselbe *Prinzip* der selbstorganisatorischen *Autopoiese: Alles muss aufeinander abgestimmt* sein. Dies geht nicht ohne *Kooperation.* In dieser *integrierenden Operationsweise* von Umwelt und Individuum liegt das Geheimnis ihrer *Produktivität.* Autopoiese ist die Grundlage *jeder* Produktivität, auch die der *Ökonomie. Produktivität* ist *unverfügbar.* Sie lässt sich *nicht herstellen.* Nur *Bildungsprozesse sind produktiv.* Das rührt an den Grundfesten der *Ökonomie.* Aber nicht nur das. Unsere gesamte *Lebensform* ist davon betroffen. Dazu weiter unten mehr.

Im Laufe der Entwicklung des Lebens hat es auf der Erde immer wieder Katastrophen gegeben. So war es vor der kambrischen Explosion und so war es auch danach. Die wichtigsten Parameter, die zu diesen Katastrophen für das Leben auf der Erde führten, waren immer die Temperatur oder der Sauerstoffgehalt der Atmosphäre. Sie wichen von dem selbstorganisierenden Bereich der *Homöostase* ab. Jedoch war die *Kraft der Autopoiese* immer ausreichend genug, um in den Normalbereich der Parameter zurückzukehren.

Die Schneeballerde vor der kambrischen Explosion hatte einen Großteil des Lebens auf der Erde vernichtet. Aber danach ist das Leben in seiner Ausdehnung auf der Erde und in seiner Vielfalt explodiert. Das *Leben selbst* hat sich dann eine *Umwelt geschaffen*, die die Homöostase stabilisierte. Eine Schneeballerde hat es danach nie mehr gegeben. Davor hatte es sie mehrfach gegeben. Danach gab es nur noch Eiszeiten, bei denen Teile der Erde mit Schnee und Eis bedeckt waren.

Etwa 50 % der Zeit zwischen der kambrischen Explosion und der Explosion der Säugetiere, zu denen wir zählen, herrschten die Dinosaurier auf der Erde. Sie beherrschten die Erde etwa 170 Millionen Jahre lang, von 230–65 Millionen Jahre vor heute. Säugetiere gab es auch schon, als die Dinosaurier lebten. Jedoch waren sie winzig und nicht von Bedeutung. Nach dem Aussterben der Dinosaurier vor 65 Millionen Jahren sollte das anders werden. Auch die Saurier hatten ihre eigene Katastrophenzeit, aus der sie aber gestärkt daraus hervorgingen. Die Artenvielfalt, die *Diversität* blieb gering, aber die *Disparität*, die Anzahl unterschiedlicher Körperbaupläne nahm zu. „Die Dinosaurier fanden aus der tödlichen Spirale der sauerstoffarmen Biosphäre am Ende der Triaszeit heraus und entwickelten die raffinierteste, leistungsfähigste Lunge, die es bis dahin auf der Welt gegeben hatte" (Ward u. a. 2016: 351).

Auch die Dinosaurier sind Kinder einer Katastrophe. Der Sauerstoffgehalt hatte seit dem Kambrium den beinahe niedrigsten Stand erreicht. Er lag vor 230 MJ nur bei etwa 10–12 %. Dies entspricht heute etwa dem Sauerstoffgehalt auf 4500 m Höhe. Weil zu jener Zeit im Perm ein Massenaussterben stattfand, war der Weg frei für neue Formen. Die neuen Formen waren die Saurier. Sie waren zu Beginn recht klein und entwickelten sich dann zu den riesigen Tieren, wie wir sie heute aus Filmen und Büchern kennen. Ihr Körperbau unterscheidet sich grundlegend von dem früherer Reptilien. Er bildete sich in einer *tödlichen Wärme* bei gleichzeitigem *Sauerstoffminimum.* Die Überlebenden jener Zeit, die Vögel, haben diese Leistungsfähigkeit behalten.

Die ersten Saurier gingen auf zwei Beinen. Dies hat den Vorteil, dass Lunge und Brustkorb nicht eingeschränkt sind. Die Atmung kann von der Fortbewegung entkoppelt werden. Sie waren echte Zweibeiner wie wir und hatten Daumen wie wir und konnten daher Dinge mit den Händen greifen. Auch wir Menschen sind leistungsfähige Langstreckenläufer. Aber unsere Zeit war noch nicht angebrochen. Es gab allerdings ein Ereignis, das das Leben der Dinosaurier vollkommen auslöschte. Der Einschlag eines Asteroiden im heutigen Mexico. Er machte den Weg frei für die Säugetiere, die bisher nur in der Deckung leben konnten. Allerdings waren sie den katastrophalen Auswirkungen des Asteroideneinschlages besser gewachsen als die Dinosaurier. Diese waren zu groß geworden, um mit dem Mangel fertig zu werden.

3.3 Die Bildung der Menschheit

3.3.1 Von den ersten Säugetieren bis zum Ende der aneignenden Lebensform

Die *Säugetiere* gliedern sich in zwei Hauptgruppen: Die *Beuteltiere* und die *Plazentatiere.* Die ersten Beuteltiere gab es nach heutigem Wissen schon vor 300 Millionen Jahren. Vor 175 Millionen Jahren trennten sich dann die Plazentatiere ab. Zu dieser Abstammungslinie gehören auch wir Menschen. Unsere ersten Vorfahren hatten die Größe und das Aussehen von Mäusen.

Der Erfolg der Säugetiere ist vor allem auf die Bildung zweier anatomischer Neuerungen zurückzuführen. Zum einen durch die Trennung von Kieferknochen und Gehörknöchelchen. Dadurch konnte sich der Schädel erweitern. Dies war die Voraussetzung zur Vergrößerung des *Gehirns.* Zum anderen waren es die *Zähne* der Säugetiere. Die oberen und unteren Molaren griffen ineinander. Hierdurch konnten sie ihre Nahrung zerkleinern.

Unsere ersten Vorfahren wurden noch auf dem Superkontinent *Pangäa* geboren. Zu den ältesten heute noch lebenden Plazentatieren gehören Elefanten, Erdferkel, Seekühe und Schliefer. Der afrikanische Kontinent spaltete sich von dem Superkontinent ab und nahm diese Tiere mit. Durch die Aufspaltung von Pangäa war auch Südamerika über Jahrmillionen von Eurasien und Nordamerika getrennt. Südamerika wurde zur Heimat von Faultieren, Gürteltieren und Ameisenessern. Die jüngsten Plazentatiere bildeten sich auf den nördlichen Kontinenten. Hierzu gehören Robben, Kühe, Pferde, Wale, Igel, Nagetiere, Spitzmäuse, Affen und auch wir Menschen (Ward u. a. 2016: 431).

Wie nach jeder Katastrophe, von der das Leben auf der Erde betroffen war, *„explodierten"* die *Bildungsprozesse des Lebens.* Die ökologischen Beziehungen hatten sich neu gebildet. Viele Landtiere, vor allem die Dinosaurier, fehlten. Dies eröffnete eine der größten Wellen der Bildungsprozesse für neue Arten auf der Erde, die es je gab. Innerhalb von 270.000 Jahren entwickelten sich die Säugetiere auseinander und wurden *größer.* Die größten Arten erscheinen allerdings erst vor rund 55 Millionen Jahren auf der Bildfläche. Zu dieser Zeit stieg die Temperatur auf der Erde. Die Wälder und die Pflanzenwelt breiteten sich stark aus. Dies waren wohl die wichtigsten ökologischen Bedingungen zur Ausbreitung der Vielfalt der Säugetiere. Die gewaltige Ausdehnung der Wälder war vor allem dem Fehlen der Dinosaurier geschuldet. Ihr Einfluss auf die Vegetation war so gewaltig, wie der von uns heute.

Die *Hominiden* gehören zu der übergeordneten Gruppe der *Primaten.* Ihre Vorform hatte das Massenaussterben vor 65 Millionen Jahren überlebt. *Purgatorius* war einer unserer Vorfahren und hatte ein Gewicht von ca. 20 Gramm. Vor 45 Millionen Jahren tauchte in Asien erstmals ein höher entwickelter Primat auf. Die Affen entwickelten sich vor rund 34 Millionen Jahren. Die Hominiden haben sich vor etwa 5–7 Millionen Jahren gebildet und von den Menschenaffen abgetrennt. Vor etwa 4 Millionen Jahren bildete sich in Afrika eine Hominidengattung, die in der Wissenschaft *Australopithecine* genannt werden. Sie umfassen eine ganze Reihe unterschiedlicher Arten. Ihr Name bedeutet „Südaffe" und weist darauf hin, dass die älteste Hominidengattung aus Afrika stammt.

Die Australopithecine existierten 3 Millionen Jahre lang. Aus ihr und neben ihr bildete sich eine zweite Hominidenlinie, nämlich die Gattung *Homo* („Mensch"), deren jüngster und einziger noch existierender Zweig wir selbst sind. Der wichtigste und früheste Vertreter dieser Linie ist der *Homo habilis*. „Der geschickte Mensch" – wie seine Übersetzung lautet – bildete sich vor ca. 2,5 Millionen Jahren. Seinen Namen bekam er, weil er bereits Werkzeuge benutzte. Vor ca. 1,5 Millionen Jahren bildete sich hieraus der *Homo erectus* („der aufgerichtete Mensch"). Seine ersten Fossilien wurden Ende des 19. Jahrhunderts in Asien gefunden. Seine afrikanischen Vertreter werden *Homo ergaster* („Handwerker-Mensch") genannt. Aus ihnen, vielleicht auch über eine Zwischenstufe, entwickelte sich vor etwa 200.000 Jahren in Afrika der *Homo sapiens*. Nach der „Out-of-Africa"-Theorie verdrängten die *Sapiens*-Menschen vor 60.000–30.000 Jahren alle älteren Menschenformen auf allen Kontinenten. Die *Auswanderung* aus Afrika ging zuerst nach Asien und erst danach in Richtung Europa, wo Homo sapiens den *Neandertaler* verdrängte.

Von den spezifischen menschlichen Merkmalen hat sich der *aufrechte Gang* am frühesten ausgebildet. Wie wir heute wissen, besaßen ihn schon die Vorfahren von *Homo erectus*. Wahrscheinlich lag er schon bei den Prähominiden vor mehr als 5 Millionen Jahren vor. Nach den neuesten Funden gab es den aufrechten Gang schon vor 12 Millionen Jahren. Sicher ist, dass die *Australopithecine* den aufrechten Gang schon besaßen. Dies zeigen Analysen der Becken- und Beinknochen. Der *aufrechte Gang* war eine Anpassung an die zunehmend offener werdende Landschaft. Der aufrechte Gang war eine entscheidende Innovation. Er hatte *viel mehr zur Folge* als nur eine bessere Sicht.

Der aufrechte Gang wirkte sich über die nunmehr mögliche *handwerkliche* Geschicklichkeit durch die freiwerdenden Hände bis zur dadurch angeregten *geistigen* Tätigkeit aus. Handwerkliche und geistige Bildung ist nur als ein *Ganzes* verständlich. Im Gegensatz zu den anderen Primaten besitzen wir Menschen den sogenannten Präzisionsgriff mit Hilfe des *opponierbaren* Daumens. Ohne diese Ausbildung des Daumens ist keine *präzise* handwerkliche Tätigkeit möglich. Jetzt konnte sich bei der Werkzeugherstellung die *Feinabstimmung* zwischen *Hand, Auge* und *Gehirn* ausbilden. Die ältesten Steinwerkzeuge sind über 3 Millionen Jahre alt. Die ersten Steinwerkzeuge dienten wohl vorwiegend zum Aufbrechen und Zerlegen toter Tiere. Unsere ältesten menschlichen Vorfahren waren *Aasfresser*. Dies erweiterte jedoch das Nahrungsspektrum der Hominiden. Gejagt wurde zu dieser Zeit noch nicht. Es war jedoch ein *Übergang* von der ausschließlichen Pflanzennahrung zur gemischten Pflanzen- und Fleischkost.

Das *Gehirnvolumen* der Australopithecine lag bei 400 bis 500 Kubikzentimetern. Beim *Homo habilis* lag es schon bei über 600 Kubikzentimetern. Das ist etwa die Hälfte unseres heutigen Gehirnvolumens. Es war also nicht der *Geist*, der am Anfang der Menschwerdung stand, sondern das *Handwerk* und die Nahrungsbeschaffung. Die *Auseinandersetzung mit der Natur* bildete die Voraussetzung zum geistigen Wachstum. Die ersten noch recht groben *Werkzeuge* wurden immer präziser und *effizienter.* Es ist sogar *Arbeitsteilung* feststellbar sowie die Herstellung von Steinwerkzeugen an *speziellen* Orten. Vor 1 Million Jahren erreicht das Gehirnvolumen des *Homo erectus* bereits Werte von 950 Kubikzentimeter. Der *Neandertaler* übertraf sogar mit mehr als 1400 Kubikzentimeter das Durchschnittsvolumen des heutigen Menschen. Sein Mittelwert liegt bei 1350 Kubikzentimeter. Das Gehirnvolumen wuchs also innerhalb von 3 Millionen Jahren um etwa das Dreifache. Damit war zugleich eine grundlegende Neuorganisation des Gehirns verbunden. Die *Umbildung* des Gehirns war eine Folge der gewandelten Auseinandersetzung der Menschen mit der Natur, eben mit Hilfe von *Werkzeugen*, die immer effizienter wurden.

Die komplexeren *handwerklichen Tätigkeiten* bedürfen einer komplexeren *Sensomotorik*, die schließlich auch *symbolisch repräsentiert* werden konnte. Alle unsere Kulturleistungen wie *Sprache, Schrift* und *Rechnen* gab es am Anfang der Menschwerdung noch nicht. Aus *biologischen* Prozessen wurden *geistige* Prozesse. Dieser *Übergang ist ortlos.* Heute wissen wir, dass das Sprachvermögen bestimmte Hirnregionen zur Voraussetzung hat. Sind diese nicht vorhanden, ist auch *Sprache* nicht möglich. Die Areale haben sich im Laufe der Menschwerdung erst gebildet. Neurologen kennen ein *motorisches* Sprachzentrum und ein *sensorisches* Sprachzentrum.

Eine Sprachstörung (Aphasie) lässt sich unterscheiden in eine sogenannte *motorische Aphasie* und eine *sensorische Aphasie.* Bei der ersteren ist die Sprache schwerfällig und schleppend, bei der letzteren ist sie fließend aber fehlerhaft und wirr. Ein dritter Sprachbereich ist für eine spezielle Verknüpfung vorgesehen, eine Assoziation von Gegenstand und Lautung, die im Gedächtnis zu speichern ist. Beim kindlichen Spracherwerb ist dies ein wichtiger Faktor. An der Hervorbringung von Sprache sind noch zahlreiche weitere Gehirnregionen beteiligt. Die drei genannten Gehirnregionen sind bei Tieren unterentwickelt.

Schon Tiere können sich verständigen. Die Verständigung erfolgt aber im Wesentlichen über *Gesten*. Die menschliche Sprache ist primär ein *akustisches* System. Dazu bedarf es speziell ausgebildeter Sprachorgane. Notwendig ist ein *Lautbildungsapparat*, der eine differenzierte Artikulation ermöglicht. Diesen besitzen nur Menschen. Mit den Methoden der Neurologie und der Anatomie alleine lässt sich das Alter der Sprache nicht feststellen. Die anatomischen Voraussetzungen liegen allerdings schon vor hunderttausenden Jahren vor. Dass die Menschen allerdings schon früh gesprochen haben müssen, lässt sich an ihren *kulturellen* Leistungen und *sozialen* Verhaltensweisen feststellen. Ohne eine sprachliche Verständigung wären sie nicht *denkbar* gewesen.

Kulturelle Leistungen und soziales Verhalten sind *Ausdruck* von Bildungsprozessen. Doch *diese* Bildungsprozesse sind abhängig von *geistigen* Bildungsprozessen. Sie sind nicht mehr nur *physische* Bildungsprozesse von Materie. Dieser *Übergang* ist wie oben schon gesagt *ortlos*. Er muss sich schon weit *vor* der Menschwerdung vollzogen haben. Tiere können auch schon *denken*. Sie können auch *fühlen*, was viele vergessen. Tiere haben jedoch keine Kultur. Allerdings haben sie schon soziales Verhalten, weil sie fühlen können. Den *sozialen Modus* gibt es nicht ohne den *Modus des subjektiven Empfindens*, wie ich weiter unten zeigen werde. Es gibt keinen Ort und keine Zeit, an und zu dem sich aus dem Naturwesen Mensch ein Kulturwesen Mensch *gebildet* hätte. *Bildungsprozesse* sehen uns daher nicht zur Verfügung wie Herstellungsprozesse, sie *sind ort- und zeitlos. Insofern* gibt es den Menschwerdungsprozess schon von Anbeginn an. Dennoch bilden wir eine Grenze und sagen, der *Homo erectus* oder vielleicht die *Australopithecine* waren die ersten Menschen. Warum? Weil sie *Werkzeuge* herstellen. Werkzeuge herstellen ist eine *Kulturleistung*. Hier begann das, was wir heute *alleine* mit Bildung bezeichnen. Hier wurde *Wissen tradiert* und nicht *vererbt* und dieses Wissen unterliegt bis heute einem unaufhörlichen *Steigerungsprozess*.

Aus dem *physikalischen* selbstorganisatorischen Bildungsprozess wurde – selbstorganisatorisch – ein *biologischer* Bildungsprozess und wiederum selbstorganisatorisch bildete sich hieraus ein *kultureller* Bildungsprozess. Dem möchte ich nun weiter nachgehen.

Die biologische *Instinktausstattung* wurde mehr und mehr durch *kulturelle Leistungen* und ein *soziales Gedächtnis* abgelöst. Erfahrungen und Erfindungen einzelner Individuen gingen nicht mit dem Tod verloren, sondern wurden den nachfolgenden Generationen zugänglich. Es begann ein *kultureller Akkumulationsprozess*, den wir erst heute beginnen, in *seiner Tiefe* zu verstehen. Er umfasst die gesammelte Erfahrung der *ganzen Menschheit*. Uns steht heute all das zur Verfügung, was *unsere Vorfahren* bis heute erarbeitet haben – in *hochverdichteter Form und stets abrufbar. Jede Sekunde* unseres Lebens ist von den Leistungen unserer Vorfahren abhängig. *Nichts* wäre *ohne* sie *denkbar*, *nichts* wäre *ohne* sie *materiell* möglich.

Die Entwicklung der *Sprache* ist offensichtlich mit der Entwicklung der *Steinwerkzeuge* verlaufen. So urteilt der Prähistoriker *John Gowlett:* „Die Handlungsabläufe bei der Geräteherstellung haben strukturelle Ähnlichkeit mit denen der Konstruktion eines Satzes“ und die Neurologin *Kathleen R. Gibson* schreibt: „Gerätegebrauch und Sprache teilen eine gemeinsame neurologische Basis und dürften sich deshalb zusammen herausgebildet haben“ (zit. n. Kuckenburg. 2016: 80). Die *ältesten Steinwerkzeuge* sind etwa 3 Millionen Jahre alt und werden noch den späten Australopithecinen zugeordnet. Sie sind so einfach, dass zu ihrer Herstellung noch *keine sprachliche* Anleitung notwendig war.

Es lässt sich eine kontinuierliche Verbesserung der Werkzeuge feststellen. Die *Herstellungsverfahren* wurden komplexer. Vor ca. 1 Million Jahren war sie so komplex, dass es ohne sprachliche Anleitung wohl nicht möglich war, sie herzustellen. Der *Homo erectus* muss die Fähigkeit schon besessen haben. Zuverlässige Hinweise deuten darauf hin, dass er auch schon vor 790.000 Jahren die Nutzung des Feuers kannte. Wahrscheinlich kannte er allerdings noch nicht, wie Feuer zu entfachen ist. Es ist daher anzunehmen, dass er das Feuer durch Blitzeinschlag zu nutzen und zu hüten wusste. Dies beherrscht kein Tier. Feuer ermöglichte *Homo erectus* auch in klimatisch ungünstigen Regionen zu überleben. Es erhellte die Nacht und bot Schutz vor Raubtieren. Nicht zuletzt ermöglichte es auch das Braten und Rösten von Fleisch, aber auch das von Pflanzen. Die Nahrung wurde schmackhafter und bekömmlicher. Es verwandelte den Lagerplatz des *Homo erectus* in einen „kulturellen Mikrokosmos". Nicht zuletzt konnten hier Geschichten erzählt werden.

Das Feuer ist das ursprünglichste Beispiel der Umformung der Naturkräfte durch den Menschen. In der griechischen Mythologie ist *Prometheus* als Bringer des Feuers zugleich der Stifter der *Kultur.* Feuer ist als *Energieträger* ein essentieller Baustein der Technikgeschichte.

> „Der Gebrauch des Feuers war ein qualitativer Sprung. Seine Nutzung markiert eine klare Grenze zwischen Tier und Mensch. Kein Unterscheidungskriterium erreicht in der Diskussion über unsere Abgrenzung vom Tier diese Ausschließlichkeit. Menschen sind die einzigen Lebewesen, die zusätzlich zur Nahrungsenergie weitere Energie verbrauchen und dies bereits seit Millionen von Jahren. Obwohl Jäger und Sammlergemeinschaften vollständig auf den solaren Energiekreislauf angewiesen waren, verbrauchten sie neben der Nah-

> rungsenergie bereits das zehnfach an zusätzlicher Energie – vor allem für die Feuererzeugung. Auf dem Weg vom Primaten zum kulturfähigen Menschen erfolgte ein sprunghafter Anstieg des Energieverbrauchs" (Weniger. 2008: 221 f.).

Spätestens zu Beginn des Mittelpaläolithikums beherrschten der *Neandertaler* und der *Homo erectus* das Anfachen des Feuers. Als Mittelpaläolithikum gilt die Zeit von 300.000–40.000 Jahre vor heute. Sie perfektionierten die Werkzeugerstellung durch eine verbesserte Abschlagtechnik aus einem präparierten Kern. Der Stein, aus dem die Werkzeuge geschlagen wurden, wurde in einem *ersten Arbeitsschritt* so geformt, dass in einem *zweiten Arbeitsschritt* ein kontrolliert geformter Abschlag gewonnen werden konnte. Auf diese Weise konnten in *kürzerer Zeit* schmale und flache *Klingen* erzeugt werden. Gegen Ende des Mittelpaläolithikums war nicht mehr der Faustkeil, sondern die „Blattspitz"-Form das Kerngerät. Eine Neuheit sind auch die *geschäfteten Geräte.* Bis dahin wurden die Steinwerkzeuge direkt mit der Hand geführt. Jetzt bekommen die immer kleinformatigeren Geräte Griffe aus Holz, in die sie mittels Klebemasse befestigt werden. Bei der Kitt- und Klebemasse handelte es sich um aus Birkenharz hergestelltes Pech, das nur in komplizierten Destillationsvorgängen gewonnen werden konnte (Bick. 2006: 21).

Fernwaffen wie Speere und Pfeil und Bogen konnten damit verbessert werden. Zwei Neuerungen wurden etwa vor 30.000–40.000 Jahren eingeführt, die aufeinander abgestimmt waren. Der *Hund* als Jagdbegleiter und hierauf *angepasste Pfeilspitzen.*

> „Statt der dreieckigen Pfeilspitzen verwendeten sie jetzt häufiger trapezförmige Einsätze. Abnutzungsspuren beweisen, dass sie mit der Querseite nach vorne in den Pfeil montiert wurden. Auf den ersten Blick scheint

> diese Bewehrung ungewöhnlich, doch erweist sie sich als sehr effektiv. Ein gefiederter Pfeil, der sich beim Abschuss dreht, reißt, mit einem solchen Querschnitt bewehrt, eine starke Wunde. Die verletzte Beute kann nicht mehr weit fliehen und hinterlässt dazu noch eine Blutspur, die der Jäger mit seinem Hund im Unterholz bestens verfolgen kann“ (Bick. 2006: 30 f.).

Eine weitere Erfindung ist die *Speerschleuder*. Mit Hilfe eines zusätzlich gekrümmten Holzes konnte der Speer nicht nur weiter, sondern auch mit stärkerer Einschlagswirkung abgeworfen werden. Auch wurden nun kleinere Spitzen mit geschlitzter oder gespaltener Basis verwendet. Auf diese Weise konnte der Verschluss der Wundkanäle in den Beutetieren durch Speerschäfte verhindert werden (Müller-Beck. 2004: 72).

Die Sozialverbände der Jäger und Sammler waren sehr klein. Die Horden verstehen sich als *Verwandtschaftsgruppen*. Jedoch hat sich auch das, was wir heute als *Familie* bezeichnen, frühestens vor 500.000 Jahren herausgebildet. Erst seit etwa dieser Zeit ist der Vater als *Vater seiner Kinder* anerkannt. Seit etwa dieser Zeit ist es immer eine Frau, ein Mann und ihre Kinder, die zusammenleben:

> „Die kleine Familie ist sehr alt, zwischen 50.000 und 500.000 Jahre, wobei die höheren Schätzungen wohl die richtigen sind. Der Ursprung dieser Familien ist zurückzuführen auf den aufrechten Gang, der dazu führte, dass die Kinder früher geboren wurden und bei ihrer Geburt zunehmend hilflos waren, also länger angewiesen auf Pflege, die geleistet wurde durch die Frauen“ (Wesel. 2001: 22).

Hier im *biologischen* Bereich liegt denn auch die Bedingung der Möglichkeit des Lernens und damit der *Bildung von Kultur*. Unsere *individuellen* Bildungsprozesse haben hier ihre *menschheitsgeschichtlichen* Ursprünge. Auf diesen Zusammenhang komme ich weiter unten ausführlich zurück.

Das *Sozialverhalten* wurde komplexer. Die vorhandenen Fähigkeiten und Wissensbestände mussten *tradiert* werden. Dies ging nicht ohne tiefere und breitere kommunikative Beziehungen. Dies steigerte wiederum die Sprachfähigkeit und die *Komplexität der Symbolsysteme*. Die Neuerungen sind daher nicht nur technischer Art. Im *Jungpaläolithikum*, das ist die Zeit von 40.000–10.000 Jahren vor heute, werden die Anfänge von *Kunst, Musik, Malerei* und *Begräbnisritualen* bemerkbar. Zu den Neuheiten gehört *Schmuck*, der nun mit feinen Werkzeugen wie Klingen, Bohrern und Nähnadeln mit Öhr erstellt wurde. Mit der Nähnadel konnte nun auch dichtere und feinere Kleidung hergestellt werden. Zu dieser Zeit bestanden schon weitgespannte Kommunikations- und Tauschnetze über mehrere 100 Kilometer.

Schon aus den Anfängen des Jungpaläolithikums stammen die Funde aus Höhlen auf der Schwäbischen Alb. Sie haben ein Alter von 35.000–40.000 Jahren. Es handelt sich um die älteste Venus-Skulptur und das älteste Musikinstrument, eine Flöte aus dem Flügelknochen eines Gänsegeiers. Bei allen Venusfiguren sind die Elemente der Mütterlichkeit und Weiblichkeit stark betont. *Müller-Beck* geht davon aus, dass dies nicht nur als Symbol der Fruchtbarkeit zu deuten ist, sondern auch als Ausdruck von *Emotionen* (2004: 75). Aus dieser Zeit stammt auch eine 30 cm große Skulptur eines Löwenmenschen. Diese Skulptur dokumentiert offenbar „erstmals Erzählinhalte, die erkennbar in die Zone der über die Menschen hinausreichende Interpretation der Welt und damit in die religiöse Sphäre führen“ (Müller-Beck. 2004: 72). All dies sind Zeugnisse *ersten symbolischen Denkens*. Dies gilt auch für die Höhlenmalereien von Lascaux und Altamira in Südfrankreich aus der gleichen Zeit.

Auch der *Übergang* vom noch Naturmenschen zum Kulturmenschen unterliegt *demselben Prinzip*, das von Anbeginn unser Universum regiert. Immer greift das Neue auf das schon Vorhandene *rekursiv* zurück. Neu ist nur der Modus des selbstorganisatorischen Operierens. Das Neue ist, dass die *Bildungsprozesse* jetzt auch *symbolisch* erfolgen. Das Faszinierende dabei ist, dass auch dieser Wechsel des Modus des Operierens wieder selbstorganisatorisch abgelaufen ist. Diesen Übergang von der *sensomotorischen* Repräsentation zur *symbolischen* Repräsentation werde ich weiter unten noch genauer rekonstruieren.

Offensichtlich hat sich die *Akkumulation der symbolischen Repräsentation* auf die Vergrößerung und Struktur unseres Gehirns ausgewirkt. *Müller-Beck* nennt dies „Sapientisierung". Ähnlich sieht dies *Gerd-Christian Weniger*:

> „Der manipulatorische Einsatz der Werkzeuge veränderte von Beginn an nicht nur die natürliche Umgebung, sondern wirkte zugleich auch nach innen auf das biologische System des Menschen. Die Herstellung und Handhabung von Artefakten stimulierte durch Rückkopplungen im motorischen System kognitive Prozesse und beschleunigte die biologische Gehirnentwicklung. Diese Selbstbezüglichkeit des Systems war für die Evolution des Menschen von zentraler Bedeutung. Impulse gingen nicht mehr ausschließlich von der natürlichen Umgebung aus, sondern wurden zunehmend im System selber produziert. Die manipulatorische Macht des Artefaktes veränderte die strukturellen Bedingungen der Evolution. Das Objekt der Evolution versuchte sich zunehmend in der Rolle des Subjekts" (Weniger. 2008: 216).

Die *Bildung der Sprache* muss sich aufgrund des bisher Gesagten zwischen 500.000 – 1 Million Jahren vor heute ereignet haben. D. h. Sprache bildete sich weit vor dem Auftreten des *Homo sapiens* vor etwa 40.000 Jahren. *Homo sapiens* fand diese Kulturleistung schon vor. Er musste sie nur übernehmen, so wie wir Heutige die *hochakkumulierten* Fähigkeiten *lediglich* nur von unseren *Vorfahren* übernehmen brauchen. Dies ist eine der wichtigsten Aussagen dieses Buches. Diese zentrale Erkenntnis wird uns dabei helfen, unsere *globalen Probleme* zu lösen. Aber dazu müssen wir noch tiefer in diesen Zusammenhang eindringen.

Aber noch *vor* der Bildung der *Sprache* hat sich schon etwas gebildet, was uns grundsätzlich von Tieren unterscheidet. Dies ist die *geteilte Intentionalität.* Die geteilte Intentionalität trat mit den Menschen in die Welt, und dies schon bevor der *Homo sapiens* auftrat. Sie hat *biologische Wurzeln* und hat sich aus den *ursprünglichen Gefühlen*, die auch schon Tiere besitzen, heraus entwickelt. Menschenaffen besitzen *Intentionalität*, aber keine *geteilte* Intentionalität, wie *Tomasello* gezeigt hat (Tomasello. 2002). Die Bildung der *sozialen Gefühle* ist ein *einmaliges* Geschehen in der Menschheitsgeschichte.

Tomasello geht davon aus, dass der Mensch eine *biologisch ererbte Fähigkeit* besitzt, eine *kulturelle Lebensform* zu entwickeln. Menschen mit speziellen biologischen Ausfallerscheinungen besitzen diese Fähigkeit nicht bzw. haben sie verloren. Sie sind nicht fähig, am kulturellen Leben teilzunehmen. *Tomasello* hat an umfangreichen vergleichenden Untersuchungen an Menschenaffen und Menschen mit spezifischen Hirnschäden festgestellt, dass es eine für Menschen *einzigartige Fähigkeit* gibt, die Menschenaffen nicht besitzen.

Menschenaffen können sich mit Hilfe von *Gesten* verständigen. Sie verstehen *intentionales Handeln* und beherrschen diesbezüglich die Fähigkeit des *praktischen Schlussfolgerns.* Sie können sich an komplexen Gruppentätigkeiten beteiligen. Das gemeinsame Jagen ist ein solcher Fall. Menschenaffen nehmen dabei jedoch *nicht* an, dass der andere zu ihren Gunsten auf etwas *zeigt*. Sie können denken, jedoch nicht in der Art „Warum denkt er, dass das für mich relevant ist?". Menschenaffen beziehen ihr Denken immer nur *auf sich*. Daher zeigen sie nur zu ihren eigenen Gunsten auf etwas, obwohl sie andererseits die *Intentionen des anderen* erkennen können. Aber dies beziehen sie eben auf sich. Kurz: Menschenaffen verfügen zwar über eine *individuelle Intentionalität*, jedoch nicht über eine *geteilte Intentionalität* (Tomasello. 2009: 65).

Menschenaffen verfügen daher nicht über die Fähigkeit der *kooperativen Kommunikation* und des *kooperativen Schließens*. Ihnen fehlt die Fähigkeit *geteilter Aufmerksamkeit* bezüglich eines *gemeinsamen Zieles*. Daher heißt *geteilte* Intentionalität *Einheit* der Gerichtetheit, Aufmerksamkeit für das *gemeinsame Ganze*. Besser: das *Ganze* bildet sich erst durch die *geteilte* Intentionalität. Dazu ist die Fähigkeit des *rekursiven* Erkennens geistiger Zustände erforderlich, das *Verstehen des anderen*. Hierzu muss geholfen und geteilt werden. Teilen meint hier nicht etwas in Teile zerlegen, sondern im Sinne von „geteilte Freude ist doppelte Freude". Geteilte Intentionalität erfordert die Fähigkeit, Hilfe zu verlangen und selbst zu informieren, um dem anderen zu helfen (2009: 341). *Tomasello* geht davon aus, dass sich die *Rekursivität des Erkennens geistiger Zustände* langsam gebildet hat, und zwar aus *manuellen Prozessen* heraus, z. B. der *Werkzeugherstellung:*

> „Fertigkeiten zu Imitation von Handlungen entwickelten sich ursprünglich beim Werkzeuggebrauch und der Werkzeugherstellung des Menschen; gemeinsame Absichten und gemeinsame Aufmerksamkeit entwickelten sich ursprünglich im Kontext menschlicher gemeinschaftlicher Tätigkeiten [. . .] Und wenn wir uns der

> Evolution zuwenden, halte ich es für äußerst plausibel zu postulieren, dass die Wir-Intentionalität mit allem Drum und Dran als eine einmalige Neuerung entstand. Es ist vielmehr so gut wie sicher, dass es eine Zeit gab, in der Individuen so etwas wie »er sieht, dass ich es sehe« zu verstehen begannen und sich die volle Rekursivität dieses Verstehens erst später manifestierte" (2009: 356, 359).

Mit der *geteilten* Intentionalität kommt das *Soziale* in die Welt und zugleich das *Subjektive.* Die *objektiven* Bildungsprozesse differenzieren *subjektive* Bildungsprozesse aus. Das *Objekt* versucht sich in immer stärkerer Weise in der Rolle des *Subjekts.* Die Instinktsteuerung nimmt ab und die *kooperativen Leistungen* nehmen zu. Aus den natürlichen Bildungsprozessen werden kulturelle Bildungsprozesse. Aus *materiellen* Zusammenhängen *bilden* sich selbstorganisatorisch *geistige* Zusammenhänge. So wie das Materielle nach dem *Ganzen* des Universums verlangt, um das *Einzelne* zu verstehen, verlangt der *Geist* nach seinem *Ganzen* und hierzu gehört die *Materie.*

Die *geteilte Intentionalität*, unsere sozialen Gefühle, die auf das *Ganze* zielen, hat eine *biologische* Basis, die sich aus den Elementen des Universums selbstorganisatorisch *gebildet* hat. Die erste eukaryotische Zelle, aus der alle Lebensformen hervorgegangen sind, war das Ergebnis einer *Kooperation. Kooperation* ist das basale Prinzip der *Selbstorganisation,* die alles in ihrer *rekursiven* Operationsweise aufeinander abstimmt, indem sie immer wieder auf das bereits *Vorhandene* zurückgreift. Diesen *Akkumulationsprozess* finden wir heute in der *Ökonomie* wieder. In allem, was wir vorfinden, ist seine gesamte Vergangenheit *hochkomprimiert* enthalten. In seiner Konsequenz gilt dies auch für *jeden Begriff.* So war früher z. B. das *Subjekt* ein *Objekt*, wie wir oben gesehen haben. *Daher* können wir auch jedes Subjekt wie ein Objekt behandeln. Dies droht uns in der *Ökonomie* bei der *Digitalisierung*, grundsätzlich jeden Tag, hier und heute. Dieser Gefahr können wir jedoch begegnen, wenn wir verstehen, was *Bildung* bedeutet. Bildung ist *nicht* das, was wir *heute* unter Bildung verstehen. Dies ist ein *objektivierter* und *objektivierender Begriff*, aber nicht der *Prozess* selbst.

Ich habe in diesem Abschnitt den *Bildungsprozess* vom ersten Säugetier bis zum kulturfähigen Menschen *beschrieben*. Die *Entstehung* des Menschen ist *ort- und zeitlos*. Es gibt keinen *Ort* und keine *Zeit* für die Aussage „jetzt ist der *Mensch* da". Wir können Kriterien bestimmen wie „Werkzeugerstellung", „Sprache", „geteilte Intentionalität" etc., ab deren Vorhandensein wir von einem Menschen sprechen können. Aber auch diese „Kriterien" sind wieder nur *Ergebnisse* von Jahrtausende langen *Prozessen*. Auch Tiere benutzen „Werkzeuge", haben eine „Sprache" und haben „Intentionen". Auch hier können wir wieder Grenzen ziehen. Aber Grenzen haben zwei Seiten und dazwischen ist „nichts". Wenn dort etwas wäre, müssten wir es wieder benennen können. Aber es gibt *Übergänge*, das sind jedoch immer *Prozesse*, keine Dinge, also nichts *„Festgestelltes"*. Der *Mensch* ist nichts *Festgestelltes*, dann wäre er ein *Objekt*. Dieser Versuchung unterliegen wir immer wieder. Unser *„Bildungssystem"* ist ein solches Beispiel. Daher auch die Tendenz *soziale Probleme* mit *Technologie* lösen zu wollen. Doch Bildungsprozesse sind keine Herstellungsprozesse. *Herstellungsprozesse sind objektivierend*. Bildungsprozesse sind jedoch *unverfügbar* und unhintergehbar.

Was wir jedoch von diesem *Bildungsprozess* wissen ist, dass er *selbstorganisatorisch* operiert und von Beginn an da gewesen sein muss. Er hat sich in seiner *Rekursivität* des Operierens bis heute durchgesetzt und sich dabei in unterschiedliche *Modi* selbst noch einmal ausdifferenziert. Dies ist denn auch die Bedingung der Möglichkeit, dass sich aus Atomen Moleküle, aus Molekülen Zellen und aus Zellen Organismen mit Geist *bilden* konnten. Dieser Bildungsprozess lässt nicht alles zu. Er ist abhängig von seiner *Vergangenheit* und seine wesentlichen Parameter unterliegen der *Homöostase.* Wir kennen die Bandbreite, in die die Homöostase unsere Körpertemperatur, den Eisengehalt des Blutes und unsere Hormonspiegel hält. Entsprechendes kennen wir von unserer Sonne. Wir wissen, wie sie operiert und woran sie stirbt.

Was wir jedoch nicht wissen ist, *was* diese *Autopoiese* ist und *woher* sie kommt. Wir wissen nur, *wie* sie operiert. Wir können über Kräfte und Energien sprechen und sie berechnen. Wir wissen aber nicht, *was* eine *Kraft* ist. Die *Autopoiese* ist ein *abstraktes Prinzip* und *zugleich* ist sie eine *konkrete Kraft.* Sie ist die *operationale Struktur unserer Wirklichkeit.* Sie ist *spürbar* nicht nur *denkbar.* Sie hat das *Denken selbst noch hervorgebracht.* Menschheitsgeschichtlich befinden wir uns in diesem Buch nun kurz vor der *neolithischen Revolution.* So bezeichnen wir heute mit *Gordon Child* den *Übergang* von der *aneignenden zur produzierenden Lebensform.* Hier wurden aus Jägern und Sammlern Ackerbauern und Viehzüchter. Am Ende des nun folgenden Abschnittes wird dann das *Denken reflexiv* geworden sein. Dies bildet sich in der nach *Karl Jaspers* benannten *Achsenzeit*, im ersten Jahrtausend vor unserer Zeitrechnung.

Mit den Fähigkeiten zur *geteilten Intentionalität* und zur *Sprache* haben sich *neue Welten eröffnet.* Nicht nur ihre *materielle* Welt wurde komplexer, sondern auch ihre *geistige* und *soziale* Welt. Damit nahm zugleich ihre *Instinktgebundenheit* ab und ihre *Kooperationsfähigkeit* nahm zu. Mit Vergrößerung ihrer *kulturellen Fähigkeiten* entfernten sie sich jedoch immer mehr von ihrer *Natur.* Diese ursprüngliche Einheit und *Ganzheit* versuchten sie dann mit Kunst, Religion und Philosophie wiederzugewinnen. Die ausdifferenzierte *kategoriale Struktur* der Sprache hat einen inneren Drang zu ihrem Ursprung, der *operationalen*

Struktur. Diesen inneren Drang bildet die *Autopoiese.* Nur sie ist wirklich *tätig. Sprache* kann *nicht tätig* sein. Unser *Intellektualismus* lässt uns dies jedoch *glauben.* Das *heutige Bildungssystem* unterliegt diesem *Irrglauben.*

Die Menschen, die die *aneignende* Lebensform in die *produzierende* Lebensform transformierten, *benötigten* die Sprache. Ja! Aber die Sprache hat nicht den Ackerboden *bearbeitet. Ohne* Sprache wäre dies jedoch auch nicht möglich gewesen. Die *Sprache* hat sich durch das Wirken der *Autopoiese* erst *gebildet.*

3.3.2 Die produzierende Lebensform

3.3.2.1 Von der neolithischen Revolution zur Bildung der Schrift

Vor 12.000 Jahren stellten die *steinzeitlichen* Menschen ihre gesamte Lebensform um. Aus ehemaligen Jägern und Sammlern wurden Ackerbauern und Viehzüchter. Aus der *aneignenden* Lebensform *heraus* bildete sich die *produzierende* Lebensform. Dies geschah nicht zu einem Zeitpunkt. Die gesamte Menschheitsgeschichte war der *Vorlauf.* Noch mehr, die Menschen haben die aneignende Lebensform von ihren tierischen Vorfahren übernommen. Seit es *Leben* auf der Erde gab, hatte es nie etwas anderes gegeben als die *aneignende* Lebensform.

Wir kennen nichts anderes als die *produzierende* Lebensform. Denn dies ist die Lebensform, in der wir noch heute leben, wenn auch auf sehr viel höherem Niveau als zu Beginn. In der *alten* Lebensform war schon über Jahrhunderttausende von Jahren alles vorbereitet, um die Transformation zu vollziehen. Die *rekursive* Operationalität, die immer wieder auf das Vorhandene zurückgreift, hatte die Menschen in die Lage versetzt, dieses Experiment zu wagen. Die *Instinktsteuerung* war so weit zurückgedrängt, dass nun die auf *geistiger* Grundlage beruhenden *kooperativen* Fähigkeiten wirken konnten. Dies ermöglichte die nur bei Menschen zu findende *geteilte Intentionalität*, gemeinsam mit dem neuen auf *symbolischer* Grundlage wirkenden Werkzeug *Sprache*.

Denn nun musste nicht nur in der jeweiligen Gegenwart kooperativ gehandelt werden, sondern Vergangenheit und Zukunft mussten nun mit einbezogen werden. Mit den nun notwendig werdenden saisonabhängigen *Planungen* für den Ackerbau und die Aufzucht von Haustieren wurden zwei Medien immer bedeutsamer, *Zeit* und *Wert*. Nur im Medium Zeit kann geplant werden. Die geschaffenen *Werte*, der fruchtbare Ackerboden und die Ernte einschließlich der hierzu erforderlichen Werkzeuge und Behausungen mussten organisiert werden. Eine Vorstellung von *Eigentum* an Grund, Boden und Gerätschaften entstand. Die Dinge mussten in Stand gehalten werden. Im *sozialen* Bereich entstand ein Gefühl für *Verantwortung*. Man konnte nun nicht einfach seine Gruppe verlassen. Das Überleben war am Eigentum gebunden. Die *Technologiestruktur* und die Entwicklung der *Sozialstruktur* haben sich wechselseitig ausgebildet.

Geld gab es zu dieser Zeit noch nicht. Die Gemeinschaft tauschte sich als *Ganzes* aus. Der *kooperative* soziale Zusammenhalt *war* das Geld bzw. aus diesem Zusammenhalt heraus *bildet* sich das, was wir heute *Geld* nennen. Geld wurde zu *keinem Zeitpunkt* und an *keinem Ort* eingeführt. Dennoch wird dies vom Mainstream der Ökonomen im Anschluss an *John Locke* unterstellt. Der Ökonomik fehlt es bis heute an einem *prozessualen* Verständnis ihres „Gegenstandes". Sie fassen die *Ökonomik als Gegenstand auf*. Der kooperative soziale Zusammenhalt wird im Laufe der Menschheitsgeschichte immer stärker reglementiert. Aus Ritualen werden Regeln, die mythisch überwölbt und dann *vergegenständlicht* und funktionalisiert werden. Ich komme hierauf zurück. Nur wenige Ökonomen wissen um den *sozialen Ursprung des Geldes*. Einer der ganz wenigen ist *Joseph A. Schumpeter*. Er ist auch der einzige bedeutende Ökonom, der dabei war, ein *prozessuales* Verständnis der Ökonomik zu entwickeln.

Das *Eigentum* übernahm man von seinen *Vorfahren*. Die Eigenart der bäuerlichen Lebensweise führt zu einer *neuen Sozialstruktur*. Sie ist angelegt auf *intergenerative Kontinuität*. Daher entsteht ein langfristiges Verhältnis an der Erhaltung der Produktionsanlagen. Die *Zeit* ist der Transporteur seiner Anstrengungen. Was die Erde nun hervorbringt, ist die Leistung der *Arbeit*, nicht nur die der Natur. Mit Einführung des Ackerbaus entsteht der Zwang zur Vorratswirtschaft, geerntet wird nicht das ganze Jahr. Der Bauer investiert in die *Zeit* und den *Wert* seines Bodens.

Das Ergebnis seiner Anstrengungen ist die Leistung eines Kollektivs. Der Interessenhorizont des Kollektivs erhält daher eine erhöhte Bedeutung. Es bilden sich Regeln der *Zugehörigkeit*. Abstammung und Verwandtschaft sind Folgen der *Produktionsverhältnisse*. *Objektbindung* und *Sozialbindung* bilden sich wechselseitig. Technologieentwicklung ist kein externer Faktor, wie die *Ökonomik* erst heute langsam beginnt zu verstehen. Ökonomie ist die Auseinandersetzung der menschlichen Gemeinschaft mit der Natur. Hier, zu Beginn der produzierenden Lebensform, wird der *kooperative* Zusammenhang sehr deutlich. Technologieentwicklung ist nicht nur ein interner Zusammenhang der Ökonomie, sondern notwendigerweise *kooperativ* und *intergenerativ*. Das Neue greift *rekursiv* immer auf das Vorhandene zurück. Daher genießen die *Vorfahren* in der beginnenden bäuerlichen Kultur ein hohes Ansehen. Sie werden wie *Heilige* verehrt. Man will sie immer bei sich haben und bestattet sie unter dem Fußboden der eigenen Wohnung. Den ersten Bauern ist bewusst, dass alles, was sie vorfinden, die *Arbeit ihrer Vorfahren* war, auf dem sie selbst nun aufbauen müssen.

Doch *wie* und *warum* und *wo* hat sich dies alles gebildet? Auch hier gilt es zunächst mehrere Irrtümer zu beseitigen. Die produzierende Lebensform wurde nicht einfach eingeführt, es war ein *Prozess* über Jahrtausende von Jahren. Dieser Transformationsprozess fand auch *nicht nur einmal* statt. Er ereignete sich in mehreren Weltregionen unabhängig voneinander. Der Wandel von der aneignenden Lebensform zur produzierenden Lebensform wurde auch nicht aus *Knappheitsgründen* von der Natur erzwungen. Er fand in einer Periode des *Überflusses* statt. Dieser *materielle* Transformationsprozess war in einem *geistigen* und *sozialen* Transformationsprozess *eingebettet*. Ohne diese *Einbettung* wäre dieser gewaltige, alles Bisherige umstürzende Transformationsprozess nicht möglich gewesen.

Die Menschen greifen nun erstmalig in die *organische Natur* ein und *verändern* sie. An *natürlichen* Standorten wurde zunächst das Getreide gepflegt. Dies war möglich, da Sesshaftigkeit schon bei Jägern und Sammlern vorlag. Das Wildgetreide musste gegen Tiere geschützt werden. Bei der Pflege und Ernte des Wildgetreides dürfte eine unbeabsichtigte Züchtung eingetreten sein. Das Wildgetreide wurde zunächst durch planmäßige Aussaat ergänzt. Beim Schnitt mit Steinwerkzeugen blieben die fester haftenden Körpern am Halm. Bei der Wiederaussaat erfolge also eine Selektion gerade jener Eigenschaft, die für die frühen kultivierten Getreidearten bereits typisch sind (Müller-Beck. 2004: 97 f.).

Die pflegerische Haltung von Tieren ist hingegen nicht so einfach. Domestikation ist nur bei wenigen Tieren möglich. Der Schock der Gefangenschaft verursacht in der Regel Unfruchtbarkeit. Kommt es dennoch zu Nachwuchs, leiden sie häufig an degenerativen Erscheinungen. Daher müssen immer wieder Wildformen eingekreuzt werden (Schmidt. 2008: 59). Ein anderer wesentlicher Punkt ist, dass domestizierte Tiere keine Nahrungskonkurrenten des Menschen sein dürfen. Dies trifft für Ziege, Schaf und Rind zu. Das Schwein ist hervorragend dazu geeignet, Abfälle des Menschen zu verwerten (Reichholf. 2009: 201 ff.).

Der Ursprung der neolithischen Revolution ereignete sich daher auch nicht in den fruchtbaren Tälern Mesopotamiens, wie man gemeinhin annimmt. Er konnte auch nur als *rekursiv* ablaufender Prozess *aus* der aneignenden Lebensform hervorgehen. Also dort, wo der *natürliche* Standort von nutzbaren wildwachsenden Pflanzen und domestizierbaren Tieren vorlag. Dies alles traf zusammen in einem Gebirgsvorland in Südostanatolien, der heutigen Türkei. Erst später zogen die ersten Ackerbauern und Viehzüchter in die fruchtbaren Täler von Euphrat und Tigris. Schließlich breitete sich die neue Lebensform über ganz Europa aus.

Vor 12.000 Jahren waren die klimatischen Verhältnisse auf den Hochebenen Südostanatoliens etwa wie heute. Allerdings war die Vegetationsdecke eine andere. Es gab Wälder mit feuchten Böden. Dazu eine üppige Flora mit wilden Getreidearten wie Weizen, Gerste und Roggen. Außerdem wuchsen Hülsenfrüchte wie Linsen, Erbsen, Bohnen und Wicken (Watkins. 2007: 38 f.). Hier waren auch Schafe, Ziegen, Rinder und Schweine heimisch. In Europa waren Ziege und Schaf nicht heimisch. Kurz, die Umweltverhältnisse waren optimal. Was wir heute unter Ackerbau und Viehzucht verstehen, war nur dort möglich. Auch Gazellen, Antilopen und Hirsche gab es dort im *Überfluss*. Die Jäger und Sammler waren in dieser Region von der Natur reich beschenkt.

Daher waren sie hier auch schon früh sesshaft und hatten seit Jahrtausenden pflegerischen Umgang mit Wildgetreide und wahrscheinlich auch schon mit Wildtieren. Wir dürfen uns diesen Übergang nicht *theoretisch* angeleitet vorstellen. Die Menschen sind auf *natürliche* Weise in die neue Lebensform hineingewachsen. Dennoch haben auch *geistige Antriebskräfte* eine Rolle gespielt. Wie wir heute wissen, hat sich dieser *materielle* Prozess *eingebettet* in einer *sozialen und geistigen* Welt vollzogen. Ohne die *Einbettung* hätte er nicht stattfinden können. Erst als *Ganzes* war dieser Bildungsprozess möglich. Doch was war das *Ganze?*

Mitte der 90-er Jahre hat sich eine archäologische Sensation ereignet. Unter der Leitung des deutschen Archäologen *Klaus Schmidt* wurde in Südostanatolien auf dem Göbekli Tepe eine gewaltige steinzeitliche Tempelanlage freigelegt. Sie bleibt bisher ohne Vergleich. Die Tempelanlage datiert im 10. und 9. Jh. vor unserer Zeitrechnung. Sie nimmt die architektonische Wucht des südenglischen Stonehenge um mehr als sechstausend Jahre vorweg. Diese Anlage hat mehrere tausend Jahre existiert. Erbaut wurde sie von steinzeitlichen Jägern und Sammlern. Verlassen wurde sie von Ackerbauern und Viehzüchtern, die in die fruchtbaren Täler zogen.

Der Göbekli Tepe ist keine Siedlung, sondern ein *zentraler ritueller Ort* für eine Region von etwa 250 km Radius. Dieser Tempel ist eine monumentale, megalithische Architektur. Er besteht aus Steinkreisen aus monolithischen T-förmigen Pfeilern, die bis zu 5 m Höhe erreichen. Sie stellen in stilisierter Form menschengestaltige Wesen dar.

> „Herausragend sind ohne Frage die megalithischen T-Pfeiler. Die manchmal in Relief dargestellten Arme und Hände erweisen sich als stilisierte, menschengestaltige, steinerne Wesen, die angesichts der starken Stilisierung, die ihre Körperlichkeit auf rein kubische Formen reduziert, ganz offensichtlich einer anderen Welt zugehörig als der diesseitigen. Die steinernen Pfeilerwesen sind gleichsam im Kreis um zwei ihrer Art versammelt, die die übrige Versammlung jedoch an Größe deutlich übertreffen" (Schmidt. 2007: 74).

Zur Errichtung dieser Anlage müssen über lange Zeiträume hunderte, wenn nicht tausende Menschen tätig gewesen sein. Dies alleine schon war eine gewaltige *logistische* und *kooperative* Leistung. Hinzu kommt, dass diese Menschen von anderen versorgt werden mussten. Woher kamen diese Lebensmittel? *Klaus Schmidt* vermutet, dass sich die *Transformation* von der aneignenden zur produzierenden Lebensform *gleichursprünglich* mit dem *Arbeitseinsatz* am Tempel und ihren *rituellen gemeinsamen Handlungen* vollzogen hat. *Niemand* hatte bei der Planung des Tempels die Absicht, die Lebensform zu transformieren. Die *neue Lebensform* hatte sich bei diesen vielköpfigen Handlungen einfach *zugleich gebildet.* Durch die *Einbettung* der *materiellen* Handlungen zur Errichtung des *Tempels* in die hierzu notwendigen *geistigen* und kooperativen *sozialen Handlungen* (Rituale) konnte sich dieser *doppelte* Bildungsprozess vollziehen, *geistig* wie *materiell* und sich damit erst als *neue* Lebensform durchsetzen. Denn die neue Lebensform musste modern gesprochen auch *„legitimiert"* werden. Denn was sich hier vollzog, war eine Ungeheuerlichkeit. Es war der *Ausbruch aus der Natur*, das Verlassen des „Paradieses".

> „In jedem Fall müssen Ort und Geschehen für die Gemeinschaft wie auch für den Einzelnen so hochbedeutend gewesen sein, dass das Individuum jenen enormen Arbeitseinsatz im Kollektiv zeigte, ohne den die Anlage nicht denkbar wäre. Diese *geistigen* Antriebskräfte dürfen daher in ihrer Bedeutung für den gesamten Kulturprozess, den die Menschen dieser Epoche durchliefen, nicht unterschätzt werden [. . .] Es bedeutet nicht zuletzt ein Versorgungsproblem, da sie nicht ihrer gewohnten jägerischen Tätigkeit – und ganz sicher nicht in dem üblicherweise erforderlichen Ausmaß – hatten nachgehen können. Verfolgen wir diese

> Überlegungen noch einen Schritt weiter und stellen in Rechnung, dass damals auch die Kenntnis der Pflanzenkultivation schwerlich über erste Anfänge hinaus gediehen war, so drängt sich in Modifikation bestehender Hypothesen die Frage auf, ob nicht die »Erfindung« des Ackerbaus ein Epiphänomen dieser vielköpfigen Versammlung der Jäger und der sie begleitenden Arbeitseinsätze war. Beobachten wir nicht gerade am Göbekli Tepe die Anfänge der arbeitsteiligen Gesellschaft" (Schmidt. 2008: 246 f.).

Die *Formen* der monolithischen Säulen weisen auf *Menschengestalten* hin. Die *Reliefs* auf den Säulen zeigen naturgetreue Darstellungen von *Tieren.* Ein Tempel ist die *Manifestation* einer *geistigen* Welt. Die Architektur dieses Tempels zeigt die *geistige Transformation*, die sich *zugleich* mit der *materiellen Transformation* vollzogen hat. Hier zeigt sich eine geistige Welt im *Übergang* vom *Animismus*, in dem die *Tierwelt* im Zentrum stand, zu einer *religiösen Welt*, in der der *Mensch* ins Zentrum rückt. Die stilisierten menschengestaltigen T-Pfeiler *dominieren* das Geschehen. Die ganze Architektur scheint ein *Ausdruck* dafür zu sein, dass die Menschen ein Bewusstsein davon bekamen, nun *in die Natur einzugreifen.* Das konnten natürlich *keine konkreten* Menschen sein, sondern etwas *Geistiges*, das nun eine *neue Bedeutung* bekam. *Was* die Menschen damals dachten und fühlten, können wir nicht wissen.

In diesem Tempel haben mit Sicherheit Festlichkeiten mit entsprechenden *rituellen Handlungen* stattgefunden. Rituale sind der *sensomotorische* Ausdruck des *Ganzen* einer Gemeinschaft. Das Ganze ist das Unsagbare des *Sozialen* einer Gemeinschaft. Ohne diesen *sozialen Zusammenhalt* wäre der Transformationsprozess nicht möglich gewesen. Man muss sich vergegenwärtigen, was sich hier *gebildet* hatte, eine *arbeitsteilige* Gesellschaft, in der

Hunderte von Angehörigen für Hunderte von *Anderen* gearbeitet haben. Und dies über Jahrhunderte. Nur in einer *gemeinsamen geistigen Welt*, die sich dabei *selbst* noch transformierte, war dies überhaupt möglich. Das war Selbstorganisation auf neuem geistig/materiellem Niveau. Die in der Autopoiese wirkende *Kooperation* hatte die *Instinktsteuerung* nochmals weiter zurückgedrängt.

Wir erinnern uns, dass *unsere Vorfahren* gemeinsam mit den *Insekten* vom Wasser aus aufs Land gegangen sind. Bei den Insekten kennen wir auch eine *Eusozialität*. Sie ist allerdings bei der Instinktsteuerung stehen geblieben. Aber auch hier wirkt die *Kooperation*. Allerdings in einem *anderen Modus* der Selbstorganisation.

> „Die 20.000 bekannten Arten eusozialer Insekten, vorwiegend Ameisen, Bienen, Wespen und Termiten, machen nur etwa zwei Prozent der etwa eine Million Insektenarten aus. Dennoch dominiert diese winzige Minderheit den Rest der Insekten in Anzahl, Gewicht und ihrem Einfluss auf die Umwelt. Was der Mensch für die Wirbeltiere ist, sind eusoziale Insekten für die weitaus größere Welt der Wirbellosen" (Wilson. 2016: 139).

Die eusozialen Systeme (wörtlich Systeme mit „echter sozialer Beschaffenheit") der Insekten haben sich schon vor 120 Millionen Jahren gebildet. Sie sind also unvergleichlich viel älter als die der Menschen. Ihr Unterschied ist jedoch gewaltig. Menschliche Kooperation beruht auf einem *„freien Willen"*, die Kooperation der Insekten ist *instinktgesteuert*. Von außen beobachtet *erscheint* sie uns wie die menschliche Kooperation von Ackerbauern. Hier als Beispiel die Zusammenarbeit von Millionen von *Blattschneideameisen*.

„Von Louisiana bis Argentinien bauen riesige Kolonien Blattschneideameisen, neben dem Menschen die komplexesten sozialen Lebewesen überhaupt, ganze Städte und betreiben Landwirtschaft. Die Arbeiterinnen schneiden Stücke aus Blättern, Blüten und Zweigen, transportieren sie in die Nester und zerkauen das Material zu einem Mulch, den sie mit ihren eigenen Exkrementen düngen. Auf diesem nährstoffreichen Substrat züchten sie ihre Hauptnahrung, einen Pilz von einer Art, der sonst nirgends in der Natur vorkommt. Ihr Gartenbau ist wie eine Fließbandkolonne organisiert: Das Material wandert von einer speziellen Kaste zur nächsten, angefangen beim Schneiden der Rohvegetation bis hin zur Ernte und Verteilung des Pilzes (Wilson. 2016: 140 f.).

Die *Autopoiese*, die kooperativ alles aufeinander abstimmt, hält diese Operationsweise vom anorganischen über das organische Leben bis hin zum Menschen mit einem „freien Willen“ durch. Ihr *Modus* des Operierens ist jedoch auf *jeder Stufe* ein anderer. Die neuen Modi haben sich *selbst* jedoch wiederum aus dem jeweiligen vorangehenden Modus *gebildet* unter Beibehaltung ihres *Prinzips*. Dieser *Bildungsprozess* hat *Übergänge*. Diese Übergänge jedoch sind *Prozesse* von Jahrhunderttausenden von Jahren. Die *Übergänge* sind sowohl *zeitlos* wie auch *ortlos*. Wenn sich etwas *Neues* bildet, bildet es sich immer aus dem schon *Vorhandenen*. Insofern ist es immer hieran *gebunden,* auch unser „freie Wille“. Einen *absolut* „freien Willen“ gibt es daher nicht. Aber er kann sich seine Freiheit vergrößern. Denn am „Anfang“ war er selbst ja auch noch „unfrei“. Nur unsere *definitorischen Begriffe* führen zu Paradoxien. Die sind dann aber selbst verursacht. Ein Denken in *Prozessen* führt zur widerspruchsfreien *Ganzheit*. Unsere Welt ist *eine* Welt. Sie besteht nicht aus definierten Stücken (Begriffen).

Zu *mehr Freiheit* würde ein *prozessorientiertes Denken* führen. Die *definitorische* Begrifflichkeit *stellt* durch das Festzurren der Begriffe die *Zeit still.* Eine Veränderung wird dadurch im Denken unmöglich. Da das *wirkliche* Leben *prozessiert*, führt dies unweigerlich zu Widersprüchen zwischen unserem Denken und der Wirklichkeit. Dies führt automatisch zu Problemen beim *Erfassen* der Wirklichkeit. Dies ist heute der Fall. Ich komme hierauf zurück.

Aber zurück zur neolithischen Revolution. Die neue Lebensform breitete sich über einen Zeitraum von mehr als viertausend Jahren bis nach West- und Nordeuropa aus. Der Weg führte über den Balkan einerseits und andererseits über Nordafrika nach Europa. Heute ist man sich einig, dass sie sowohl über Migration wie auch Akkulturation verlief. Neben dem Neolithisierungszentrum im Vorderen Orient, das *uns* die neue produzierende Lebensform brachte, gab es nach heutigem Wissen noch fünf weitere Zentren:

1. Westindisches Hochland
   (Gerste, Baumwolle, Rinder)
2. Ostchina
   (Hirse, Reis, Schweine)
3. Hochland von Mexico
   (Mais, Kürbisse, Truthühner)
4. Andengebiet in Südamerika
   (Bohnen, Kartoffeln, Meerschweinchen)
5. Östliches Mittelafrika
   (Hirse, Yams, Rinder)

Die Welt war eine andere geworden. Vor allem ist sie in Bewegung gekommen. Die sozialen Gemeinschaften wurden größer und arbeitsteiliger und damit auch ungleicher, je mehr die Bedeutung des Eigentums zunahm. Aber zu bedenken ist Folgendes: Der *Zusammenhalt der Gemeinschaft*, das, was wir heute das *Soziale* nennen, war schon immer gefährdet im *Bildungsprozess der Menschwerdung*. Je stärker die Instinktsteuerung durch den „freien Willen" zurückgedrängt wurde, umso mehr bedurfte es eines funktionalen Äquivalentes für die *ursprüngliche* Kooperation. Diese musste sich erst zu einer Kooperations*fähigkeit* auf der Basis des sich gerade erst bildenden „freien Willens" zu einem *neuen Modus* selbst organisieren. Jeder Bildungsprozess ist ein *dialektischer* Prozess. Das *Neue* bildet sich aus dem *Alten* und ist dabei *gefährdet* im Sinne einer *dissipativen Struktur*. Diese hatten wir schon mit *Prigogine* im Bereich des Anorganischen kennengelernt. Sie benötigt *Energie* aus ihrer *Umwelt*.

Der Tempelbau mit seinen Ritualen und Symbolen (T-Pfeiler mit ihren Reliefs) ist eine Möglichkeit, sich des Zusammenhaltes der Gemeinschaft zu vergewissern und sie sicherzustellen. Das Heilige des Tempels ist nur der *Ausdruck* für das *Heilige* des *Sozialen*. Es ist das *begrifflich* nicht fassbare *Soziale*, um das es eigentlich geht. Das *Heilige* ist dieses *Unsagbare*. So ist es auch mit der *Bildung des Geldes*.

Archaische Gemeinschaften tauschen sich als *Ganze* aus. Dies hat schon *Marcel Maus* in seinem 1930 erschienenen Werk „Die Gabe" dargestellt. Der Umlauf der Güter folgt dem von Menschen, Frauen, Kindern, von Festen, Riten, Zeremonien und Tänzen. Alles ist miteinander verwoben. *Maurice Godelier* sieht dies auch so. Es muss eine *Totalität* geben, die die Gesellschaft zusammenhält. Diese *Bindungskräfte* können auch auf *Dinge* übertragen werden, die getauscht werden. *Gabe und Gegengabe* sind aufeinander bezogen und *reproduzieren soziale Beziehungen*.

Es gibt also etwas *Immaterielles*, das bei allem Austausch mitzirkuliert. Dies sind *heilige Objekte*, die selbst *nicht* ausgetauscht werden und von einer besonders geachteten Person aufbewahrt werden.

Ohne dass dies dem archaischen Menschen bewusst wäre, *konkretisiert* sich das Soziale in Ritus und Mythos. Der Ritus ist *sensomotorisch* repräsentiert. Der Mythos ist *symbolisch* repräsentiert. Sie sind unantastbar heilig und damit tabu. Dies hat *Godelier* am Muschelgeld in Neukaledonien verdeutlicht. Es gibt einen *heiligen* Teil, der nicht getauscht wird, und einen Teil, der getauscht wird. *Immateriell* ist jedoch das *Heilige* bei jedem Tausch vorhanden. Es steht damit für die Stabilität des *Ganzen* der Gesellschaft. Das heißt, den *Wert* erhält das getauschte Geld durch das *Heilige*, das für das unaussprechliche *Soziale* steht. *Godelier* beschreibt es wie folgt:

> „Dieses Geld ist Ersatz für Personen, es wird bei Heirat gegeben, es dient als Entschädigung für Tod von Kriegern, die im Kampf getötet worden sind, und dazu, den Frieden zu besiegeln. Ebenso dient es als Geld bei profaneren Austauschvorgängen. Es ist zwar teilbar, schöpft seine Kraft aber aus einem unteilbaren heiligen Objekt, einer Art Korb, an dem es hängt.
> Dieses Geld besteht aus Schnüren von schwarzen oder weißen Muscheln, die die Länge eines Menschen haben und die man in Teile teilt, welche man mit denselben Begriffen bezeichnet, die zur Beschreibung des menschlichen Körpers dienen. Man spricht also vom Kopf, vom Rumpf oder vom Fuß eines Geldes. Diese Längen von Muscheln sind in Hälften oder in kleineren Längsabschnitten teilbar, die man abtrennt und verteilt, unter Voraussetzung, dass man die fehlenden Längen bei nächster Gelegenheit ersetzt, um sie wieder

in voller Länge zusammenzusetzen. Von diesem Geld meint man, es repräsentiere den Körper eines Vorfahren.

Man bewahrt diese Schnüre in einem heiligen Korb auf einer geflochtenen Konstruktion, in die man sie legt, nachdem man sie an einen Haken gehängt hat, welcher »Kopf des Vorfahren« heißt. Man nimmt an, dass sie teilbar und veräußerbar von diesem Kopf des Vorfahren eine Lebensmacht empfangen, eine Kraft, die durch das Band, das sie an den Haken bindet, in sie strömt. Das Ganze – Korb, Haken, Muschelgeld – stellt sich in gewisser Weise als eine materielle Synthese aller unserer Analysen dar. Körbe und Haken werden von den Häuptlingen des Clans als Schätze aufbewahrt. Sie sind heilig, unveräußerlich. Das Geld dagegen zirkuliert beim Gabentausch oder beim Warentausch. Es ist veräußerbar und wird veräußert. Doch der Korb und sein Haken zirkulieren niemals und stellen die permanente Quelle für die lebenskräftige Präsenz der Vorfahren dar, den Fixpunkt, der es allen anderen gestattet zu zirkulieren.

Der Korb und der Haken übernehmen also die Funktion eines heiligen Objekts, einer Quelle des Austauschs, die aber selbst dem Austausch entzogen ist. Ob es sich bei dem Austausch um Gabentausch oder um Warentausch handelt, es sind dieselben Muschelschnüre, die im ersteren Falle als Reichtum fungieren, den man gibt, und im letzteren als Geld, als Mittel zur Bezahlung von Dienstleistungen oder Waren. Derselbe Typ von Objekt übernimmt also zwei unterschiedliche Funktionen, weil er in zwei verschiedenen Feldern von sozialen Beziehungen eingeht. Denn, und dies ist ein grundlegender Punkt, in allen diesen Gesellschaften existieren und koexistieren der Warentausch und der

Gabentausch als zwei Bereiche der sozialen Praxis, die *bewusst* und *freiwillig* verschieden und getrennt gehalten werden, auch wenn derselbe Typ von Objekt bei dem einen und bei dem anderen von einem zum anderen zirkulieren“ (Godelier. 1999: 233 f.).

Godelier kann auch an anderen Objekten wie Armreife, Halsketten, aber auch Salz zeigen, dass ein und dasselbe Objekt im Warentausch zwischen Nachbarstämmen zirkuliert, aber nicht innerhalb eines Stammes. Die beiden sozialen Bereiche werden zunächst deutlich voneinander getrennt, bis die *Warenbeziehungen* so stark eingedrungen sind, dass die speziellen kostbaren Objekte nicht mehr gleichzeitig veräußerlich und unveräußerlich sind und sich in eine bestimmte *Quantität* eines Wertobjektes verwandelt. *Dieses* Objekt fungiert dann *nur* noch als *Geld* (Godelier. 1999: 235).

Unser heutiges *Geld* hat selbst noch das Materielle verloren und dient nur noch als *Recheneinheit*. Seine *Anerkennung* erhält es aber nach wie vor durch die *Gemeinschaft*. Sollte es seine *soziale Anerkennung* verlieren, wird seine *Bedeutung* als unsere Gesellschaft dominierendes Medium abnehmen.

Nach Jahrtausenden der Etablierung der produzierenden Lebensform entstanden die ersten Städte und später dann die ersten Großreiche in den Flusstälern von Euphrat und Tigris in *Mesopotamien* sowie am Nil in *Ägypten*. Dieser Prozess hatte vor etwas mehr als 5000 Jahren begonnen. Das *Geld* hatte sich schon längst etabliert. Aber während die *Ursprünge des Geldes nicht im Ökonomischen* begannen, scheint dies für die *Bildung der Schrift* bei der ersten Betrachtung der Fall zu sein. Nach der allgemeinen Überzeugung hat sie sich gleichzeitig im Zweistromland in Mesopotamien und in Ägypten in einer *städtischen* Kultur vor ca. 5000 Jahren gebildet.

Aber wie alle Kulturleistungen der Menschheit, ob Sprache, produzierende Lebensform oder auch das Geld, keine Erfindungen sind und sich über Jahrtausende *gebildet* haben, so auch die *Schrift* und das *Rechnen*. Die ältesten Vorformen der Schrift hat man schon zweitausend Jahre früher in Südosteuropa in der sogenannten *Donauzivilisation* gefunden. *Harald Haarmann* ist davon überzeugt, dass es sich um eine vollwertige Schrift handelt (Haarmann. 2012: 17 ff.). Es wird wohl so gewesen sein, dass die städtischen Menschen in Mesopotamien und Ägypten auf die Jahrtausende alten Vorformen zurückgreifen konnten, die möglicherweise aus religiösen Zusammenhängen stammen, als *verwaltungsmäßiger* Bedarf in den *städtischen* Kulturen entstand.

Die entzifferbaren Texte der Schriftformen aus Mesopotamien wie aus Ägypten weisen verwaltungstechnischen Inhalt aus. Hierzu zählen auch immer wieder Mengenangaben. Auch diesbezüglich, also des *Rechnens*, gibt es sehr alte Vorläufer. Die ältesten gehen 50.000 Jahre zurück. Es handelt sich dabei um entsprechend alte Knochenfunde mit eingeritzten Strichen. Sie sind so angeordnet, wie wir heute eine Fünf mit vier senkrechten Strichen und einen Querstrich bilden.

Die Schrift durchbricht die Beschränkung des menschlichen *Gedächtnisses*. Sie macht individuelles wie gesellschaftliches Wissen in einem Ausmaß speicher- und wiederverwendbar, wie es unter Bedingungen der Illiteralität nicht denkbar ist. Damit wird das *Denken* der Menschen *neu strukturiert*. Menschen in schriftlosen Kulturen denken vorwiegend situations- und kontextgebunden. Jetzt konnte sich das *Denken neu strukturieren* zur Dekontextualisierung und Generalisierung. Wie wir im nächsten Abschnitt sehen werden, wurde das *Denken* im ersten Jahrtausend vor unserer Zeitrechnung dann *reflexiv*. Aber dies benötigte weitere Jahrtausende.

3.3.2.2 Von der Achsenzeit bis heute

3.3.2.2.1 Entdeckung des Denkens

Mircea Eliade hat gezeigt, dass Religionssysteme an *Ursprungsmythen* gebunden sind, die zugleich auch *Schöpfungsmythen* sind. Durch *Ritus* und *Mythos* manifestiert sich das *Heilige*. Hierdurch werden *beliebige* Gegenstände heilig. Das Heilige *zeigt sich* in diesen Gegenständen. Der *Zerbrechlichkeit* einer Gemeinschaft, insbesondere bei *Veränderungen*, wird hierdurch entgegengewirkt. Allgemeiner gesagt, das *Werden* wird hierdurch ermöglicht und zugleich stabilisiert. Dies geschieht dadurch, dass das *gewärtige* Geschehen durch den Ritus an das *primordiale* Geschehen zurückgebunden wird. Das primordiale Geschehen wird durch *rituelle Wiederholung* aufgeführt. Hierdurch wird das gegenwärtige Geschehen mit dem *Ursprung* der Gemeinschaft zu einer *Einheit* verbunden. *Ursprung* und *gegenwärtiges Geschehen* bilden ein *Ganzes* und kommen einer Weltschöpfung gleich (Eliade. 1984: 15 ff.).

Archaische Gesellschaften leben in einer *zyklischen Zeit*. Rituale *wiederholen* immer wieder den Ursprung. Diese Gegenwärtigkeit des primordialen Geschehens gibt der Gemeinschaft ihre Stabilität auch bei *Veränderungen*. Jede Geburt, jeder Hausbau, jede Aussaat, jede Ernte muss rituell begleitet werden. Dies bedeutet Rückbindung an die Ur-Aussaat, den Ur-Hausbau usw., so wie es die *Götter* vorgemacht haben. Daher auch die Strenge des Ritus. Den Menschen ist auferlegt, das göttliche Tun nachzuvollziehen. Alles andere würde ins *Chaos* führen, das die Götter doch im Ursprung beseitigt haben. Alles *Werden* gründet im *Vorangegangenen*. Solange dies *rituell* sichergestellt ist, kann das Zerbrechen der Gemeinschaft abgewendet werden. Das in Ritus und Gegenständen ausgedrückte *Heilige* ist der stets gefährdete *soziale Zusammenhalt*. Gefährdet ist damit *zugleich* aber auch *jedes einzel-*

ne Mitglied. Denn ein Verlust der Mitgliedschaft wäre gleichbedeutend mit Tod.

Wir finden immer wieder bei *Systemen der Selbstorganisation*, die jeweils ein *Ganzes* darstellen, diese Abhängigkeit vom Energie- und Materialfluss aus der Umwelt. Dieser „Fluss" kann anorganisch, organisch oder auch sozial oder geistig sein. Selbstorganisierende Systeme haben immer einen *„Zeitpfeil"*, also ein *Werden*, eine gerichtete Veränderung. Dabei ist die gerichtete Veränderung immer abhängig von der *eigenen Vergangenheit. Prigogine* spricht daher schon von einer „historischen Dimension" bei der Selbstorganisation im *Anorganischen.* Diese setzt sich bis zu uns *Menschen* fort. Auch wir sind so etwas wie *dissipative Strukturen* und als solche ständig gefährdet. Der Unterschied ist alleine der *Modus der Autopoiese.* Wir sind sogar in der Lage, ihn *zu erkennen.* Das aber heißt nichts anderes, als dass auch der *Erkenntnisprozess* ein solcher *Bildungsprozess* ist.

> „Wir gehen von dem Beobachter aus, einem lebenden Organismus, der die Unterscheidung zwischen Zukunft und Vergangenheit macht, und gelangen am Ende zu dissipativen Strukturen, die, wie wir gesehen haben, eine „historische Dimension" enthalten. Nun können wir erkennen, dass wir selbst so etwas wie eine weiterentwickelte Form von dissipativer Struktur sind, und damit die Unterscheidung zwischen Zukunft und Vergangenheit, die wir am Anfang einführten, „objektiv" rechtfertigen" (Prigogine. 1992: 221).

Hierzu sind wir allerdings erst seit ca. 2500 Jahren fähig. Denn dies erfordert *reflexives Denken.* Diese Fähigkeit erlangte die Menschheit erst in der Mitte des 1. Jahrtausends vor unserer Zeitrechnung in der sogenannten *Achsenzeit.* In dieser Zeit erlangten die Menschen die Fähigkeit, ihre Gedanken auf ihre eigenen Gedanken zu beziehen. Damit konnten sie im *Symbolsystem verweilen*, es hatte sich autopoietisch geschlossen. Das Denken richtete sich jetzt nicht direkt auf die Außenwelt, sondern auf die Gedanken der eigenen *Innenwelt*. Die Menschen wurden *theoriefähig*. Was sich bildete, war die Philosophie, aus der sich später die unterschiedlichen Wissenschaften ausdifferenzierten.

Heraklit (520–460) und *Parmenides* (520/15–460/55) gehörten zu den ersten griechischen Philosophen. Heraklit lebte in Milet an der Westküste der heutigen Türkei, Parmenides in Elea im heutigen Süditalien. Sie haben grundlegende Probleme, die wir hier behandeln, wie *Veränderung* und *Ruhe* auf den Begriff gebracht. Beide Themen haben schon ihre Vorgänger behandelt. Aber *Heraklit* fasste den Begriff Veränderung tiefer. Er fragte, wie etwas, das sich verändert, dennoch seine *Identität* behalten kann. Für *Heraklit* gab es keine Stabilität. Für ihn war alles im Fluss. Die Dinge waren für ihn nicht wirklich stabile Dinge, sondern *Prozesse*. Dies ist ein unglaublich moderner Gedanke. Unserer *Wahrnehmung* entzieht sich der Veränderung. Unsere *Vernunft* sagt uns jedoch, dass sie sich verändern. Damit hatte sich das Problem verdoppelt. Es gab offensichtlich nicht nur ein Problem der *Veränderung*, sondern auch eines der *Erkenntnis*. Die *Wirklichkeit* liegt offensichtlich hinter den *Erscheinungen*. Uns erscheint etwas *gegensätzlich*, das in Wahrheit *eins* ist. *Heraklit* beruft sich auf den *Logos*. Er ist für ihn überindividuell, göttlich. Und dieses Göttliche war ihm zugänglich.

Die Welt bzw. der Kosmos war für *Heraklit* eine *Einheit*. Dieses *Ganze* bestand jedoch aus Gegensätzen. Aus ihnen bildete sich eine *verborgene Harmonie*. Alles, was ist, enthält schon seinen *Gegensatz* und führt so zur *Veränderung*. *Heraklit* war der erste *Dialektiker*. Ein Begriff, den erst *Platon* hundert Jahre später einführte. Mit *Heraklit* trat auch die Differenz von *Wahrnehmung* und *Vernunft* in die Welt sowie die von *Wirklichkeit* und *Erscheinung, Ding* und *Prozess*.

Auch *Parmenides* war davon überzeugt, am göttlichen Wissen teilzuhaben. Und göttliches Wissen ist die *Wahrheit. Parmenides* denkt das Problem der Gegensätze tiefer. *Sein* und *Nichtsein* können nicht zugleich sein. Dieses Gegensatzpaar hat *Heraklit* nicht denken können. Im *reinen Denken* ist dieses Gegensatzpaar unmöglich. Unerschütterliches Wissen, also Wahrheit, gab es für *Parmenides* nur im *Denken*. Wahres Wissen muss *begründet* werden. Nur die *Vernunft* kann dies leisten. Sie rechtfertigt und *beweist* durch Ableitung von Prämissen, die sicher sind. Daher wird bloße Wahrnehmung von ihm abgelehnt, da sie nicht beweisbar ist. *Parmenides* ist der Entdecker der *Deduktion*. Hierauf basiert sein *Intellektualismus*. Nur die *Vernunft*, nicht die Wahrnehmung, kann zur *Wahrheit* vordringen.

Parmenides postulierte das *Unveränderliche*, das dann später zur Suche nach *Prinzipien* führte. So z. B. das Prinzip der Energieerhaltung, aber auch die Naturgesetze gehören hierzu. Eine Schlussfolgerung seines deduktiven Denkens ist, dass das *Seiende mit dem Denken identisch* sein muss, da es ein Nichtseiendes nicht geben kann. *Parmenides* ist der Vater des *antiken Intellektualismus*, der noch heute dominant ist. Die ganze *Ökonomik* basiert auf dem *homo oeconomicus*, dem *rational* handelnden Individuum. Doch wie kam dieser Rationalismus, der Logos, bzw. die *Vernunft* in die Welt? Wie wurde aus dem Denken das *reflexive Denken*, das *Intellektsystem*, also das Denken, das im Denken *verbleibt*, indem es auf *Gedanken* zurückgreift und nicht mehr auf die äußeren *Dinge* und die *Handlung?*

Ich möchte nun mit *Bruno Snell* die Bildung des *reflexiven Denkens* in Griechenland über eine Zeit von ca. 400 Jahren nachvollziehen. *Bruno Snell* zeigt mit *Homer* (um 800) beginnend, wie sich das *Intellektsystem* durch *Schließung* selbst gebildet hat, indem es fähig wurde, sein *Denken* auf seine *eigenen Gedanken* zu beziehen. Dieser Bildungsprozess führt uns vom *Epos* über die *Lyrik* zur *Tragödie* bis zur *Philosophie*. Der homerische Mensch konnte seine *Handlungen* mittels Denken selbst organisieren. Aber sein Denken selbst war nicht Gegenstand seines Denkens. Es war auch nicht der Mensch, der über die *Handlungen* entschied, das waren die *Götter*. Die menschlichen Handlungen haben keinen eigenständigen Anfang. Was getan und geplant wird, ist das Wirken der Götter. Dabei sind die Götter selbst noch der Ordnung des Kosmos unterworfen. Das höhere Leben der Götter gibt dem irdischen Dasein jedoch einen *Sinn*. Die Götter sind für *Homer* daher notwendig.

Dennoch verläuft trotz des Wirkens der Götter im Kosmos alles *natürlich*. In den Gedichten *Homers* tritt das *Natürliche* zum ersten Mal in die Welt. Die *„natürliche Existenz"* des Menschen ist gebunden an das *Sinnvolle* im Dasein der Götter. Dem *Philosophieren* sind dann schließlich auch die *Götter* zum *Opfer* gefallen.

> „Sie verloren ihre natürliche und unmittelbare Funktion, je stärker der Mensch seiner selbst als eines geistigen Wesens bewusst wurde. Hatte Achill seine Entscheidungen noch als Eingriff der Götter gedeutet, so trug der Mensch des 5. Jahrhunderts im Bewusstsein eigener Freiheit selbst die Verantwortung für die von ihm selbst getroffene Wahl; das Göttliche, von dem er sich gelenkt und vor dem er sich verantwortlich fühlte, wurde immer stärker bestimmt von der Vorstellung der Gerechtigkeit, des Guten [. . .]. Dadurch wird das Göttliche immer sublimer, zugleich aber verlieren die Götter die rechte Fülle ihres ursprünglichen vitalen Lebens. Die Prozesse gegen Philosophen wie Sokrates fal-

> len in diese Zeit und zeigen, wie scharf dieser Wandel empfunden ist“ (Snell. 1980: 419 f.).

Die Götter wurden als *lebendige* Wesen aufgefasst. Je stärker die Götter *vergeistigt* wurden, umso mehr trat der Mensch in die Welt.

Mit dem Aufkommen der *Lyrik* erwachte die *Persönlichkeit.* Die Lyriker geben sich als Einzelmenschen zu erkennen. Sie sprechen von sich selbst und nennen ihre Namen. Die frühgriechische Lyrik ist Festdichtung zu Ehren von Göttern und Menschen. Während einer zweihundertjährigen Entwicklung wird nun die Spannung zwischen *Sein* und *Sollen* immer spürbarer. Die Dichter sind auf der Suche nach dem *Zeitlosen.* Auf der anderen Seite tritt das *innerlich Empfundene* in Erscheinung. Bei *Sappho* wird dies zum ersten Mal deutlich. Bei *Sappho* kommt die Empfindung spontan aus ihrem *Inneren,* bei *Homer* kam sie von *außen* von den Göttern. Doch bei *Sappho* ist die empfundene Liebe nicht eine private Laune, sondern etwas *Übernatürliches.* Sie *erlebt* die *Liebe* als *göttliche Kraft. Sappho* verliert sich daher nicht in den Abgründen des eigenen Gefühls. Es ist keine *romantische Liebe.* Die Liebe wird *individuell* empfunden, ist jedoch zugleich *göttlich.* Die neu entdeckte seelische Stimmung ist in der Lage, Gleichgesinnte zusammenzuführen. Das Gefühl kann sich vom Ort lösen und eine *Gemeinschaft im Denken und Fühlen* bilden. Es ist die Zeit, in der sich die *Polis* bildet.

Die *verwandtschaftlichen* Strukturen begannen sich in *rechtliche* Strukturen eines Gemeinwesens *umzubilden.* Die Entwicklung der *Persönlichkeit* steht in Wechselbeziehung zur Bildung *staatlicher* Strukturen. Der Geist gehört sowohl der *Persönlichkeit* an wie auch dem *Gemeinwesen. Sappho* und *Solon* lebten zur gleichen Zeit, um 600 vor unserer Zeitrechnung. *Solon* erkennt, dass es Gesetzmäßigkeiten gibt, die von den Mitgliedern der *Polis selbst bestimmt* werden. Auf *diese Weise* verstoßen sie nicht gegen den Willen der Götter. Menschliches Handeln musste im Göttlichen, dem *Ganzen*, eingebunden sein. Vom Eingriff der Gottheit sind die Menschen noch nicht voll gelöst. Jedoch gibt es die Zwiespältigkeit im *Empfinden* der Lyriker. Es ist die *Differenz* zwischen der *Seele* des Einzelnen und dem Geist der *Gemeinschaft*, die zunehmend zum Problem wird.

Die Bezirke des persönlichen *bewussten Handelns* sind bei den *Lyrikern* noch nicht voll erschlossen. Das gelingt erst mit der *Tragödie. Pindar* (522/518–446) stand an dieser Zeitenwende. Bei ihm entwickelte sich nach *Michael Theunissen* ein neues Verhältnis zur *Zeit*. Die *Zeit* wird „Gegenstand" des Denkens (Theunissen. 2008: 81). Damit bildet sich ein neues Verhältnis zur Welt, eine Welt, in die der Mensch *handelnd* eingreifen kann, um sie zu *verändern*. D. h. er empfindet seine *Gegenwart*, die er in Hinblick auf eine *Zukunft* selbst gestalten kann. In der *Tragödie* steht *erstmals* nicht mehr die Vergangenheit, sondern die Gegenwart im Anblick der *Zukunft* im *Zentrum des Denkens. Aristoteles* bringt dies in seiner *Poetik* (9.2) auf den Punkt. „Der Geschichtsschreiber berichtet, was geschehen ist, der Dichter, was geschehen könnte" (Aristoteles, zit. n. Snell. 1980: 95).

Mythos und *Wirklichkeit* treten nun im Drama auseinander. Zu dieser Zeit entsteht auch die wissenschaftliche *Prosa*, die diesen Vorgang *reflektiert*. Im Drama wird die Wirklichkeit nach den *Regeln des Theaters* umgestaltet. Damit nimmt das Drama dem Mythos jedoch den Charakter der Wirklichkeit. Hierdurch bildet sich eine *neue Beziehung zur Wirklichkeit*. Aus dem *Mythos* bildet sich der *Logos*, der vorgibt, die *Wirklichkeit zu erfassen* und hierdurch zur *Wahrheit* vorzustoßen. Die *geistige* Welt erhielt nun den Vorrang vor der *sinnlichen* Welt, die Vernunft vor der Wahrnehmung.

Mit *Platons* (428/427–348/347) *Ideenlehre* entstand ein *Zwei-Welten-Modell*. Hier die *täuschende und vergängliche Sin-*

nenwelt. Dort die *wahre und unveränderliche Ideenwelt.* Platon leugnete nicht die Dinge, die wir wahrnehmen. Jedoch war das nicht die *Wahrheit* und damit die *Wirklichkeit.* Die *Ideen* sind die wahre Welt, sie lassen sich nicht mit den *Sinnen* erfassen, sondern nur mit dem *Denken.* Nur mit den Ideen lässt sich *etwas erkennen.* Das Finden der Ideen ist für Platon ein *Wiedererinnern.* Ideen sind *ort- und zeitlos.* Nur über das Denken haben wir Zugang zu den Ideen. Für das Christentum war dies die Steilvorlage zu einer dann von jedem Hier und Jetzt gereinigten *transzendenten Idee eines Gottes* zu kommen. Die *Lebendigkeit* der griechischen Götterwelt konnte damit überwunden werden.

Platon sah es als seine Pflicht an, die Menschen aus ihrem Verblendungszusammenhang zu befreien. Den Weg hierzu sah er in der *Begründung* der Aussagen über diese Welt. Dies ging nur in einer *begründenden Rede.* Dies führte *Platon* meisterhaft in seinen Dialogen vor. Diese bestehen aus Argument und Gegenargument. Dieses Vorgehen nannte *Platon Dialektik.* Sie sollte zum *Wesen der Dinge* vorstoßen. Das Wesen der Dinge war *unveränderlich* und sinnlich nicht fassbar. Nur mit Hilfe einer geistigen Schau des *Intellektsystems* war dies möglich. Bemerkenswert ist allerdings, dass *Platon* nicht die *Wahrheit*, sondern das *Gute* als die höchste Idee ansah. Als *Idee* ist das *Gute* allerdings vollkommen *abstrakt* und immateriell.

Wie *Parmenides* vor ihm nahm *Platon* an, dass das Denken unser Handeln *direkt* bestimmen kann. Da das Denken zur Wirklichkeit führt, war dies in sich stimmig. So war *Platon* davon überzeugt, er könne mit seinen politischen *Theorien* den Herrscher von Syracus, *Dionysios*, in seinem Sinne beeinflussen. Damit ist er grandios gescheitert. Beinahe hätte er seinen Versuch sogar mit dem Leben bezahlt. Eine Theorie des *Willens* kannten die antiken Griechen nicht. Der *Intellekt* war für sie maßgebend. Dieser *Intellektualismus* schlägt noch bis heute durch.

Intellektualistisch war auch Platons Schüler *Aristoteles* (384–322) eingestellt. Jedoch ließ er im Gegensatz zu *Platon* auch die *Wahrnehmung* zur Erkenntnisfindung zu. Beide eint, dass das, was man erkennt, auch tatsächlich die *objektive* Welt ist. Von Platons Ideen hält Aristoteles jedoch nicht viel. Er erkundete das Wesen der Dinge in der Struktur der Welt selbst. Die *Bedeutungen* stammen nicht von den Menschen, sondern von den *Dingen selbst.* Mit *Kant* sollte sich dies um einhundertachtzig Grad drehen. Für Aristoteles waren nicht die Ideen bestimmend, sondern die *Kategorien.* In seinen Kategorien bestimmen wir noch heute die Welt. Nur dachte *Kant* die Kategorien vollkommen anders. Für ihn lagen sie nicht in den *Dingen draußen*, sondern im *Inneren des Menschen.* Die *Bedeutungen* der aristotelischen Kategorien haben sich hierdurch natürlich *verändert.* Doch dazu weiter unten.

Das *Sein* und das *Sollen* waren nun deutlich auseinander getreten. Das, was die Menschen *wahrnahmen*, stimmte nicht mehr mit dem, was sie nun *denken* konnten (wie es sein sollte), überein. Diese Differenz *empfanden* die Menschen nicht nur in *Griechenland*, sondern gleichzeitig auch in *Indien* und in *China.* In diesen drei Weltregionen *bildete* sich zur gleichen Zeit das *reflexive Denken.* Die Differenz von *Sein* und *Sollen* wurde zu einem *praktischen* Problem, das nun *theoretisch* bearbeitet wurde. Begriffe und Sachverhalte wie *Einheit, Gerechtigkeit* und *Menschlichkeit* wurden nun in diesen Weltregionen unabhängig voneinander *begründet*, indem das Denken auf seine eigenen Gedanken *rekursiv* zurückgriff. Durch diese *selbstorganisatorische Rekursivität* entstanden neben der griechischen *Philosophie* der *Konfuzianismus*, der *Hinduismus* und der *Buddhismus. Karl Jaspers* (1952) hat diese Zeit in der Mitte des ersten Jahrtausends vor unserer Zeitrechnung *Achsenzeit* genannt. *Kein Denken* konnte das, was sich damals ereignete, planen, denn das *Denken* war dazu noch nicht fähig. Die *Reflexivität* des Denkens hat sich selbstorganisatorisch *gebildet* und hierdurch zum *Intellektsystem geschlossen* und damit *ausdifferenziert.*

Bemerkenswert ist, dass sich dies in den drei Weltregionen aus *drei unterschiedlichen Weltperspektiven* heraus ereignet hat. *Bruno Snell* macht deutlich, dass sich diese drei Formen des Philosophierens zu einer *Ganzheit* ergänzen. Hierauf hat sein philosophischer Lehrer *Georg Misch* erstmals aufmerksam gemacht (Snell. 1980: 215). In China hat sich dies im Konfuzianismus in der Weltperspektive des Subjekts auf die *soziale Welt* (Familie, Staat) ereignet. Bei den Indern hat sich dies durch die Weltperspektive des Subjekts auf die *subjektiven Empfindungen* gebildet, also durch Introspektion. Die Weltperspektive der Griechen war die des Subjekts auf die *objektive Welt.* Alle Weltreligionen haben daher einen *gemeinsamen Ursprung* im *Bildungsprozess* des *reflexiven Denkens.* Aber alle drei Weltperspektiven gemeinsam bilden erst das *Ganze* der Welt.

3.3.2.2.2 Entdeckung des Willens

Im ersten Jahrhundert vor unserer Zeitrechnung war der gesamte Nahe Osten hellenisiert bis hin zu Ägypten im Süden. In den Städten sprach man griechisch. Dies änderte sich auch nicht, als die römische Macht diese Weltregion besetzte. Dies hatte jedoch tiefgreifende Folgen für den sozialen Status der alten Aristokratie und die Bürger der Städte. *Verunsicherung* und Selbstzweifel waren die Folge. Das *Vernunftkonzept* bekam Risse. *Mysterienkulte* wie der Osiris- und Mitraskult bekamen Zulauf. Man suchte immer intensiver nach dem *persönlichen Seelenheil.* Die Suche nach einer Kraft jenseits des Verstandes ließ den *antiken Intellektualismus* verblassen. Die Menschen bekamen zunehmend das *Gefühl,* von der fernen Macht Roms gelenkt zu werden. Der *Wille* Roms war bis in den Alltag der Menschen spürbar. Die *Vernunft* kam dagegen nicht an.

Die jüdische Diaspora in den Städten rund ums Mittelmeer sprach Griechisch und Latein. Ihr Monotheismus wurde für die Stadtbewohner interessant. Denn das *jüdische Gesetz* war *rational* einsichtig. Es wurde jedoch nicht als Logos oder Vernunft verstanden, sondern als *Jahwes Wille*. Die gesellschaftliche Erfahrung tendierte genau in diese Richtung, sich einem *äußeren Willen* zu unterwerfen. Der *Wille Jahwes* ließ sich *nicht mit Vernunft ergründen*. Damit zerbrach auch die Einheit von Denken und Sein. Man musste sich erst dem *Gebet* unterwerfen, um zur *Erkenntnis* zu gelangen. Der Erkenntnisweg drehte sich um einhundertachtzig Grad. Dies war eine vollkommene Kehrtwendung, eine *Revolution*. Die antike Welt stand an der Schwelle zu einer tiefgreifenden Veränderung. Der *Wille* begann die *Vernunft* zu dominieren. Jedenfalls schien es für viele Menschen so zu sein. Das *Gefühl* nahm an Bedeutung zu. Alte orientalische *Mysterienkulte* vermischten sich mit jüdischem und griechischem *Denken*.

Nur vor diesem Hintergrund ist das Auftreten des *Paulus* von Tarsus zu verstehen. Er gab den verunsicherten Menschen einen *neuen Halt*. Dieser neue Halt war jedoch nicht alleine *intellektualistisch* zu begreifen. Er berührte die *empfindsame Seele*. Sie wurde von der *Liebe des Vaters berührt*. Dies war die Vision, die *Paulus* auf dem Weg nach Damaskus *erlebt* hatte: *Christus lebt in mir*. Diese mystische Vereinigung wandelte den Rationalitätsbegriff. Der *Glaube an Christus in mir*, diese bisher unbekannte Motivationstiefe, war die *Grundlage der Erkenntnis*. Der Vernunft selbst wurde damit eine Grundlage gegeben.

Die mystische Einheit mit Gott wirkte auf den *individuellen Willen* ein. *Paulus* benutzte hierzu die Metapher „Leib Christi“. Dies sollte andeuten, dass alle jene, die der neuen Gemeinschaft angehörten, mit dem *Ursprung des Seins verbunden* sind. Der Glaube hieran war ein *individuelles* Ereignis und zugleich *universell.* Denn *Paulus* predigte zu *allen* Menschen, nicht nur zu den Juden. Das war neu. Der neue Glaube führte zur Wahrheit und damit zur *Wirklichkeit. Diese Wirklichkeit* war keine platonische Idee, sondern ein *inneres Erlebnis.* Durch die mystische Einheit mit dem *freien Willen Gottes* bildete sich die *Freiheit des eigenen Willens.* D. h. erst der *Glaube* an Gott macht *frei.* Er bringt den *Halt, um frei handeln* zu können. Dies ist Dialektik. Durch die *Bindung* an den *Ursprung* allen Seins bildet sich *Freiheit.* Das *Konzept* ist nicht neu, jedoch seine *Interpretation*, sie war *revolutionär.*

Diese Interpretation wurde in den nächsten 500 Jahren von den Kirchenvätern immer stärker ausgearbeitet und *dogmatisiert.* Der bedeutendste unter ihnen war *Augustinus* (354–480). *Augustinus* hat erst spät zum Christentum gefunden, obwohl seine Mutter schon Christin war. Er hat dann allerdings sein ganzes Leben lang als Bischof gegen Häresien gekämpft. Denn das, was wir heute unter Christentum verstehen, ist erst in den 500 Jahren nach dem Auftreten von *Jesus schriftlich* fixiert worden. Hierzu zählen nicht nur das Neue Testament, sondern auch alle Dogmen. Noch zu Zeiten *Augustinus* war nicht klar, ob *Jesus* nur ein Mensch oder ob er ein Gott war oder beides zugleich. Damit war auch nicht klar, was die *trinitarische Einheit* von Gott Vater, Sohn und Hl. Geist bedeutet.

Diese *Trinität* ist eine der großartigsten Konstruktionen des menschlichen Geistes. *Augustinus* hat hieran mitgewirkt, ohne dass er das in dem von mir dargestellten Sinne beabsichtigt hätte. Denn in diesem wohl größten *Mysterium* des Christentums ist die Idee zur *Profanisierung* dialektisch schon *enthalten.* Im Mysterium der Trinität sind die drei Personen Vater, Sohn (also der Mensch gewordene Gott) und der Heilige Geist zugleich das

Eine, der *eine christliche Gott*. Die Idee des Einen in Verbindung mit dem Vielen wurde ausgiebig in der platonischen und neuplatonischen (Plotin) Philosophie diskutiert. Hierauf konnten die Kirchenväter zurückgreifen. Allerdings war dies nicht der geeignete Weg, den Gläubigen die Trinität begreiflich zu machen. *Augustinus* wählte hier einen neuen Weg.

Mit Vernunft alleine war dies natürlich nicht möglich. Aber benötigt wurde sie hierzu schon. Denn man sollte es ja auch *verstehen*. Als *Seelsorger* war ihm sehr daran gelegen. Wenn ich Christ werden will, muss ich in mein *Innerstes* schauen. Dort finde ich Gott. Dies war verständlich. Zum Verstehen benötigt man *Erkenntnisinstrumente*. Dazu fand *Augustinus* eine *Analogie* in sich und jedem anderen Menschen. Die *Einheit von Gedächtnis, Vernunft und Wille*. Niemand konnte bestreiten, dass wir *eine* Person sind und dass dies unser ganzes Leben lang von unserem *Gedächtnis*, trotz *Veränderung*, wiedergegeben wird. Hierzu benötigen wir *zugleich* unsere *Vernunft* und unseren *Willen*, um uns zu *verändern*, also um Christ zu werden. Christ sein heißt *Einssein* mit/in Christus.

Der intellektualistische *Aufstieg* des antiken Denkens zu *Gott* war nun zugleich ein *Abstieg* ins Innere der eigenen *Seele*. *Augustinus* hat die Beteiligung der *Gefühle* an der Motivation des Handelns analysiert. Der gefühlsbasierte *Wille* war letztlich bestimmend für unsere Handlung und nicht die *Vernunft*. Die *Willensfreiheit* des Handelns resultiert aus der *Einheit* meines Willens mit dem *freien Willen Gottes*. *Frei* bin ich nach *Augustinus* nur in *Abhängigkeit* von Gott. Der *Wille* Gottes ist zugleich seine *Liebe* zu den Menschen, um deren Willen er Mensch geworden und am Kreuz gestorben ist. Gott ist für *Augustinus* nicht mit der Vernunft alleine fassbar. Wir *spüren* ihn in unserem Innern. Das ist seine *Wirklichkeit*. Wirklichkeit kommt von *wirken*. Dies ist modern gesprochen *operational* nicht *kategorial*. Der Wille ist operational und leiblich spürbar, die Vernunft ist kategorial, sie *verbleibt* im begrifflichen Denken seit der *Ausdifferenzierung* des Intellektsystems.

Liebe kann nicht *gedacht* werden, sie kann nur *empfunden* werden. Der *Wille* trat nun zwischen die sinnliche *Wahrnehmung* und die *Vernunft* und bekam im Christentum eine zentrale Bedeutung. *Begriffe* alleine genügen nicht, um die *Wirklichkeit* zu fassen. Schon *Augustinus* war die Differenz einer *operationalen* und einer *kategorialen* Struktur bewusst. Bei ihm tritt der *Wille* deutlich in die Welt. Sein Kampf für das *Menschsein* des Gottes ist die Bedingung der Möglichkeit der Transformation des Heiligen zum Profanen. *Wirklich lieben* kann nur ein *Mensch*. Aber nur ein *Gott*, der *zugleich* Mensch ist, konnte so *wirkmächtig* sein. Liebe kann nur durch Liebe transportiert werden, nicht durch einen *Vernunft-Gott*. Liebe ist zugleich aber auch eine *soziale Beziehung*, nicht nur eine *subjektive Empfindung*.

Dies als *Einheit* gedacht zu haben, ist die Vorwegnahme eines säkularen Konzepts der Welt, das erstmals aufschien beim *Reflexivwerden* des Denkens in der Achsenzeit. Die Einheit von Vater, Sohn und Heiliger Geist ist die Vorwegnahme des säkularen Konzepts der *einen Welt* mit den drei Aspekten *objektive* Welt, *soziale* Welt und die Welt *subjektiver Empfindungen*. Jede menschliche Handlung lässt sich *trinitarisch* auffassen unter diesen drei Perspektiven. Jede Perspektive fasst das *Ganze* der Handlung unter dem jeweiligen Aspekt. So steht der Gott-Vater für den *objektiven* Aspekt, der Mensch gewordene Sohne für die *subjektiven Empfindungen* (Liebe) und der Heilige Geist steht für das *Soziale*. Erhellend ist, dass das Soziale ohne Liebe nur ein Begriff bleibt. In der Soziologie wird das *Soziale vergegenständlicht*. Damit ist es aber kalt und leblos, eben nur *begrifflich* gefasst, ein *Vernunftkonzept*.

Die *Menschwerdung* des christlichen Gottes war nun das *„Medium"*, in dem sich im Christentum die Auseinandersetzung von *„affectio"* und *„ratio"*, zwischen *Wille* und *Vernunft* entzündete. Durch die christliche *„Seelsorge"* konnte sich die *empfindsame Seele* bilden. Jedoch durfte sich das *leidenschaftliche Gefühl* der Liebe zu Gott *nicht leiblich* äußern. Das *Zölibat* der Priester wurde daher von den Laien bewundert. Es war ein Ausdruck für die *geistige Liebe* zu Gott, und damit ihrer unmittelbaren Nähe zum *transzendenten Gott.* Hierin lag aber ein direkter Widerspruch. Hier die *subjektive menschliche Empfindung*, dort der nur *geistig zugängliche transzendente Gott*, der der *Vermittlung* der Priester bedurfte. Dieser Widerspruch musste gelöst werden.

Meister Eckart (1260–1328) war der erste, der dies in aller Konsequenz durchführte. Bezahlen musste er dies mit der Verurteilung als Häretiker. Während des gesamten Mittelalters wurde heftig darüber diskutiert, ob denn die *Vernunft* oder der *Wille*, die *„ratio"* oder die *„affectio"*, das dominierende Erkenntnismittel ist. Die *Franziskaner* favorisierten den Willen, die *Dominikaner* die Vernunft. *Meister Eckart* war ein Dominikaner, der hohe Kirchenämter innehatte. Darüber hinaus lehrte er an der damals bedeutendsten *Universität in Paris.* Zugleich gilt er auch als der wirkmächtigste *Mystiker.* Er bewegte sich auf der Spur, die *Augustinus* getreten hatte, der *Introspektion.* Er empfand in seinem Innersten das *Göttliche.* Nicht *Gott* war gedanklich in seinem Inneren, wie es noch *Augustinus* auffasste. Das *Göttliche*, das er spürte, war sein *Innerstes selbst.* Ihm stand kein transzendenter Gott mehr *gegenüber.* Das war neu. Die Kirchenoberen sahen darin eine Häresie und verurteilten ihn. *Meister Eckart* starb jedoch zeitgleich mit seiner Verurteilung.

Meister Eckart konnte das Göttliche *denken* und zugleich *empfinden.* Das Göttliche war die Einheit beider Erkenntnis-Modi, hier die *Operationalität* der „affectio", dort die *kategoriale* „ratio". Gut hundert Jahre später brachte *Nikolaus von Kues* (1401–1464) dies in seiner *Koinzidenzlehre* zum Ausdruck. *Kurt Flach* sieht ihn in der Verlängerung von *Meister Eckart* (Flach. 2011: 599). Der Inhalt seiner *Koinzidenzlehre* war, dass nur die Vernunft die Gegensätze z. B. von *Bewegung* und *Ruhe* getrennt hält. In *Wirklichkeit* waren sie eine Einheit. Das Göttliche und das Menschliche waren ein *Ganzes*, das nur die „ratio" trennt. Das *Ganze* war für *Nikolaus von Kues*, auch *Cusanus* genannt, ein *Prozess*, das nur im *Begrifflichen* zur Ruhe kommt, als *Definition.*

Nun könnte man meinen, der *Bildungsprozess* sei seit *Heraklit* nicht vorangekommen. Denn schon *Heraklit* konnte *Bewegung* und *Ruhe* in *dialektischer* Weise als *Einheit* fassen. Doch das wäre bei weitem zu kurz gegriffen. Für *Heraklit* war es eine *wahrgenommene* Bewegung der *äußeren* Sinne, also eine *Beobachtung.* Für *Meister Eckart* und *Cusanus* war es eine *subjektive Empfindung*, also eine *innere* Bewegung, die introspektiv *erlebt* wurde.

Wir sind hier an einem ganz entscheidenden *Prozessabschnitt des Bildungsprozesses* angekommen. Seit der Achsenzeit hat dieses selbstorganisatorische Prozessieren der Autopoiese den ausdifferenzierten Modus eines *Erkenntnisprozesses* angenommen. Das *Reflexivwerden* des *Denkens* hat dies ermöglicht. Aber gleichzeitig hat das sich damit geschlossene *Intellektsystem* von seinem *eigenen Ursprung ausgeschlossen*, der materiellen *leiblichen Operationalität.* Die kategoriale *begriffliche* Struktur verbleibt in sich selbst. Sie schließt damit die *operationale* Struktur aus und damit die *Zeit*, das Prozessieren, die *Wirklichkeit* und die Veränderung. Ihre *Begriffe* geraten damit in Widerspruch zur *Wirklichkeit.*

Die Menschen haben dies gespürt, dass die *Wirklichkeit sprachlich* nicht zu fassen ist. Die *Wirklichkeit* geht nicht in der *kategorialen* Struktur von Begriffen auf. Sie ist zugleich *operatio-*

nal. Erst sie ergibt die *gelebte* Wirklichkeit. Die kategoriale Struktur des *Logos* hat sich aus dem *Mythos*, wie oben gezeigt, gebildet. Schon der Mythos hat *Struktur.* Dies hat schon *Ernst Cassirer* (2002) in den zwanziger Jahren des letzten Jahrhunderts beschrieben. Auf diese Struktur konnte sich der sich bildende Logos zurückbeugen. Hieraus bildete sich das *reflexive Denken.* Es bedurfte jedoch eines *Mediums*, in dem sich dieser *Bildungsprozess* vollziehen konnte. Dies war die *Mystik.*

Die *Mystik* ist die *Einheit* von *sich bildender kategorialer Struktur* und materieller leiblicher empfindsamer *operationaler Struktur, ohne* sich dessen *reflexiv bewusst zu sein.* Der *Mythos* lässt sich *begrifflich verstehen.* Die *Mystik* ist ein *unsagbares Geschehen* (Hübner. 2004: 203). In ihr hat sich in der Achsenzeit in *allen* Weltreligionen das reflexive Denken gebildet und damit die *kategoriale Struktur* des *Intellektsystems ausdifferenziert.* Das, was im Christentum *Mystik* benannt wird, ist im Judentum die *Kabbala*, im Islam der *Sufismus*, im Konfuzianismus das *Tao*, im Buddhismus das *Zen.* Im Hinduismus gibt es ebenfalls eine „Mystik", jedoch mit vielen Strömungen. Im Zentrum steht hier jedoch das *Einheitserlebnis* von Atman (Einzelseele) und Brahman (göttliche Seele).

Immer ist es die *Verbindung mit dem Ursprung.* Dies ist im Mythos schon der Fall. Wir haben es am Göbekli Tepe kennengelernt, im *Animismus* der Jäger und Sammler. Für sie war der *konkrete* Mensch noch nicht denkbar. Es war etwas *„Geistiges"*, das den Transformationsprozess der Lebensform verwirklicht hat, *nicht die Menschen selbst.* Hier hatte sich allerdings zugleich der *Übergang* vom *animistischen* Denken zum *religiösen* Denken vollzogen. Jetzt, in der *Mystik* vollzieht sich die *Menschwerdung* in der *Inkarnation* des Gottes, der Fleischwerdung des Göttlichen. Es ist dies die *Einswerdung* der materiellen leiblichen *operationalen Struktur* und der geistigen *kategorialen Struktur, ohne* dies jedoch *reflexiv* fassen zu können. Diese *Reflexion* bildet sich erst heute, wie wir im weiteren Fortgang *erleben* können.

Im Christentum ist die *Trinität* mit ihrer *Inkarnation* bis heute ein *Mysterium* geblieben, ein *Dogma*, das als solches die *Zeit stillstellt*. Dies ist in der *Ökonomik* ähnlich. Hier gibt es das „Dogma" des *homo economicus*, des *rational* handelnden Individuums, sowie das „Dogma", dass im *Medium des Geldes* die Ökonomie zu *verstehen* ist. Die eigentliche *Dynamik*, die *operationale Struktur*, kommt somit nicht in den Blick.

Kommen wir zurück ins 13. und 14. Jahrhundert. Für *Meister Eckart* wird Gott „in uns geboren", das *Göttliche bildet* sich in uns. Dieser Bildungsprozess ist für ihn *„weiselos"* und *passiv*. Es geschieht einfach und nicht auf eine spezielle Weise. Es ist ein jeweils *individueller Prozess*, die *Einheit* mit dem *universell* Göttlichen zu fassen. *Cusanus* hat diese *Dialektik* der *Einheit der Gegensätze* im Begriff der *Koinzidenz* behandelt. Zu dieser Zeit hatte sich schon mit *Wilhelm von Ockham* (1288–1347) die Philosophie von der Theologie getrennt, sowie das *Sein* vom *Sollen*. Dies hat sich aus der Theologie selbst heraus gebildet, als *Aristoteles* wiederentdeckt wurde. Damit übernahm in der Folge dieser Rezeption aber auch die „ratio" wieder die Führung. Der *„unbewegte Beweger"* des *Aristoteles* konnte als *Gott* interpretiert werden.

Für *Meister Eckart* gab es diesen ihm gegenüberstehenden Gott jedoch nicht mehr. Es war sein *Inneres selbst*, das er empfand und als das *Göttliche in ihm selbst* deutete. Er musste sich ihm nur *passiv hingeben*. Dies ist das „Konzept" der selbstorganisatorischen *Autopoiese*. Sie kennt *keine Zwecke*. Für *Aristoteles* war alles *Lebendige* noch *zweckorientiert*. Zwecke und Ziele kommen jedoch erst mit dem *reflexiven Denken* in die Welt. Die *Natur* kennt keine Zwecke. *Bildungsprozesse*, ob vor oder nach dem Reflexivwerden des Denkens, sind *immer empfangend*, nie zweckorientiert. Das *Neue* bildet sich immer aus dem *Vorhandenen.* Sonst wäre es nicht *(wirklich) neu. Herstellungsprozesse* lassen sich planen, *Bildungsprozesse* nicht. Was jedoch möglich ist, ist die hierzu *„fördernde Umwelt"* zu schaffen. Das aber wäre schon die Folge der *Reflexion* des *Reflexivwerdens des Denkens.* D. h. das *reflexive Denken* muss sich erst seines *Ursprungs* bewusst werden, seiner *operationalen Struktur.* Das ist aber selbst ein *Bildungsprozess.* Dazu weiter unten mehr.

Die *operationale Struktur* seines innersten *Selbst* ist also schon bei *Meister Eckhard* an die Stelle des *Göttlichen* getreten, ohne dass *Meister Eckhard* dies reflexiv bewusst gewesen wäre. Er stand fest im Christentum. Die *Säkularisierung* hat sich aus dem *Christentum selbst* herausgebildet. Der Prozess der Säkularisierung ist schon mit dem *Mysterium* der *Inkarnation,* der *Menschwerdung des Gottes,* in die Welt getreten. Das war *nicht* der Zweck bzw. das *Ziel* der *ersten Christen.* Die *Säkularisierung* hat sich aber hieraus *bilden* können.

3.3.2.2.3 Entdeckung des Subjekts

Vierhundert Jahre später hatten sich dann schon längst die Naturwissenschaften aus der Philosophie ausdifferenziert. Allerdings noch nicht institutionell. Die Frage nach der Möglichkeit von *Erkenntnis* war eindeutig der *Vernunft* zugeordnet. Die Frage war nur noch, welche Bedeutung die *Wahrnehmung* dabei hat. In den Naturwissenschaften behielt sie eine hohe Bedeutung im Zusammenhang mit dem *Experiment.* Neben die *Deduktion* trat damit auch die *Induktion* bei der Entwicklung von Gesetzmäßigkeiten. Ohne *Vernunft* war dies nicht zu haben. Das 18. Jahrhundert war die Zeit der Aufklärung. Ihr wichtigstes Kennzeichen ist die Berufung auf die *Vernunft.* Sie stellte Althergebrachtes grundsätzlich in Frage. Durch *rationales Denken* wollte man die den Fortschritt behindernden Strukturen überwinden.

Kant (1724–1804) wird als der Philosoph angesehen, der am prägnantesten ausdrückte, was Aufklärung bedeutete. Im Jahr 1784 formulierte er dies so:

> „Aufklärung ist der Ausgang des Menschen aus seiner selbstverschuldeten Unmündigkeit. Unmündigkeit ist das Unvermögen, sich seines Verstandes ohne Leitung eines anderen zu bedienen. Selbstverschuldet ist diese Unmündigkeit, wenn die Ursache derselben nicht am Mangel des Verstandes, sondern der Entschließung und des Mutes liegt, sich seiner ohne Leitung eines anderen zu bedienen. Sapere aude! Habe Mut, dich deines Verstandes zu bedienen! Ist also der Wahlspruch der Aufklärung."

Diese Formulierung weist über *Kant* hinaus. Es ist offensichtlich nicht der Verstand bzw. die *Vernunft*, sondern der *Wille* (der Mut), der entscheidend ist. Dennoch hat sich *Kant* sein gesamtes Philosophenleben mit der *Vernunft* beschäftigt. Ihr hat er seine drei Kritiken gewidmet (theoretische Vernunft, praktische Vernunft, Urteilskraft). Die *Vernunft* ist der Kern des *Erkenntnisapparates.*

Nicht die *Vernunft* an sich ist das fundamental Neue bei *Kant*. Es ist ihr Status im Erkenntnisprozess. Bis zu *Kant* hat die Sichtweise *Aristoteles*' gegolten. Mit *Kant* hat sich diese um einhundertachtzig Grad gedreht. *Kant* selbst hat sie als „kopernikanische Wende" beschrieben. *Aristoteles* hat die Strukturen in den *äußeren* Objekten gesucht. Bei *Kant* liegen die Strukturen im *Inneren* der Subjekte. Seine Idee dabei ist, dass die Bedingungen der Möglichkeit der Erkenntnis *zugleich* die Bedingungen der Möglichkeit der Erfahrung sind. D. h. durch die Strukturen *in den Subjekten* ist Erkenntnis von *Objekten* überhaupt erst möglich.

Hierdurch ergeben sich zugleich die Grenzen des Erkenntnisvermögens. Diese hat er in seiner Vernunftkritik aufzuweisen versucht. Hieraus ergibt sich seine grundlegende Unterscheidung von *„Erscheinung"* und *„Ding an sich"*. Zugang haben wir nach *Kant* nur zu den *Erscheinungen*, nicht zu dem *Ding an sich*.

Nach *Kant* besitzen Subjekte *apriorische Strukturen*. Dies sind Strukturen *vor* aller Erfahrung. Sie sind die *notwendigen Bedingungen* dafür, dass wir *objektive*, also *allgemeingültige* Urteile abgeben können. Nur so ist Wissenschaft überhaupt möglich. Es gibt für *Kant zwei Formen* apriorischer Strukturen. Zum einen sind dies *Formen der Anschauung*, zum anderen sind es die *Formen des Verstandes*. *Raum* und *Zeit* sind Formen der Anschauung. *Kategorien* wie Quantität, Qualität, Relation und Modalität sind Formen des Verstandes. Die Formen der Anschauung haben den *direkten Zugang* zu den *Objekten*. Ihre *Konstitution* erfolgt durch die *Kategorien*.

Bezüglich der Erkenntnistheorie *Kant* gibt es drei Sachverhalte festzuhalten:

1. Die Kehrtwendung des Erkennens der *objektiven* Strukturen durch das *Innere des Subjektes*.
2. Diese inneren Strukturen des Subjekts waren jedoch *apriorisch* und damit *statisch*. Damit fehlte die *Operationalität*.
3. Allerdings erscheint bei *Kant* immer der *Wille* doch das *Bewegende* zu sein. Jedoch wird dies durch die *Statik* seines Erkenntnisapparates wieder in das Korsett der *Vernunft* gezwängt.

So auch sein kategorischer Imperativ:

> „Handle so, dass die Maxime deines Willens jederzeit zugleich als Prinzip einer allgemeinen Gesetzgebung gelten könne."

Dass dieses kategorial strukturelle *Prinzip zugleich* auch *operational wirkt*, konnte *Kant* nicht denken. Ich meine damit die *Autopoiese*. Sie ist *objektives Prinzip* und *zugleich* leibliche *subjektive Empfindung*. Was also *Kant* nicht fassen konnte, war die *dialektische Einheit* dieser Gegensätze.

Kant ist bekannt als Moralphilosoph. Er lehrte jedoch in Königsberg auch Naturwissenschaft. Er war sowohl von der *Mechanik Newtons* wie auch vom *Rationalismus Descartes*' geprägt: „Ich denke, also bin ich". Beides zusammen und der *Empirismus Humes*, für den die *äußere Wahrnehmung* das zentrale Erkenntnisorgan darstellte, führten ihn zu seinem *mechanisch* anmutenden Erkenntnisapparat.

Die *Dialektik* brachte *Hegel* wieder ins Spiel. Doch bevor ich mich mit seiner *Dialektik* befasse, ist noch auf einen Philosophen einzugehen, der regelmäßig übergangen wird. Gemeint ist *Arthur Schopenhauer* (1788–1860). Er hat sich als der Vollender *Kants* angesehen. Mit dem für *Kant* unzugänglichen „Ding an sich", das hinter den „Erscheinungen" steckt, wollte er sich nicht abfinden. Für ihn war dieses „Ding an sich" der *Wille*. Der Wille war für *Schopenhauer* nichts *Vorgestelltes* und diskursiv Ermitteltes wie bei *Kant*, sondern eine *„innere Erfahrung"*, die er am *eigenen Leib spürte*. Seine innere Empfindung hatte eine *doppelte Bedeutung*. Sie erfasste das *empfindsame Innere* und *zugleich* die *objektive Welt* als *Ganzes*. Dies wurde bei *Schopenhauer* genährt durch die Bekanntschaft mit *Herder* (1744–1803), über den er den *Hinduismus* und später auch den *Buddhismus* kennenlernte.

Nach *Schopenhauer* tönt aus dem *Willen* das „Ding an sich". Er konnte das tiefste Empfinden in der *Musik* mit dem „Tiefsinn" der *Philosophie* verbinden. *Nietzsche* sprach in der „Geburt der Tragödie" ebenso von einem Mysterium der Einheit der Differenz von *Musik* und *Philosophie*, von tiefstem Empfinden und abstraktesten Gedanken. *Thomas Mann* empfing seine *Gedanken* aus einem *Gefühl* harmonischer Musik. *Schiller* schrieb am 18. März 1796 an *Goethe*:

> „Bey mir ist die Empfindung anfangs ohne bestimmten und klaren Gegenstand; dieser bildet sich erst später. Eine gewisse musikalische Gemütsstimmung geht vorher, und auf diese folgt bey mir erst die poetische Idee" (zit. n. Borchmeyer. 1017: 747).

Dieter Borchmeyer hat diese innige Verbindung von Musik und Philosophie ausführlich dargestellt. Insbesondere bei *Schopenhauer* komme die *Sprache des Willens* aus dem „mystischen Abgrund" der *Musik*. *Thomas Mann* hat *Schopenhauers* Hauptwerk „Die Welt als Wille und Vorstellung" in einem Essay von 1938 eine „Ideensymphonie" genannt (Borchmeyer. 2017: 749).

Wie oben beschrieben war nach dem *antiken Intellektualismus* das *Mittelalter* von der Auseinandersetzung zwischen *Vernunft* und *Wille* geprägt. Dies führte mit *Wilhelm von Ockham* zur Trennung von *Sein* und *Sollen*. Das *Sollen* führte dann durch den *Willen* zum *konkreten Handeln*. Der *Wille* schob sich immer deutlicher zwischen den platonischen Kurzschluss von *Denken* und *Handeln*. Nur war nicht klar, was der *Wille* denn eigentlich *ist*. So wie *Kants Erkenntnisapparat* ein *gedankliches Gebilde* blieb, weil das *Leben* fehlte, so war auch seine *Ethik* eine *rationale Konstruktion*. Das eigentliche *Werden*, die *wirkliche Veränderung*, blieb vollkommen im Dunkeln. Kurz *Kant* kannte die *Einheit der Differenz* von *kategorialer* und *operationaler Struktur* nicht. Diese Einheit ist nur *dialektisch* verständlich. Das *Neue*, die seit der Achsenzeit ausdifferenzierte *kategoriale Struktur* in Form des *reflexiven Denkens* des *Intellektsystems*, war schon im *Vorhandenen* enthalten. Das Vorhandene war die *operationale Struktur* der *Autopoiese*. Die *Mystik* ist die *Wirkweise* der *Autopoiese*, in der das *Denken* selbstorganisatorisch *reflexiv* wurde. Die *Mystik* ist ein *Werden*, ein *Prozess*, der auch *subjektiv empfunden* wird. *Meister Eckhart* hat dies in seinen Predigten immer wieder verdeutlichen wollen (Lagier. 2008).

Die *Autopoiese* ist etwas *Unhintergehbares* und *Unverfügbares. Meister Eckhart* hat es als das *Göttliche* gedeutet. Von der *Autopoiese* sind wir alle *abhängig*. Sie bringt uns *zugleich* aber auch die *Freiheit*, in den *Grenzen des Vorangegangenen. Absolute Freiheit* wäre *Chaos*. Hiervor *beschützt* uns die *Autopoiese*. Da das Neue immer schon im Vorangegangenen enthalten ist (nicht ausdifferenziert, *Hegel* würde sagen: nicht entäußert), ist auch die Differenz von Sein und Sollen eine Einheit, ein *Ganzes*. Das Sollen, also die Zukunft, ist im Sein, also der Gegenwart, schon enthalten. Dazwischen gibt es nichts. Daher gibt es auch nichts zu verbinden. *Es ist schon verbunden*. Die *Wirklichkeit* ist lediglich die entfaltete *Möglichkeit* im schon Vorhandenen. Das *Medium* der Entfaltung bzw. des *Bildungsprozesses* ist die *Zeit*. Ihr Komplement ist der *Wert*, der sich im *Sollen* seit Reflexivwerden des Denkens in *kategorialen Strukturen* darstellen lässt. Aber die kategoriale Struktur alleine ist nicht die *Wirklichkeit*, die wir auch *subjektiv empfinden*.

Hegel ist dem *abstrakten Moralprinzip* des kategorischen *Sollens* gegenüber immer skeptisch geblieben. Das Abstrakte und Konkrete war für *Hegel* in ihrer Differenz eine *Einheit*. Die *Geschichte* war für *Hegel* ein solcher Sachverhalt. Sie ereignet sich *konkret*, ist jedoch in ihrer Ganzheit als *eine* Geschichte nur *abstrakt* denkbar. *Reinhart Koselleck* hat gezeigt, dass bis ins 19.

Jahrhundert hinein unter Geschichte immer nur Geschichten verstanden wurden. Erst im 19. Jahrhundert hatten die Menschen ein Bewusstsein von *einer* Geschichte, von der Geschichte als *Ganzes*. Erst seit dem 19. Jahrhundert ist also das *Ganze* in seinem *Gewordensein* überhaupt *denkbar*. Das *Prozesshafte* kommt erst jetzt in den Blick.

Für *Hegel* war es daher klar, dass auch die *Kategorien Kants* sich erst gebildet haben und daher nicht *statisch* sein können. Und was für die Formen des Verstandes gilt, gilt auch für *Raum* und *Zeit*. Spätestens seit *Einstein* wissen wir auch naturwissenschaftlich abgesichert, dass Raum und Zeit *keine absoluten* Größen sind, sondern mit der *Masse* wechselwirken. Der Raum kann sich *krümmen* und die Zeit kann sich *kürzen* und *verlängern*.

Das, was für *Kant apriorisch*, also vor aller Erfahrung, an *subjektiver Struktur* die *Objekte* erkennen lässt, ist selbst ein *Werdendes*. Nur im Hier und Jetzt erscheint uns diese Struktur als etwas Unveränderliches. Alle Begriffe sind werdend. Daher können *Begriffe*, wenn sie *definitorisch* festgezurrt werden, auch die *Wirklichkeit* nicht mehr erfassen. Denn die *Wirklichkeit* ist ein *immerwährender Prozess*. Sie lässt sich nicht *feststellen* und dies in der doppelten Bedeutung von *anhalten* (operational) und *bestimmen* (kategorial).

Für *Hegel* liegt die *Wahrheit im Werden*, nicht im einen *rationalen Schluss*. Die *„Wahrheit ist das Ganze"*. Die *Wahrheit* hat es also mit der Geschichte zu tun, in der sich die *Tätigkeit des Erkennens*, im Medium der *Zeit*, selbst *bildet*. Auch der *Begriff Zeit* selbst unterliegt diesem *Bildungsprozess*. Das *Ganze* ist *Prozess*, in dem wir *alle teilhabend* mitwirken. Auch unser *Ich* ist *Prozess*. Das, was wir als unser *Gedächtnis* bezeichnen, ist *kein Gegenstand*, sondern unsere *gesamte, immerwährend prozessierende* Lebensgeschichte. Wir können sie weder anhalten noch bestimmen. Dies gilt auch für das, was wir unsere *Identität* nennen.

Unsere individuelle *Lebensgeschichte* vollzieht sich sowohl *konkret leiblich* (operational) wie auch *abstrakt gedanklich* (kategorial). Dies sind jedoch *keine getrennten Dinge*, sondern nur *zwei Aspekte* desselben Sachverhaltes. Bis heute *dominiert* allerdings der zweite Aspekt unser gesamtes Leben, obwohl das Leben selbst *operationaler* Art ist und mit *subjektiver Empfindsamkeit* verbunden ist. Dieser *einseitige Intellektualismus* wurde ab der ersten Hälfte des 20. Jahrhunderts in immer stärkerem Maße in Frage gestellt. Und dies sowohl in den Geisteswissenschaften wie auch in den Naturwissenschaften. Zunächst zu den Geisteswissenschaften.

Die Kritik entzündete sich an dem *Apriorismus Kants.* Schon *Goethe* konnte mit dem *Apriori Kants* nichts anfangen. Für ihn konnte das Fundament des Lebens nicht in einem Apriori liegen. So sahen es auch wie oben angesprochen *Schopenhauer* und *Hegel.* Ihnen fehlte ganz einfach die vitale Bewegung, das *Prozessierende*, die Dynamik der Wirklichkeit. Die *logizistische Reduktion* Kants im *Erkenntnisprozess* wie in der *Ethik* griffen Anfang des letzten Jahrhunderts auch *Georg Simmel* in Deutschland, *Henri Bergson* in Frankreich und *William James* in den USA auf. Auf Letzteren komme ich mit *Maria Montessori* im nächsten Kapitel zu sprechen.

Im Zentrum der Philosophie *Bergsons* steht die vitale *Bewegung des Lebens.* Dennoch lässt sich seine Philosophie weder auf einen naturalistischen Biologismus noch auf einen spiritualistischen Vitalismus reduzieren. Sie ist auch nicht „anti-rational". Für *Bergson* gibt es so etwas wie eine „schöpferische Evolution" (2013), die das Leben selbst hervorgebracht hat. Für ihn ist der biologische *Instinkt* nur ein anderer struktureller Modus als das *Gefühl* und die *Rationalität.* Hier gibt es nichts Trennendes. Er wendet sich auch nicht gegen die *technische Entwicklung.* Bei einem Großteil der Lebensphilosophie war dies in Deutschland zu finden. Bei *Bergson* finden wir das Gegenteil. In der *Technik* sah er nicht eine *Verarmung des Lebens*, sondern eine *Befreiung* und die *Zukunft der Wirtschaft.*

Mechanik und *Mystik* sind für *Bergson* zwei Momente eines einzigen Prozesses. Sie haben einen gemeinsamen *Ursprung* und eine gemeinsame *Richtung:*

> „Die Ursprünge dieser Mechanik sind vielleicht mystischer als man glaubt; sie wird ihre wahre Richtung nur dann wiederfinden und ihrer Macht entsprechende Dienste nur dann leisten, wenn die Menschheit, die sie noch mehr zur Erde niedergedrückt hat, durch sie dazu gelangt, sich wieder aufzurichten und den Himmel zu sehen" (Bergson, zit. nach Zanfi. 2018: 149).

In der Schule und Universität feiert man *Newton* als den Vater der modernen Wissenschaften, vor allem seine *Mechanik.* Weniger oder gar nicht bekannt ist, dass er glühender Verfechter der Alchemie und der schwarzen Kunst war. Auch die Wissenschaft ist nicht plötzlich da gewesen, sie hat sich nicht aus Wissenschaft gebildet, sondern aus *vorwissenschaftlichen Strukturen.* Daher sind auch die materiellen Zwänge, unter denen wir heute vielfach leiden, nur ein Übergangszustand. Menschheitsgeschichtlich ist es lediglich eine Momentaufnahme eines *Prozesses. Bergson* hat schon Anfang des letzten Jahrhunderts hellsichtig gesehen, dass der Kapitalismus sich mit seinem Maschinensystem selbst beseitigen wird. Nicht im *Verzicht* auf Maschinen, sondern in der Steigerung ihrer *Effizienz* sah er ihre Bestimmung.

> „[. . .] dass das einfache Werkzeug seinen Platz an ein ungeheures System von Maschinen abträte, das imstande wäre, die menschliche Aktivität zu befreien, wobei diese Befreiung durch eine politische und soziale

> Organisation gefestigt würde, die dem Maschinentum seine wahre Bestimmung garantierte“ (Bergson. Zit. nach Zanfi. 2018: 149).

Die Aufdeckung der in jeglicher Entwicklung steckenden *Dialektik* ist nicht neu. Dies hatte in ihrer *Wirklichkeit* schon *Karl Marx* erfasst. Neu ist, dass dies nun aus der Perspektive des *leiblich empfindsamen Subjektes* erfolgte. *Marx* hatte die Dialektik im geschichtlichen Prozess *sozialer* Zusammenhänge erkannt. *Bergson* macht die Bildung des neuen an der *Handlung* des *Subjektes* deutlich. Die Handlung in ihrer Wirklichkeit übersteigt den „Zirkel“ des *begrifflichen Denkens*, das in seiner *Reflexivität* in sich eingeschlossen bleibt.

> „Es liegt im Wesen der Vernunftüberlegung, uns in einen Zirkel des Gegebenen einzusperren. Die Handlung aber durchbricht den Zirkel. Wer noch nie einen Menschen schwimmen sah, wird vielleicht sagen, schwimmen ist etwas Unmögliches, da man ja, um schwimmen zu lernen, sich schon von Beginn an über Wasser halten und folglich schon schwimmen können muss. Tatsächlich wird mich das Vernunftdenken immer an Land festnageln“ (Bergson. 2013: 222).

In seinem *prozessorientierten* Verständnis der *Handlung* leuchtet die Nähe zum *Pragmatismus* von *William James* heraus. Doch dazu später. Das *Intelligenzsystem* schließt sich von seinem *Ursprung* ab, ohne dass es dies weiß. Es ist gerade seine *Reflexivität,* die es daran hindert.

> „Wir haben gezeigt, dass die Intelligenz sich von einer umfassenderen Realität abgehoben hat, dass es jedoch niemals zu einem sauberen Schnitt zwischen den bei-

> den gekommen ist: Um das begriffliche Denken herum verbleibt ein undeutlicher Saum, der an dessen Ursprung erinnert. Ja mehr noch, wir verglichen die Intelligenz einem festen Kern, der sich auf dem Weg der Kondensation gebildet hat. Dieser Kern unterscheidet sich nicht radikal von dem Flüssigen, das ihn umgibt" (Bergson. 2013: 222).

Deutlicher kann man eine „dissipative Struktur", die selbstorganisatorische Ausdifferenzierung und Bildung eines *„geschlossenen Systems"*, das immer von seiner *Umwelt* abhängig bleibt, nicht beschreiben, ohne schon die *Einheit* der Differenz von *„operationaler Struktur"* und *„kategorialer Struktur"* zu kennen.

Ebenso wie *Henri Bergson* (1859–1941) hat *Georg Simmel* (1858–1918) die Differenz von *Form* (Begriff, Ding) und *Leben* (Prozess) gesehen. Vor dem ersten Weltkrieg standen beide in regem gedanklichen Austausch. Doch während *Bergson* die *Einheit dieser Differenz* fassen konnte, war *Simmel* hierzu nicht in der Lage. Er warf *Bergson* daher auch vor, das *Tragische* nicht erkennen zu können. Die Einheit war für ihn eine zu *positive* Sicht. Das *Begriffliche* war für *Simmel* letztlich das Umfassendere. Hierin lag z. B. auch die *Universalität des Geldes*. Das *Geld* hatte einen göttlichen, alles umfassenden Charakter. Es ist in der Lage, Autos, Häuser, Grund und Boden, geistige Tätigkeiten wie Lehre und Verwaltung etc. *zusammenzufassen* (Simmel. 1989). Die *Widersprüche*, die sich zwischen *Form* und *Leben* ergaben, konnte *Simmel* sehr deutlich machen. Aber über diese *Tragik*, die er zutiefst um die Jahrhundertwende in der *Wirklichkeit empfand*, kam er nicht hinaus.

Georg Simmel stand der Lebensphilosophie nahe und empfand das Wirtschaftsleben als *Instrumentalisierung des Lebens*. Das *Geld* war göttlich und teuflisch zugleich. Es konnte *zusammenbinden* und zugleich *zutiefst trennen*, entfremden und verdinglichen. Heute bedroht das *Geld* den Zusammenhalt der Gesellschaft insgesamt, ohne dass sich ein Ausweg zu erkennen gibt. *Das Neue hat sich aber schon längst im Alten gebildet!* Das werde ich gleich im nächsten Kapitel zeigen.

Bergson war in der Lage, ein *durchgehendes Wirken* vom Physikalischen über das Biologische bis zum Geistigen zu erkennen. Es ist ein *dauerndes Wirken*, ausgedrückt durch seine zwei zentralen Begriffe Dauer *(durée)* und *élan vital*. Der zweite Begriff geht über das *Leben* hinaus. Die Übersetzerin seines Werkes *„Schöpferische Evolution"*, *Margarethe Drewsen*, macht dies in ihrem Nachwort deutlich. Bei *Bergson* kann der Begriff *élan vital* das Bedeutungsspektrum von der ethischen *Handlung (action* mit seinem Verb *agir)* bis zum *Wirken* elementarer Teilchen annehmen. Der *élan vital* enthält aber auch in der Anwendung *Bergsons* den Begriff *effort:* Ausgehend von rein körperlicher Anstrengung bis zum psychischen oder geistigen Streben. Die dritte Bedeutung meint die Evolution des Lebens, den Schwung einer fortlaufenden Bewegung.

Bergson kannte das Konzept der Selbstorganisation noch nicht im modernen Verständnis der *Autopoiese* als *operationale Struktur*, die durch *Ausdifferenzierung unterschiedlicher Modi ihres Operierens*, von der Physik über die Biologie bis zum Geist, *dauernd wirkt* und *zugleich* als *Prinzip kategorial* erfasst werden kann. Es sind die *unterschiedlichen Modi*, in denen die Autopoiese sich selbst gleich bleibt und doch verändert, die es unmöglich macht, sie begrifflich festzustellen. Sie ist ganz *einfach*, um es mit *Meister Eckhart* zu sagen „weiselos". Diese *Einfachheit* entspricht dem *Sparsamkeitsprinzip* seines Zeitgenossen *Wilhelm Ockham*. In der Mathematik hat man sich mit dem *Permanenzprinzip* an *Ockhams Sparsamkeitsprinzip* angelehnt. Es besagt, dass die *grundlegende Struktur* permanent erhalten bleibt. Das Sparsamkeitsprinzip von *Ockham* wird auch *„Ockhams Rasier-*

messer" genannt. Gemeint ist damit, dass alles Überflüssige wegrasiert wird und die *einfachste* Erklärung allen anderen vorzuziehen ist. Im Wort „einfach" steckt das *Eine* bzw. das *Ganze.* Erst *nach Wegrasieren* kann das *Ganze* überhaupt gefasst werden. Das Ganze ist die *Einheit der Differenz von operationaler Struktur* und *kategorialer Struktur*, die *Autopoiese. Sie ist Prozess und Prinzip zugleich*, sie ist *dauernd* (durée) *wirkend* (élan vital). In ihr finden wir die *Verbindung zum Ursprung* und damit das *Ganze* als dauernd wirkender *offener* Prozess, der *schöpferisch Neues bildet. Meister Eckhart* hatte es die *„immerwährende Geburt Gottes*" genannt.

Von diesem *Ganzen* sind wir nicht getrennt, wir *nehmen an ihm teil.* Dies mussten die *Physiker* Anfang des letzten Jahrhunderts feststellen, als sie immer tiefer in den *Mikrokosmos* eindrangen. Sie mussten feststellen, dass es keine Trennung von Beobachter und Beobachtetem gibt. Die *Subjekt-Objekt-Trennung* ist eine *kategoriale Struktur.* Die *operationale Struktur kennt keine Trennung*, sondern nur Wechselwirkung (objektiv) bzw. *Beziehungen* (subjektiv). Die begriffliche Trennung von Subjekt und Objekt ist eine *Illusion*, erzeugt von unserem *Intellektsystem.* Sie entspricht nicht der Wirklichkeit. Dies rührt daher, dass sich das *Intellektsystem* durch das Reflexivwerden des Denkens aus seinem Ursprung ausdifferenziert hat. Nun wendet sich das Denken auf seine eigenen Gedanken. Erst durch eine *nochmalige Reflexion* kann es diese Illusion überwinden, indem es sich auf *seinen Ursprung* bezieht. Dieser unser *aller* Ursprung ist uns *unverfügbar.* Er ermöglicht uns jedoch *Sicherheit* und *Freiheit* in den Grenzen der *Möglichkeit*, die uns die *Geschichte des Ganzen* gewährt.

Das Erkennen einer *objektiven Welt* ist nur *eine* Perspektive, ein Aspekt, *einer trinitarischen Welt* aus *drei* Aspekten. Nur die drei Aspekte zusammen, das *Objektive*, das *Soziale* und die *sub-*

jektive Empfindung machen das *Ganze* aus. Die *Wirklichkeit bildet* sich „in" der *Zeit*, besser gesagt, sie ist ein *zeitliches Geschehen*. Denn die *Zeit* ist so wenig ein Behälter wie der *Raum*. Auch die Zeit ist dreidimensional. Es gibt die *objektive Zeit* der Physik, die *soziale Zeit* und die *subjektiv empfundene Zeit*. Die soziale Zeit und die subjektiv empfundene Zeit sind *ortlos*, wie ich im nächsten Hauptteil zeigen werde. Aus dieser *ortlosen* Zeit geht die *objektive* Zeit erst hervor. Sie hat sich bei uns Menschen, wie unser Intellektsystem, erst *sehr spät gebildet*.

4. Die operationale Struktur II subjektiv empfindender und sozialer Modus

4.1 Der Wille

Im vorangehenden ersten Hauptteil haben wir gesehen, dass die operationale Struktur die *Basis* der kategorialen Struktur ist. Die kategoriale Struktur ist eine späte Errungenschaft der Menschheit. In ihr habe ich allerdings *notwendigerweise* die operationale Struktur *vorgestellt*. Dabei sollte klar geworden sein, dass sie durch die gesamte Natur- und Kulturgeschichte als *eine* operationale Struktur hindurchgeht. Entscheidend ist, dass diese selbstorganisierende operationale Struktur, die *Autopoiese*, sich in *unterschiedliche Modi des Operierens* ausdifferenziert hat. Dies ist überhaupt die Bedingung der Möglichkeit ihres *immerwährenden* durchgängigen Operierens. Sie ist es, die uns noch heute mit dem Ursprung ihres Operierens verbindet und *damit* das *Ganze bildet*.

Es gibt *keinen Ort* und *keinen Zeitpunkt*, den wir für den Übergang von der Naturgeschichte zur Kulturgeschichte benennen könnten. Das *Ganze* ist *ein* Prozess. Es gibt daher auch keinen Ort und keinen Zeitpunkt, den wir ausweisen könnten, um zu sagen, jetzt ist das Tier Mensch geworden. Dies ist eine *Illusion*, die die *kategoriale Struktur* erzeugt mit ihrer *definitorischen Begrifflichkeit*. Dieses einseitige begriffliche Denken müssen wir aufheben in einem umfassenderen *prozessorientierten Bildungsprozess*, der dann zugleich unsere *neue Lebensform* sein wird.

Im Folgenden werde ich nun die *prozessierende* individuelle *Lebensgeschichte* vorstellen. Entscheidend hierbei ist, dass jede Lebensgeschichte schon ein kulturelles Niveau vorfindet, in dem die gesamte Natur- und Kulturgeschichte *enthalten* ist. Wie dies als *ein* Prozess aufzufassen ist, ist der zentrale Inhalt dieses zweiten Hauptteils. Es geht um das *Erfassen der Wirklichkeit*, dass die gesamte Menschheitsgeschichte und damit auch die Naturgeschichte durch *jede* Lebensgeschichte hindurchgehen. Dies ist *nur* als *Bildungsprozess* möglich. *Dieser* Bildungsprozess ist dann zugleich die oben angedeutete *neue Lebensform*. Natürlich hat *dieser* Bildungsprozess recht wenig mit dem zu tun, was wir heute unter *Bildung* verstehen, als Ansammlung von kategorial strukturellem *Wissen*.

Im vorangegangenen ersten Hauptteil haben wir gesehen, dass der *Wille* erst *nach dem Reflexivwerden des Denkens* in den Fokus der Aufmerksamkeit trat. Das bedeutet aber nicht, dass er nicht da gewesen wäre. Der *Wille* ist unendlich viel älter als das *reflexive Denken*. Aus ihm hat sich das Denken erst ausdifferenziert. Im ersten Jahrtausend ist es dann *reflexiv* geworden. Auch ist das Denken nicht nur *symbolisch* repräsentiert. Das Denken gibt es schon auf der *senso-motorischen* Ebene. Tiere können auch denken. Auch Kinder können denken, schon bevor sie sprechen können, wie wir gleich sehen werden. Aber der *Wille* ist älter als die Menschen. Er ist auch älter als die Tiere. Den „Willen" gibt es schon bei Einzellern, z. B. bei der *Amöbe*. Die Amöbe ist weder Tier noch Pflanze. Aus Einzellern haben sich aber Pflanzen und Tiere *gebildet*, durch *Kooperation* mit anderen Zellen.

Natürlich ist der „Wille" der *Amöbe* nicht *unser* Wille. Erst recht nicht, wenn wir von der *Freiheit* unseres *Willens* sprechen. Der Unterschied liegt jedoch lediglich im *Modus* des Operierens. Die zu Grunde liegende Struktur ist die *Permanenz der operationalen Struktur der Autopoiese*, die alles aufeinander abstimmt. Der *Wille* des Selbstoperierens im *Anorganischen* ist nicht der *Wille des Lebens*. Und der Wille des Lebens ist nicht der *Wille mit begründeter Absicht*. Letzteres gibt es erst seit der Achsenzeit.

Auch Kleinkinder haben einen Willen, aber sie können ihre Absicht noch nicht begründen. *Einzeller* mit einem *Zellkern* wie die Amöbe leben noch heute. Sie besitzen in eingeschränkter Form schon alles, was unseren komplexen Organismus ausmacht. *Damasio* nennt den Willen der Amöbe den *natürlichen* Willen (Damasio. 2011: 44 ff.).

> „Ohne bewusstes Wissen, ohne Zugang zu einem Denkapparat, wie unser Gehirn, scheint der Einzeller nur ein einziges Ziel zu haben: Er will leben, solange seine genetische Ausstattung es ihm erlaubt. Es mag seltsam erscheinen, aber das Wollen und alles, was zu seiner Umsetzung notwendig ist, war *früher* da als explizites Wissen und Nachdenken über die Lebensbedingungen, denn der Einzeller besitzt eindeutig keines von beiden“ (Damasio. 2010: 47).

Die Einzeller besitzen jedoch in eingeschränkter Form schon alles, was unseren komplexen Organismus ausmacht. Wird ein Einzeller, wie z. B. eine Amöbe, berührt, reagiert sie hierauf. Die Einzeller wiederum sind entstanden durch den *Zusammenschluss* von Bakterien zu einem neuen *Ganzen*. Die *Kooperation* vieler Zellen wiederum bildet abermals ein neues *Ganzes*, einen *Organismus*. Aber schon beim Einzeller sind die grundlegenden *operationalen Strukturen* mit ihren funktionalen Äquivalenten vorgebildet.

> „Erstaunlich ist dabei, dass unser vielzelliger Organismus auf den gleichen Grundprinzipien beruht: Milliarden Zellen finden sich zusammen und bilden Gewebe, verschiedenartige Gewebe werden zu Organen zusammengesetzt und verschiedene Organe zu Organsystemen [. . .] Viele Aufgaben, die ein Einzeller alleine bewältigen muss, sind in vielzelligen Organismen auf

spezialisierte Zelltypen aufgeteilt. Die Aufgabenverteilung ist grundsätzlich vergleichbar mit den verschiedenen Funktionseinheiten in jeder einzelnen Zelle. Vielzellige Lebewesen bestehen aus zahlreichen kooperativ organisierten Einzellern, die ursprünglich aus einer Kombination noch kleinerer Einzellebewesen entstanden sind. In der *Ökonomie* (kursiv. G. R.) eines Vielzellers gibt es viele einzelne Bereiche, und in jedem dieser Bereiche wirken die Zellen zusammen. Wenn dies vertraut klingt und an die menschliche Gesellschaft denken lässt, ist das beabsichtigt. Die Ähnlichkeiten sind verblüffend" (Damasio. 2011: 45 f.).

Ich werde diesen letzten Gedanken *Damasios* im letzten Hauptteil dieses Buches wieder aufgreifen. Dort werde ich zeigen, wie die *Gesellschaft die Ökonomie* in sich integrieren kann und sich damit ein *neuer Modus der Autopoiese* – selbstorganisatorisch – *bildet* und damit wiederum ein *neues Ganzes.*

Der *natürliche Wille* wird repräsentiert durch den *gesamten* Körper des Einzellers. Der *Wille* ist ein Aspekt des *Ganzen.* Der ganze Körper ist von ihm durchdrungen. Wie wir später sehen werden, ist der *natürliche Wille* das *Affektsystem* des Körpers. Dies ist *strukturell* bis heute so geblieben. Aus diesem holistischen Verständnis heraus bilden sich auch die Begriffe *Wert* und *Zeit.* Die Zellen müssen einen Willen haben, den Willen zu überleben, nur dann haben sie eine Zukunft *(Zeit)* und einen *Wert* für das *Ganze.* Der *Ursprung* dessen, was wir heute als *Zeit* und *Wert* betrachten, liegt im *Willen* bzw. im Affektsystem und nicht in der *Vernunft* bzw. dem Intellektsystem. Zeit und Wert sind *komplementäre* Größen. Wert ist nur die andere Seite der Zeit. Dies gilt für *alle Modi* ihres Operierens. Der *objektiv messbare Modus der Zeit* hat sich erst aus der Einheit von *ortloser* sozialer Zeit und subjektiv empfundener Zeit *gebildet. Allein* diese *ortlose* Zeit ist *prozessierend.* Die *objektive* und damit messbare *Zeit* ist ein *Konstrukt des Intellektsystems,* eine *kategoriale Struktur.* Sie selbst bewegt sich *vernünftigerweise* nicht. Man könnte sie sonst nicht messen. Aber eine absolute Größe ist auch sie nicht mehr, sondern seit *Einstein,* als Raumzeit, selbst noch eine *Variable* der Physik. Hier ist sie abhängig von der Geschwindigkeit des Beobachters. Sie kann sich dehnen und verkürzen. Sie ist relativ in Bezug auf den Beobachter. Sie ist nur noch als *Beziehung* verständlich, *nicht als absolute Größe.*

Die *Autopoiese* ist nichts anderes als *kooperative Beziehung,* bei der alles aufeinander abgestimmt ist. Die *Autopoiese* ist, wie gerade *schriftlich bestimmt,* eine *kategoriale Struktur,* ein *Prinzip. Zugleich* ist sie jedoch eine *operationale Struktur* als kooperierende Beziehung, als *Wille,* der gerichtet ist auf *Zukünftiges.* In diesem noch *natürlichen Willen* hat sich die *Zeit* noch nicht „entäußert". Wir werden gleich sehen, wie sich dieser *Bildungsprozess* lebensgeschichtlich vollzieht. Da Einzeller *selbstorganisatorisch* operieren, sind sie auf *Zukunft* ausgelegt. Dies äußert sich im Willen. *Willen* gibt es auch *ohne Gehirn.* Der Wille zu leben benötigt kein Gehirn. Das Gehirn besteht aus besonderen Zellen, den *Neuronen. Einzeller* haben aus verständlichen Gründen keine Neuronen. Neuronen können elektrochemische Signale erzeugen und auf diesem Wege andere Zellen *verändern.* Auch Einzeller können schon solche Signale erzeugen. Sie benutzen sie jedoch zur Steuerung ihres *eigenen Verhaltens* als ganze Zelle. Neuronen gleichen anderen Zellen. Ihre spezielle Funktion ist jedoch, andere Zellen zu verändern. Für grundlegende Lebensprozesse sind sie jedoch nicht notwendig.

Bei komplexen Gehirnen kam es nun dazu, dass Neuronen den Aufbau und die Prozesse der Körperteile *nachahmen.*

> „Sie *repräsentieren* den Zustand des Körpers, indem sie ganz buchstäblich eine Landkarte des Körpers, für

> den sie arbeiten, darstellen und eine Art virtuelles Abbild, ein neuronales Double, schaffen. Wichtig ist dabei, dass sie während des ganzen Lebens mit dem Körper verbunden bleiben, den sie nachahmen“ (Damasio. 2011: 50).

Diese *Beziehung* bildet eine Einheit, eine Grenze ist nicht feststellbar. Der Informationsaustausch ist *rekursiv* und geht in beide Richtungen. *Geist und Körper bilden eine Einheit.* Es sind lediglich zwei Perspektiven auf ein *Ganzes.* Bei uns Menschen ist auch der *Wille der Zellen* im Gehirn repräsentiert.

> „Nach meiner Überzeugung ist die Gerichtetheit der Grund, warum der unterschwellige Lebenswille unserer Körperzellen sich jemals in einen mit Geist ausgestatteten, bewussten Willen umsetzen konnte. Der heimliche Wille der Zellen wurde in den Schaltkreisen des Gehirns nachgeahmt“ (2011: 50).

Wir sehen immer wieder, dass *alle Begriffe*, die wir benutzen, sich aus *operationalen Strukturen* heraus *gebildet* haben: Wille, Beziehung, Geist, Zeit etc. Auch die Grenzen und Einschränkungen der Begriffe haben einen *prozessierenden* Ursprung. Denn alle Prozesse, z. B. in einem Organismus wie der unsrige, müssen innerhalb bestimmter Grenzen bleiben. Ihre *Werte* dürfen nicht grenzenlos variieren. Der Prozess, der über die *Qualität* unseres Lebens und damit über unser Wohlbefinden entscheidet, ist die *Homöostase.* Sie ist selbst ein *rekursiver* Prozess. Für *Damasio* liegt hier der Ursprung dessen, was wir mit dem Begriff *Wert* belegen. Diesen Wert nennt er *biologischen Wert.* Alle anderen Werte sind hiervon abgeleitet.

> „In meinen Augen ist Wert untrennbar mit Bedürfnis verknüpft, und Bedürfnisse sind an das Leben gebunden. Die Bewertungen, die wir in unseren alltäglichen sozialen und kulturellen Tätigkeiten vornehmen, stehen in direktem oder indirektem Zusammenhang mit der Homöostase [. . .] Insbesondere im Fall des Menschen hat er aber auch mit der *Qualität* des Überlebens in Form von *Wohlbefinden* zu tun" (2011: 59).

Dieses *Wohlbefinden* hat etwas mit unseren leiblichen Rhythmen zu tun: Atemfrequenz, Pulsfrequenz, Schlaf-Wach-Rhythmus etc. Leibliche Rhythmen sind Bewegungen, also *zeitlicher* Art. Diese *Zeit* können wir *empfinden* oder auch *objektiv messen*. Ihr *Wert* ist nur die andere Seite der *Zeit*. Die Ursprünge von *Zeit* und *Wert* liegen in diesen *leiblichen Bewegungen*, wie wir weiter unten sehen werden.

4.2 Das Gedächtnis

Der *Wille* ist das Prozessieren des gesamten Körpers. Es ist *ein Aspekt* der Autopoiese. *Jede* Zelle hat einen *Willen*, weil sie leben *will*. Ein Organismus hat *einen* Willen. Hierfür sorgt die Autopoiese, die alles aufeinander abstimmt. Die Autopoiese operiert *rekursiv*. D. h. sie greift immer auf das schon Vorhandene zurück. Das, was da „greift", ist der *Wille*, der Aspekt der Autopoiese, der den Organismus in die Zukunft führt, also leben lässt. Worauf greift der Wille zurück? *Rekursiv* auf sich selbst, jetzt jedoch unter einem anderen Aspekt, dem *Gedächtnis*, denn der Wille ist immer nur *aktuell* gegenwärtig.

Das Gedächtnis ist genauso wie der Wille der ganze Körper, das ganze leibliche Prozessieren. Das *Gedächtnis* ist die *Kumulation der gesamten Lebensgeschichte*. Es ist sogar noch mehr, wie wir weiter unten sehen werden, *viel mehr*. Durch jede Lebensgeschichte geht die gesamte Gattungsgeschichte hindurch. Individuelle Lebensgeschichte und Menschheitsgeschichte ist *ein Ganzes*. Es ist ein *offenes* Ganzes, das wir in den Grenzen des in ihm Möglichen selbst gestalten können. Dies beginnen wir *heute* zu begreifen.

Am *kollektiven* Gedächtnis nehmen wir mit unserem jeweiligen individuellen Gedächtnis / Willen / Vernunft teil und *bilden* es zugleich, wie uns selbst. Wie dies zu fassen ist, sehen wir weiter unten. Gedächtnis, Wille und Vernunft sind nur jeweils *Aspekte* unseres Menschseins, wie auch der Menschheit insgesamt. Unser Menschsein ist aber nicht nur ein Sein, sondern primär ein *Werden*. Seit zweieinhalb Jahrtausenden *beschreiben* wir es als *Sein*. *Heute* können wir damit beginnen, die kategorialen Strukturen des Seins in den operationalen Strukturen des Werdens aufzuheben. Wir müssen uns nur selbst als *werdend verstehen*. Das hat etwas mit der *Lebendigkeit unserer Bildungsprozesse* zu tun. Damit bildet sich ein neues *Selbst- und Weltgefühl* und zugleich ein neues *Selbst- und Weltverhältnis*. Der *Aufstieg* hierzu ist ein *Abstieg* zu unserem *Ursprung*. Der Abstieg zum *Ursprung* ist der Aufstieg zum *Ganzen*.

Dies meine ich mit *zweiter Reflexion*. Die *erste Reflexion* hat uns eingeschlossen in unsere kategorialen Strukturen des *Intellektsystems*. Dieses ist aber selbst erst aus dem *Affektsystem* hervorgegangen und verliert nie diese *Beziehung*. Heute wird uns dies *reflexiv bewusst*. Die *Wirklichkeit* ist noch nie anders gewesen. Wir *nehmen* diese *Möglichkeit* jedoch *heute* erst *wahr*. Damit *wird* sie erst Wirklichkeit. Dies ist ein *Bildungsprozess*, den können wir *nicht herstellen*. Dass dies ein Vorgang innerhalb des *Intellektsystems* wäre, glauben wir schon seit zweieinhalbtausend Jahren.

Weiter oben habe ich daher schon mehrfach darauf hingewiesen, dass unsere *heutige Lebensform* noch immer vom *antiken Intellektualismus* dominiert wird. An prominenter Stelle steht hier die *Ökonomie* mit ihrem *homo oeconomicus*. Aber der *antike* Intellektualismus ist *nicht* unser *heutiger* Intellektualismus. Dazwischen liegt ein über zweitausendjähriger *Bildungsprozess*. Der zentrale Unterschied liegt darin, dass die Antike keine Begriffe für *Raum, Beziehung* und vor allem *Unendlichkeit* kannte. Raum war für den antiken Griechen der *Körper*. Eine Vielzahl von Menschen in der Polis waren viele Körper. Ein *Dazwischen*, also das, was wir heute mit *Raum* bezeichnen, in dem auch *Kräfte* herrschen, kannten sie nicht. Weder physikalische Fernkräfte noch soziale Kräfte, Energien oder Spannungen. Vor allem aber hätten sie mit dem Begriff *Unendlichkeit* nichts anfangen können. Die Transzendenz eines Gottes wäre ihnen fremd geblieben. Ihre Götter waren *körperliche* Wesen des Olymps und ganz in der *Nähe*.

Aus all dem leitet sich ein vollkommen anderes Lebens- und *Weltgefühl* und *Weltverhältnis* ab. Die griechische Welt war eine Welt der *Nähe*. Wenn die Griechen Kolonien gründeten, lagen sie immer an der Küste. Sie hat es nie ins Innere des Landes gezogen, nie in die *Ferne* ins *Ungewisse*. Sie haben keine Segel gesetzt, um *Neues* zu erkunden, fern der Heimat. Ihre Seefahrten bestanden im Rudern nahe der Küste. *Alexander* ist hier eine Ausnahme, der damit aber die Regel bestätigt. Der Himmel war ein Gewölbe über ihnen. Was dahinter lag, war nicht von Interesse.

Wie *konkretistisch* ihr Intellektualismus war, erkennt man nicht nur an der Unmöglichkeit das *Unendliche* zu denken. Auch ihr Zahlenverständnis spricht hierfür. Sie kannten nur positive Zahlen. *Negative Zahlen* und die *Null* kannten die antiken Menschen nicht. Ganz anders ist die *Abstraktheit* unseres Intellektualismus. Unser Gott wurde immer *transzendenter* und *unendli-*

cher. Dies ermöglichte vor allem das zunächst von dem oben schon erwähnten *Nicolaus Cusanus* (1401–1464) beschriebene *Infinitesimalprinzip.* Dies wurde dann von *Leibniz* (1646–1727) zur Infinitesimalrechnung ausgebildet. Das *unendlich Kleine* war nun Gegenstand der Mathematik. Mit der Fähigkeit, das *Unendliche zu denken*, entstand zugleich eine Sehnsucht nach der *Ferne* und dem *Fremden.*

Kolumbus und die Weltumsegler, Entdecker und Erfinder waren angesagt, bis zur heutigen Eroberung des *Weltraumes.* Tatsachen sind heute nicht mehr wie in der Antike die *Dinge*, sondern ihre *Beziehungen*, bis zum heutigen Internet der Dinge, also ihre *Vernetzung.* Der Raum ist für uns Heutige voller Kräfte, ob physikalisch oder sozial. Als Beispiele mögen hier die *Gravitationskraft* und *soziale Spannungen* stehen. Wir kennen *elektrische Felder* und *Sozialfelder.* Unser *intellektualistisches Weltverhältnis und Weltgefühl* ist ein vollkommen anderes als das der antiken Menschen. Aber es ist *weiterhin intellektualistisch.* Dieser Intellektualismus wird uns *heute* allerdings zunehmend zum Problem. Vor allem das alles dominierende *ökonomische System* mit seiner *Rationalität* bedroht das *Ganze*, Umwelt, Gesellschaft und Individuum.

In den letzten Jahrzehnten hat sich jedoch die Erkenntnis durchgesetzt, dass die *Rationalität* aus dem *Affektsystem* hervorgegangen ist. Das Affektsystem war zuerst da. Aus seinen schon *kognitiven Strukturen* bildete sich unser rationales, begriffliches Denken. Alle unsere Entscheidungen und Urteile sind mit dem *leiblichen Affektsystem* verbunden.

Das Affektsystem ist der Oberbegriff. Zu ihm gehören die nur im *Inneren* wirkenden *ursprünglichen Gefühle* wie auch die *Emotionen*, die ihren Anstoß von *außen* bekommen, und mit den inneren Gefühlen verbunden sind. Die ursprünglichen Gefühle dienten der Verhaltenssteuerung des Körpers. Auch unser

Geist nimmt seinen Ursprung aus den ursprünglichen Gefühlen des Körpers. Alle drei Strukturen *Gefühle, Emotionen* und *Geist* werden im ältesten Teil unseres Gehirns im *Hirnstamm* kartiert. Kartieren heißt *„abspeichern" aller laufenden Lebensereignisse* des Körpers. Erst später hat sich die *Großhirnrinde* gebildet, in der im Wesentlichen der *Geist* kartiert wird. Noch heute ist unser *begriffliches Denken*, das sich in der Großhirnrinde vollzieht, mit den *ursprünglichen Gefühlen verknüpft*. Wenn dies nicht so wäre, könnte nicht etwas *Ganzes* entstehen wie unser *Selbst*. Der *Ursprung des Geistes* liegt also im *Hirnstamm*, dem ältesten Teil unseres Gehirns.

> „diese Vorstellung und jene, dass auch die ersten Gefühle im Hirnstamm entstehen, hängen zusammen. Zwei Kerne im Hirnstamm, der Nucleus tractus solitarius und der Nucleus parabrochialis, wirken an der Erzeugung grundlegender Aspekte des Geistes mit, nämlich an den Gefühlen, die durch die laufenden Lebensereignisse entstehen und zu denen, wie beschrieben, auch Schmerz und Freude gehören. Ich stelle mir die von diesen Strukturen erzeugten Karten als einfach und im Wesentlichen ohne räumliche Details vor, aber sie ziehen Gefühle nach sich. Diese Gefühle sind aller Wahrscheinlichkeit nach die ursprünglichen Bestandteile des Geistes; ihre Grundlage sind die unmittelbaren Signale aus dem Körper. Interessanterweise sind sie auch urtümliche, unentbehrliche Bestandteile des Selbst, und sie bilden für den Geist die allererste, unfertige Erkenntnis, dass *sein* Organismus am Leben ist" (Damasio. 2011: 87 f.).

Unser *Begriff Wert* hat hier seinen Ursprung. Denn alle unsere *Bewertungen* und vermeintlich rein rationale Entscheidungen und Urteile basieren letztlich auf den basalen Prozessen unseres Hirnstammes. Die *operationalen Strukturen* der Gefühle unseres Körperinneren sind ihre Basis. Das wird auch nicht dadurch geändert, dass sie nach Bildung der *Großhirnrinde*, und mit ihr die *symbolische Repräsentation*, die Entscheidungs- und Urteilsprozesse *vermitteln.*

> „Kurzum, die Aktivität von Schaltkreisen in den modernen und erfahrungsbestimmten Teilen des Gehirns (der Großhirnrinde beispielsweise) ist unentbehrlich für die Herstellung einer bestimmten Kategorie von neuronalen Repräsentationen, auf denen Geist (Vorstellungsbilder) und geistige Aktivitäten beruhen. Allerdings kann die Großhirnrinde keine Vorstellungen erzeugen, wenn die alte Basisstruktur des Gehirns (Hypothalamus, Gehirnstamm) nicht intakt und kooperativ sind“ (Damasio. 2006: 157 f.).

Entscheidend an dieser Stelle ist, den *Bildungsprozess* als *einen* durchgängigen selbstorganisatorischen Prozess zu verstehen. Auf *biologischer* Ebene war zuerst der *Hirnstamm* da, erst dann hat sich die *Großhirnrinde gebildet.* Erst jetzt gab es die *Möglichkeit* der *symbolischen Repräsentation.* Diese Möglichkeit wurde *Wirklichkeit* und damit unser *Geist. Dieser* Geist ermöglichte dann das *Denken auf symbolischer Basis.* Vor zweieinhalbtausend Jahren wurde dieses *Denken reflexiv.* D. h. das Denken griff nun *rekursiv* auf die eigenen Gedanken zurück. Damit hat sich das Denken *rekursiv* zum *Intellektsystem geschlossen* und damit *ausdifferenziert.* Das abstrakte Denken wurde damit möglich: die Transzendenz eines Gottes, die Unendlichkeit des Weltraumes, physikalische Felder als Beziehung der „Dinge“ *(Objekte).* Aber auch die Beziehung der „Menschen“ *(Subjekte)* wurde jetzt möglich zu denken, das „Dazwischen“, das *Soziale.*

Die *Kooperation*, die wir schon im *Anorganischen* kennengelernt haben und sich im *Organischen*, im Leben, wiederfand, gibt es auch zwischen den Menschen. Ihr Ursprung liegt in den *operationalen Strukturen* des Hirnstammes. Hier „operieren" die Gefühle des Körperinneren, die schon für das *Verhalten der Amöbe* verantwortlich sind. D. h. aber auch *menschliche Kooperation* basiert auf den *ursprünglichen Gefühlen* des Hirnstammes. Die *Bedingung der Möglichkeit* von *menschlicher Kooperation* sind die *operationalen* Strukturen des *Affektsystems.* Menschliche Kooperation ist *nicht intellektualistisch herstellbar. Rationalität* ist nur *ein Aspekt* unserer menschlichen Existenz und sie ist auch *nicht unsere Basis.* Sie hat uns allerdings die Möglichkeit eröffnet, ihren *Ursprung zu erkennen.* Aber Erkenntnis bedeutet nicht *Vollzug* der Erkenntnis. Denn der *Erkenntnisprozess* ist selbst noch ein *Bildungsprozess*, der seiner *operationalen Basis* bedarf. *Ohne seine operationale Basis gäbe es keine Erkenntnis!*

Daher ist in unserem *Gedächtnis* der gesamte *phylogenetische Prozess kartiert.* Unser Gedächtnis ist nicht nur unser Gehirn, sondern unser ganzer Körper. Die *operationalen Strukturen* der ursprünglichen Gefühle des Hirnstammes *repräsentieren aktuell* den *ganzen Körper, einschließlich* die komprimierte Geschichte seiner Phylogenese *und* seiner Ontogenese. Denn er ist *unser* Körper. Da sich *unser menschliches Gehirn* (man beachte die dialektische Einheit der Differenz von unser (mein) und menschliches (allgemein)) erst *biologisch gebildet* hat, ist *dieser* Bildungsprozess *auch* kartiert. Mit anderen Worten, unser *Gedächtnis ist* die „Kartierung" des komprimierten Bildungsprozesses der *Menschheit* und nicht nur des einzelnen *Menschen.* Denn das „Dazwischen", unsere *Beziehungen,* das *Soziale*, ist auch „kartiert". Und diese „Kartierung" schreitet fort. Unser *Gedächtnis bildet sich weiter* und damit unsere Erkenntnis in Wechselwirkung mit ihrem Ursprung. Der Aufstieg geht weiter durch den

Abstieg zum *Ursprung.* Je stärker wir die *operationalen Strukturen anerkennen*, umso stärker der Aufstieg und umso größer die Erkenntnis. *Anerkennen* heißt aber auch *Erkennen* ihrer *Unverfügbarkeit.* Die *operationale Struktur der Autopoiese* ist uns *prinzipiell* unverfügbar, weil sie *ortlos* ist. *Sie ist hochabstrakt und universell und zugleich wirkt sie spürbar in jedem Menschen!*

Die *operationale Struktur* der Autopoiese hält sich schon seit dem *Ursprung* des Kosmos durch. Sie allein ist in der Lage, die Einheit der Differenz vom *Abstrakten* eines universellen begrifflichen Prinzips und dem *Konkreten* einer individuellen Empfindung zu fassen. Das Medium ist die *Zeit.* Das prozesshafte Zeitliche der Autopoiese lässt das *Ganze* erst entstehen. Wenn man nur *einen* Aspekt des Ganzen, also *nur* das *Begriffliche* zulässt, verfehlt man die *Wirklichkeit.*

Der *Erkenntnisprozess* basiert auf dem *Bildungsprozess.* Nicht durch scharfes und logisches begriffliches Denken stoßen wir zu wesentlichen Erkenntnissen vor. Auch das scharfe mathematische Instrumentarium der Relativitätstheorie hat sich so nicht gebildet. *Nicht Begriffe*, sondern undeutliche leiblich basierte *Empfindungen und Bilder* haben *Einstein* zur begrifflichen Formulierung seiner Relativitätstheorie *geführt.* Aber hören wir *Einstein*, das Sinnbild der Rationalität, selbst:

> „Wörter oder Sprache in schriftlicher oder gesprochener Form scheinen keine Rolle in meinem Denkmechanismus zu spielen. Die psychischen Gebilde, die als Elemente des Denkens zu dienen scheinen, sind bestimmte Zeichen und mehr oder weniger deutliche Vorstellungsbilder, die sich willkürlich hervorrufen und kombinieren lassen. Natürlich gibt es eine gewisse Verbindung zwischen den Elementen und relevanten logischen Begriffen. Auch ist klar, dass der Wunsch, am Ende zu logisch verknüpften Begriffen zu gelangen,

> die emotionale Grundlage dieses ziemlich unbestimmten Spiels mit den oben erwähnten Elementen bildet [. . .] Die oben erwähnten Elemente sind in meinem Fall von visueller und [. . .] muskulärer Art. Nach konventionellen Wörtern oder anderen Zeichen kann ich erst in einer zweiten Phase suchen, wenn sich das beschriebene assoziative Spiel hinreichend konkretisiert hat und nach Belieben reproduziert werden kann" (Einstein, zit. nach Damasio. 2006: 154).

Viele große Physiker haben in dieser oder ähnlicher Weise über den Ursprung ihrer Entdeckungen gesprochen. Zu wissenschaftlichen Erkenntnissen kommt man nicht durch begriffliches Denken und logische Schlussfolgerungen. Denn vorgelagert sind *unbewusste,* leiblich spürbare Prozesse. Ein Kollege *Einsteins*, der Atomphysiker *Leo Szilard* kommt zum gleichen Ergebnis:

> „Wissenschaftliche Erkenntnisse, die bahnbrechende Entwicklungen eingeleitet haben, sind nicht aus vorhandenem Wissen logisch abgeleitet worden: Die kreativen Prozesse, auf denen der Fortschritt der Wissenschaft beruht, vollziehen sich auf der Ebene des Unbewussten" (Szilard, zit. nach Damasio. 2006: 258).

Es gibt keinen Zeitpunkt, keinen Anfang für dieses Unbewusste. Das, was sich bei uns heute als das Unbewusste bemerkbar macht, hat nicht nur lebensgeschichtliche Ursprünge, sondern geht weit in unsere Phylogenese zurück. Es gibt eine *Verschränkung* von Ontogenese und Phylogenese. Diese Verschränkung wird über unser Gedächtnis gebildet. Vor der Fähigkeit der *symbolischen Repräsentation* gibt es in jeder Lebensgeschichte die Stufe der *sensomotorischen Repräsentation.* Dies ist auch phylogenetisch so gewesen. *Damasio* hat nun festgestellt, dass es *vor* dieser sensomotorischen Stufe noch eine *dispositive Stufe* gibt, aus deren Strukturen sich erst die *Kartierung* heraus bildet. Diese dispositive Stufe ist schon eine Form des Gedächtnisses, die auch bei uns *heute* noch wirkt. Sie ist eine Form neuronaler Repräsentation, die noch in einem kaum erkennbaren Zusammenhang mit dem zu erkennenden Objekt steht. *Damasio* erklärt es wie folgt:

> „Stellen wir uns zunächst einmal vor, ein Objekt trifft auf ein Lebewesen, und als Reaktion gibt eine Neuronengruppe ihre Impulse ab. Das Objekt kann spitz oder stumpf sein, groß oder klein, von einer Hand geführt oder selbst beweglich, es kann aus Kunststoff, Stahl oder Fleisch bestehen. Entscheidend ist, dass es an irgendeiner Stelle auf die Oberfläche des Lebens *trifft*. Auf den Stoß reagiert eine Neuronengruppe mit Aktivität, ohne dass sie aber tatsächlich die Eigenschaften des Objektes repräsentiert. Jetzt stellen wir uns eine andere Neuronengruppe vor, die aktiv wird, nachdem sie ein Signal von der ersten Gruppe empfangen hat und nun dafür sorgt, dass sich der Organismus aus seiner bisherigen Position wegbewegt. Beide Gruppen repräsentieren weder den Ort, an dem es zum Stillstand kommen soll, und keine der beiden Gruppen repräsentieren die *physikalischen Eigenschaften* des Objekts. Notwendig sind nur die Wahrnehmung des Stoßes, ein Kommandoapparat und die Fähigkeit, sich zu bewegen. Das ist alles. Solche Neuronengruppen repräsentieren offenbar keine Karten, sondern *Dispositionen*, Knowhow-Formeln, die beispielsweise für Folgendes stehen: Wenn von einer Seite ein Stoß kommt, bewege dich x Sekunden lang in die andere Richtung, ohne darauf zu achten, was für ein Objekt dich getroffen hat oder wo du dich befindest.

In der Evolution funktionieren die Gehirne sehr lange auf der Grundlage solcher Dispositionen, und manche derart ausgestatteten Organismen kamen in einer geeigneten Umgebung hervorragend zurecht. Das Dispositions-Netzwerk erreichte eine Menge und wurde mit seiner Leistungsfähigkeit immer komplizierter und umfassender. Als dann aber Karten möglich wurden, konnten die Organismen über formelhafte Reaktionen hinausgehen und stattdessen auf der Grundlage der reichhaltigeren Informationen reagieren, die ihnen nun mit Karten zur Verfügung standen. Entsprechend verbesserte sich die Qualität des Lebensmanagements. An die Stelle allgemeiner Reaktionen traten solche, die auf Objekte und Situationen zugeschnitten waren, und schließlich wurden auch diese Reaktionen präziser. Später taten sich die dispositionsorientierten Netzwerke, die keine Karten produzierten, mit den kartenproduzierenden Netzwerken zusammen, und damit erlangten die Lebewesen ein noch flexibleres Lebensmanagement" (Damasio. 2011: 147 f.).

Auf der Grundlage *dieses* Bildungsprozesses ist eine ungeheure Komprimierung bei gleichzeitiger Steigerung der Geschwindigkeit der Reaktionen möglich. Festzuhalten ist zunächst einmal, dass das alte Verfahren nicht aufgegeben wird, sondern im neuen Verfahren enthalten ist. Es ist in der *höheren Stufe integriert. Dies* ermöglicht die Steigerung der Geschwindigkeit bei der Erinnerung: Die Dispositionen lenken den Prozess der Reaktivierung bei beliebiger Spezifikation der Rekonstruktion. Wäre dies nicht so, könnten wir nicht die *gesamte Menschheitsgeschichte* in uns „abgespeichert" haben. Unser *ganzer Leib* trägt dazu bei. Daher ist fast alles *unbewusst*. Wir bemerken dies immer dann, wenn wir spontan auf eine unspezifische Gefahr reagieren. Aber auch ganz einfach beim Sprechen. Die Worte werden nicht jeweils bewusst aneinander gehängt.

> „Alle unser Erinnerungen, die wir aus der Evolution ererbt und bei der Geburt mitbekommen oder später durch Lernen erworben haben – liegen in unserem Gehirn in Form von Dispositionen vor und warten darauf, zu expliziten Bildern oder Tätigkeiten zu werden. Unsere Wissengrundlage ist implizit, verschlüsselt und unbewusst“ (Damasio. 2011: 157).

Zwischen den *ursprünglichen Gefühlen* des Inneren unseres Körpers und unserem *rationalen begrifflichen Denken*, mit dessen Hilfe wir heute unsere gesamte Lebensform verändern können, liegt unsere gesamte Menschheits- und individuelle Lebensgeschichte. Beides macht kochkomprimiert unser *Gedächtnis* aus. Das meiste davon ist uns jedoch *unbewusst.* Wir reagieren heute noch wie eine Amöbe, wenn wir in eine uns als giftig erscheinende Atmosphäre kommen. Der große Unterschied zur Amöbe ist jedoch, dass *wir* diese Atmosphäre analysieren und beseitigen können. So müssen wir heute auch nicht die drohende Klimakatastrophe *schicksalhaft* hinnehmen, sondern können sie *wissenschaftlich* angeleitet abwenden. Wir müssen auch nicht *schicksalhaft* das Auseinanderbrechen unserer Gesellschaft hinnehmen, wenn wir begriffen haben, wie es dazu gekommen ist. Aber wie schon oben bemerkt, die *Erkenntnis* ist zwar *notwendig*, aber nicht hinreichend. Aber Stand heute ist, dass es noch nicht einmal zur Erkenntnis reicht. Dies muss allerdings nicht sein. Nur unsere *definitorische*, nicht *prozessorientierte* Begrifflichkeit hindert uns daran, weil sie die *Zeit* stillstellt. In dieser *definitorischen Begrifflichkeit* ist die *prozessierende Wirklichkeit* nicht erkennbar.

4.3 Zeit, Wert und das Soziale

4.3.1 Das Soziale

Im ersten Hauptteil ist deutlich geworden, dass die *operationale Struktur* die Basis unseres rationalen begrifflichen Denkens ist. Unser *Intellektsystem*, also das Denken, das sich auf seine eigenen Gedanken bezieht, hat sich aus den operationalen Strukturen *ausdifferenziert.* Unser *reflexives Denken verbleibt* damit im in sich *geschlossenen Symbolsystem.* Lebensgeschichtlich gelingt uns dies heute etwa mit 16 Jahren. Menschheitsgeschichtlich hat sich diese Fähigkeit bei Erwachsenen während der Achsenzeit, also in der Mitte des ersten Jahrtausends vor unserer Zeitrechnung, gebildet.

Etwa in diesem Alter sind *Jugendliche* in der Lage, z. B. den Begriff der *objektiven Zeit* vollumfänglich zu fassen. Gemeint sind damit solche Konstrukte wie Geschwindigkeit und Beschleunigung, also Zusammenhänge der Mechanik. Gerade geborene Menschenkinder können aber noch nicht einmal sprechen. Die *symbolische Repräsentation* bildet sich erst mit etwa zwei Jahren. Bis dahin vollzieht sich das Denken auf der Stufe der *sensomotorischen Repräsentation.* D. h. das *Denken* vollzieht sich als *Handlung.* Erst allmählich kann sich das *Denken* von der Handlung emanzipieren und wird *symbolisch repräsentiert.* Aber das Denken bleibt noch lange, trotz symbolischer Repräsentation, an die Handlung gebunden. Erst mit etwa 16 Jahren bildet sich das *reflexive Denken.* Erst *dieses* Denken besitzt die *Fähigkeit*, im reinen *Symbolsystem* zu *verbleiben.* Es hat sich damit aber auch *zugleich* aus der *Wirklichkeit ausdifferenziert.* Es ist nun fähig, die *Realität*, die *objektive Welt*, zu messen und mit Hilfe *theoretischer* Modelle zu *berechnen.*

Diese *objektive Welt, ein* Aspekt der *trinitarischen Welt*, steht also dem gerade geborenen Baby nicht zur Verfügung. Das gerade geborene Menschenkind muss sich diese trinitarische Welt *erst aufbauen.* Dieser Aufbau beginnt mit den beiden anderen Aspekten dieser Welt. Dies sind die Welt der *subjektiven Empfindungen* und die *soziale Welt.* Diese beiden Aspekte liegen als *Möglichkeit* der sich bildenden *trinitarischen Wirklichkeit* schon *im Mutterleib* vor.

Im Mutterleib ist das Baby noch eine *biologische Einheit* mit der Mutter. Damit ist das neue Menschenkind aber auch in das *Affektsystem* der Mutter eingebunden. Und nun, nach Trennung der *biologischen* Nabelschnur mit der Mutter, *bildet* sich etwas *Unvorstellbares!* Aus der *biologischen* Bindung bildet sich eine *soziale* Bindung, das *Soziale*, also etwas *vollkommen Neues.* Möglich macht dies die *Autopoiese.* Hier findet die Transformation des *biologischen* Modus der Autopoiese in den *sozialen* Modus statt: *ein Bildungsprozess.* Der Vollzug findet in den Medien *Zeit* und *Wert* statt. Diese Medien sind *dreidimensional.* Zeit und Wert gibt es nicht nur im *objektiven*, messbaren Modus. Zeit und Wert gibt es auch in den *ortlosen Modi* der *subjektiven* Empfindung und dem *sozialen* Modus. Die *Ortlosigkeit dieser* Modi der Autopoiese bildet die Einheit ihrer Differenz.

Der Kinderarzt und Psychoanalytiker *Donald Winnicott* (1896–1971) hat diesen neuen, sich bildenden Bereich den „Dritten Bereich“ genannt. Er meinte damit das *Soziale* als das Dritte zwischen dem *Subjektiven* und dem *Objektiven. Lebensgeschichtlich* bildet es sich immer wieder aus der *biologischen Einheit* von Mutter und Kind. Menschheitsgeschichtlich bildet sich das Soziale jedoch heute auf einem wesentlich *höheren kulturellen Niveau,* das die Mutter einbringt. Von dieser *sozialen* Beziehung, die sich hier aus der ursprünglich *biologischen* Beziehung bildet, ist der Mensch sein Leben lang *abhängig. Winnicott* nennt das *Soziale* daher auch etwas „Heiliges“.

Das Interessante an diesem Bildungsprozess des „Dritten Bereichs“ ist, dass das Kind am *Aufbau des Sozialen selbst beteiligt* ist und *zugleich vollkommen von ihm abhängig ist.* Beides gemeinsam, das *konkrete Erschaffen* dieser sozialen Welt und das Eingebettetsein in sein *begrifflich Unfassbares*, erzeugt das Gefühl des *„Heiligen"*, dem ich selbst angehöre. Die strukturelle und affektive Ähnlichkeit zum christlichen „Gottvertrauen" ist verblüffend. Die Bedeutung des „Dritten Bereiches", der sich im Spannungsfeld von Säugling und Mutter bildet, geht weit über diese ursprüngliche Dyade hinaus. Sie betrifft das *gesamte menschliche Kulturleben. Winnicott* beschreibt dies wie folgt:

> „Ich habe versucht, die Aufmerksamkeit auf die theoretische und praktische Bedeutung des dritten Bereiches [. . .] zu lenken, der sich auf das kreative Leben und auf das gesamte menschliche Kulturleben erstreckt. Diesem dritten Bereich steht die innere, persönliche psychische Realität und die wirkliche, äußere Welt, in der der Einzelne lebt und die objektiv wahrnehmbar ist, gegenüber. Ich nehme diesen wichtigen *Erfahrungs*-Bereich im Spannungsbereich zwischen dem Einzelnen und der Umwelt an, der ursprünglich das Kind mit der Mutter verbindet und es gleichzeitig von ihr trennt, wenn die mütterliche Liebe, stellvertretend für menschliche Verlässlichkeit, dem Kind ein Gefühl von echter Zuversicht und Vertrauen gegenüber der Umwelt gibt [. . .]
> Das Spannungsfeld zwischen Kleinkind und Mutter, zwischen Kind und Familie, zwischen dem Einzelnen und der Gesellschaft oder der Welt hängt von Erfahrungen ab, die Vertrauen schaffen. Es ist für den Einzelnen gewissermaßen etwas Geheiligtes, denn in diesem Bereich erfährt er, was kreatives Leben ist" (Winnicott. 2002: 119).

Dem Säugling bleibt nach Durchtrennung der biologischen Nabelschnur nichts anderes übrig, als die *biologische Einheit* mit der Mutter in eine neue *soziale Einheit* mit ihr zu transformieren. Mutter und Säugling müssen jedoch nicht bei Null beginnen. Beide können wie bei allen Bildungsprozessen auf das Vorhandene zurückgreifen. Das schon Vorhandene ist das *„Affektsystem" des Säuglings*. Es hatte schon im Mutterleib die Verbindung zum Affektsystem der Mutter. In ihrem Affektsystem konnte sich das Affektsystem des Säuglings erst bilden. Daher sind beide schon nach Durchtrennung der Nabelschnur aufeinander abgestimmt. Dieses auf dem Affektsystem basierende Empfinden nennt *Damasio* das „auftauchende Selbst". Dieser *Ursprung des Selbst* wird *nie* mehr verloren gehen. Wichtig für eine gelingende Entwicklung des Säuglings ist jedoch, *dass er sich selbst als Schöpfer des Sozialen erleben kann*. Hierzu bedarf es der *Anerkennung* des Säuglings als *Schöpfer seiner Welt*.

Das *Soziale* ist der Ursprung seines *Selbst*. Allerdings *empfindet* sich der Säugling *selbst als Schöpfer* dieses Selbst. Ansonsten könnte er seinen *Willen* nicht als *seinen eigenen* empfinden. Der Säugling hat dabei ein *natürliches Omnipotenzgefühl*. Er ist es, der die Mutter bzw. die Beziehung zu ihr geschaffen hat. Dieses *Omnipotenzgefühl* beim Erschaffen ist ein natürliches und *unentbehrliches Gefühl* in der Entwicklung jedes Kleinkindes. Dieses Gefühl der *Selbsterschaffung* muss von der Mutter *anerkannt* und bestätigt werden.

> „Gehen wir davon aus, dass ein Kind Geborgenheit und genügend Zuwendung erfährt, so erlebt es Objektangebote auf eine Weise, die sein natürliches Omnipotenzerleben nicht einengt. Dadurch kann es lernen, Objekte zu verwenden und sie als subjektive Objekte, die es selbst geschaffen hat, er erleben" (Winnicott. 2002: 128).

Erfährt ein Kind Geborgenheit, Zuwendung und Anerkennung und reagiert die Mutter prompt und angemessen, dann *bilden* sich aus dem *Omnipotenzgefühl Ideale*, die der Jugendliche und Erwachsene zu realisieren versucht. Die Mutter wird nicht immer in vollkommener Weise reagieren können. Hier sorgt die *Homöostase* dafür, dass der Säugling sich trotzdem gut entwickelt. Im Gegenteil, eine nicht immer ideale Reaktionsweise zeigt dem Säugling an, dass die Welt nicht vollkommen ist. Sollte der Säugling jedoch schwerwiegende Enttäuschungen in der Beziehung zu seiner Bezugsperson erleiden, kann dieses Omnipotenzgefühl *nicht transformiert* werden. Die Psyche des Kleinkindes bleibt dann an ein solches archaisches *Selbst-Objekt* gebunden. D. h. es wird nicht in ein wirkliches vom Kleinkind auch emotional getrenntes *Objekt* umgewandelt.

> „[. . .] erwirbt das Kind die erforderliche innere Struktur nicht, bleibt seine Psyche an ein archaisches Objektbild fixiert und seine Persönlichkeit wird später und sein ganzes Leben hindurch in einer offenbar intensiven Form von Objekthunger von gewissen Objekten abhängig. Die Intensität der Suche nach solchen Objekten und die Abhängigkeit von ihnen erklärt sich aus der Tatsache, dass in ihnen ein Ersatz für fehlende Segmente der psychischen Struktur gesucht wird" (Kohut. 1975: 176).

Lebensgeschichtlich kann ein *misslungener Bildungsprozess*, d. h. eine langfristige und unangemessene Reaktion der Bezugsperson auf das Omnipotenzgefühl des Säuglings, zu *Narzissmus* führen. *Menschheitsgeschichtlich*, und damit auf kultureller Ebene, kann es dazu führen, dass wir weiterhin an „Institutionen" wie an *Subjekt-Objekten* festhalten, obwohl wir sie als *Objekte* verwenden könnten. *Winnicott* nennt solche Objekte „Übergangsobjekte".

Geld ist heute ein solches „Übergangsobjekt“, von dem wir uns *emotional* noch nicht trennen können. „Übergangsobjekte“ sind Objekte, die wir als Objekte *erkennen* können, wir können sie aber noch nicht als solche *verwenden.* Wir können es daran erkennen, dass wir uns heute noch als *Teil* eines *ökonomischen Systems* fühlen. Die Ursache hierfür liegt an der noch *emotionalen Bindung* an sein Medium *Geld.* Nur in ihm können wir es heute *beschreiben* und *steuern.* Besser gesagt, wir *glauben,* es nur so zu können. Aber das ist ein *Irrglaube.*

Ein *Glaube* entzündet sich immer am *Sozialen.* Vom Sozialen sind wir alle *existentiell abhängig.* Das Soziale ist aber *begrifflich nicht zu fassen.* Wenn dies zusammentrifft, *Unsagbarkeit* und gleichzeitig *existentielle Abhängigkeit,* muss notwendig der Glaube die Hilfe bringen. Nun dominiert heute die Ökonomie vollständig den Sozialbereich. Wir alle sind von ihrem einzigen Medium, in dem wir sie *beschreiben* können *und* in ihr *handeln* können, existentiell abhängig. Wir *müssen* an das *Geld glauben.* Es gibt *nichts Bedeutenderes* sowohl für die, die „genug“ davon haben, noch für die, die „zu wenig“ davon haben. Dies ist die *soziale Kraft* des *Geldes.*

Der „Dritte Bereich“, der Raum zwischen den Subjekten sowie zwischen den Subjekten und Objekten, hat heute nichts mit dem zu tun, was er in *Wirklichkeit* ist bzw. sein kann. Es ist ein *objektivierter* Zusammenhang mit Hilfe eines *messbaren* Mediums, das wir noch nicht im Sinne einer *trinitarischen Wirklichkeit verwenden* können. Verwenden können wir das *Geld als Objekt* (also nicht mehr als Subjekt-Objekt, von dem wir uns emotional noch nicht trennen können) erst, wenn wir die Einheit der *Differenz* der drei Modi der *Wirklichkeit* fassen können. Mit anderen Worten, erst wenn wir aus der *Perspektive* der sozialen Welt das *Geld als Objekt* vor uns liegen haben, beginnen wir die *Wirklichkeit* als trinitarisch zu begreifen.

4.3.2 Zeit und Wert

Wir haben gerade gesehen, *dass* sich durch die *Permanenz der Autopoiese* aus der *biologischen* Bindung nach Durchtrennung der Nagelschnur die *soziale* Bindung bilden *muss.* Ohne diese soziale Bindung ist ein Neugeborenes nicht überlebensfähig. Im Folgenden werde ich nun zeigen, *wie* die Autopoiese dies leistet. Die Autopoiese ist eine *operationale Struktur.* Nur eine solche Struktur ist überhaupt in der Lage, ihren *Modus zu transformieren bei Beibehaltung ihres Prinzips, alles aufeinander abzustimmen.*

Hier geht es also darum, wie sich der *biologische* Modus der Autopoiese *selbstorganisatorisch* in den *sozialen Modus* transformiert. Das Medium, in dem dies geschieht, ist das *Affektsystem.* Das Affektsystem steuert schon das Verhalten der Amöbe. Zugleich ist es aber auch die Basis unseres Denkens und Handelns. Das Affektsystem *sind* die gefühlten (Wert) Bewegungen (Zeit) unseres Leibes. In diesen dem Affektsystem inhärenten Medien, also *Zeit* und *Wert,* vollzieht sich der Aufbau des *Sozialen.* Der Säugling kennt natürlich weder eine *objektive* Zeit noch einen *objektiven* Wert. Für den Säugling und das Kleinkind gibt es nur eine *gefühlte Zeit* und einen *gefühlten Wert.* Durch die *Resonanz* der getrennten Affektsysteme in *Rhythmus* (Zeit) und *Intensität* (Wert) bildet sich beim Säugling der „Dritte Bereich". Es ist das Soziale, also die *gemeinsam* erlebte *soziale Zeit* mit ihrem Komplement, dem *sozialen Wert,* auf der Basis der wechselseitig wirkenden *subjektiv empfundenen Zeit* und dem *subjektiv empfundenen Wert.* Die Einheit dieser Differenz bildet ihre *Ortlosigkeit.* Es gibt weder einen Ort noch einen Zeitpunkt, der objektiv bestimmt werden könnte, wo und wann dies geschieht, da es ein *Bildungsprozess* ist. Schon im Mutterleib gab es einen solchen Gleichklang, der schon im Affektsystem der Amöbe der *Möglichkeit* nach vorhanden war, letztlich in der *operationalen Struktur der Autopoiese.* Sie ist die *Bedingung der Möglichkeit auch der Bildung des „Dritten Bereichs“.*

In der *Resonanz* zweier Affektsysteme können wir *erleben*, wie sich die Autopoiese *anfühlt* und *wirkt.* Weil nicht nur unser *Überleben*, sondern auch unser *gutes Leben* davon abhängt, kann *Winnicott* auch vom „Heiligen“ des „Dritten Bereiches“ sprechen. Die Autopoiese *ist* das „Heilige“. Sie ist für uns *unverfügbar* und *begrifflich nicht fassbar.* Wir sind von ihr *vollkommen abhängig.* Ohne sie herrschte Chaos, die absolute Strukturlosigkeit. Sie *führt* uns bei all unseren Handlungen. *Adam Smith* hätte sie als die „unsichtbare Hand“ identifiziert. Die Autopoiese operiert *für uns unbewusst.* In schulischen *Bildungsprozessen*, wenn wir plötzlich einen ganz neuen Zusammenhang erlernen, *erleben* wir sie. Dieses dann vor uns stehende *neue Ganze* haben wir nicht gedanklich erschlossen, es ist *für uns* plötzlich da. In *Wirklichkeit* war es ein selbstorganisatorischer *Prozess*, der schon länger in uns ablief.

Der Säugling kommt schon mit einem erprobten Affektsystem, das im *Einklang* mit der Mutter operierte, auf die Welt. Seit wenigen Jahren wissen wir, dass der Säugling bereits bei der Geburt über bestimmte *Basisaffekte* verfügt. Diese haben sich bereits im Mutterleib gebildet. Diese Basisaffekte sind in *allen* Kulturen gleich. Sie lassen sich über bestimmte Gesichtsausdrücke identifizieren. Solche Basiseffekte sind Interesse, Überraschung, Ekel, Freude, Ärger, Traurigkeit, Furcht und Schuld. Es sind keine Triebe, sondern *Antriebskräfte* zum Aufbau des *Sozialen*, der Beziehungen der Menschen, das nicht begrifflich Fassbare des „Dritten Bereiches“.

Diese Basisaffekte gründen auf den *ursprünglichen Gefühlen*, die das Verhalten des *Lebendigen* steuern. Gemeinsam ist allen Affekten, dass sie auf *körperinneren Rhythmen und Intensitäten* basieren. Sie sind der Ursprung von *Zeit* und *Wert.* Über diese

Medien gestalten sich die Abstimmungen zwischen Mutter und Säugling. Diese *operationalen Strukturen* der subjektiv empfundenen Stimmigkeit von Rhythmus und Intensität entscheiden über das Gelingen jeder Interaktion zwischen Säugling und Mutter. Sind Rhythmus und Intensität in *Resonanz*, ist die *Verständigung gelungen.* Hierzu bedarf es keiner begrifflichen, also kategorialen Strukturen. Die *soziale Welt* bildet sich aus den operationalen Strukturen. Nur *diese* liegen auch zur Zeit der Geburt vor. Die *soziale Welt* ist ein *funktionales Äquivalent* der *biologischen Welt* des Mutterleibes. In ihr war der Säugling schon ein *Ganzes* mit der Mutter. Nun bildet sich ein *neues Ganzes* aus den operationalen Strukturen des bereits *Vorhandenen.*

Ohne das sich bildende *Soziale* gibt es kein *Subjekt.* Daher *muss* uns das *Soziale* „heilig" sein. Wie alles *„Heilige"* ist es *begrifflich* nicht fassbar. Es ist *begrifflich* nicht fassbar, *weil* es eine *operationale Struktur ist.* Nur operationale Strukturen können wir *fühlen.* Nur über sie kommen *Werte* in die Welt. Die *soziale Welt* ist daher auch erst dann *sozial,* wenn sich das *Soziale* auch *sozial anfühlt* und nicht nur *abstrakt begrifflich* daherkommt. Erst wenn das *Soziale* sich *konkret* sozial *anfühlt,* ist es *Wirklichkeit.* Erst dann wird es *gelebt.*

Den *Ursprung des Sozialen* baut der Säugling selbst auf, gemeinsam mit seiner Mutter, über die Medien *Zeit* und *Wert.* Diese Medien sind in ihrem Ursprung *subjektiv empfundene* operationale Strukturen.

> „Säuglinge verfügen über ziemlich präzise Zeit- und Intensitätswahrnehmungen [. . .] so liegt die Vermutung nahe, dass Säuglinge nicht nur Freude, Ärger, Überraschung etc. erleben, sondern auch Eigenschaften wie »rasch«, »plötzlich«, »an- und abschwellend«. Ärger und Freude sind nicht bloß stark und schwach, sondern von dynamischen Eigenschaften gefärbt, die

> ihnen eine bestimmte »Textur« verleihen. Plötzlich auftauchender Ärger fühlt sich anders an als langsam an- und abschwellender. Ähnliches gilt für die anderen Affekte und auch für Ereignisse der Außenwelt. Eine Mutter kann ihren Säugling mit sanften, langsamen Worten oder mit ruckartigen, heftigen Bewegungen aus dem Bettchen nehmen. Er wird die Melodie ihrer Sprache und die Intensität und Geschwindigkeit ihrer Bewegungen bewerten. Ein guter Teil der Einfühlung des Säuglings in die Mutter beruht auf der Wahrnehmung von Tempo und Intensität ihrer verschiedenen Lebensäußerungen. An ihnen spürt er ihre (und seine) Befindlichkeit" (Dornes. 1998: 41).

Im Ursprung der Medien *Zeit* und *Wert* liegt zugleich auch der Ursprung des *Sozialen*. Ihr ursprünglicher Modus ist der der subjektiven Empfindung. Die *subjektiven Empfindungen* sind der *Mittler* von nach *außen* gerichteter Wahrnehmung und den nach *innen* gerichteten ursprünglichen Gefühlen. In der Resonanz zweier Affektsysteme *bildet* sich der *soziale Modus*. In ihm kann sich eine ganz *neue Welt* bilden, die *Welt der Kultur*. Die jeweilige Bezugsperson bringt in die erste Zweierbeziehung der Möglichkeit nach ein *höheres kulturelles Niveau* ein. Dies ist nach dem, was wir heute wissen, mit einer *höheren Empathiefähigkeit* verbunden (Pinker. 2011). Es ist daher zu erwarten, dass sich der „Dritte Bereich" zu einer immer besseren Abstimmung hin entwickeln wird. Die Autopoiese hilft uns dabei. Unser *begriffliches Denken* kann uns dies *einsichtig* machen. Der *Vollzug* kann allerdings nur *operationaler Art* sein. Die Autopoiese ist die Bedingung der Möglichkeit von *Bildungsprozessen*. Bildungsprozesse *sind* autopoietisch. Nur sie haben die *direkte* Verbindung zum *Ursprung*. In ihrer *Operationalität* ist der *Ursprung noch enthalten*.

So wie der Säugling seine Mutter und die Mutter ihren Säugling *anerkennen* muss, müssen wir diese Operationalität als *unseren Ursprung anerkennen. Anerkennen* ist ein anderer Modus als *Erkennen.* Wir *erkennen*, dass in einem rechtwinkligen Dreieck die beiden Kathetenquadrate gemeinsam so groß sind wie das Hypotenusenquadrat. Aber unsere Mutter erkennen wir, indem wir sie als Mutter *anerkennen*, auch wenn sie nicht unsere leibliche Mutter ist. Eine Mutter erkennt man *nicht begrifflich* als Mutter an. Dies würde keinen Sinn ergeben. Die *soziale Welt* kann ihren Ursprung nicht leugnen, sie *muss* ihn anerkennen, will sie sozial sein. Das *Soziale ist lebendig.* Es *bildet* sich aus unseren *Affektsystemen. Weil* dies so *ist*, liegt die Bedingung der Möglichkeit ihrer *Wirklichkeit* in der *Anerkennung* seines Ursprungs. Anerkennung ist ein *selbstorganisatorischer, operationaler* Bildungsprozess. *Meister Eckhart* würde sagen, er ist „weiselos". Es gibt *keine bestimmte* Art und Weise der Anerkennung des Ursprungs. Der Aufstieg zu Anerkennung ist der Abstieg zum Ursprung. Es ist das *Gefühl der Ganzheit*, der *Wirkung* der Autopoiese.

Mihály Csíkszentmihályi hat dieses Gefühl mit *Flow* beschrieben. Es ist ein Unendlichkeitsgefühl, ein Gefühl des Aufgehens in einer Tätigkeit, des *Verbundenseins mit seiner Umwelt.* Es ist nicht kontemplativ, sondern ein *Tätigsein* mit dem *Gefühl des Abgestimmtseins* mit seiner Umwelt, bei höchster Aufmerksamkeit. *Csíkszentmihályi* sieht hierin die „Bedingung für die Entwicklung neuer kultureller Formen" (2010: 134). Er hat das *Flow-Erlebnis* Erwachsener an vielen sehr unterschiedlichen Beispielen dargestellt. Weiter unten komme ich hierauf zurück. Diese Fähigkeit ist uns offensichtlich angeboren. Säuglinge und Kleinkinder praktizieren diese Fähigkeit von Beginn an. Ohne diese *Fähigkeit* könnte ein Säugling seine Welt gar nicht aufbauen.

Der Psychoanalytiker und Säuglingsforscher *Daniel Stern* (1934–2012) hat bei Säuglingen eine *amodale Wahrnehmungsfähigkeit* festgestellt. Sie operiert in den Medien *Zeit* und *Wert*. Diese *basalen* Medien ermöglichen eine *transmodale Übertragungsfähigkeit* der Sinneswahrnehmungen in eine „supramodale Form". Nur die *Autopoiese* kann so etwas leisten. Sie ist in der Lage, *unterschiedliche Modi* aufeinander abzustimmen und die *Einheit* ihrer Differenz zu *bilden*.

> „Säuglinge scheinen also dank einer angeborenen, generellen Fähigkeit – die man als *amodale Wahrnehmung* bezeichnen kann – die in einer bestimmten Sinnesmodalität aufgenommene Information irgendwie in eine andere Sinnesmodalität übersetzen zu können. Wie sie das machen, wissen wir nicht. Vermutlich wird die Information dem Säugling gar nicht über einen bestimmten Sinnesmodus vermittelt. Sie überschreitet vielmehr die Modi oder Kanäle der Wahrnehmung und existiert in einer unbekannten, supramodalen Form. So hätten wir es nicht mit dem simplen Vorgang einer direkten Übersetzung zwischen verschiedenen Modi zu tun, sondern mit einer Enkodierung in eine bislang noch rätselhafte, amodale Repräsentation, die dann in jedem Sinnesmodus wiedererkannt werden kann.
> Offenbar ist die generelle Wahrnehmungsweise der Säuglinge so umfassend oder »global«, dass sie amodale Eigenschaften jeder beliebigen Modalität aus jedem Bereich des menschlichen Ausdrucksverhaltens erkennen, diese Eigenschaften abstrakt repräsentieren und sie dann in andere Modalitäten übersetzen können [. . .] Bei diesen abstrakten, für den Säugling wahrnehmbaren Repräsentationen handelt es sich nicht um

> Bilder, Töne, haptische Eindrücke und benennbare Objekte, sondern vielmehr um Formen, Intensitätsgrade und Zeitmuster – die eher »globalen« Merkmale des Erlebens. Und das Bedürfnis sowie die Fähigkeit, abstrakte Repräsentationen von primären Wahrnehmungseigenschaften zu entwickeln und nach ihnen zu handeln, sind bereits mit dem Beginn des psychischen Lebens vorhanden; sie markieren also keinen Höhe- oder Wendepunkt, der erst mit der Entwicklung des zweiten Lebensjahres erreicht würde“ (Stern. 2007: 80).

Der Säugling baut seine Welt über die »globalen« Medien *Zeit* und *Wert* auf. Sie sind der *operationalen* Struktur der Autopoiese *inhärent*. Nur über sie ist eine *amodale Wahrnehmungsfähigkeit* möglich. Die *Differenzierung bildet* sich aus einem *Ganzen*. Das *Ganze, der Ursprung,* ist *zuerst* da. Aber das darf man nicht wieder *begrifflich feststellen* im Sinne einer *Definition*. Denn der Ursprung ist eine operationale Struktur im Sinne eines *Bildungsprozesses*, der notwendigerweise *offen* ist. Ansonsten wäre die Struktur nicht *operational. Das Ganze ist offen*. Denn die Autopoiese bildet sich, wie wir gesehen haben, aus *unterschiedlichen Modi*, die aber ein *Ganzes* sind. Es sind nur *Ausdifferenzierungen* ihrer basalen Operationsweise, die *alles aufeinander abstimmt*.

An der weiter oben angesprochenen Fähigkeit der Menschen zur *geteilten Intentionalität* lässt sich dies nochmals verdeutlichen. Nur Menschen sind dazu in der Lage, anderen Menschen *im Sinne ihrer Ziele zu helfen*. Diese *biologisch* ererbte Fähigkeit erst ermöglicht es uns, eine *kulturelle* Lebensform zu führen. Geteilte Intentionalität heißt nicht, wie schon oben gesagt, etwas aufteilen im Sinne von in Teile zerlegen. Es bedeutet vielmehr am *Ganzen teilhaben*. Ein *Ziel zu teilen*, heißt *gemeinsam* dieses Ziel realisieren zu *wollen*. Wie jede Zelle schon *ihren „Willen“* hat, so hat ein Organismus zwar viele Zellen, aber nur *einen „Willen"*. Aber das ist ein *biologischer* Wille, der *Wille zu überleben.*

Auf *kultureller* Ebene geht es nicht um *biologische Kooperation*, sondern um *soziale Kooperation.* Wir Menschen können gemeinsam komplexe technische Apparate *herstellen.* Wir können dies durch *Koordination* realisieren, aber auch durch *Kooperation.* Koordination heißt, es gibt einen Koordinator. *Kooperation* bedeutet, die Fähigkeit der *geteilten Intentionalität* kommt zum Tragen. Sie *„trägt"* uns zum von allen internalisierten Ziel. Wir wenden dies schon heute bei Herstellungsprozessen an, wie ich im dritten Hauptteil zeigen werde. *Ökonomisch* bedeutet dies *Einsparung von Transaktionskosten*, also *objektive Werte.*

Aber *geteilte Intentionalität* reicht weiter. Wir können auch *soziale Werte* wie Gerechtigkeit und Solidarität teilen. Wir müssen sie nur *anerkennen.* Vor nicht allzu langer Zeit haben die Menschen *viele Götter anerkannt.* Seit etwa dreitausend Jahren haben die Menschen begonnen, davon Abstand zu nehmen und *anerkennen* jeweils nur noch *einen Gott.* Eine gewaltige kulturelle Leistung. Milliarden von Menschen *teilen* dieses Verständnis von einem *höheren Wesen.* Im Westen transformierte sich dieses höhere Wesen bei *Meister Eckhart* in *ein Prinzip*, das er *Göttlichkeit* nannte und *in sich erlebte.* Ein persönlicher Gott stand ihm nicht mehr gegenüber.

Dieser bei *Meister Eckhart* erstmals feststellbare Säkularisierungsprozess bildet sich bis heute weiter. Angelegt ist er – selbstorganisatorisch – im christlichen Glauben *selbst*, durch die Menschwerdung Gottes. Die theologische Dogmenbildung von *Inkarnation* und *trinitarischem Gott* haben diese Transformation *selbst bewirkt.* Unser aller *Ursprung* sollte uns auch weiterhin *„heilig"* sein. Daran ändert auch der Säkularisierungsprozess nichts. Wir müssen ihn nur *als solchen anerkennen.* Erst wenn wir die uns alle tragende *operationale Struktur als solche anerken-*

nen und uns nicht weiterhin in der aus ihr ausdifferenzierten *kategorialen Struktur* einschließen und uns damit von der *Wirklichkeit ausschließen*, indem wir die *Zeit stillstellen*, werden wir die anfangs skizzierten Probleme auch lösen.

Da diese Probleme ohnehin alle *selbstgemacht* sind – wer sollte sie uns sonst eingebrockt haben –, können wir sie auch lösen. Auch das ist *„nur"* ein Prozess des *Anerkennens.* Unser *Intellektsystem erkennt*, dass wir selbst diese *globalen* Probleme herbeigeführt haben. Aber unserem Intellektsystem *fehlt die Fähigkeit*, dies *anzuerkennen.* Dies kann es nur in *Kooperation* mit der *operationalen Struktur*, seinem Ursprung.

4.3.3 Bindung und Übergangsobjekte

Durch Bildung des „Dritten Bereichs", der „Raum" *zwischen* den Subjekten, wird aus der *biologischen* Bindung eine *soziale* Bindung. Das Medium hierzu ist die *ursprüngliche biologische Einheit* des Affektsystems, das sich nach Durchtrennung der Nabelschnur in zwei getrennte Affektsysteme auch *räumlich* ausdifferenziert. Dieser Raum ist prinzipiell *unendlich* bei *bleibender sozialer Bindung*, wenn, *ja wenn sie gelingt.* Diese unglaubliche Transformation wird ermöglicht über die dem *materiell basierten Affektsystem* inhärenten Medien *Zeit* und *Wert. Nur sie* sind *„globaler"* Art. Denn die zwei Affektsysteme müssen *keinen gemeinsamen* Ursprung haben, also die leibliche Mutter.

Ebenso ist es begrifflich nicht fassbar, dass der Säugling *selbst* der Schöpfer dieser neuen Bindung ist. Dies kann der Säugling aber *nur empfinden*, wenn die Mutter (Bezugsperson) dies *anerkennt.* Dies ist in einem doppelten Sinne gemeint. (1) Der Säugling kann dies nur *empfinden*, nicht begrifflich fassen. (2) Dieses Empfinden bildet sich *nur*, wenn die Mutter dies *anerkennt.* Je *feinfühliger* und prompter die Mutter auf die Affekte des Säuglings reagiert, umso stabiler wird die *soziale Bindung*. Diese neue Bindung ist so überlebensnotwendig wie die ursprüngliche biologische Bindung. Kommt *keine* Bindung zustande, trotz guter Ernährung, stirbt der Säugling.

Bis vor wenigen Jahrzehnten noch nahm man an, dass der Säugling sich aus einem *Einssein* mit der Mutter heraus entwickelt. Dieses Gefühl des Verschmolzenseins mit der Mutter gibt es nicht. Der Säugling kann von Beginn an die Mutter, aber auch andere Objekte, als von ihm *getrennt* wahrnehmen. Allerdings nur, wenn sie *anwesend* sind. Dies ist die Frage nach der *Objektpermanenz*. D. h. glaubt der Säugling auch, wenn das Objekt nicht mehr anwesend ist, dass es noch existiert? Die Fähigkeit zur Objektpermanenz bildet sich erst Mitte des zweiten Lebensjahres. Erst jetzt ist der Säugling von der bleibenden Existenz, auch bei Abwesenheit des Objektes, überzeugt.

Die entscheidende Frage für uns ist jedoch, kann das Kleinkind auch die Trennung *emotional* ertragen? Bevor dies möglich ist, muss das Kleinkind in seinem *Willen nach Anerkanntsein* bestätigt werden. Nur so kann die *Bildung eines stabilen Selbst* in Gang kommen. Der *Wille des Lebens* erzeugt so die *soziale Beziehung*. Im Ursprung ist dies die *Liebe der Mutter* zu ihrem Säugling, die dies zur *Wirklichkeit* bringt, *wenn sie diesen Willen anerkennt*. Durch diese beiden Kräfte, der *Wille des Lebens* und die *Liebe der Mutter*, kann sich der Möglichkeit nach, auf der Basis der beiden „globalen" Medien *Zeit* und *Wert*, die *Liebe zur Menschheit* bilden. Wie dies möglich ist, zeige ich im folgenden Abschnitt.

Weil die *Autopoiese* in den »globalen« Medien *Zeit* und *Wert* operiert – es gibt keine grundlegenderen Medien –, hält sich ihr Prinzip, alles aufeinander abzustimmen, über *alle Modi* ihres Operierens durch. Dies ist deshalb so, weil alle Modi *Ausdifferenzierungen* ihrer *ursprünglichen Operationsweise* sind. Wenn ich davon spreche, dass die Autopoiese alles aufeinander abstimmt, heißt das nicht mit hundertprozentiger Genauigkeit. Das Prinzip der Autopoiese ist *fehlertolerant*. D. h. innerhalb bestimmter Grenzen sind Abweichungen möglich. Sie sind nicht nur möglich, sie sind sogar sinnvoll und *notwendig*. Unser Körper hält bestimmte physiologische Parameter wie z. B. die Körpertemperatur nur innerhalb bestimmter *Toleranzbereiche* konstant. Hierfür sorgt die *Homöostase*.

Das gleiche Prinzip werde ich auch weiter unten im technischen Bereich bei der Herstellung von Produkten ansprechen. Ein exaktes Maß herzustellen, ist nicht nur unmöglich, es wäre auch viel zu teuer. Daher haben *alle* technischen Maße einen *Toleranzbereich*. Die *Autopoiese* mit ihrer inhärenten *Homöostase* hat sich auch dort durchgesetzt. Die *Ökonomie* haben wir selbst zur autopoietischen Operationsweise geführt. Aber dies hat Folgen, denn dort operiert sie in ihrem *objektiven* Modus. D. h. sie „zwingt" uns auch zu Handlungen, die *sozial* abträglich sind. Dies ist aber nur deshalb so, weil wir ihre *Operationsweise* weder *erkannt* noch *anerkannt* haben. Dazu weiter unten ausführlich.

Aber zurück zu dem Modus der *subjektiven Empfindungen*, über deren *Abstimmungen* sich erst der *soziale* Modus bilden kann. *Erst hieraus* kann sich ja später dann der *objektive* Modus erst bilden. Bei der Abstimmung der Rhythmen und Intensitäten zwischen Säugling und Bezugsperson über die „globalen" Medien *Zeit* und *Wert* sind Abstimmungsprobleme nicht zu vermeiden. Diese *Differenzen* – verbleiben sie im Bereich der Homöostase – sind *notwendig* zur Bildung des *Selbst* beim Säugling. Nur durch *diese Differenz* ist eine Unterscheidung seiner *eigenen körperinternen Gefühle* von denen der Bezugsperson überhaupt möglich. Damit bildet sich aber zugleich das *Soziale* als Welt der *Beziehungen* zwischen Säugling und Bezugsperson. Es ist die Differenz dieser Einheit, dieses *Ganze*, das sich *bildet*, das zu erkennen und *anzuerkennen* ist. Sie ist die *Wirklichkeit.* Da sie operationaler Art ist, lässt sie sich *begrifflich nicht fassen*, wohl aber *beschreiben.* Aber die *Beschreibung* ist nicht das konkrete spürbare *Operieren.*

Wie schon mehrmals erwähnt, sind das *Soziale* und das *subjektive Empfinden ortlos.* Dies eint beide Aspekte der trinitarischen Welt und unterscheidet sie von ihrem messbaren Aspekt des *Objektiven.* Die *Ortlosigkeit* zieht aber gleichzeitig die *Zeitlosigkeit* nach sich. Ein *Ort* ist an die *Zeit* gebunden. Beides gehört zur *objektiv* messbaren Seite dieser Welt. *Nur* der *objektive Aspekt* dieser Welt ist *begrifflich fassbar* und damit auch berechenbar. Die *operationale Struktur* ist das *begrifflich Unfassbare.* Wir können sie nur *empfinden* und *anerkennen.* So wie *Meister Eckart* das *Göttliche* in sich *gespürt* hat, so können wir die *Autopoiese spüren*, wenn alles aufeinander abgestimmt ist, wenn wir eine *Ganzheit empfinden.* Dies *ist* dann die *Einheit* der *Differenz* des *Konkreten* mit dem *Abstrakten.*

Meister Eckhart wurde als Häretiker verurteilt. Er selbst hat sich allerdings nicht als Häretiker gesehen. Im Gegenteil, er war ein tiefgläubiger Christ und hat sich als solcher auch gesehen und empfunden. Dass er das *Göttliche in sich spürte*, war der Seelsorge des Christentums geschuldet und an sich nichts Anrüchiges. Die *Konsequenz*, und das spürten seine Oberen, war jedoch, dass die Kleriker als *Vermittler* zwischen Gläubigen und Gott *überflüssig* würden, wenn jeder auch direkt diese *Beziehung „herstellen"* kann. Wenn sie sich also in der Konsequenz *selbst bildet.* Denn das verbarg sich hinter dem Gedanken der *„Weiselosigkeit"* zu Gott zu finden.

Meister Eckhard hat sich von dem „Göttlichen" in ihm selbst *zutiefst abhängig gefühlt.* Aber diese *Abhängigkeit* hat ihm zur *Freiheit* verholfen, die ihm das Göttliche gewährte. Wie dies zu verstehen ist, hatte der etwa 35 Jahre ältere *Wilhelm von Ock-*

ham deutlich gemacht. Ein wesentlicher Streitpunkt im christlichen Denken war damals der zwischen *Vernunft* und *Wille*. Im Kern ging es um die *Freiheit*. Wurde sie durch die Vernunft oder durch den Willen ermöglicht. Gab es einen *freien Willen?*

Entzündet wurde diese Diskussion durch die Rezeption des Aristoteles. Er hatte die *Ideen Platons* in *Zweckursachen* uminterpretiert, die *apriori*, also vor jeder Erfahrung, den Dingen inhärent sind. Die ersten christlichen Interpreten haben diese Gedanken in die „ewigen Ideen" Gottes uminterpretiert. Das konnte *Wilhelm von Ockham* nicht akzeptieren. Denn es hätte die *Freiheit des göttlichen Willens* eingeschränkt, von dem doch alleine die *Freiheit unseres Willens* kommen konnte. Nach *Ockham* übertreibt ebenso das *apriorische Denken* und die *Vernunft*. Er sah die individuelle Freiheit durch das apriorische Denken bedroht. So sah es auch *Meister Eckhart*.

Freiheit bildet sich für *Meister Eckhart* erst durch die *Anerkennung des Göttlichen in ihm selbst*. Es war die *Anerkennung der vollkommenen Abhängigkeit* vom Göttlichen, das er spürte. Erst diese *Anerkennung* machte ihn *wirklich frei*, frei von *apriorischen Festlegungen*, von Festlegungen *begrifflicher Art*, die sich nicht mehr verändern konnten. Erst diese *Bindung* an das *Göttliche* erzeugt bei *Meister Eckhart* also ein Gefühl von *Freiheit*.

Bindung im heutigen Verständnis ist ein dialektischer Begriff, der sich zurückbeugt auf die operationale Struktur. Wenn wir dies nicht anerkennen, fassen wir diesen *Begriff*, der zugleich *Prozess* ist, nicht. Die Mutter, die auch eine andere empathische Bezugsperson sein kann, ist „lediglich" das Medium für den *Bildungsprozess der Bindung*. Man muss bedenken, dass sich hier ein vollkommen neuer Modus der Autopoiese bildet. Die *biologische* Bindung wird in die *soziale* Bindung durch die Permanenz der Autopoiese *transformiert*. D. h. hier findet eine *Ausdifferenzierung* eines *neuen* Modus statt, der den „Dritten Bereich" dabei erst bildet. Daher ist eine *hohe Sensibilität konkreter* Menschen bei der *neu* sich bildenden Abstimmung erforderlich und *zugleich* geschieht dies in den *„globalen"* Medien *Zeit* und *Wert*.

Es findet also eine Bindung des Säuglings an die *konkrete* Bezugsperson statt, die, wenn sie glückt, *zugleich* der neue Modus des *allgemeinen* Prinzips der Autopoiese ist. Genau hierin bildet sich das, was wir *Freiheit* nennen. Die *Bindung* an die Mutter ist geglückt und genau dabei ist das Soziale in Form des *neuen Modus* entstanden, das das Kind *frei* sein lässt von der Bindung an die Mutter. Es ist nun an die vom Säugling *selbst* erzeugte Autopoiese *gebunden*, die das Heranwachsende frei sein lässt, wenn die Selbsterzeugung *anerkannt* wird. Die geglückte *konkrete* Bindung ist *zugleich* die uns *alle* verbindende *universelle* Autopoiese des *Ganzen*. Hier im *sozialen Modus*. In ihm ist der *Modus der subjektiven Empfindung* aufgehoben. *Weil* er in ihm aufgehoben ist, *fühlt* er sich auch *sozial an* und *zugleich* ist er hierdurch *frei* von der ursprünglichen *konkreten Bindung* an die Bezugsperson.

Was diese *Freiheit* und *Unabhängigkeit* bedeutet, haben *John Bowlby* und *Mary Ainsworth* zeigen können. (Bowlby. 2005) Erst die *Bindung* erzeugt *Freiheit, weil* es die Bindung an die *Autopoiese* ist! Die *einfühlsame* konkrete Bezugsperson ist „nur" das Medium dieses Bildungsprozesses. Erst die *Teilhabe* an der *Autopoiese* macht uns *frei*. Dies ist ein *Bildungsprozess*. Mit *Vernunft* ist dies *unmöglich*, denn sie *bildet* sich erst, wenn *dieser Bildungsprozess* geglückt ist. Unser *nicht befriedigtes* natürliches ursprüngliches *Omnipotenzgefühl* führt uns zu einem intellektualistischen Missverständnis. Der Intellekt alleine kann seinen Ursprung selbst nicht erkennen, *weil er unerkennbar ist*. Er lässt sich nur *anerkennen*. Dabei kann der Intellekt *nur helfen*. *Vollziehen* kann er die *Bindung* an seinen *Ursprung* nicht.

Die *feinfühlige Anerkennung der Gefühle* des Säuglings führt zu einer *sicheren Bindung* an die Bezugsperson. Damit *bildet* sich *zugleich* die *Bindung an die Autopoiese*, also an den Ursprung, die operationale Struktur. *Unsicher gebundene Kinder* versuchen daher später, ihre Gefühle zu leugnen. Sie kommunizieren die *Wirklichkeit* nicht. Bei Konflikten können sie *nicht selbstständig kooperieren*. Neues und *Fremdes* bereitet ihnen *Angst*.

Sicher gebundene Kinder haben ein signifikant *stärkeres Explorationsverhalten*. Sie gehen angstfrei und selbstständig auf Entdeckung und suchen Neues. Sie *widmen sich angstfrei dem Fremden* und sind frustrationstoleranter. Mit ihren Eltern können sie *kritisch* umgehen. Andererseits *suchen sie Hilfe*, wenn sie erkennen, dass sie alleine nicht weiterkommen. Sie *kooperieren* selbstständig, um Konflikte zu lösen. Entsprechend ist ihr Sozialverhalten sicher, angemessen, kooperativ und *zielführend* bei der Lösung von Aufgaben. Zwiespältige Situationen können sie sicher interpretieren. Sie zeigen eine hohe Konzentrationsfähigkeit, *Fantasie* und eine positive Ausstrahlung. Kurz: sie erleben das, was wir *Freiheit* nennen auf der Grundlage ihrer *operationalen Bindung*. Es ist das Gefühl der *lebendigen Teilhabe am Ganzen*, das Freiheit und zugleich Sicherheit gewährt.

Die Art der *Bindung* nach der Durchtrennung der Nabelschnur entscheidet darüber, wie der Erwachsene den *sozialen Raum* wahrnimmt und welche Art *Beziehungen* er zu den *Mitmenschen* und den *Objekten* pflegt. Der Aufbau des „Dritten Bereichs" bildet sich über das Phänomen der „Übergangsobjekte". Übergangsobjekte sind weder Subjekte noch Objekte. Es sind „Objekte", die der *Säugling selbst erschafft*. Daher *empfindet* er sie als Etwas von sich *selbst*. Diese *Illusion* muss die Bezugsperson *einfühlend anerkennen*. Dann bekommt das Kleinkind das *Gefühl*, dass es eine *äußere Realität* gibt, die mit seiner *eigenen schöpferischen Fähigkeit korrespondiert* (Winnicott. 2002 b: 22).

Hier, auf der Basis der *operationalen Struktur* (eine kategoriale Struktur gibt es noch nicht), in der empathischen Feinabstimmung, bildet sich das, was sich später als *Kreativität* entfaltet. Alle unsere kulturellen Errungenschaften, Religion, Kunst, Philosophie, Wissenschaft, bilden sich über *diese* ursprünglichen Übergangsobjekte, ja sie sind *selbst immer zunächst Übergangsobjekte.* Alle unsere Neuschöpfungen sind zunächst ein Teil von uns selbst. *Daher* gilt es, die *ursprüngliche Illusion* des Säuglings *anzuerkennen. Objektiv* haben wir damit die *operationale Struktur anerkannt.* Dies zu *erkennen* ist das, was ich oben mit *zweiter Reflexion* beschrieben habe. Es ist ein *Bildungsprozess*, der zur *Anerkennung* seines eigenen *Ursprungs* führt. *Übergangsobjekte* sind *notwendig*, sowohl zu *Beginn* des Lebensprozesses wie auch in seinem späteren Verlauf. Zu Beginn gibt es dem Kind die *Illusion*, Schöpfer seiner Objekte zu sein. Als Jugendlicher und Erwachsener bildet sich *hieraus* die *Kreativität* zur kulturellen Schöpfung. Unser „ökonomisches System" ist eine solche kulturelle Schöpfung. Noch ist es jedoch ein „Übergangsobjekt". Wir sind noch *Teil* des von uns selbst geschaffenen Systems. So wie der Säugling noch *Teil* der Mutter ist, solange die Mutter noch Übergangsobjekt ist.

> „Übergangsobjekte und Übergangsphänomene gehören in den Bereich der Illusion, die den Anfang jeder Erfahrung bilden. Diese frühe Entwicklungsphase wird dadurch ermöglicht, dass die Mutter die besondere Fähigkeit hat, sich den Bedürfnissen ihres Kindes anzupassen, und dem Kind damit die Illusion gewährt, dass das, was es erschafft, wirklich besteht.
>
> Dieser intermediäre Erfahrungsbereich, der nicht im Hinblick auf seine Zugehörigkeit zur inneren oder äußeren Realität in Frage gestellt wird, begründet den großen Teil der Erfahrung des Kindes und bleibt das Leben lang für außergewöhnliche Erfahrungen im Be-

> reich der Kunst, der Religion, der Imagination und der schöpferischen wissenschaftlichen Arbeit erhalten.
> Die Besetzung des Übergangsobjektes wird gewöhnlich im Laufe der Zeit geringer, besonders wenn sich kulturelle Interessen entwickeln“ (Winnicott. 2202: 24 f.).

Winnicott weist ausdrücklich darauf hin, dass die Fähigkeit, sich den Bedürfnissen des Kindes anzupassen „keineswegs von Klugheit oder *intellektueller Aufgeklärtheit*“ (2002: 20) abhängt, sondern von der *Empathiefähigkeit* der Bezugsperson. Auf der anderen Seite ist eine vollkommene und zu lange Anpassung ebenso ungeeignet. Denn sie würde die Entwicklung stören, weil eine vollkommene Anpassung der Magie gleicht. Das vollkommene Objekt würde sich von halluzinierten nicht unterscheiden. Dennoch muss die Anpassung *am Anfang* beinahe vollkommen sein. Das damit verbundene *notwendige Omnipotenzgefühl* muss aber ebenso einfühlsam abgebaut werden. Aber nur bei ausreichender Gelegenheit zur *Illusion* kann dann eine ebenso feinfühlige *Desillusionierung* erfolgen. Wie der Säugling bzw. das Kleinkind diesen *ersten Besitz* des selbsterschaffenen Übergangsobjektes erlebt, hat Bedeutung für das gesamte Leben.

Aus der ersten archaischen *Objektbeziehung* muss eine *Objektverwendung* werden. Objektverwendung ist nach *Winnicott* gegeben, wenn das Objekt als Teil der äußeren Realität wahrgenommen wird. Aus ihr kann das Subjekt seine „Nicht-Ich-Substanz“ beziehen (2002: 110). Gelingt dieser Bildungsprozess nicht, wird aus dem subjektiven Objekt kein objektives Objekt, ist ein lebenslanger *Objekthunger* die Folge.

> „[. . .] erwirbt das Kind die erforderliche innere Struktur nicht, bleibt seine Psyche an ein archaischen Objektbild fixiert und seine Persönlichkeit wird später und sein ganzes Leben lang hindurch in einer offenbar

> intensiven Form von Objekthunger von gewissen Objekten abhängig bleiben. Die Intensität der Suche nach solchen Objekten und die Abhängigkeit von ihnen erklärt sich aus der Tatsache, dass in ihnen ein Ersatz für fehlende Segmente der psychischen Struktur gesucht werden" (Kohut. 1975: 176).

Ohne *anerkannte Omnipotenz* ist *Demut* nicht möglich, sehr wohl aber *Narzissmus*. Es ist das Verhalten eines archaischen Selbst, das keine *Anerkennung* gefunden hat. Die *operationale Struktur* des Säuglings ist nicht auf die in *dieser Bildungsphase* notwendige *Resonanz* gestoßen. Im jetzt folgenden Abschnitt werden wir sehen, dass es in *jeder Ontogenese* spezifische *„sensible Phasen"* gibt, denen wir heute noch nicht die notwendige *Anerkennung* entgegenbringen. Wir *anerkennen* noch nicht die *operationalen Strukturen*, die diesen „sensiblen Phasen" zugrunde liegen, die alleine *Bildungsprozesse erst ermöglichen*. Es ist ein Bildungsprozess, der seinen *eigenen Ursprung anerkennt*. Dies nenne ich die *zweite Reflexion*. Die *erste Reflexion* hat sich Mitte des ersten Jahrtausends vor unserer Zeitrechnung ereignet. Hier bildete sich die Fähigkeit, dass das *Denken* auf seine eigenen Gedanken zurückgreifen konnte und *damit* reflexiv wurde. Damit hatte es sich aber *zugleich* aus dem *lebendigen* Modus der Autopoiese ausdifferenziert und wurde *objektiv*. Bei der zweiten Reflexion bildet sich die Fähigkeit, den *Ursprung* dieser Fähigkeit zu fassen. In dieser Fähigkeit ist die *erste Reflexion*, also das reflexive Denken, dann aufgehoben und kann *nun erst* sein Potential voll entfalten. Erst jetzt ist es *eingebunden* in das *Ganze*, was nichts anderes bedeutet als *Freiheit*. Freiheit von Dogmen und begrifflichen Festlegungen, die die *Zeit stillstellen* und damit unsere Entwicklungsmöglichkeiten. Dies liegt daran, dass *die Zeit ursprünglicher* ist als die kategorialen Strukturen. Begriffe bilden sich erst auf der *Grundlage* operationaler Strukturen. Ihnen ist die Zeit schon *inhärent.* Auch die *objektive Zeit* ist eine Zeit, die sich *erst bildet.* Sie ist nicht schon immer da. Dies ist eine *Illusion*, der wir heute immer noch anhängen. Es gibt keine *absolute* Zeit, *in* der etwas geschieht. Dies wissen wir spätestens seit *Einsteins Relativitätstheorie.* Die absolute Zeit ist eine *verräumlichte* Zeit. Sie entspricht nicht der *Wirklichkeit.*

Hier liegt unser *grundsätzliches* Problem. Unsere *Begriffe* entsprechen nicht mehr der *Wirklichkeit.* Die Wirklichkeit ist *operationaler* Art, sie lässt sich *nicht feststellen.* Mit unseren Begriffen versuchen wir aber genau diese *Unmöglichkeit.*

4.4 Die zweite Reflexion

4.4.1 Bedeutung und Einordnung

Selbstverständlich kann sich die *zweite Reflexion* nicht *innerhalb* des Intellektsystems bewegen. Während die *erste Reflexion* zur *Ausdifferenzierung* des Intellektsystems geführt hat, bildet sich durch die *zweite Reflexion* die *Integration* des Intellektsystems in die *operationale Struktur.* Diese Integration ist *keine Abstraktion* wie die erste Reflexion, sondern ein *konkreter Vollzug.* Es ist die Integration des *reflexiven Denkens* in seinen *Ursprung*, d. h. ins *Ganze.* Das Ganze hat damit aber ein *neues und höheres Niveau.* Dies zeigt *zugleich* auch, dass das *Ganze* stets *offen* ist.

Mit der Bildung dieses *neuen* Ganzen entsteht auch ein *neuer Modus* der *operationalen Struktur*, wie ich im letzten Hauptteil zeigen werde. Es ist die Integration des *objektiven Modus* in die *Einheit* der Differenz von *sozialem Modus* und dem *Modus der subjektiven Empfindung.* Der Modus des *subjektiven Empfindens* ist dann bereits im *sozialen Modus aufgehoben. Weil* der soziale Modus hierdurch *lebendig* wird, ist die *Integration* des *objektiven Modus* überhaupt erst *möglich*, also der *Vollzug.* Denn der bedarf der operationalen Struktur. Bis heute ist das *Soziale* eine abstrakte Kategorie, leblos und kalt, eben nur eine *kategoriale Struktur.*

Weil diese Integration ein *lebendiger Vollzug* ist, bildet sich *zugleich* auch eine *neue Lebensform.* Dieser Bildungsprozess hat schon längst begonnen. Wie alles Neue entsteht es im Schoße des Alten. Das Neue bildet sich immer aus dem bereits *Vorhandenen.* Unsere vorhandene Lebensform ist die *produzierende Lebensform.* Auch sie hat sich aus der damals vorhandenen *aneignenden Lebensform* gebildet, wie ich oben gezeigt habe. Dies hat sich vor etwa 12.000 Jahren *vollzogen*, als die *Jäger und Sammler* zu *Ackerbauern und Viehzüchtern* wurden.

Das, was sich heute vollzieht, ist nur vergleichbar mit diesem Transformationsprozess vor 12.000 Jahren. Es bildet sich eine *vollkommen neue Lebensform.* Die produzierende Lebensform, in der wir heute noch leben, transformiert sich in die *sich bildende Lebensform.* Nicht mehr die *Herstellungsprozesse* werden unsere Leben dominieren, sondern die *Bildungsprozesse.* Hierin liegt auch zugleich die Möglichkeit der Lösung unserer *globalen* Probleme. Die *operationale Struktur* der Autopoiese hilft uns dabei. Sie steht uns allerdings *nicht zur Verfügung*, wir können ihre Wirksamkeit *nur anerkennen.* Was das bedeutet, hat niemand so deutlich gezeigt wie *Maria Montessori* (1870–1953).

Es geht dabei um das, *was sich in uns vollzieht*, der *Bildungsprozess* selbst, *der uns nicht zur Verfügung steht.* Ihn können wir *nicht herstellen.* Wir können allerdings die hierzu notwendige Umwelt schaffen, dass er sich *in Freiheit* vollziehen kann. Der *Bildungsprozess* lässt sich *nicht festlegen*, dann wäre er keine *operationale Struktur.* Er ist, wie *Meister Eckhart* es ausgedrückt hat, „weiselos“. Er *vollzieht* sich einfach. Nur so *bildet* sich das *Neue* aus dem *Vorhandenen.* Was Bildungsprozesse erzeugen, ist *wirklich neu.* Sie operieren weder *deduktiv* noch *induktiv* wie unser

Intellektsystem. Sie operieren *transduktiv*, über alle Modi hinweg. *Daniel Stern* hat es *„amodal"* genannt und *„global"* operierende Medien angenommen, in denen sich dies vollziehen kann.

Die *Begriffe* sind nicht entscheidend. Was sich vollzieht, ist ohnehin *unsagbar*, da es *operationaler* Art ist. Wir stehen allerdings dem Phänomen des Bildungsprozesses nicht vollkommen hilflos gegenüber. Wir können ein *geeignetes Umfeld* schaffen und die *Wirkung* des individuellen Bildungsprozesses *erkennen*. Es war das Genie *Maria Montessoris*, dies zu *erkennen*, indem sie die *operationalen Strukturen* bei ihren Kindern *anerkannte*. Sie waren für sie unverfügbar und *„heilig"*. Sie sind uns *unverfügbar*, weil sie *selbstorganisatorisch operieren*. Jeder äußere Eingriff würde den *Bildungsprozess* zerstören. Er würde dem Kind Schaden zufügen!

Das *Reflexivwerden des Denkens*, also die Ausdifferenzierung des Intellektsystems, hat sich menschheitsgeschichtlich bei *Erwachsenen* vollzogen. Heute vollzieht sich dieser Prozess bei *Jugendlichen* ab etwa 16 Jahren. Diese Differenz werde ich weiter unten erklären. Da also die *Ausdifferenzierung* des Intellektsystems vorliegen muss, damit seine *Integration* durch die *zweite Reflexion* überhaupt vollzogen werden kann, kann auch sie erst von *Erwachsenen* vollzogen werden.

Es gilt nun zu zeigen, *wie* es (1) *lebensgeschichtlich* zum *reflexiven Denken* kommt. Es wird sich zeigen, dass in diesem *Ausdifferenzierungsprozess* die Möglichkeit zur späteren *Integration* schon angelegt ist. Dies *ist* (2) die *Verschränkung* von Lebensgeschichte und Menschheitsgeschichte über die „sensiblen Phasen". Diese *Verschränkung* ist die Bedingung der Möglichkeit der *zweiten Reflexion*. Vollziehen wird sie sich als *Anerkennungsprozess* der operationalen Strukturen – ihrem *eigenen Ursprung*.

4.4.2 Die Entdeckungen Maria Montessoris

Der Ausdifferenzierungsprozess des Intellektsystems erfolgt über Stufen der Aneignung von *Fähigkeiten*, die unsere *Vorfahren* als Erwachsene über *Jahrtausende* ausgebildet haben. *Lebensgeschichtlich* bilden sich bei uns heute diese kulturellen Fähigkeiten wie Sprechen, Schreiben, Lesen, Rechnen bis zum reflexiven Denken in *wenigen Monaten oder Jahren*. D. h. hier hat *zeitlich* eine gewaltige *Komprimierung* stattgefunden. Hierdurch haben sich offensichtlich die *„sensiblen Phasen"* gebildet, in denen sich heute die kulturellen Fähigkeiten bilden können. Wie *Maria Montessori* gezeigt hat, erfolgt dies während der *„sensiblen Phasen"* der Lebensgeschichte vollkommen *mühelos, spielerisch und mit Freude.*

Nur wenn wir, wie heute üblich, *außerhalb* dieser *„sensiblen Phasen"* Kindern versuchen, von *außen* diese Fähigkeiten beizubringen, ist dies mit *Mühe* für die Kinder verbunden. Die *selbstorganisatorische, innengeleitete* Aneignung der kulturellen Fähigkeiten wird heute weitestgehend ignoriert. Der Standard ist ein *intellektualistisches, außengesteuertes* Vorgehen, Wissen nach der Trichtermethode den Kindern *einzuflößen*. Und dies noch außerhalb der hierfür geeigneten *„sensiblen Phasen"*.

Unser *ausdifferenziertes* Intellektsystem hindert uns daran, *die Wirksamkeit der operationalen Strukturen anzuerkennen*, die unseren Kindern ein *Lernen mit Freude* ermöglichen würden. *Weil* unser Intellektsystem uns so einen gewaltigen materiellen Fortschritt und Wohlstand ermöglicht hat, sind wir *strukturell verursacht* blind für seinen eigenen *Ursprung*, dem wir alles zu verdanken haben. In diesem *Ursprung* steckt ein *gewaltigeres Potential* als in seinem *ausdifferenzierten System*. Denn dies ist nur ein *Teil*, besser ein Aspekt oder eine Perspektive auf das *Ganze*. Es ist lediglich die *objektive* Perspektive einer *trinitarischen* Welt. Unsere Welt besteht nicht aus Begriffen. Die heute dominierende Philosophie, die *analytische Philosophie*, scheint dies wider besseres Wissen dennoch zu *glauben*. Sie zeigt damit ihre ganze Hilflosigkeit in der *Erstarrung kategorialer Strukturen*.

Daher ist es umso wichtiger, sich mit dem vertraut zu machen, was *Maria Montessori* über die *operationalen Strukturen* im kindlichen Bildungsprozess herausgefunden hat. In diesem Frühstadium der kindlichen Entwicklung gibt es noch gar *keine kategorialen Strukturen*. Sie beginnen sich jedoch zu bilden, *ohne* kategoriale Strukturen. Kinder vollbringen eine ungeheure Leistung! Sie liegt über jeglicher intellektueller Leistung. Denn Kinder bringen sie erst hervor. Während ich diese Zeilen schreibe, demonstrieren gerade weltweit unsere Kinder, um uns Erwachsene dazu zu veranlassen, etwas gegen die Klimakatastrophe zu unternehmen. Viele Politiker reagieren hierauf in jeder Hinsicht ärmlich und hilflos.

Einen ganz anderen Blick auf die kindlichen Potentiale hatte *Maria Montessori*. Indem sie diese *anerkannte*, hat sie sie zur *Entfaltung* bringen können – *selbstorganisatorisch*. Denn hierin liegt das Potential der *operationalen Strukturen*, die alleine *kategoriale Strukturen* überhaupt bilden können.

Obwohl es weltweit über 1000 Montessori-Kindergärten und -Schulen gibt, ist *Maria Montessori* namentlich zwar bekannt, aber nicht das, was sie geleistet hat. *Maria Montessori* besuchte mit einer Ausnahmegenehmigung eine naturwissenschaftlich-technische Sekundarschule. Ebenso mit einer Ausnahmegenehmigung studierte sie Medizin und wurde 1896 die *erste Ärztin Italiens*. Als Assistenzärztin an einer psychiatrischen Universitätsklinik erkannte sie, dass das Problem geistig zurückgebliebener Kinder nicht nur ein medizinisches ist, sondern vor allem auch ein pädagogisches. Zu ihrem eigenen Erstaunen gelingt es ihr, einige Kinder so zu fördern, dass sie die Prüfungen an *normalen* Schulen bestehen (Ludwig. 2003: 12).

Dies gab ihr den Mut, ihre gewonnenen Erfahrungen auch für die Erziehung normal entwickelter Kinder zu nutzen. 1907 gründet sie im römischen Elendsviertel San Lorenzo ein Kinderhaus. Eine Wohnungsbaugesellschaft hatte ihr dieses Angebot gemacht. Es handelte sich hierbei um eine Bewahranstalt für Kinder von Arbeiterfamilien im Alter von zwei bis sechs Jahren. Hier hat sie Erfahrungen gemacht, die bei ihr zu einem *vollkommen anderen Verständnis* von kindlichen *Lernprozessen* geführt hat, als dies herkömmlich der Fall ist. *Lernen* kann nicht von außen verordnet werden. Lernen ist ein *intrinsischer Bildungsprozess.* Dieser ist abhängig von den *Eigenzeiten* (Zeit) und *individuellen Bedürfnissen* (Wert) des einzelnen Kindes. *Für das Kind* ist nicht das Ergebnis entscheidend, sondern der *Prozess.*

Damit dieser Prozess überhaupt stattfinden kann, bedarf es jedoch einer *vorbereiteten* und *fördernden Umgebung.* Wichtig ist es jedoch, dass sich das Kind hierin *frei entscheiden* kann, *welcher* Tätigkeit es sich widmen will. Falsch wäre es, dem Kind eine *spezielle* Tätigkeit vorzuschreiben. Das Kind *erfährt* so durch eine *Tätigkeit* in *Freiheit,* wie sich in ihm *Strukturen der Ordnung bilden.* Es hat *von sich aus* den inneren Antrieb, diese *Ordnung* aufzubauen, um *unabhängig* zu werden. So *erlebt* es, dass Ordnung und *Unabhängigkeit* sich durch *Freiheit* bilden.

Unser heutiges Bildungssystem verfährt genau entgegengesetzt. Über *schulischen Zwang* sollen *unabhängige Erwachsene* gebildet werden! Sie *werden* gebildet, über *äußere* Vorgaben. Dem *Bildungsprozess,* der für Außenstehende *unverfügbar* ist, wird man damit nicht gerecht. Man versucht, aus dem *ausdifferenzierten Intellektsystem* den eigenen *Ursprung* zu steuern! Nur der *umgekehrte Weg* kann zum Erfolg führen und hat ja auch *menschheitsgeschichtlich* zum Erfolg geführt. Die *selbstorganisatorischen* operationalen Strukturen des Bildungsprozesses haben die kategorialen Strukturen gebildet und als Intellektsystem *aus-*

differenziert. Dieses Intellektsystem operiert aber nun in einem *anderen Modus.* Dieser *objektive* Modus hat keinen *direkten* Zugang zu seinem *ursprünglichen* Modus. Dies ist die Folge der *Ausdifferenzierung.* Es ist ganz einfach *unmöglich*, auf einen *selbstorganisatorischen* Prozess in einem *anderen Modus* direkt einzuwirken. Man findet gar keinen Anschluss (Bindung). Wir können mit Sprache Gefühle beschreiben. Aber diese Beschreibung der Gefühle *sind nicht* die Gefühle *selbst.*

Maria Montessori war daher zunächst auch überrascht, dass sich bei ihrem *empathischen* und zugleich doch wissenschaftlichen Vorgehen, *ohne Einfluss des Lehrers*, Disziplin, Verantwortungsbewusstsein und ein *feinfühliges* soziales Verhalten bei den Kindern bildete. Für sie war diese Erfahrung wie eine *„Offenbarung"* (1998: 33), der sie ihr ganzes weiteres Leben gewidmet hat. Sie erkannte hierin die Möglichkeit für eine *neue Stufe der Menschheit* (1973: 23). Es waren die *Kinder selbst*, die ihr ihre Seele geoffenbart haben.

> „Bei der Entwicklung seines dem Kinde gewidmeten Werkes muss der Erwachsene vor allem begreifen, dass er der Offenbarung der kindlichen Seele gegenübersteht. Dann werden sein Tun und seine Hilfe von großer Bedeutung sein; ansonsten würde all seine Arbeit verlorengehen. Diese Arbeit muss auf einen doppelten Zweck ausgerichtet sein: den Aufbau einer geeigneten Umgebung und eine neue Haltung des Erwachsenen gegenüber dem Kind [. . .] In dieser Umgebung muss das Kind frei handeln könne, d. h., es muss geeignete Aktivitätsmotive finden, es muss Kontakt mit dem Erwachsenen haben, der die sein Leben leitenden Gesetze kennt und der es nicht behindert, weder indem er es beschützt, noch es führt, noch es ohne Rücksicht auf seine Bedürfnisse zum Handeln bringt. In dieser Um-

> gebung erscheint das Kind ganz anders als das Wesen, das gern die Zeit verliert und spielt. Es wird ein äußerst arbeitsames Wesen, ein ausgesprochener Beobachter, kein Zuhörer, unglaublich exakt (sicher viel exakter als wir), gewissenhaft in den Durchführungen seiner Handlung, fähig zu konzentrierter Aktivität, fähig, seine Bewegungen zu kontrollieren, es liebt auf besondere Weise die Ruhe, es ist sehr genau im Gehorsam. Es ist nicht nur folgsam, sondern es folgt mit Freude, ohne den Wettstreit mit den Gefährten als Motiv. All das geschieht zwischen dem Kind und seiner Umgebung, zwischen dem Kind und seiner Arbeit. Es geschieht nicht durch das Eingreifen des Erwachsenen als Beherrscher" (1973: 120 f.).

Für das Kind ist die Tätigkeit ein *Vergnügen*. Sie führt zu einer *tiefen Befriedigung, weil* es in ihm *Ordnung* schafft. Es bilden sich *neue Strukturen*, die das Kind für seine Entwicklung *benötigt*. Genau dies ist es wohl, was das Kind *empfindet*. Daher *sucht* es diese *Tätigkeit*, die *Maria Montessori* „Arbeit" nennt. *Vergnügen* macht es dem Kind, weil es diese Tätigkeit in vollkommener *Freiheit* und *spielerisch* durchführt. Nach der Tätigkeit ist das Kind trotz *höchster Konzentration* vollkommen entspannt, erholt und auffallend kommunikativ und hilfsbereit. Während der Phase tiefer Konzentration scheint es die Umwelt nicht wahrzunehmen.

Montessori hatte die Fähigkeit, *Einfühlungsvermögen* und *Intuition* mit *empirischer, experimenteller Wissenschaft* zu verbinden. Die drei wichtigsten Entdeckungen, die sie dabei gemacht hat, sind die folgenden:

1. *Die Polarisation der Aufmerksamkeit*
   Durch eine tiefe von innen kommende *Bindung* an einen das Kind interessierenden *Gegenstand* und der *dadurch* ermöglichten konzentrierten Aufmerksamkeit sowie häufiger Wiederholung (wegen der Interessiertheit) einer Tätigkeit entsteht ein tiefes Eindringen in diesen *Prozess.* Der sich dabei vollziehende interne *Ordnung schaffende Strukturierungsprozess,* den *Montessori* Normalisierung nennt, führt zugleich zu einer gelösten, heiteren und entspannten Gefühlslage des Kindes.

2. *Die sensiblen Phasen*
   Dies sind *Phasen besonderer Bereitschaft* in der Lebensgeschichte für den Erwerb ganz *bestimmter Fähigkeiten,* so z. B. der Spracherwerb der Muttersprache. Während dieser Phase wird diese spezielle Fähigkeit spielerisch leicht erlernt. Findet der Erwerb während dieser Phase nicht statt, gelingt der Erwerb später nur mühsam oder ist gar unmöglich. Daher ist es entscheidend, passgenau die jeweilige sensible Phase für die Entwicklung der Fähigkeiten zu treffen, nicht nur des Kindes wegen (spielerisches Erlernen), sondern auch aus ökonomischen Gründen, der Gesellschaft wegen.

3. *Der absorbierende Geist*
   Vor allem in der frühen Kindheit ist der Heranwachsende in der Lage, *ohne Hilfe von außen* aus *seiner Umwelt Regeln zu entnehmen.* So beherrscht ein Kind mit drei Jahren die wesentlichen Regeln der Sprache, ohne dass ihm diese jemand beigebracht hätte. Dem Kind sind sie unbewusst, jedoch kann es sie nutzen. Voraussetzung hierzu ist eine geordnete und *fördernde Umwelt.*

Maria Montessori war gläubige Christin. Daher kannte sie die tiefe Bedeutung der *„Offenbarung“*. *Ihre* Offenbarung war die Offenbarung eines dreijährigen Kindes, das seine Seele offenbart hatte. Hier waren zwei Seelen zu einer geworden. Dies war es, was sie zutiefst betroffen machte. *Maria Montessori* fand die Seele des kleinen Kindes in *sich selbst*. Die Seele des Kindes hatte ihre Seele *berührt*. Sie spürte in *sich selbst*, wie bei dem kleinen Kind durch *tiefe Konzentration* während einer *Tätigkeit*, in vollkommener *Freiheit*, Strukturen der *Ordnung* entstanden und sich dabei *zugleich* ein *Gefühl des Glücks bildete*. Dieses Schlüsselerlebnis schildert sie wie folgt:

> „Die erste Erscheinung, die meine Aufmerksamkeit auf sich zog, zeigte sich bei einem etwa dreijährigen Mädchen, das damit beschäftigt war, die Serie unserer Holzzylinder in die entsprechenden Öffnungen zu stecken und wieder herauszuziehen. Diese Zylinder ähnelten Flaschenkorken, nur haben sie genau abgestufte Größen, und jedem von ihnen entspricht eine passende Öffnung in einem Block. Ich erstaunte, als ich ein so kleines Kind eine Übung wieder und wieder mit tiefem Interesse wiederholen sah. Dabei war keinerlei Fortschritt in der Schnelligkeit und Genauigkeit der Ausführung feststellbar. Alles ging in einer Art unablässiger, gleichmäßiger Bewegung vor sich. Gewohnt, derlei Dinge zu beobachten, begann ich, die Übungen des kleinen Mädchens zu zählen. Auch wollte ich feststellen, bis zu welchem Punkt die eigentümliche Konzentration der Kleinen gehe, und ich ersuchte die Lehrerin, alle übrigen Kinder singen und herumlaufen zu lassen. Das geschah auch, ohne dass das kleine Mädchen sich in seiner Tätigkeit hätte stören lassen. Danach ergriff ich vorsichtig das Sesselchen, auf dem die

Kleine saß, und stellte es mitsamt dem Kinde auf den Tisch. Die Kleine hatte mit rascher Bewegung ihre Zylinder an sich genommen und machte nun, das Material auf den Knien, ihre Übungen unbeirrt weiter. Seit ich zu zählen begonnen hatte, hatte die Kleine ihre Übungen zweiundvierzigmal wiederholt. Jetzt hielt sie inne, so als erwachte sie aus einem Traum, und lächelte mit dem Ausdruck eines glücklichen Menschen. Ihre leuchtenden Augen sahen vergnügt in die Runde. Offenbar hatte sie alle jene Manöver, die sie hatten ablenken sollen, überhaupt nicht bemerkt. Jetzt aber, ohne jeden äußeren Grund, war ihre Arbeit beendet. Was war beendet und warum?

Es war dies der erste Spalt, der sich aus den unerforschten Tiefen der Kinderseele auftat. Da saß ein kleines Mädchen in dem Alter, in dem die Aufmerksamkeit für gewöhnlich ruhelos von einem Gegenstand zum anderen abirrt, ohne sich auf etwas konzentrieren zu können; und doch hatte sich bei ihm eine solche Konzentration ereignet, war sein Ich für jeden äußeren Reiz unzugänglich geworden. Diese Konzentration war begleitet von einer rhythmischen Bewegung der Hand im Spiel mit genau und wissenschaftlich abgestuften Gegenständen. Ähnliche Vorfälle wiederholten sich und jedes Mal gingen die Kinder daraus erfrischt und ausgeruht, voller Lebenskraft und mit dem Gesichtsausdruck von Menschen hervor, die eine große Freude erlebt haben" (2010: 167 f.).

Es ist der unbändige *Wille* des kleinen Mädchens, *Strukturen der Ordnung* in sich zu schaffen. Niemand muss und kann dies anordnen. In ihrem hohen *Einfühlungsvermögen* hat *Maria Montessori* erkannt, dass dies ein *selbstorganisatorischer Prozess* ist. Es war dieses *Einfühlungsvermögen*, das sie dazu geführt hat, dies auch *anzuerkennen. Innere Strukturen* bilden sich durch den *Willen* des Kindes, die „Passung“ (Bindung) zu *äußeren Strukturen* zu *bilden.* Dies ist ein *innerer selbstorganisatorischer* Prozess. Ein solcher Bildungsprozess ist *unverfügbar* und vollzieht sich *nur zwanglos*, also in *Freiheit*. Das *Erlebnis* einer solchen „Passung“ ist nur in *Freiheit* möglich. Es ist das *Erlebnis frei und unabhängig zu sein* und nur seinen inneren operationalen Strukturen zu *gehorchen*, was *glücklich* macht. Glücklich macht das Gefühl des *Aufgehobenseins im Ganzen.*

4.4.3 Verschränkung der Lebens- und Menschheitsgeschichte

Die *Menschheitsgeschichte* beginnt nicht mit dem *Intellektsystem*, sondern mit dem *Handlungssystem.* Das Denken der ersten Menschen war *sensomotorisch* repräsentiert. Die Menschen konnten *handeln*, bevor sie sprechen konnten. Das Heraustreten der Menschen aus der Natur, also unsere *Kulturgeschichte*, begann mit der Herstellung der *ersten Steinwerkzeuge.* Hierzu bedurfte es keiner *kategorialen Strukturen*, sehr wohl aber *operationaler Strukturen.*

Jede *Lebensgeschichte* beginnt entsprechend. Auch in *ihrem* Ursprung liegen *nur operationale Strukturen* vor. Sie sind die Basis des *Handlungssystems.* Dieses ist *sensomotorisch* repräsentiert. Diese Sensomotorik transformiert sich später *selbstorganisatorisch* in die *symbolische* Repräsentation. *Wie* dies geschieht, *wissen wir nicht.* Wir wissen nur, *dass* sie sich bildet. Kinder haben in den ersten Monaten und Jahren eine *Konzentrationsfähigkeit*, die Erwachsene i. d. R. nie mehr erreichen. Kleinkinder *erleben* ihre Handlungen *konkret* in den zugleich *„globalen“* Medien *Zeit* und *Wert* über Rhythmen und Intensitäten des *prozesshaften* Geschehens. Nur *Sensomotorik* lässt sich *erleben* und hat daher die *direkte* Bindung ans *Innere* des eigenen Selbst. Einer *symbolischen* Repräsentation ist dies *unmöglich*.

Was *Maria Montessori* entdeckt hat, war der enge Zusammenhang von *starker Konzentration* und *Sensomotorik*. Nur die *Tätigkeit mit der Hand*, die auf einen *speziellen Gegenstand* gerichtet war, konnte die *extreme Aufmerksamkeit* des Kindes hervorrufen. Diese hohe Konzentrationsfähigkeit auf einen begrenzten Ausschnitt der Welt unter Ausschaltung der Aufmerksamkeit auf die übrige Welt nennt Montessori *„Polarisation der Aufmerksamkeit"*. Die *Hand* ist hierzu unentbehrlich. Sie hat die *direkte Verbindung* zur *sensomotorischen Repräsentation*. Die Sensomotorik ist das *Denkorgan* vor der symbolischen Repräsentation. Entwicklungspsychologen nennen dies heute *handlungszentriertes Denken*.

Die *ersten erwachsenen* Menschen besaßen noch keine Sprache – wie heute kleine Kinder noch keine Sprache besitzen. Aber sie waren in der Lage, *effiziente Steinwerkzeuge* herzustellen. Über die Wechselwirkung von *Hand, Gehirn und Auge* haben sich die Menschen aus dem Naturdasein heraus zum Kulturwesen entwickelt. Getrieben durch den *Willen*, bildeten sich so über die Wahrnehmung und die Feinmotorik der Hand interne rationale Strukturen, die die Menschen dazu befähigten, von der aneignenden Lebensform zur produzierenden Lebensform überzugehen.

Was sich menschheitsgeschichtlich über Hundertausende von Jahren gebildet hat, vollzieht sich heute lebensgeschichtlich in wenigen Monaten und Jahren. Daher die *hohe Sensibilität* beim kindlichen Aneignungsprozess *spezieller Fähigkeiten*. Dabei vollzieht sich beim Kleinkind ein interner *Ordnung schaffender Strukturierungsprozess*, den *Montessori „Normalisierung"* nennt. Sie führt beim Kleinkind zu einer heiteren, gelösten Gefühlslage. *Bildungsprozesse* sind untrennbar an *Aktivität* geknüpft. Für *Ma-*

ria Montessori ist es die *Weisheit der Natur*, die diese *Bildungsprozesse* aus der kulturellen Nulllage herausführt, schon lange bevor das Denken reflexiv wurde. Heute wissen wir, dass dies die *Autopoiese* leistet.

Es ist die Autopoiese, die uns aber *auch so* mit allen unseren *Vorfahren eins* sein lässt *im Prozess der Aneignung aller kultureller Fähigkeiten.* Ohne sie wäre dies während unserer Kindheit unmöglich. Dies erzeugt eine *demütige Achtung* vor den *Leistungen unserer Vorfahren. Maria Montessori* empfand eine *tiefe Dankbarkeit* gegenüber der gesamten *Menschheit vor uns.* In den *Leistungen des Kindes* spiegeln sich die Leistungen unserer Vorfahren. *Im Kind liegt das Geheimnis unseres Ursprungs* (Montessori. 1973: 73). Über den *individuellen Bildungsprozess* kann sich daher auch das Gefühl der *einen Menschheit* entwickeln!

Für *Maria Montessori* ist die *Konzentrationsfähigkeit* in der *Tätigkeit* der Schlüssel zum Verständnis der menschheitsgeschichtlichen und lebensgeschichtlichen Entwicklung.

> „Es hat sich etwas offenbart, was früher nicht bekannt war und man heute wenig kennt. Es hat sich gezeigt, dass die Kinder nicht nur ernsthaft arbeiten, sondern dass sie auch eine große Konzentrationskraft besitzen. Dieses Phänomen der Konzentration kannte man vorher nicht. Bei Erwachsenen wird es selten gesehen. Eine Handlung kann die ganze Aufmerksamkeit und Energie eines Menschen absorbieren. Sie nimmt alle psychischen Energien in Anspruch, sodass das Kind alles, was um es herum geschieht, vergisst. Diese Aktivität verlangt immer die Mitarbeit der *Hände*, die eine Arbeit ausführen.
>
> Diese Art von Konzentration konnte man nicht einmal in den Schulen erwecken [. . .] wo man versuchte, durch Kontemplation dahin zu kommen. Dieses Ziel

> wurde niemals erreicht. Man kann es nur erreichen mit kleinen Kindern, wenn die *Hände* mitspielen. Das bringt diese tiefe Aufmerksamkeit zustande. Man hat es mit visuellen Hilfsmitteln versucht, hat Filme eingeführt, um die Aufmerksamkeit der Kinder zu fesseln, aber visuelle Hilfen konnten dieses Phänomen der Konzentration nicht hervorbringen. Durch bloßes Hinschauen ereignet sich nichts. Aktivität, Aktivität alleine kann dieses Phänomen erzeugen. Die Aktivität durch die *Hand*, die unter der Leitung der Intelligenz erfolgt, kann alle psychische Energie fesseln [. . .] Konzentration entsteht durch »mechanische« Mittel, sie braucht ein *Instrument*, um diese Strahlen psychischer Energie aufzufangen [. . .]" (Montessori. 2007 a: 108 f., Hervorhebungen G. R.).

Über die *Reflexion* am durch die *Hand* geführten Instrument / *Werkzeug* konnte sich die Intelligenz steigern. *Intelligenz* liegt schon in der *Sensomotorik* vor, ansonsten hätten keine *Werkzeuge* hergestellt werden können. Entsprechend beginnt aber auch in jeder *Lebensgeschichte* der Bildungsprozess des Intellektsystems über die *Sensomotorik. Konzentration* heißt *direkte Bindung* an die *operationale Struktur. Nur so* kann sich überhaupt etwas *bilden.* Und nur dann liegt ein *Bildungsprozess* vor. *Bildung ist Bewegung und Veränderung.* Veränderungen vollziehen sich im Medium der *Zeit.* Begriffliche Definitionen stellen die *Zeit still* und dies „per definitionem". Daher unser Unbehagen am heutigen Bildungssystem. Unsere *Kinder* spüren, dass das *„Gelernte"* wenig bis gar nichts mit ihrem *wirklichen Leben* zu tun hat. Die *Begriffe* stimmen nicht mit der *Wirklichkeit* überein. Spätestens an der Universität wird dies den heutigen *Studenten* bewusst. Die *Wirtschaftswissenschaft* ist das Paradebeispiel für diesen Sachverhalt. Das Fatale ist, dass die Wirtschaftswissenschaft mit ihrem *einzigen Medium Geld* die gesamte Gesellschaft *dominiert*. Dazu im letzten Hauptteil mehr.

Durch die *hohe Konzentrationsfähigkeit* des Kleinkindes wird über die *Bindung der operationalen Strukturen* Ordnung und damit „Normalisierung" erzeugt. Eine zweite große Entdeckung *Montessoris* ist das, was sie den *„absorbierenden Geist"* des Kindes nennt. Der *„absorbierende Geist"* scannt die das Kind umgebende Umwelt und bildet im Kind eine „Ordnung der Dinge" (2007 b: 169). Während bei der „Polarisation der Aufmerksamkeit" das Kind innerlich mit dem *speziellen Gegenstand* zusammenwächst, *ähnelt es sich* durch seinen „absorbierenden Geist" die gesamte es *umgebende Umwelt* an.

> „Dieser Geist, der alles aufnimmt, der nicht urteilt, nicht zurückstößt, nicht reagiert. Er absorbiert alles und inkarniert alles im Menschen. Das Kind vollbringt die Inkarnierung, um den anderen gleich zu werden, um sich an das Leben mit ihnen anzupassen" (2007 b: 263).

Der *„absorbierende Geist"* wird getrieben von einer *Energie, die alles aufeinander abstimmt*, durch Inkarnation *aller Modi* der ihn umgebenden Strukturen.

> „Der »absorbierende Geist« ist die Basis der vom Menschen geschaffenen Gesellschaft [. . .] Die Menschheit preist sie (die Energie, G. R.) mit Phantasie, aber wir sehen in ihr den Aspekt einer umfassenden Energie, die ausgedrückt mit den Worten »Attraktion« und »Affinität« das Universum regiert, die Sterne in ihren Bahnen laufen lässt, die Atome untereinander vereint, um neue Substanzen zu bilden, und die Dinge auf der Erdoberfläche festhält. Sie ist die Energie, die die be-

> seelte und die unbeseelte Welt reguliert und ordnet, die im Wesen allen Seins verkörpert wird als Richtschnur, die zur Rettung und zur Ewigkeit in der Evolution führt" (2007 b: 264).

Da das Kind alles aus seiner Umwelt aufnimmt, muss die *Umwelt sinnvoll geordnet sein.* Das Kind *„inkarniert"* diese Ordnung ohne Anstrengung und *ohne Lehrer.* Diese Geistform finden wir *nur bei Vorschulkindern.* Was bis zum Ablauf dieser Zeit nicht *„inkarniert"* wurde, ist später *nur mit Mühe* erlernbar. Und so ist unser Bildungswesen heute aufgebaut!

> „Würden sie es nicht für ein schönes Märchen halten, wenn ich von einem Planeten erzählte, auf dem es keine Schule und keine Lehrer gibt, wo das Lernen überflüssig ist, wo die Bewohner einfach, indem sie leben und umgehen, anstrengungslos alles Wissen fest in ihr Gehirn einprägen? Was so unwirklich wie die Erfindung einer blühenden Phantasie klingt, ist eine Tatsache, eine Realität; denn das ist die unbewusste Art des Kindes zu lernen; das ist der Weg, den es geht. Unbewusst nimmt es alles in sich auf und wechselt allmählich vom Unbewussten zum Bewussten über auf einem Weg, der voller Freude und Liebe ist" (2007 b: 23 f.).

Dieser *„absorbierende Geist"*, über den *nur Vorschulkinder* in dieser Intensität verfügen, ist das Fundament jeder Gemeinschaft und jeder Gesellschaft. Er ist dazu in der Lage, *über alle operationalen Modi, ganzheitlich,* den Menschen und seine Umwelt wahrzunehmen und diese zu ordnen. Kinder können etwas Großartiges, was Erwachsene in der Regel nicht mehr können.

Die wesentlichen Dinge lernen wir nicht durch *Worte*, sondern durch *Erfahrung*. Wir müssen uns nur *öffnen*, so wie unsere

Kinder. Vorschulkinder lernen eine Sprache, die Bedeutung der Worte und ihre Grammatik, *ohne Lehrer.* Niemand lehrt dem Kind die Muttersprache. Das Kind *absorbiert* Bedeutungen, Intentionen und Regeln aus der Umwelt seiner Gemeinschaft.

> „Die Sprache entwickelt sich also *ex novo.* Durch das Kind selbst. Das Kind baut sie auf natürliche Weise auf, [. . .], es selbst baut sie auf, in sich selbst, indem es sie aus seiner Umgebung aufnimmt [. . .] Die Kinder nehmen unbewusst die Sprache auf grammatische Weise in sich auf. Während sie lange Zeit scheinbar ausdruckslos bleiben, erscheint plötzlich, oder besser nach Verlauf von ungefähr 2 Jahren und 3 Monaten, ein Phänomen gleichsam der Explosion einer schon ganz ausgebildeten Sprache. Es hat also eine *innere* Entwicklung stattgefunden, während der langen Zeit, in der das Kind sich nicht äußern konnte. In den geheimen Tiefen seines Unbewussten erarbeitete es sich die ganze Sprache mit den Regeln, die die Worte in der für den Ausdruck der Gedanken notwendigen grammatischen Wortordnung stellen. Dies tun die Kinder in allen Sprachen, die bestehen“ (Montessori. 1966: 79 f.).

Weiter oben haben wir mit *Tomasello* gesehen, dass es eine *geteilte Intentionalität* schon vor dem *Spracherwerb* gibt. Dies muss so sein. Denn das Kind erwirbt mit dieser Fähigkeit die Sprache. Die *Intentionen der Mutter* werden *absorbierend* inkarniert, also unbewusst *geteilt.* Das Kleinkind ist in der Lage, die *trinitarische* Welt *„amodal“* als Ganzes zu fassen. Ein Kleinkind kann schon *vor* dem Spracherwerb um Hilfe bitten. Es nimmt ganz einfach *die Hand* des Erwachsenen und zeigt ihm, was es *will.* Kein anderes Lebewesen ist hierzu in der Lage. Das Kleinkind jedoch ist fähig, seine *Intentionen zu teilen.*

Die dritte wesentliche Entdeckung *Montessoris* ist die Entdeckung der „sensiblen Phasen" in der Lebensgeschichte jedes Kindes. Die Entdeckung an sich war nicht neu. *Pestalozzi* und *Tolstoi* kannten dieses Phänomen. Jedoch waren sie nicht in der Lage, es für den Bildungsprozess fruchtbar zu machen. Dies gelang jedoch *Maria Montessori.* Sie konnte die positiven Ergebnisse beim Erwerb der kulturellen Fähigkeiten *reproduzieren.* Aufgrund ihrer speziellen *wissenschaftlichen* Methodik konnte sie mit systematisch erarbeiteten Materialien diese positiven Effekte bei *Vorschulkindern* hervorrufen.

Voraussetzung war jedoch die vollkommene *Freiheit* des Kindes bei der Auswahl der Materialien. Denn die Reihenfolge der *„sensiblen Phasen"* ist bei allen Kindern gleich. Was nicht gleich ist, ist das *Einsetzen* der „sensiblen Phasen". Diese zeitliche *Lage* und *Dauer* ist von Kind zu Kind unterschiedlich. Und genau dies gilt es zu beachten. Bildungsprozesse können nicht ohne negative Folgen gesteuert und erzwungen werden. Dies ist jedoch heute der Fall.

> „die Folge hiervor sind vor allem tote Seelen, aber auch verkrüppelte, blinde, schwache, in der Entwicklung gehemmte Seelen in großer Zahl, und obendrein Hochmut, Machtgier, Geiz, Jähzorn, Wirrköpfigkeit, alles Charakterzüge, die sich dann entwickeln, wenn die seelischen Funktionen durcheinandergeraten sind" (2016: 77 f.).

Die *„sensiblen Phasen"* für den Erwerb von Rechnen, Schreiben und Lesen liegen im vierten Lebensjahr. Heute werden unseren Kindern *außerhalb* der *„sensiblen Phasen"*, ab einem Alter von sechs Jahren, diese kulturellen Fähigkeiten mit Mühe und Anstrengung *beigebracht*. Dabei lernen Kinder während der *„sensiblen Phasen"* das Rechnen, Schreiben und Lesen *selbstständig*, mit *Freude* und in *Freiheit*. Lediglich das *geeignete* Material muss den Kindern zur Verfügung stehen. Wie anders soll Selbstständigkeit und Tätigsein in Freiheit sich bilden, wenn nicht *durch Selbstständigkeit und Freiheit*. Bildungsprozesse *sind* selbstorganisatorische Prozesse. Freiheit und Selbstständigkeit kann nicht von außen gelehrt werden.

Hinzu kommt, dass sich bei diesem Bildungsprozess eine tiefe Zufriedenheit und ein *soziales Verhalten* bei den Kindern bilden. Das soziale Verhalten der Kinder wird noch unterstützt durch eine spezielle Altersstrukturierung. Heute werden die Schüler nach Jahrgangsklassen im Dreiviertelstundentakt im gleichen Fach unterrichtet. Dies berücksichtigt nicht die *unterschiedlichen Bedürfnisse* der Kinder. Nicht jedes Kind ist ein einem bestimmten Alter empfänglich für eine bestimmte Tätigkeit. Wie *Montessori* gezeigt hat, ist es sinnvoller *drei Altersstufen* zusammen lernen zu lassen und den Kindern die Freiheit zu lassen, die für sie geeignete Tätigkeit zu wählen. Kein Lehrer weiß von außen, was für das Kind im Hier und Jetzt die geeignete Tätigkeit ist. Nur das Kind *selbst* kann dies „wissen" und *wird* diese Tätigkeit aussuchen, weil es ihm Freude macht, eine *innere Ordnung zu schaffen*.

Diese Altersstruktur hat darüber hinaus den Vorteil, dass ältere Kinder jüngeren Kindern *helfen* können. *Und Kinder tun dies in Freiheit*. Durch diese Altersstruktur ist jedes Kind mal das ältere und ein anderes Mal das jüngere und lernt so, dass ihm auch geholfen wird. Im Gegensatz zu der *Ellenbogenmentalität* in unseren Schulen entsteht so ein *soziales Verhalten*, das sich auch *sozial anfühlt*. Auch dies bildet sich *selbstorganisatorisch*. Nur ein solcher Bildungsprozess ist *nachhaltig*. Und dies *sachlich* wie *sozial*. Heute ist es so, dass wenige Jahre nach Schulabschluss 95 %

des „erlernten“ Wissens nicht mehr vorhanden ist. Gelernt wird für die *Note* in der Prüfung. In der Regel ist das „erworbene Wissen“ nach wenigen Wochen schon nicht mehr vorhanden, da es gilt, sich für die nächste Klassenarbeit vorzubereiten. Die *Sache selbst* ist dabei nicht von Interesse. Von Interesse ist die *Note.* Und da man sich dabei nicht helfen darf (während der Tätigkeit der Notenerzeugung), sind Ellenbogenmenschen nicht selten das Ergebnis.

Soziales Verhalten im Bildungsprozess selbst kann sich so nicht bilden und muss wieder von *außen angeordnet* werden. Auch hierfür gibt es wieder „Noten“. Nicht wenige engagieren sich nur ihretwegen. Das ist dann der Ausweis für Sozialkompetenz. Nicht alle Tätigkeiten und Projekte sind dieser Art. Und nicht alle Teilnehmer haben diese Einstellung. Sie sind vom *Ansatz* her jedoch falsch, weil *außengesteuert.* Ihr Ansatz liegt im Anreiz des Eintrages im Zeugnis. Und dieser *Eintrag* wird positiv bewertet. Für *Maria Montessori* ist eine äußere Bewertung kontraproduktiv. Ein Bildungsprozess bedarf keiner äußeren Bewertung. Der *Bildungsprozess selbst* ist für das Kind der *Wert.* Es ist die Veränderung im Inneren, die *Zeit* der Bildung einer *neuen Ordnung*, die ein Gefühl des Glücks und der Zufriedenheit und *Dankbarkeit* erzeugt, auch gegenüber den Erwachsenen, die ihnen dazu verholfen haben. Eine Belohnung wäre fehl am Platz.

Im Gegensatz zum Beginn der Menschheitsgeschichte leben Kinder heute in einer *Umgebung von Schrift und Zahlen.* Daran möchten Kinder teilhaben. Dies ist ein *natürliches* inneres Bestreben. Die kulturellen Fähigkeiten zu erwerben, vollzieht sich in den *„sensiblen Phasen“ spielerisch.* Beim Kind erzeugt die Tätigkeit Zufriedenheit und Glück und dabei zugleich Disziplin und Ordnung aus *Freiheit.* Die Erwachsenen müssen jedoch die geeignete Umwelt bereitstellen. Dies sind wissenschaftlich erarbeitete Materialien, die dann dem Kind zur Verfügung stehen. Wenn das

Kind *innerlich bereit* ist, wird es sich mit einem dieser Gegenstände beschäftigen. Jeglicher *äußere Druck*, so wie dies heute in der Schule geschieht, würde dem Prinzip der *Selbstorganisation* widersprechen und wäre nicht *produktiv*. Es gibt nichts Produktiveres als selbstorganisatorisch ablaufende Prozesse. Und nur sie sind auch *nachhaltig*.

Maria Montessori hat die Entdeckung der „sensiblen Phasen" mit ihrer „Polarisation der Aufmerksamkeit" wie folgt beschrieben:

> „Einmal kam eine Abordnung von zwei oder drei Müttern mit der Bitte zu mir, ich möge ihren Kindern Lesen und Schreiben beibringen. Die Mütter waren Analphabetinnen; und als ich ablehnte (dergleichen lag zu weit von meinem Aufgabenkreis ab), beschworen sie mich beharrlich weiter.
> Von da an ereigneten sich die überraschenden Dinge. Ich beschränkte mich darauf, den Kindern von vier und fünf Jahren ein paar Buchstaben des Alphabets zu zeigen, die ich von der Lehrerin in Karton ausschneiden ließ. Ferner ließ ich diese Buchstaben auch aus Schmirgelpapier schneiden, damit die Kinder ihre Form mit den Fingerspitzen befühlen konnte, und schließlich legte ich eine Tabelle an, auf denen ich die Lettern nach ihrer Ähnlichkeit gruppierte, damit die Bewegung der sie abtastenden Kinderhände möglichst gleichförmig erfolgte. Die Lehrerin war mit diesen primitiven Anfängen durchaus zufrieden und hielt sich daran.
> Was wir nicht begriffen, war die Begeisterung der Kinder. Sie veranstalteten richtige Prozessionen, trugen dabei die ausgeschnittenen Buchstaben wie Standarten voran und stießen Freudenschreie aus. Warum?

Einmal überraschte ich einen kleinen Jungen dabei, wie er im Gehen vor sich hinsprach: »Für Sofia braucht man ein S, ein O, ein F, ein I und ein A«, womit er also die Buchstaben des Wortes einzeln aufzählte. Offenbar war er damit beschäftigt, im Geist ein Wort in seine Bestandteile zu zerlegen: Mit dem tiefen Interesse eines Menschen, der eine wichtige Entdeckung gemacht hat, hatte er festgestellt, dass jeder dieser Laute einem Buchstaben des Alphabets entsprach. Und in der Tat, was ist denn die Buchstabenschrift anderes als die Herstellung einer Korrespondenz zwischen Zeichen und Lauten? Die Sprache an sich, die gesprochene und die geschriebene, ist nichts weiter als eine wahrhaft »buchstäbliche« Übersetzung. Jeder wesentliche Fortschritt in der Kunst des Schreibens beruht darauf, dass sich diese beiden »Sprachen« von einem Punkt an parallel entwickeln. Die geschriebene Sprache träufelt zunächst gleichsam in einzelnen Tropfen aus der gesprochenen, bis sich schließlich ein zusammenhängender Wasserfall von Worten und Sätzen bildet.

Schreiben ist ein geheimnisvoller Schlüssel, der, einmal entdeckt, doppelten Reichtum gewährt: Er erlaubt der Hand, eine fast unbewusste vitale Arbeit zu meistern, die der gesprochenen Sprache, und eine neue Sprache zu schaffen, die jene in allen Einzelheiten spiegelt. Hand und Geist werden so in gleichem Maße bereichert. Die Hand gibt einen kräftigen Anstoß und jene Tropfen werden zum Wasserfall. Das ganze Sprachvermögen nimmt dann eine geradezu überstürzte Entwicklung, es ist wie ein Wasserfall, ja ein Wasserfall von Worten.

Steht erst einmal ein Alphabet fest, so ergibt sich so die geschriebene Sprache logisch daraus als eine natürliche Folge. Daher muss die Hand lernen, die Schriftzeichen

nachzuziehen. Da die Buchstaben des Alphabets einfache Symbole sind und nie Figürliches darstellen, sind sie sehr leicht zu zeichnen. Über dies alles hatte ich jedoch nicht nachgedacht, als sich in unserem »Kinderhaus« das größte Ereignis seiner Geschichte abspielte.
Eines Tages nämlich begann ein Kind zu schreiben. Es war darüber selbst dermaßen erstaunt, dass es laut zu rufen begann: »Ich hab' geschrieben! Ich hab' geschrieben!« Und die anderen Kinder liefen herbei, umdrängten das erste und bestaunten die Worte, die dieses mit einem Stück weißer Kreide auf den Fußboden geschrieben hatte. »Ich auch! Ich auch!« riefen andere und liefen davon. Sie suchten nach Schreibmaterial, einige drängten sich um die Klassentafel, andere streckten sich der Länge nach auf dem Boden aus und so brach die geschriebene Sprache in einer Art Explosion hervor.
Die unermüdliche Tätigkeit dieser Kinder ließ wirklich an einen Wasserfall denken. Sie schrieben überall, auf die Türen, auf die Mauer und sogar daheim auf die Brotlaibe. Sie waren etwa vier Jahre alt. Dies Aufbrechen des Schreibvermögens vollzog sich als unerwartetes Ereignis. Die Lehrerin sagte mir etwa: »Dieser Junge hat gestern um drei Uhr zu schreiben begonnen«.
Wir standen betroffen wie vor einem Wunder. Als wir den Kindern jedoch Bücher in die Hand gaben (und viele Leute, die von der Sache gehört hatten, brachten wunderschöne illustrierte Bücher), wurden diese mit Kälte aufgenommen. Gewiss, die Bilder darin waren schön, aber sie lenkten von der begeisternden Beschäftigung ab, auf die sich die Seelen dieser Kinder völlig konzentriert hatten: der Schrift. Vielleicht hatten sie nie zuvor Bücher gesehen und wir bemühten uns lange Zeit, ihr Interesse darauf zu lenken. Es war nicht ein-

mal möglich, ihnen begreiflich zu machen, was Lesen sei. So räumten wir alle Bücher wieder weg und warteten auf günstigere Zeiten. Die Kinder lasen nicht einmal Handgeschriebenes. Nur selten interessierte eines sich dafür zu lesen, was ein anderes geschrieben hatte, ja es hatte den Anschein, als könnten sie dies gar nicht. Viele Kinder wandten sich erstaunt nach mir um, wenn ich laut die Worte las, die sie geschrieben hatten, so als wollte sie fragen: »Woher weißt du denn das?«
Erst etwa sechs Monate später begannen sie zu begreifen, was lesen bedeutet, und auch dann nur in Verbindung mit dem Schreiben. Die Kinder mussten mit den Augen die Bewegung meiner Hand verfolgen, wenn ich Zeichen auf das weiße Papier schrieb, um sich die Vorstellung anzueignen, dass ich auf diese Weise meine Gedanken ausdrückte, ganz so, als ob ich spräche. Kaum aber war ihnen dies klar geworden, da bemächtigten sie sich der Blätter, auf denen ich geschrieben hatte, zogen sich damit in irgendeinen stillen Winkel zurück und versuchten zu lesen – im Geist, ohne einen einzigen Laut hervorzubringen. Wenn sie begriffen hatten, so sah man das an einem Lächeln, das sich über ihre vor Anstrengung verkrampften Gesichtchen breitete, und man sah es an dem kleinen Sprung, mit dem sie sich in Bewegung setzten und der durch eine verborgene Feder veranlasst zu sein schien. Denn jeder der von mir geschriebenen Sätze war ein Befehl, etwa »Mach das Fenster auf« oder »Komm zu mir«. So nahm das Lesen seinen Anfang und es entwickelte sich in der Folge bis zum Aufnehmen langer Sätze, die Befehle zu komplizierten Handlungen enthielten“ (Montessori. 2010 b: 184 ff.).

Der innere Drang *Lesen zu wollen*, zündete *selbstorganisatorisch*. Es war ihre Entdeckung, dass mit *Schrift Gedanken* ausgedrückt werden können, wie mit *gesprochener Sprache*. Buchstaben und Worte in Laute zu transformieren macht für sich keinen Sinn. Es geht immer um die *Bedeutung bzw. Intention*. Über sie entsteht ein *gegenseitiges Verstehen,* und damit bildet sich auf der Basis geteilter Intentionalität eine *soziale Beziehung,* und damit zugleich die Fähigkeit *Technik* und *Kultur* zu schaffen.

Montessori beschreibt auch in ihren Büchern, wie wichtig die *Hand* und damit die *Sensomotorik* bei der Einführung ins *Rechnen* sind. Sie sind die Mittler im Umgang mit dem Zahlensystem. Bei ihrer Entdeckung, dass die *„sensible Phase"* auch für das Rechnen im *vierten* Lebensjahr liegt, arbeitete sie mit einem System von Stangen, mit 10-er Stangen. Legt man die Stange 1 und 2 zusammen, entspricht sie der Länge der Stange 3. Entsprechend lässt sich auch die *Subtraktion* durchführen, ebenso die *Multiplikation* und *Division*. Denn 2 Stangen der Länge 5 ergeben 10 und 10 besteht aus 2 Stangen der Länge 5 (Montessori. 2010 a: 307 ff).

Montessori weist immer wieder darauf hin, dass sich Kinder in diesem Alter begeistert mit den Materialien beschäftigen. In diesem Alter haben die Kinder ein *natürliches* Verlangen, den *Willen*, in ihrem *Inneren Strukturen der Ordnung* zu schaffen. Denn sie erst stellen die *Verbindung* her zu den *äußeren Strukturen*, zu einer Welt, in der sie sich zurechtfinden *müssen*. Erst später, in der *Adoleszenz*, einer späten *„sensiblen Phase"*, werden sie lernen, dass auch die in der Gesellschaft *vorfindlichen* Strukturen *veränderbar* sind. Das Lernen in *Freiheit* ist hierzu jedoch Voraussetzung. Nur so kann aus dem *natürlichen Willen* auch der freie *Wille werden*. Dieser freie Wille hat dann auch gelernt, was *soziales Handeln* bedeutet. Da er es *selbstorganisatorisch* gelernt hat, ist es auch *nachhaltig*. Kinder, die Bildungsprozesse so in *Freiheit* durch ihren *Willen* erfahren haben, haben auch *keine Angst vor dem Neuen.* Sie *vertrauen der Wirksamkeit* ihrer *operationalen Strukturen*, die sie zugleich mit *allen Menschen verbinden.* Diese *universelle* Struktur ist für sie *konkrete* Erfahrung. *Dieses* Universelle ist keine abstrakte Moraltheorie. Es ist die *Einheit* der Differenz von Abstraktion und Konkretion.

Eine *abstrakte* Moraltheorie ist nicht in der Lage, das zur *Wirklichkeit* zu bringen, was ihr *Sollen* einfordert. Ihr fehlt ihr *Komplement*, die *Wirksamkeit der operationalen Struktur.* Kinder *erleben* diese Wirksamkeit in den oben geschilderten Bildungsprozessen. Ihre *Bewusstseinsstruktur* kann die Einheit der Differenz von Abstraktion und Konkretion natürlich noch nicht fassen. Dies ist nur Erwachsenen möglich, die über *reflexives Denken* verfügen. Aber diese Bewusstseinsstruktur ist *nicht* hinreichend. Sie ermöglicht Moral*theorie*, aber nicht ihre *Verwirklichung.* Dazu bedarf es einer *zweiten Reflexion*, d. h. einer Reflexion auf den *Ursprung* des *reflexiven Denkens*, auf die Wirksamkeit der selbstorganisatorischen operationalen Strukturen. *Konkret* bedeutet dies die *Anerkennung ihrer Wirksamkeit.* Diese *Anerkennung* bedeutet, dass unser Bewusstsein *vollkommen abhängig* von ihr ist.

Es ist das Bewusstsein, im *Ursprung* aufgehoben zu sein. Das *Ganze* ist auch *konkret.* Nur unser begriffliches Denken auf dem Niveau der *ersten Reflexion* lässt dies nicht zu. Auf dem Niveau der *zweiten Reflexion* ist das begriffliche Denken in ihr *aufgehoben, nicht beseitigt.* Es ist nur *ein* Aspekt des Ganzen, also nicht das Ganze, zu dem wir das *reflexive Denken* heute jedoch machen. Die *zweite Reflexion* hebt uns auf ein *höheres* Bewusstseinsniveau, mit dem wir dann auch die *globalen* Probleme lösen können, und zwar in den *global* wirksamen Medien *Zeit* und *Wert.*

Aber kommen wir zurück zu den *„sensiblen Phasen“*, die uns diese Möglichkeit eröffnen. Über sie führt der Weg der *isolierten Menschen* zur *einen Menschheit*. Denn durch die *„sensiblen Phasen“* bilden sich die *kulturellen Fähigkeiten* ganz mühelos, die *die gesamte Menschheit vor uns* erarbeitet hat. Ihr verdanken wir es, dass wir Heutige diese Fähigkeiten – für deren Erwerb sie Jahrtausende benötigte – in unserer jeweiligen Lebenszeit in wenigen Monaten/Jahren erwerben können. Dies ist eine *Vergegenwärtigung* der Menschheitsgeschichte, die wir im Bildungsprozess in unserem *Inneren konkret erleben*, durch die Aneignung *ihrer* Errungenschaften. Wem im Laufe seiner Lebensgeschichte dies bewusst wird, indem er es *selbst erlebt*, hat die *zweite Reflexion vollzogen*.

Auf dem Bewusstseinsniveau der *zweiten Reflexion* empfinden wir eine große Demut und Dankbarkeit unseren Vorfahren gegenüber. Die *„sensiblen Phasen“ einen* uns *konkret* mit der *gesamten Menschheit* vor uns. In ihnen wirkt die *komprimierte Zeit ihrer Leistungen*. Hierin steckt ein nie wieder gut zu machender *Wert*, den wir Heutige genießen können. Eine weitere *„sensible Phase“* erleben Heranwachsende etwa zwischen dem 13. und 15. Lebensjahr, wie *Maria Montessori* erkannt hat. Dies ist die Zeit für die Empfindsamkeit *konstruktiver handwerklicher Fähigkeit*. Menschheitsgeschichtlich gipfelte diese Fähigkeit darin, die Wasserkraft und die Windkraft durch die Konstruktionsleistung von Mühlen zu nutzen. Dies war etwa am Ende des zweiten Jahrtausend vor unserer Zeitrechnung.

Wie Gordon Childe (1892–1957) festgestellt hat, fiel die grundlegende technische Ausprägung der Agrarökonomie in die Zeit zwischen 4000 und 3000 vor unserer Zeitrechnung. Dies ist die Zeit der ersten Hochkulturen und die Entstehung der Schrift. Während die Schrift sich über Jahrtausende entwickelt hat, also im Wesentlichen keine Erfindung ist, sieht dies bei einer Windmühle ganz anders aus. Die Schrift hat sich aus einem anfänglich bildhaften Charakter über abstrakte Zeichen, die Sachverhalte und Gegenstände repräsentierten, hin zur phonetischen Buchstabenschrift entwickelt. Niemand hatte ursprünglich die Absicht, eine Schrift zu entwickeln. Eine Mühle hingegen ist eine konstruktive Leistung. Hier muss schon zu Beginn das Endprodukt in der Vorstellung vorhanden sein. Eine komplexe Leistung, die den Prozess der Herstellung in den zeitlichen Schritten geistig vorwegnimmt. Sicherlich ist die Mühle keine Erfindung, die plötzlich da war. Auch hier waren die wesentlichen Komponenten wie Rad, Welle, Nabe und Flügel schon längst bekannt. Aber diese Elemente mussten konstruktiv zu einem wirksamen Ganzen zusammengestellt werden. Aber das ist noch bei weitem nicht alles. Eine Mühle macht für einen Einzelnen oder eine Gruppe keinen Sinn. Eine solche Maschine macht nur für einen großen Sozialverband einen Sinn. Dieser größere Zusammenhang, also ihr Einsatz, musste mitgedacht werden. Es musste aus der Sicht der Gemeinschaft gedacht werden. Dieses geistige Training führte dann im ersten Jahrtausend vor unserer Zeitrechnung zum reflexiven Denken.

Das reflexive Denken erreichen heute Jugendliche im Alter ab 16 Jahren. Hier liegt heute die „sensible Phase". Vor etwa 2000–3000 Jahren waren es Erwachsene, bei denen erstmals das Denken auf seine eigenen Gedanken systematisch zurückgriff. Auch dies war damals nur möglich, weil schon Jahrtausende lange Vorarbeiten dies zur Reife gebracht haben. Es hat sich selbstorganisatorisch gebildet. Niemand hatte die Absicht, das reflexive Denken einzuführen. Uns steht es heute als Jugendlichem zur Verfügung, wozu die Menschheit Jahrtausende benötigte!

Noch ein Wort zur *„sensiblen Phase" handwerklicher Tätigkeit.* Heute liegt diese „sensible Phase" etwa zwischen dem 13. und 15. Lebensjahr. Damals waren es Erwachsene, die die *ersten handwerklichen* Leistungen vollbracht haben. In jedem Auto, in jedem Flugzeug, ja, in jedem Roboter stecken noch heute ihre Leistungen. All dies wäre ohne sie und ihre Nachfahren, die dies weiterentwickelt haben und wiederum unsere Vorfahren sind, nicht möglich. Das Know-how, das wir besitzen, ist nichts anderes als das *hochkomprimierte* Know-how der *Menschheit vor uns*, auf das wir Heutige zurückgreifen können. Niemand könnte einen Roboter bauen, wenn ihm dies nicht zur Verfügung stünde. *Alles* ist von unseren Vorfahren abhängig, Sprache, Schreiben, Rechnen . . . *alle* vorfindlichen technischen und kulturellen Errungenschaften. Das *Alte* ist immer im jeweils Neuen *aufgehoben*. In jeder Lebensgeschichte ist daher die Menschheitsgeschichte aufgehoben. Ihre *Verschränkung* wird in den *„sensiblen Phasen" wirksam*.

Und noch ein Letztes. Da menschheitsgeschichtlich das *konstruktiv Handwerkliche* vor dem *Reflexivwerden des Denkens* liegt, ist dies der „natürliche" Weg zum *reflexiven Denken*. Auch dies hat *Maria Montessori* gewusst. Weil die *„sensible Phase"* für handwerkliches Tun zwischen dem 13. und 15. Lebensjahr liegt, sollten Heranwachsende während dieser Zeit auch *handwerklichen* Tätigkeiten nachgehen. Da heute diese *„sensible Phase"* zugleich die der Pubertät ist, ist es doppelt wichtig, die Heranwachsenden von *rein formal-geistigen* Tätigkeiten weitestgehend zu entlasten. Dies ist kein Bremsen der Entwicklung – wie uns die Menschheitsgeschichte zeigt. Im Gegenteil, das *abstrakte Denken* findet seinen „natürlichen" Weg zur Freude der Jugendlichen.

Es ist auch nicht so, dass die Schulzeit dadurch länger dauern wird. Auch das hat *Maria Montessori* gezeigt. Wenn die Kinder entsprechend der *„sensiblen Phasen"* eingeschult werden, also im vierten Lebensjahr, erleben die Kinder nicht nur eine glücklichere und zugleich effizientere und nachhaltigere Schulzeit, sondern wissen dann auch, was Menschsein und Menschheit bedeutet. Denn für sie ist die *zweite Reflexion* dann ein *„natürlicher" Bildungsprozess*.

5. Die operationale Struktur III ein vollkommen neuer Modus

5.1 Die Stufen des Bildungsprozesses

Menschheitsgeschichtlich bildet sich heute ein *vollkommen neuer operationaler Modus.* Um dieses Geschehen besser fassen zu können, stelle ich hier noch einmal kurz die *Stufenfolge* des bisherigen Bildungsprozesses vor.

Das treibende *Prinzip,* dem *zugleich* auch eine konkrete *Kraft* inhärent ist, ist die *Autopoiese.* Sie ist eine *selbstorganisatorisch wirkende operationale* Struktur. Ihre *Wirksamkeit* ist sowohl im *Anorganischen* wie auch im *Organischen* nachgewiesen. Heute zeigt sie sich auch im *Psychischen* und *Sozialen.* Wir wissen nicht, *was* es eigentlich ist. Aber *dass* sie den „Willen" hat, *alles aufeinander abzustimmen,* lässt sich wissenschaftlich nachweisen. Es zeigt sich auch, dass dieser „Wille" über sich hinausgehen kann und *neue Modi des Operierens bildet* und sie aus ihrem alten Modus *ausdifferenziert.* Durch diese Ausdifferenzierung geht der alte Modus jedoch nicht verloren, sondern ist im neuen Modus – auf einer höheren Stufe – *aufgehoben.*

So sind aus Elementarteilchen *Atome* entstanden, aus Atomen *Moleküle,* aus Molekülen ist die *Zelle* entstanden. Aus dem Zusammenschluss von Zellen haben sich *Organe* gebildet und schließlich *Organismen.* Aus dem *Anorganischen* ist so das *Leben* entstanden. Dies war ein *Bildungsprozess* angetrieben und strukturiert durch die *Autopoiese.* In diesem Bildungsprozess ist Vieles *ausgeschieden,* aber das *dominierende Prinzip* ist *nicht Konkurrenz,* sondern *Kooperation.* Kein Organismus kann überleben, wenn die Zellen und Organe miteinander konkurrieren. Ein *Organismus* überlebt nur, wenn alles aufeinander abgestimmt ist. Dies gilt auch im Anorganischen. Auch in unserem *Sonnensys-*

tem ist alles aufeinander abgestimmt. Und so wie das Sonnensystem sich selbstorganisatorisch gebildet hat, ist aus ihm auch selbstorganisatorisch das *Leben* entstanden.

Aus dem *Willen* des Lebens hat sich wiederum ein *neuer Modus selbstorganisatorisch ausdifferenziert.* Wir nennen es heute *Bewusstsein.* Das *erste* Bewusstsein war aber nicht symbolisch repräsentiert. Das erste Bewusstsein war *sensomotorisch* repräsentiert. Schon Tiere haben ein solches Bewusstsein. Und in jeder menschlichen Lebensgeschichte ist das erste Bewusstsein von dieser Art. Das menschliche Leben ist zu Beginn *handlungszentriert.* Erst um das zweite Lebensjahr bildet sich aus dem sensomotorischen Bewusstsein das symbolisch repräsentierte Bewusstsein. Aus dem sensomotorischen Denken entwickelt sich – wir wissen nicht wie – das *symbolische Denken.*

Das erste *symbolische Denken* ist direkt auf die Außenwelt bezogen und hat noch *magischen* Charakter. Worte sind gleichbedeutend mit dem Gegenstand. Worte haben daher einen Zauber. Noch *Platon* glaubte, er könne mit seinem Denken die Politiker *direkt* lenken, obwohl sein Denken schon *reflexiv* war. Und von *Descartes* ist der Ausspruch „ich denke, also bin ich" legendär. Von *Newton* wissen wir, dass er sehr stark der *Alchemie* verbunden war.

Mit etwa 16 Jahren bildet sich heute die Fähigkeit des Denkens, sich auf die eigenen Gedanken zu beziehen. Jetzt ist das *Denken reflexiv.* Mitte des ersten Jahrtausends ist dies der Menschheit erstmals gelungen, und dies auch nur bei sehr wenigen Menschen. Damit hat sich das *Intellektsystem* jedoch bei ihnen systemisch geschlossen und damit *ausdifferenziert.* Dennoch bleibt das *magische* Denken weiterhin *wirksam.* Mit dem *Intellektsystem* haben wir mit unserem rationalen Denken Magie und Aberglauben jedoch einschränken können. Es hat uns Technik und wissenschaftliches Denken gebracht. Ihm haben wir unseren heutigen *Wohlstand* zu verdanken. Dennoch ist das *magische Denken weiterhin wirksam*, wenn es auch nicht mehr unser Denken dominiert. Es ist lediglich *aufgehoben*, nicht beseitigt, und macht sich auch weiterhin bemerkbar. So ist der Glaube, mit einer Theorie der Moral eine moralische Gesellschaft herstellen zu können, ein Aberglaube. Hier schlägt noch die *Magie der Worte* durch. Allerdings kann uns eine Moraltheorie verdeutlichen, was es bedeutet, in einer moralischen Gesellschaft zu leben. Sie lässt sich jedoch nicht *herstellen*, sie kann sich nur *bilden*. Hierzu bedarf es der operationalen Strukturen im Modus des *Sozialen*. In *objektivierender* Einstellung lässt sich nur etwas *herstellen*. Bildungsprozesse jedoch *vollziehen sich selbstorganisatorisch*. *Bildungsprozesse* sind die Grundlage von *Herstellungsprozessen*.

Die Stufenfolge des kosmischen Bildungsprozesses stellt sich wie folgt dar:

Anorganik	
Leben	(Pflanzen, Tiere)
sensomotorisches Bewusstsein	(Tiere, Menschen, magisch)
symbolisches Bewusstsein	(Menschen, mythisch)
rationales Bewusstsein	(erste Reflexion)
integrales Bewusstsein	(zweite Reflexion)

Auf der Stufe des *integralen Bewusstseins* ist das durch die *erste Reflexion* ausdifferenzierte Intellektsystem wieder *integriert*. Ermöglicht wird dies durch eine *zweite Reflexion* auf den *Ursprung*. Hierbei bildet sich ein „amodaler" Modus der operationalen Struktur, der in der Lage ist, *alle Modi* der vorangegangenen Stufen wirken zu lassen *und* zu *Bewusstsein* zu bringen. Erst diese *höhere* Bewusstseinsstufe bringt uns die noch wirksamen *magischen* Elemente *zu Bewusstsein*.

Im Folgenden werde ich deutlich machen, dass das *rationale* Medium *Geld* heute noch von einer Aura der *Magie* getragen wird, die auf der *ersten Stufe* der Reflexion nicht bewusst wird. Dennoch ist es unser *Intellektsystem*, das es ermöglicht, diese Differenz zu *bilden*. Denn mit ihm sind wir heute dabei, die *Ökonomie* zu einem *autopoietisch operierenden System zu schließen*. Allerdings *nicht*, wie der Mainstream der Ökonomen glaubt, im Medium *Geld*, sondern in den Medien *Zeit* und *Wert*. Dass dies so ist, ist rational *einsehbar*, und zwar auf der *ersten Stufe* der Reflexion. Das rationale Denken *nötigt* uns damit, die *Magie des Geldes* zu erkennen. Hierdurch kann sich die *zweite Stufe* der Reflexion *bilden*. Damit wird die *Ökonomie* zu einem *Objekt*, das wir dann *demokratisch* „steuern" können. Aus dem „Übergangsobjekt", von dem wir noch *emotional* abhängig sind, ist ein *Objekt* geworden, das wir – mit *Winnicott* – *verwenden* können. Nach *Winnicott* nehmen alle großen menschheitsgeschichtlichen Kulturleistungen diesen Weg, *weil* er mit dem Weg unserer *Lebensgeschichte verschränkt* ist.

Dass es die *Ökonomie* ist, über die wir zu einem *höheren Bewusstsein* geführt werden, verwundert nicht. Es ist das *alles dominierende* System der Gesellschaft – heute der Weltgesellschaft. Im *ökonomischen System* hat sich das *Intellektsystem* auf der Gesellschaftsebene *materialisiert*. Das auf der individuellen Ebene operierende *Bewusstseinssystem* benötigt auf der kollektiven Ebene ein *soziales System* mit demselben *operationalen Prinzip*. Das Prinzip ist die *Autopoiese*, die *Modi* des Operierens sind jedoch *verschieden*. Ihre gemeinsamen Medien sind *Zeit* und *Wert*. Diese „globalen" Medien operieren in drei unterschiedlichen Modi im *objektiven*, im *sozialen* und im Modus der *subjektiven Empfindung*.

Ein höheres Bewusstsein *alleine* ist daher nicht hinreichend, um die *globalen* Probleme, vor denen wir heute stehen, zu lösen.

Wir benötigen zugleich die *sozialen* und *materiellen* Systeme zur Bildung dieses Bewusstseins. So wie Körper und Geist ein Ganzes darstellen, stellen auch Bewusstsein und Umwelt, Innen und Außen ein Ganzes dar. Es ist die selbstorganisatorische Operationsweise der *Autopoiese*, die das Ganze als *Einheit wirken lässt* und heute zur *Wirklichkeit* wird.

Erst seit wenigen Jahrzenten ist uns die *Autopoiese* bewusst geworden. Die Erkenntnis der *operationalen Struktur* selbstorganisatorischen Prozessierens ist eine wissenschaftliche Revolution. *Ilya Prigogine* und *Hermann Haken* haben die Selbstorganisation im *Anorganischen* nachgewiesen. *Humberto Maturana* und *Francisco Varela* haben die Selbstorganisation in der *Biologie* nachgewiesen. *Niklas Luhmann* hat gezeigt, dass sich auch im *Sozialen* die operationale Struktur der Selbstorganisation *gebildet* hat.

Seit 14 Milliarden Jahren wirkt diese *operationale Struktur*, die auch die *kategoriale Struktur* hervorgebracht hat. Über sie finden wir heute zu unserem *Ursprung* zurück und damit zum *Ganzen*. Dies ist möglich, weil sich die Autopoiese selbst nach ihrer eigenen *prinzipiellen* Operationsweise, alles aufeinander abzustimmen, in *unterschiedliche Modi* des Operierens ausdifferenziert hat. „Heute" bildet sich ein menschheitsgeschichtlich vollkommen *neuer* Modus der Autopoiese, der *alle Modi „amodal" integriert*. Über einen amodalen Modus verfügen wir schon – wie oben gezeigt – in unserer frühen Kindheit. Dieser *neue „amodale" Modus* erreicht jedoch durch *Integration des objektiven Modus* ein neues *höheres Niveau* durch *Anerkennung* seines *Ursprungs*. Die *kategoriale Struktur alleine*, also unser *Intellektsystem*, ist so von sich selbst und seinen Leistungen eingenommen, dass es seine *Relativität* nicht erkennt und sich für das *Ganze* hält.

Am Beispiel des *ökonomischen Systems* werde ich dies nun zeigen. Es wird sich herausstellen, dass das *Geld* keinerlei *direkten* Zugriff zur *operationalen Struktur* der Ökonomie hat. *Geld* kann lediglich im *Nachhinein* den eigentlichen operationalen Medien *Zeit* und *Wert zugeordnet* werden. Damit wird die *Magie des Geldes* offensichtlich. Dies wäre für sich nicht von Wichtigkeit. Bedeutsam wird es nur, weil *diese Magie* den *Zusammenhalt* nicht nur *unserer Gesellschaft bedroht*, sondern zugleich noch unsere *materielle Umwelt*. Die *„global"* wirkenden Medien – die uns zu Beginn unserer Lebensgeschichte zum *reflexiven Denken* geführt haben – führen uns auch aus der *global wirkenden Bedrohungslage* heraus.

5.2 Freilegung des Geldes

Der Mainstream der Ökonomen kennt nur das *Geld* als allein wirkendes Medium der Ökonomie. Ja noch mehr, der neoliberale Mainstream glaubt sogar, dass das Geld das geeignetste Medium sei, die Gesellschaft insgesamt zu steuern. Dies ist aus drei Gründen nicht verwunderlich. (1) Das Geld hat – wie oben gezeigt – seinen *Ursprung* im *Sozialen*. (2) Geld ist zu einem *messbaren* und damit *rationalen* Medium geworden, mit dem vermeintlich über den Markt *alles gemessen* werden kann. (3) Zu Beginn der industriellen Revolution konnte das *Geld* im betriebswirtschaftlichen Rechnungswesen *jedem Ereignis nachträglich zugeordnet* werden. Hierdurch wurde nicht deutlich, dass das *Geld noch nie direkt* ein Ereignis bzw. *eine Operation* im Produktionsprozess *herzustellen vermochte*.

Nachdem der industrielle Anteil am gesellschaftlichen Wertschöpfungsprozess gegen Null schrumpft, wird deutlich, dass *Zeit* und *Wert* die *einzigen* Medien sind, in denen Prozesse zur Erzeugung von Wert sowohl geplant als auch hergestellt werden können. Mit *Geld* ist dies *unmöglich!*

Ich werde im Folgenden die *Wirkungsweise* von *Zeit* und *Wert* im ökonomischen System systematisch darstellen und zeigen, dass das Geld – im Gegensatz zum Beginn der Industrialisierung – heute nicht einmal sinnvoll *nachträglich zugeordnet* werden kann. Dabei stellt sich heraus, dass die beiden „globalen" Medien *Zeit* und *Wert* das *ökonomische Handeln* zum *ökonomischen System* führen werden, das *autopoietisch* operiert und daher als *Objekt* demokratisch „gesteuert" werden kann. Aus dem noch *magisch* wirkenden „Übergangsobjekt", das uns wie ein *Zauberwesen* beherrscht, ist dann ein *Objekt* geworden, das wir *verwenden* können (Winnicott).

Niemand wollte ein ökonomisches System schaffen, das *autopoietisch* operiert. Es hat sich *gebildet*. Dennoch wurde es von der gesamten Menschheit vor uns *hergestellt*. Nur deshalb können wir es heute auch „steuern". Jede einzelne Operation ist von *Menschen geschaffen* worden. Es ist deshalb ein *autopoietisch* operierendes System geworden, *weil* die Autopoiese *kosmisch* ist, an der auch wir Menschen in eben dieser Operationsweise *teilhaben*. Durch diese Teilhabe wird sich ein bisher noch nie dagewesener *neuer Modus* der Autopoiese *bilden*.

Zu beachten ist, dass alle Operationen im ökonomischen System im *objektiven* Modus operieren. Alles muss dort *gemessen* werden. Da, wie sich am Ende herausstellen wird, das *Geld* den Ereignissen *erst nachträglich zugeordnet* werden kann, kann Ökonomie nur verstanden werden, wenn man *die Prozesse* untersucht, die *vor* der Zuordnung mit Geld hergestellt werden. Dies erfolgt im Bereich der *Betriebswirtschaft*, also in den Unternehmen. Die *Volkswirtschaftslehre* beschäftigt sich erst mit dem Geschehen *nach Zuordnung des Geldes*. Sie dringt zum *Ursprung des ökonomischen Handelns gar nicht durch*. In ihr herrscht *magisches Denken mit Zahlen*. D. h. hier herrscht *höchstes rationales mathematisches Denken*, das für die Wirklichkeit des *ökonomischen Handelns gehalten wird*. Dies ist heute so weit getrieben, dass *reine Geldgeschäfte*, ohne jegliche Wertschöpfung, erst die *reine Ökonomie* darstellen. Aus Geld mehr Geld zu machen, wird als die höchste Form ökonomischen Handelns angesehen. Das ist die *Magie des Geldes.* In seinem Ursprung hatte Geld diesen magischen Charakter. Damals hatte es *soziale* Wirkkraft und die Gesellschaft *zusammengehalten.* Heute droht Geld den *sozialen Zusammenhalt zu zerstören.*

Als das Denken noch *nicht reflexiv* war, also noch nicht in der Lage war, auf seine eigenen Gedanken zurückzugreifen, war die *Magie des Geldes* eine *sinnvolle Lösung,* den *sozialen Zusammenhalt* zu ermöglichen. Heute kann nur noch das von jeglicher Magie gereinigte Geld eine sinnvolle Lösung für den Zusammenhalt der Gesellschaft darstellen. Erst die *Rationalität des Geldes,* also das Geld als *Objekt,* kann dies gewährleisten. Dabei gilt es zu bedenken, dass das Geld als *„Übergangsobjekt"* – das es heute noch ist – eine ganz normale Phase des menschheitsgeschichtlichen Bildungsprozesses darstellt.

Es gilt also, das *ökonomische System* zu *rationalisieren,* um es zu einem autopoietisch operierenden System werden zu lassen. Dazu benötigen wir unser *Intellektsystem.* So wie sich das *Intellektsystem* in unserem *Bewusstsein* ausdifferenziert hat, können wir das *ökonomische System* mit seiner Hilfe aus der *Gesellschaft ausdifferenzieren,* um es zu *integrieren.* Nur was als *Objekt* gefasst werden kann, lässt sich integrieren. Im Status eines „Übergangsobjektes" hat es *magischen* Charakter und verbleibt unverstanden. Das Unverstandene macht *Angst,* wenn es uns bedroht. Dies ist heute der Fall.

Im Folgenden werde ich zeigen, dass diese Angst erst dann beseitigt ist, wenn wir das *ökonomische System* zum *Objekt der Gesellschaft* gemacht haben. Dies ist dann der Fall, wenn es *autopoietisch operiert,* also wirklich zum *System* geworden ist, das wir *dann* auch demokratisch „steuern" können. Ich werde zeigen, dass sich die *Ökonomie* als *„Austausch der menschlichen Gesellschaft* *mit der Natur"* in drei Teilsysteme ausdifferenziert hat, die jeweils nur einen *Aspekt* des Gesamtsystems darstellen. Dies sind die im Medium der *Zeit* operierende Logistik, das Qualitätswaren, das im Medium *Wert* operiert und das im Medium *Geld* operierende Controlling. Allerdings haben nur Zeit und Wert den direkten Zugang zu den Prozessen des ökonomischen Systems. Nur mit ihnen können wir die *Ökonomie* zu höchster *Effizienz* bringen und damit zugleich nachhaltig in die *Gesellschaft* und die *Natur* integrieren.

5.2.1 Das Medium Zeit

5.2.1.1 objektiv messbar – ortlos, gegenwärtig

Jedes Ereignis in der Ökonomie ist erst dann vollständig erfasst, wenn es in den drei Medien *Zeit, Wert* und *Geld* beschrieben ist. Denn *jedes* ökonomische Ereignis hat diese *drei Aspekte*. Andernfalls ist es kein *ökonomisches* Ereignis und gehört einem anderen System an, z. B. dem Rechtssystem. Dennoch ist es möglich, das *Kapital* unter dem Aspekt des *Eigentums* zu betrachten. Unter diesem Aspekt gehört es dann dem Rechtssystem an.

Das *ökonomische System* lässt sich *vollständig* nur in den Medien Zeit, Wert und Geld beschreiben. D. h. aber auch, dass es der *Nationalökonomie* heute gar nicht ansichtig wird. Denn hier wird es lediglich im Medium *Geld* bearbeitet. Aber auch die *Betriebswirtschaftslehre* hat keinen vollständigen Blick auf ihren Gegenstand. Obwohl *Zeit* und *Qualität* (objektiver Wert) hier die entscheidende ökonomische Rolle spielen.

Die *Betriebswirtschaftslehre* sieht das Unternehmen als eine Zusammensetzung aus *Funktionssystemen*, die Abteilungen zugeordnet werden. Hierfür gibt es dann jeweils einen Verantwortlichen. Die Folge ist, dass diese Funktionssysteme aufwändig *koordiniert* werden müssen. Hierfür sind die *Manager* zuständig. Da jeder Manager zuerst nur seinen funktionalen Bereich sieht, kommt die notwendige *Zielgerichtetheit aufs Ganze* nicht in den Blick.

Jede Unternehmung hat nach heutigem Verständnis eine *Aufbauorganisation* und eine *Ablauforganisation.* Die *Aufbauorganisation* setzt sich hierarchisch aus den Funktionssystemen zusammen. Funktionssysteme sind Produktion, Konstruktion, Entwicklung, Personalwesen, Rechnungswesen etc. Die *Abläufe* ziehen sich jedoch quer durch *alle* Funktionssysteme hindurch. Dass *alle* Funktionssysteme an den *Prozessen* beteiligt sind, wird so *nicht sichtbar* und daher nur mit erheblichen *Transaktionskosten* überhaupt „irgendwie" handhabbar.

Transparent wird ein Unternehmen mit seinen Abläufen erst dann, wenn man von der *funktionalen* Sicht zur *systemischen* Sicht übergeht. Dann wird auch vorstellbar, dass ein Unternehmen und die Ökonomie insgesamt eine *selbstorganisatorische Operationsweise* annehmen kann. Heute, wo *Digitalisierung* und künstliche Intelligenz keine Fremdworte mehr sind, sind *sich selbststeuernde Fabriken* schon Realität. Als ich vor nunmehr fast 20 Jahren meine Doktorarbeit über die Autopoiese des Unternehmens und der Ökonomie insgesamt schrieb, bin ich noch auf relatives Unverständnis gestoßen. (Röttger, Georg. 2003: Zeit, Wert, Geld. Eine begriffliche Analyse der Ökonomie) Dort habe ich gezeigt, dass *jedes ökonomische Ereignis* vollständig nur in den drei Medien *Zeit, Wert* und *Geld* erfasst werden kann. Erst dann wird die Unternehmung und die Ökonomie insgesamt ein *Ganzes.*

Dies erreichen wir aber nur, wenn wir die *funktionale* Sichtweise in eine *systemische* Sichtweise überführen. Dann sind *alle*

Funktionen über das jeweilige Medium *direkt* als Einheit fassbar. Da *zugleich* alle drei Medien in *jedem* Ereignis im *objektiven* Modus operieren, ist ihre Einheit das *Ganze* der drei Teilsysteme. Diese drei Teilsysteme sind die *Logistik*, die im Medium Zeit operiert, das *Qualitätswesen*, das im Medium Wert operiert, und das im Medium Geld operierende *Controlling*. Die drei Teilsysteme sind nicht zu verwechseln mit den gleichnamigen heutigen Funktionsbereichen. Logistik und damit die Zeit wirkt in *jedem* Funktionsbereich. Qualität ist in *jedem* Funktionsbereich gefordert, bei jeder Handlung und in jedem Prozess. Das Controlling hat ein *Problem*. Während im Industriezeitalter jedem Ereignis im Nachhinein Geld *zugeordnet* werden konnte, schwindet dem Controlling heute der Gegenstand seiner Tätigkeit. Hier wird deutlich, dass Geld nicht mehr das dominierende Medium sein kann. Doch nun zu den drei Teilsystemen, die das Ganze erst fassbar machen und damit die Möglichkeit eröffnen, das *ökonomische System* zur *Autopoiese* zu führen. Erst dann können wir es als *ausdifferenziertes System* in die Gesellschaft *integrieren*.

Ich benutze bei der Vorstellung der drei Teilsysteme der Ökonomie die Terminologie der Systemtheorie von *Niklas Luhmann*. Die wesentlichen Begriffe sind neben System und Umwelt, die Begriffe Kommunikation, Medium, Code, Rekursivität und Erwartungsstruktur. *Luhmann* selbst kennt nur das Medium *Geld*, in dem in der Ökonomie kommuniziert wird. Für *Luhmann* hat sich so die *Ökonomie* im Medium *Geld* aus seiner *Umwelt* (Gesellschaft) ausdifferenziert. Auch dass sich die menschliche Gesellschaft zuvor aus der *Natur* ausdifferenziert hat, kann er nicht fassen. Ihm fehlen die Medien *Zeit* und *Wert* als *„globale" Medien*, die alleine in der Lage sind, *alles zu integrieren*. Sie sind nicht nur *„global"*, sie sind sogar *kosmisch*, wie oben gezeigt.

Luhmann kennt nur die Möglichkeit der *„strukturellen Kopplung"* von Systemen mit *unterschiedlichen* Medien. Aber das ist *keine Integration*, die zu einer *höheren Ganzheit* führt. Daher sind auch seine *sozialen Systeme* nicht wirklich *sozial.* Es sind lediglich *kategoriale Strukturen*, also begriffliche Beschreibungen *operationaler Strukturen*, von denen er *behauptet*, dass es „sie gibt". Dies ist der *Rest Magie*, die seinen „sozialen Systemen" anhaftet. Ein *technisiertes* ökonomisches System im Medium *Geld* kann es gar nicht geben, wie sich gleich zeigen wird.

Dennoch macht es Sinn, seine Begriffe zu benutzen. Ohne seine *Theorie sozialer Systeme* hätte dieses Buch nie geschrieben werden können. In den Unternehmen wird ja *wirklich kommuniziert.* Und in der *Logistik* wird im *Medium Zeit kommuniziert. Weil* wir dort *technisieren wollen* – dies liegt in der *Erwartungsstruktur* –, wird zu *diesem Zweck* auch *objektivierend* gedacht und *kommuniziert.* Am Begriff *„Kommunikation"* haben sich *Luhmann* und *Habermas*, mit seiner „Kommunikativen Handlungstheorie", gerieben. Die *Fokussierung* auf den *Zweck*, also in *objektivierender* Einstellung ein *technisches System* zu schaffen, zur Entlastung und zum Wohlstand für uns Menschen, macht *Sinn.*

Die *Kommunikationen* in der *Logistik* finden im Medium *Zeit* statt. Hier geht es nicht darum, dass Kommunikationen überhaupt in der Zeit stattfinden – das auch –, sondern darum, dass *Logistik* ein technisiertes Zeitsystem *ist.* Alle *ökonomischen* Prozesse sind diesem *Zeitregime* unterworfen. Ansonsten sind es keine ökonomischen Prozesse. *Alle* Mitarbeiter unterliegen diesem *Zeitregime* und damit *rekursiv* natürlich auch die Kommunikation *selbst.* Jede Aufgabe muss in kürzest möglicher Zeit erledigt werden. Jeder geplante Prozess hat dieser *Erwartung* zu genügen. Der *Code* der Logistik ist wie alle Codes *binär: Zeiteinsparung / keine Zeiteinsparung.* Natürlich muss gleichzeitig die *erwartete Qualität sichergestellt* werden. Aber das gehört dem Teilsystem *Qualitätswesen* an, das ich im Anschluss besprechen werde.

Wir sind dabei, die *Logistik* zu dem zu machen, was *Max Weber* ein „stahlhartes Gehäuse“ genannt hätte. Dabei machen wir nicht die *Kommunikation* zu einem System – denn Kommunikation ist mehr als *Sprache*. Möglich ist allerdings, *Sprache zu technisieren*, indem wir sie *digitalisieren. Damit* können wir sie aus der Kommunikation selbst noch *ausdifferenzieren*, als *Logistik im Medium Zeit*. Diese *Ausdifferenzierung* lässt sich dann auch wieder – auf einem höheren Niveau – *integrieren*. Ansonsten bleibt es *unfassbar* und verharrt in der *Magie*. Die Ökonomie im Medium *Geld* ist ein solches *magisches Wesen*.

Es geht also im Folgenden darum, aus diesem magischen Wesen bzw. „Übergangsobjekt“ die in ihm steckende *Rationalität* zu fassen zu bekommen. Dies geht nur in den Medien *Zeit* und *Wert*, weil wir mit *ihrer Hilfe direkt* in die *Materie* eingreifen können. Die Bedeutung von „direkt“ hat dabei selbst noch einen *zeitlichen* Charakter. Dies wird gegen Ende des Buches deutlich geworden sein. Es ist die *konkrete Gegenwärtigkeit* der *Zeit*, die uns auch ihr Komplement, den *Wert*, des *Gewordenseins* fassen lässt. Die konkrete Gegenwärtigkeit der Zeit ist eine *verzeitlichte Zeit*. Die Logistik operiert in einer noch *verräumlichten Zeit*.

Die *verzeitlichte Zeit* ist die *konkrete Gegenwärtigkeit der Zeit* und bildet sich mit dem *integralen Bewusstsein* auf der Stufe der *zweiten Reflexion*. Die *zweite Reflexion* ist eine *Integration*. Auf dieser höheren Stufe können wir dann die aus der Gesellschaft *ausdifferenzierte* Ökonomie als autopoietisch operierendes System wieder in die Gesellschaft *integrieren*. Heute beherrscht sie uns in einer *zerstörerischen Weise* sowohl bezüglich der *Gesellschaft* wie auch der *Natur*. Erst wenn die Ökonomie die kosmische Operationsweise der *Autopoiese* erreicht hat, ist sie *integrierbar*.

Die *konkrete Gegenwärtigkeit* der Zeit ist die *gelebte und bewusste* Einheit von Menschheitsgeschichte und Lebensgeschichte. Es ist das dankbare und demütige *Bewusstsein*, das wir in unserem *konkreten Bildungsprozess erleben*. Unseren Vorfahren verdanken wir alles, was wir *heute noch uns selbst* zuschreiben. Dass wir es uns selbst zuschreiben, ist der *Rest von Magie*, die solange unbewusst wirkt, wie die Ökonomie noch nicht *autopoietisch operiert*.

Die Zeit der Logistik ist die verräumlichte, objektive, *messbare Zeit*. Mit ihrer Hilfe sind wir dabei, die *Logistik* zu einem geschlossenen und damit *autopoietisch operierenden System* zu gestalten. Die *Zeit* der Logistik ist immer an *Orte gebunden*. Die *verzeitlichte Zeit* ist eine *ortlose Zeit*. Die nun zu behandelnde *messbare Zeit* ist eine aus der ortlosen Zeit *ausdifferenzierte* Zeit. Sie bildet sich menschheitsgeschichtlich erst recht spät. Ihre bisher höchste Form hat sie mit der *Raumzeit* in *Einsteins* Relativitätstheorie angenommen.

Die *messbare* Zeit ist eine *abstrakte* Zeit. Die *ortlose verzeitlichte* Zeit ist eine *konkrete* Zeit. Unser noch magisch beeinflusstes Denken sieht dies genau umgekehrt. Die Uhrzeit ist „konkret“. Wir können sie „konkret“ auf der Uhr ablesen. Diese *Uhrzeit* ist im Allgemeinen die *Zeit der Logistik*. Diese physikalische Zeit *Newtons* lässt sich im Allgemeinen bei der Darstellung der Logistik verwenden. Aber schon zur Bestimmung des Ortes eines Autos oder überhaupt eines Gegenstandes mit Hilfe eines Navigationsgerätes reicht *Newtons* Zeitverständnis nicht mehr. Hier kommt die *Raumzeit Einsteins* zum Einsatz. Und dies in steigendem Maße. Die *Raumzeit* dringt auch immer stärker in die Logistik ein. Da es in der Logistik aber nur um *Messbarkeit* geht, ist der Unterschied von *Newtons* und *Einsteins* Zeitverständnis nicht relevant. Dieser Unterschied ist für die Logistik nur eine Frage der Genauigkeit der Messung. *Er ändert nichts im Prinzip der Logistik:* derart *alle ökonomischen Ereignisse aufeinander abzustimmen, sodass immer wieder rekursiv objektive, messbare Zeit eingespart wird. Dies ist im höchsten Grade bei* selbstorganisatorischem Operieren der Logistik *erreicht.*

5.2.1.2 Logistik im Medium der objektiven Zeit

Adam Smith (1723–1790) gilt als Begründer der Nationalökonomie. Er sieht in der *Arbeitsteilung* die Ursache des *Wohlstandes.* Er zeigt, dass durch Arbeitsteilung *Zeit eingespart* werden kann. Durch Zeiteinsparung wird die *Produktivität* gesteigert. Dies führt zum *Wohlstand.* In der Zeiteinsparung liegt die Wurzel des *ökonomischen Prinzips:* Mit möglichst geringem Aufwand ein Ziel zu erreichen. Dies führt *Adam Smith* am Beispiel der Stecknadelproduktion vor.

Er zeigt wie durch *Aufteilung der Arbeit* in kleinste Tätigkeiten bei gleichzeitiger optimaler Verknüpfung dieser Tätigkeiten die *Produktivität* enorm *gesteigert* werden kann – durch *Einsparung von Zeit.* Die Aufteilung der Arbeit in kleine Einzeltätigkeiten hat darüber hinaus den Vorteil, dass für *diese* Tätigkeiten *Maschinen* eingesetzt werden können. Auch diese Maschinen lassen sich *rekursiv* wieder nach diesem Prinzip herstellen. Wodurch weitere Zeit eingespart werden kann. Diese Zeit lässt sich wiederum nutzen, um effizientere Maschinen und Verknüpfungen von Maschinen zu konzipieren und herzustellen. *Rekursiv* kommt so ein *Steigerungsprozess* in Gang. Diesen Steigerungsprozess möchte ich nun darstellen. Er führt bis zur *autopoietischen* Operationsweise der *Logistik im Medium Zeit.* Für ein *vertieftes* Verständnis für diese *Rekursivität* ist es notwendig zu beachten, dass im *nächsten* Schritt das bereits Erreichte *aufgehoben* ist. Das bedeutet, dass im *Gegenwärtigen* die gesamte Geschichte *aufgehoben* ist.

Mit Erreichen der *autopoietischen* Operationsweise hat die Logistik das *kosmisch* wirkende Prinzip erreicht. D. h. der Steigerungsprozess im *Modus* der *objektiven*, messbaren *Zeit* hat seinen *Eigenwert* erreicht. Dieser Eigenwert der Logistik ist die *„Nachhaltigkeit"*. Der vom *Intellektsystem* getriebene Steigerungsprozess kann nicht unendlich weitergehen. Er hat seine Grenze erreicht, wenn die *Geschwindigkeiten* von *Logistik* und *Naturprozessen* zur Übereinstimmung gekommen sind. Da wir selbst auch *Natur sind*, erfasst dieser Prozess auch *uns selbst*.

Der *Eigenwert* eines *rekursiven Prozesses* ist kein magisches Unterfangen. Rekursive Operationsweisen führen nicht selten zu einem Eigenwert. In der Mathematik ist z. B. die Operation „Wurzelziehen" eine solche Operation. Gleichgültig von welchem Ausgangswert man startet, ob größer oder kleiner als Null – wendet man nur häufig genug die Operation *„Wurzelziehen"* immer wieder auf ihr Ergebnis an, also *rekursiv*, erreicht man unweigerlich immer den Wert = 1. Der Wert = 1 ist der *Eigenwert* der Operation *„Wurzelziehen"*. Die Logistik operiert mit der Operation *„Zeit einsparen"*. Das bedeutet aber auch, dass sich die Menschen selbst diesem *Zeitregime* solange unterwerfen, wie das System Logistik noch nicht zur *Autopoiese* geführt worden ist. Erst dann ist es *ausdifferenziert* und zum *Objekt* geworden, das wir *verwenden* können. Da die Logistik im *objektiven Modus* operiert, sind wir heute noch ein Teil dieses Systems, das wir selbst geschaffen haben.

Die *Magie des Geldes* lässt uns nicht erkennen, dass wir uns *selbst zum Objekt* des von uns selbst geschaffenen Systems machen. Erst wenn wir die *Rationalität* des Systems erkennen, *erkennen* wir auch diesen Sachverhalt, den wir heute als *Verdinglichung* unserer selbst nur *wahrnehmen*, aber *nicht fassen* können. Hier geht es jetzt darum, das Medium *Zeit* in seiner *Rationalität*,

d. h. in seinem *objektiven Modus* freizulegen, um das *System* Logistik *fassen* zu können.

Rational ist dieses System, weil wir es mit unserem *Intellektsystem* schaffen. Aber *hinter* dem *Intellektsystem* steht die *autopoietische* Operationsweise, die dieses System erst ausdifferenziert hat. *Vermittelt* über dieses ausdifferenzierte Intellektsystem differenzieren wir *unbewusst*, über die Medien *Zeit* und *Wert*, das *autopoietisch* operierende *ökonomische System* aus. *Unbewusst* ist die Schaffung der *Autopoiese*. Jeder Schritt dorthin ist jedoch *rational* und reduziert den *Zeitaufwand* im Teilsystem Logistik. Es ist die *Rekursivität* des Prozessierens der *Autopoiese*, die dies *erzwingt*. Durch die *Selbstreferentialität der Kommunikation im Medium Zeit* wird dieser Steigerungsprozess in Gang gehalten. Immer wieder wird auf das erreichte Ergebnis zurückgegriffen, um es dem *ökonomischen Prinzip* entsprechend zu verbessern. Im *ökonomischen Prinzip* (mit gegebenen Mitteln ein möglichst großes Ziel zu erreichen) realisiert sich in der Ökonomie die *Autopoiese*. Aber dieser Prozess *realisiert* sich *nicht* im Medium *Geld*, sondern in den Medien *Zeit* und *Wert*.

Nur durch das Medium Zeit kann Zeit freigesetzt werden, die zur Wissenschaft eingesetzt werden kann. Dies ist ein *selbstreferentieller Prozess*, der sich in der wissenschaftlichen Kommunikation fortsetzt. Dort wiederum differenzieren sich im *Medium Wahrheit* einzelne Spezialwissenschaften aus. Gut einhundert Jahre nach *Adam Smith* hat sich in der *wissenschaftlichen Betriebsführung* ein solcher wissenschaftlicher Spezialist hervorgetan.

Frederick W. Taylor (1856–1915) gilt als der Begründer der wissenschaftlichen Betriebsführung. Sein wichtigstes Handwerkszeug war die *Stoppuhr*. Er gliederte die Arbeitsprozesse in kleinste Handlungsschritte. Hieraus formte er *zeitoptimale* Abläufe. Ende des 19. Jahrhunderts entstand hieraus das erste Fließband in den

Fleischfabriken Chicagos. Das Zerlegen der Schlachttiere erfolgte nun nach einem vorgeschriebenen *Zeitregime. Ford* wandte es 1913 mit großem Erfolg bei der Montage in der Automobilindustrie an.

Die *Kommunikationen* im *Medium Zeit* mögen zu diesem Zeitpunkt bei den Spezialisten schon *selbstreferentiell* abgelaufen sein und damit *autopoietisch*. Die *materiellen Prozesse* waren es noch lange nicht. Auch heute haben wir dies noch nicht erreicht. Dieser Unterschied von *kommunikativen Prozessen* und *materiellen Prozessen* ist sehr wichtig. Für *Luhmann* sind *Kommunikationen* das Letztelement *sozialer Systeme*. Da die Ökonomie für *Luhmann* und die heutige soziologische Systemtheorie ein soziales System *ist*, liegen die materiellen Prozesse, also das, was die Ökonomie eigentlich ausmacht, *außerhalb* der Ökonomie. *Das ist Magie*. Wenn sich Ökonomie im Medium *Geld* ereignet, *muss* dies so sein. Und dies *kann* auch so sein, weil *Geld* heute vollkommen *immateriell ist*. Daher findet die *Ökonomie* auch keinen Anschluss an die *Natur*. Das hat heute, nach den massiven Eingriffen in die Natur, fatale Konsequenzen.

Ford wollte *Geld* verdienen. Doch dazu musste er die *materiellen* Prozesse *effizienter* gestalten. Er wollte das Auto zu einem Massenprodukt machen. Dann konnte er *viel Geld* verdienen. Ein Massenprodukt konnte das Auto aber nur werden, wenn seine Arbeiter sich dies leisten konnten. Aufgrund der *Zeiteinsparungen* konnte er die *Löhne* verdoppeln. Jetzt waren seine *Produzenten* zugleich auch seine *Konsumenten. Ford* erkannte diese *Zirkularität*. D. h. erst die Schließung von Produktion und Konsumtion zu einem System konnte sich nun *rekursiv* steigern.

Die Steigerung der Nachfrage führte zu einer Erhöhung der Produktion. Eine erhöhte Produktion führte zu mehr Nachfrage am Arbeitsmarkt. Eine Steigerung der Beschäftigung führte zu mehr Gesamteinkommen. Ein höheres Gesamteinkommen steigerte wiederum die Nachfrage nach Autos. Dies ermöglichte geringe Stückkosten durch weitere *Zeiteinsparungspotentiale*. Dies senkte die Preise, was wiederum mehr Menschen ermöglichte, ein Auto zu kaufen. Ein *rekursiver* Prozess, der immer systemischer wird.

Heute liegt das, was *Taylor* begonnen hatte, in den Systemen REFA (Verband für Arbeitsstudien und Betriebsorganisation) und MTM (Methods Time Measurement) vor. Das *Prinzip* hat sich jedoch nicht geändert. Es ist zum *Code* der Logistik geworden. Arbeitsprozesse werden in *kleinste Zeitabschnitte* zergliedert und zu *zeitoptimalen Logistiksystemen* zusammengefügt. Im Medium *Geld* ist dies unmöglich!

Begonnen hat alles in der *Produktion*, wie wir gerade gesehen haben. Hier in der Fertigung hatte der Meister bzw. der Betriebsleiter noch alles in seiner Hand. Heute auf dem Höhepunkt der *funktionalistischen* Sichtweise zählen zur Produktionslogistik noch die Beschaffungslogistik und die Distributionslogistik. Erst seit einigen Jahren kennen wir auch die Entsorgungslogistik. Dies ist der Tendenz zur systemischen Schließung geschuldet. Wohlgemerkt, diese *Vierteilung* der Logistik ist immer noch *funktionalistisch* gedacht. Logistik wird *bis heute* noch nicht als *eine Perspektive* des *Ganzen* gedacht. Es gibt *kein Medium Zeit*, das in *allen Ereignissen* des Unternehmens, also auch in den übrigen Funktionsbereichen, als wirksam gedacht werden kann.

Mit REFA und MTM wurden die *Zeitstudien* systematisch betrieben und *dokumentiert*. Zunächst beschränkten sie sich nur auf den *Fertigungsprozess*. Sie wurden schließlich so umfangreich, dass sie aus dem Fertigungsprozess ausgelagert wurden. So entstanden um den Fertigungsprozess herum *neue*, bisher unbekannte *Funktionseinheiten*. Zunächst die Abteilung für Zeitstudien. Dann auf dieser Basis die Abteilung für Fertigungsplanung, Abteilung für Fertigungssteuerung, Dispositionsabteilung, Konstruktionsabteilung, Entwicklungsabteilung etc. Was also früher in der Hand des Meisters oder Fertigungsleiter lag, wurde nun *außerhalb* der Fertigung *methodisch* und *datenmäßig* ständig verfeinert und *dokumentiert*.

Damit entstand aber ein *neues* Problem, die *Bürokratisierung*. Nicht nur das. Die vielen neuen Einheiten mussten nun noch zusätzlich *koordiniert* werden. Im Laufe der Zeit wurde erkannt, dass man die gleichen Methoden, die man in der Fertigung angewendet hatte, nun auch in den ausgelagerten Bereichen anwenden kann. Ein *rekursiver* Prozess. Auch die Bürotätigkeit lässt sich in kleinste Zeitabschnitte aufteilen und neu zusammensetzen. Dabei stellte man fest, dass es viel *Doppelarbeit* gab oder Tätigkeiten sich *überschneiden* oder gar ganz *überflüssig* sind. Die Schnittstellen zwischen den Abteilungen und die damit verbundenen Reibungsverluste wurden zunächst noch nicht angegangen. Erst recht blieb eine *direkte* Anbindung an die Arbeitssysteme in der Fertigung noch aus.

Mit Einführung der *elektronischen* Datenverarbeitung nach dem zweiten Weltkrieg war die *Möglichkeit* eröffnet, vollkommen neue Dimensionen der *Zeitreduktion* zu erreichen. Doch es dauerte bis weit in die 80-er Jahre des letzten Jahrhunderts, bis sich das darin steckende Potential *begann* zu entfalten. Erst *heute* können wir das Ausmaß erst voll erkennen. *Jegliche Arbeit* kann heute durch IT-Technologie ersetzt werden. Es sei denn, es sind Tätigkeiten im zwischenmenschlichen Bereich wie Pflege, Erziehung etc. Es geht heute nicht mehr darum, *dass* dies so ist, sondern *was* dies für uns selbst und die Gesellschaft *bedeutet*. Doch dazu später mehr.

Aber nun zurück zur Entwicklungsgeschichte der Logistik. Denn die ganze bisherige *Geschichte* mit ihren Tätigkeiten und Kommunikationen im Medium Zeit waren *notwendige Voraussetzung* für den Einsatz der neuen Technologie. Die bisherigen

Systematisierungen, Klassifizierungen und Dokumentationen in Form von *Akten* und *Karteikarten* konnten nun erfasst werden. Hierzu war eine *einheitliche Datenstruktur* notwendig. Damit konnten nun Algorithmen in Form von *Programmen* erzeugt werden.

Bis in die 80-er Jahre herrschte auch weiterhin der *Taylorismus* vor. Daran änderte zunächst auch die neue Technologie nichts. Die Funktionsbereiche hatten auch weiterhin ihre *eigenen Datenbestände*, die sie selbst verwalteten. Sie hatten auch jeweils ihre *eigenen Programme*, die nur ihre eigenen Daten verarbeiten konnten. Das Ergebnis wurde dann in *Papierform* ausgedruckt und an die anderen Abteilungen weitergegeben. Die erfasste die für sie relevanten Daten neu und verarbeitete sie mit ihren eigenen Daten und Programmen, um das Ergebnis wieder in Papierform auszudrucken. Dies war die typisch *tayloristische* Arbeitsteilung.

Dennoch war dies ein erster großer Schritt. Die *Daten* waren auf dem *Rechner* und das *Know-how* der Mitarbeiter war in *Algorithmen* überführt und damit auch auf dem Rechner. Allerdings wurden sie noch nicht *zeitoptimal* genutzt. Dies gelang erst Ende des letzten Jahrhunderts. Erst damit konnte der *Taylorismus*, der ein Jahrhundert die *Arbeitswelt strukturiert* hatte, überwunden werden.

Die Überwindung gelang mittels *Integration*. Was ausdifferenziert wurde, konnte nun mittels neuer Technologie *integriert* werden. Dies gelang durch Hinterlegung der Daten in eine *gemeinsame Datenbank* und durch *Integration der Funktionen*. Nun konnten nicht nur die Bürotätigkeiten integriert werden, sondern man konnte nun mittels Programmen *direkt* in die Fertigung eingreifen. Ja, *Informationsflüsse* sind heute in der Lage, *Materialflüsse* zu ersetzen. *Dies ist nur im Medium der Zeit möglich!* Dies zu verstehen ist nicht alleine im Modus der *objektiven* Zeit möglich, die noch *räumlich* gedacht ist. Hierzu bedarf es eines Bewusstseins der *verzeitlichen Zeit*. Doch dazu später. Denn kein Informatiker kann aus *Information Materie* schaffen. Das wäre *Magie*. Auch das gibt es heute.

Mit der Geschichte des Autopoietischwerdens der Logistik bin ich aber noch nicht fertig. Ich habe schon weit vorgegriffen. Wir sind immer noch in der Produktion. Wie ist die Integration aller Funktionsbereich im Medium Zeit *praktisch* möglich? Eine Produktion wird durch ein Produktionsplanungs- und -steuerungssystem gesteuert. Kurz PPS. Ein solches System enthält im Wesentlichen *Stücklisten, Arbeitspläne* und *Betriebsmittel* in Form von Daten und Verarbeitungsprogrammen.

In einer *Stückliste* sind sämtliche Einzelteile und ihre strukturelle Verknüpfung zum Endprodukt hinterlegt. *Arbeitspläne* beschreiben, mit welchen Verfahren die Einzelteile herzustellen und zum Endprodukt zu montieren sind. Die *Betriebsmitteldatei* enthält sämtliche Betriebsmittel der Unternehmung, auf denen die Teile hergestellt bzw. montiert werden können. Im besten Fall kann so eine Fertigung einschließlich Montage *vollautomatisch*, also programmgesteuert, ablaufen. Ein PPS-System ist heute in ein umfassendes Materialwirtschafts- und Auftragsabwicklungssystem *integriert*. Damit sind *Beschaffungslogistik, Produktionslogistik* und *Distributionslogistik* vollständig *integrierbar*. Ziel des gesamten Systems ist es, vier Einzelziele *gleichzeitig* zu erreichen:

- Maximierung der Termintreue
- Minimierung der Durchlaufzeit
- Maximierung der Kapazitätsauslastung
- Minimierung der Bestände

Dies ist die *Erwartungsstruktur* der Logistik. Diese Erwartungsstruktur ist *weltweit einheitlich*. Eine solche Erwartungsstruktur ermöglicht im Medium *Zeit* ein weltweit einheitlich operierendes ökonomisches System. *Jedes* Unternehmen, das dieser Erwartungsstruktur gerecht wird, kann sich in dieses System einfügen. *Wie* es dieser Erwartungsstruktur mit seinen eigenen Daten und Programmen genügt, bleibt ihm überlassen. Erfüllt es langfristig die *Erwartungen* nicht, verschwindet es aus dem ökonomischen System.

Alle vier Ziele der Erwartungsstruktur sind im Medium *Zeit* definiert, auch die Bestände. Zu zeigen ist jedoch noch, dass *alle* Funktionsbereiche der Unternehmung dieser Erwartungsstruktur entsprechen müssen. Was ich bisher nur für die *Produktionslogistik* besprochen habe, gilt notwendigerweise auch für die Beschaffungslogistik, Distributionslogistik und Entsorgungslogistik.

Die *Distributionslogistik* ist die direkte Verlängerung der Produktionslogistik zum Kunden hin. Hier müssen logistische Entscheidungen über Lager und Transport getroffen werden. Auch diese Planung und Steuerung unterliegt *derselben Erwartungsstruktur* wie in der Produktionslogistik. Die Produktion kann nicht unabhängig von der Distribution fertigen. Tut sie dies, führt dies unweigerlich zu hohen Beständen oder zur Lieferunfähigkeit. Daher müssen auch ihre Kapazitäten genauestens auf die der Produktion abgestimmt sein.

Die *Beschaffungslogistik* ist wiederum nur die andere Perspektive der Distributionslogistik. Was für den Kunden die Beschaffungslogistik ist, ist für den Lieferanten die Distributionslogistik. Wenn dies nicht der Fall wäre, würden Kunde und Lieferant nicht über dasselbe Ereignis sprechen. Besser, ihre *Informationssysteme* wären nicht *aufeinander abgestimmt*. Wir erinnern uns, in einem selbstorganisatorisch operierenden System ist *alles aufeinander abgestimmt*. Hierauf zielt die Logistik im Medium *Zeit*. Die *technisierte* Erwartungsstruktur macht dies heute über *vernetzte Informationssysteme* möglich.

Offen ist noch die Frage der *Schließung* des Systems. Schließung bedeutet zugleich *Ausdifferenzierung.* Nur was sich mit Schließung *ausdifferenziert* hat, lässt sich auch in seine Umwelt *integrieren.* Die Umwelt des ökonomischen Systems ist die *Natur* und die *Gesellschaft.* Hinsichtlich der *Natur* lässt sich die Ökonomie im Medium *Zeit* über die *Entsorgungslogistik* wieder in ihren Ursprung *integrieren.* Zur Natur gehört jedoch nicht nur die *äußere Natur,* sondern auch unsere *innere Natur.* In beiden Hinsichten müssen die Rhythmen abgestimmt werden. Die *Entsorgungslogistik* wird jedoch lediglich unter der Perspektive der *äußeren Natur* gesehen. Dies kann nur ein *erster* Schritt sein, dem ein *zweiter* folgen muss. Denn die Rhythmen unserer *inneren* Natur sind nicht im Modus der *objektiven Zeit* zugänglich. Hier treffen wir auf den *Umschlagspunkt* des Transformationsprozesses unserer Lebensform von der produzierenden in die *sich bildende Lebensform.* Denn vollziehen wir diesen Transformationsprozess nicht, machen wir uns zum *Objekt* unseres selbstgeschaffenen Systems. Aber dieses System *müssen* wir zum *Objekt* machen, also *ausdifferenzieren*, um es *integrieren* zu können, ansonsten bleibt es ein *magisches „Übergangsobjekt"*, das uns beherrscht.

Bisher habe ich nur die Funktionsbereiche einer Unternehmung im Medium Zeit beschrieben, die heute aus *funktionalistischer* Sicht als Logistik angesehen werden. Aus *systemischer* Sicht gehören aber alle Funktionsbereiche einer Unternehmung zur Logistik. Denn *alle* Mitarbeiter in der Unternehmung haben der *logistischen Erwartungsstruktur* zu entsprechen.

Eine Vielzahl von Untersuchungen hat gezeigt, dass 60–70 % der Herstellungszeiten in der *Entwicklungsphase* eines Produktes festgelegt werden. Daher ist es sinnvoll, dass der Lieferant schon zum *frühestmöglichen Zeitpunkt* über die neuen Entwicklungen seines Kunden informiert ist. Dann kann er Einfluss auf das neue

Produkt nehmen. Damit ist gewährleistet, dass die *Anforderungen* des neuen Produktes und die Fertigungs*möglichkeiten* des Lieferanten in Übereinstimmung gebracht werden. Hierdurch kann die *Entwicklungszeit* abgekürzt werden und zusätzlich die *Fertigungszeit* in der Produktion des Lieferanten. Deutlich wird hier auch, dass das Unternehmensereignis *zugleich* ein Marktereignis ist. Bei systemischer Sichtweise gibt es keine Trennung von *Organisation* und *Markt*, so wie es heute noch gelehrt wird. Es gibt *ein* weltweit operierendes System im Medium *Zeit*. Das Ereignis *muss* immer dasselbe sein, ansonsten würde man über verschiedene Dinge kommunizieren. Lediglich die Perspektive ist eine andere. Ziel ist es immer, dass die *technische* Integration der Systeme gelingt. Dazu ist immer eine *gelingende Kommunikation* notwendig.

Bezüglich des *Mediums Zeit* ist der *Funktionsbereich Qualitätswesen* interessant. Erst im nächsten Abschnitt werde ich das Qualitätswesen aus *systemischer* Sicht im *Medium Wert* besprechen. Noch heute wird in der *Betriebswirtschaftslehre* das *Qualitätswesen* als eine Funktionseinheit in der Aufbauorganisation der Unternehmung gelehrt. Mit zunehmenden Anforderungen an die *Qualität* der Produkte wurde die Qualitätsabteilung immer größer. Ihre Aufgabe war es, die Qualität der Produkte zu prüfen. Bis weit in die 70-er Jahre des letzten Jahrhunderts wurde die Qualität erst am Ende des Herstellungsprozesses geprüft. D. h. die Produkte, die schon am Anfang des Fertigungsprozesses fehlerhaft waren, wurden bis zum Schluss weiter bearbeitet.

Erst in den 80-er Jahren begann man schon während des Prozesses zu prüfen. Dies wurde zunächst auch von den Mitarbeitern des Qualitätswesens durchgeführt. Mit dem Ergebnis, dass das Qualitätswesen sich immer mehr aufblähte. Erst Ende der 80-er Jahre ging man dazu über, die Qualität während des Prozesses von den *Fertigungsmitarbeitern selbst* prüfen zu lassen. Wegen der Verantwortungsverlagerung der Qualitätssicherung führte dies nicht nur zur Verbesserung der Qualität, sondern – da es hier um das *Medium Zeit* geht – zu einer gewaltigen Reduktion der Abteilung Qualitätswesen. Die *Arbeitszeit* der funktionalen Qualitätsprüfer konnte vollständig *eingespart* werden. Denn jeder Mitarbeiter hat ohnehin die Aufgabe, den Vorgaben entsprechende Produkte herzustellen. Aber hier ging es darum, die *Zeiteinsparung* darzustellen. Durch diese Umstellung konnten die Abteilungen des Qualitätswesens auf etwa ein Drittel reduziert werden.

Auch das *Personalwesen* hat, wie *alle* Funktionsbereich des Unternehmens, der *logistischen Erwartungsstruktur* zu entsprechen. *Alle Ereignisse* im Unternehmen unterliegen dieser Erwartungsstruktur. Das Personalwesen hat dafür Sorge zu tragen, dass *die* Personen eingestellt werden, die *diesen* Anforderungen optimal genügen. Mit seiner Personalentwicklungsarbeit hat es dies sicherzustellen auch bei Änderung des Umfeldes. Bezüglich des Mediums *Zeit* hat es dies alles in kürzest möglicher Zeit zu erledigen. Dies betrifft die *Termine*, wie auch den *Zeitaufwand.* Schafft das Personalwesen nicht, die freigewordene Stelle in der Entwicklungsabteilung so rasch wie möglich wieder zu besetzen, gefährdet es die *Termine* in der Entwicklung des Produktes. Schafft sie es nicht, den IT-Fachmann zu beschaffen, verzögert sie die Implementierung der notwendigen Software. Dies wiederum behindert *rekursiv* den geplanten Rationalisierungsprozess, der *Arbeitszeit* einsparen sollte. Niemand im Unternehmen wirkt nicht logistisch im Medium Zeit. *Kein* Ereignis findet außerhalb der *Zeit* statt. Alle Mitarbeiter in den Unternehmungen *weltweit* wirken an der *weltweit einheitlichen* logistischen Erwartungsstruktur mit.

Solange wir *selbst* Teil dieses Systems sind, setzen wir uns selbst in *allen* unseren ökonomischen Handlungen diesem *Zeitregime* aus. *Jede* unserer ökonomischen Handlungen lässt sich *zeitlich verkürzen* oder gar *digitalisieren* und damit ganz wegrationalisieren. Auf der Stufe des Bewusstseins der *ersten Reflexion* ist dieses *Dilemma unlösbar*. Erst auf der höheren Bewusstseinsstufe der *zweiten Reflexion* löst sich das nur *scheinbare Paradoxon* auf. Wir müssen nur das ökonomische System zum *Objekt* machen, um es *durch diese Ausdifferenzierung integrieren zu können*. D. h. die *Digitalisierung* ist dann *keine Bedrohung*, sondern ein Instrument der *Lösung*. Allerdings ist es nur ein *Instrument*, nicht die Lösung selbst. Die liegt auf einem *höheren Bewusstseinsniveau*. Und das lässt sich *nicht instrumentell herstellen*.

Auf der Stufe der *zweiten Reflexion* ist dann auch das *Intellektsystem*, mit dem wir das *Objekt* realisieren, wieder *integriert*. Heute glauben wir noch, es wäre die Lösung *selbst*. Das *Intellektsystem* ist selbst aber nur mit der *kategorialen Struktur* der Sprache als seiner Ausdrucksform ein *Instrument*, das wir durch *rekursives* Prozessieren seiner selbst heute *digitalisieren* können. Damit *steigern* wir jedoch *„nur"* die Fähigkeiten des *Intellektsystems* – durch *Technisierung*. Diese Technisierung ist dann unser zum *Objekt* gewordenes, also *ausdifferenziertes* („entäußertes"), *ökonomisches System*. Die *Anerkennung*, dass daran die ganze Menschheit vor uns mitgewirkt hat, ist der Weg zur *zweiten Reflexion* und damit zu einer *höheren Bewusstseinsstufe*. Es ist die *konkrete* Gegenwärtigkeit des Gewordenseins. Die Leistungsfähigkeit der *„sensiblen Phasen"* ermöglicht uns diese *Anerkennung*. Letztlich ist es jedoch die *Anerkennung der operationalen Struktur der Autopoiese*, die uns über das Gewordensein *durch sie* mit dem *Ursprung*, der Autopoiese selbst, verbindet. *Der Ursprung wirkt in uns!*

5.2.2 Das Medium Wert

5.2.2.1 objektiv messbar – ortlos, lebendig

Das *Medium Wert* ist das Komplement zum *Medium Zeit*. Es gibt für uns Menschen kein Ereignis, das nicht auch einen Wert hätte. Weiter oben haben wir gesehen, dass über die *Rhythmen* und *Intensitäten* zu Beginn unseres individuellen Lebens *Zeit* und *Wert* in die Welt fielen. Zeit und Wert *bilden sich*. Sie sind *kontingent* und nicht apriori gegeben. Es sind *Gefühle*. Ihre *Begriffe* entstehen erst später sowohl lebensgeschichtlich wie menschheitsgeschichtlich.

Begriffsgeschichtlich wird *Wert* erst im 19. Jahrhundert verhandelt. Und interessanterweise meint diese Diskussion *soziale* und *kulturelle* Werte. Nach *Hans Joas* entwickelt sich diese Diskussion aus den *objektiv messbaren* Werten der Mathematik und Ökonomie (Joas. 1997: 37). *Wert* wird bis heute als Begriff, also *kategorial strukturell* gefasst. Dennoch ist man sich dabei bewusst, dass dem Begriff „Wert" ein Bezug zum Subjekt des Wertes anhaftet. Dabei ist man sich andererseits auch darüber im Klaren, wie *Hans Joas* weiter meint, dass der Begriff „Wert" den Begriff des „Guten" aus der antiken philosophischen Tradition ersetzt. Und hierin liegt denn wohl auch der Grund, warum *Wert* noch heute nur als *kategoriale Struktur* gefasst werden kann, trotz der *„Wende zur Subjektivität"* und *„Kontingenz des Wertens"* (Joas. 1997: 39 ff.). Die hierzu notwendige *operationale Struktur* kommt dabei nicht in den Blick. Bis heute sind wir Gefangene des *antiken Intellektualismus*. Auch die Wende zum Subjekt bei *Kant* hat daran nichts geändert. Im Gegenteil, nun waren die *kategorialen Strukturen* im Subjekt sogar zu apriorischen Strukturen geworden, wie wir oben gesehen haben. Auch *Kant* hat die Stufe der *ersten Reflexion der Achsenzeit* nicht überwinden können.

Bei *Kant* wurde dann die Moral zur *Pflicht*. Dass auch das *Sollen* sich erst *gebildet* hat, ist nicht mehr zu erkennen. *Nietzsche* hat sich hieran gerieben und *dieses* Sollen als *„Erbsünde der Vernunft"* betrachtet. Er hat nach *Hans Joas* als erster nach der *Entstehung der Werte* gefragt. Seine Antwort war die Forderung nach einer *Umwertung der Werte*. Es geht aber weder um die Entstehung des Begriffes Wert noch um die Umwertung dieses Begriffs. Es geht um den *Ursprung* unseres *begrifflichen Denkens* und damit der *kategorialen Strukturen* überhaupt. Und dieser Ursprung liegt in den *operationalen Strukturen*, in der Bewegung des Körperlichen, die wir auch *fühlen* und spüren können. Ohne *subjektives Empfinden* gibt es keinen *Wert*. Und ohne diesen Ursprung kann es keine *sozialen Werte* geben, die sich *lebendig anfühlen*. Diese *Wirklichkeit sozialer Werte* wie *Solidarität* und *Gerechtigkeit* würde dann unser *soziales Leben durchdringen*. Solange sie nur mittels *Indikatoren gemessen* werden, bleiben sie *leblos*. Alles, was *gemessen wird*, muss einen *Ort* haben. *Soziale Werte* sind aber *ortlos*. Sie durchdringen unser Leben. Sie sind *ortlos*, weil sie *lebendig* sind. Das *Leben* kann man *nicht messen*. Beim *Messvorgang* würde es *zerstört* werden. Die *operationale Struktur ist unverfügbar!* Von ihr ist alles abhängig. Wir können sie nur *anerkennen* und in unsere *kategorialen Strukturen integrieren*. Unsere *kategorialen Strukturen* hätten dann ihren *Ursprung* gefunden. Denn sie sind *nicht apriori gegeben*, wie *Kant* noch dachte. Dann „erkennen" wir aber auch den *Wert* unseres *Gewordenseins*. Wir *anerkennen* dann die Leistungen der *gesamten Menschheit vor uns*. Unser Leben ist ohne sie unmöglich. Dabei ist *ihr Leben* (Wert) in uns *gegenwärtig* (Zeit).

Es ist nicht nur so, dass *jedes Ereignis* die komplementären Seiten von *Zeit* und *Wert* hat, sondern *Zeit* und *Wert* verschränkt auch unsere individuelle *Lebensgeschichte* mit der gesamten *Menschheitsgeschichte*. Dies ist nur deshalb möglich, weil

Zeit und *Wert* sowohl *objektiv messbar* sind, wie auch – in einem anderen Modus – *ortlos lebendig* sein können. Hierzu wiederum ist nur die *operationale Struktur* fähig. Nur sie kann noch ihren *Modus wechseln.* Die *kategoriale Struktur* kennt nur den *objektiven Modus.* In diesem Modus werde ich nun das Qualitätswesen im Medium Wert besprechen.

5.2.2.2 Qualitätswesen im Medium des objektiven Werts

So wie bei der Logistik handelt es sich auch beim Qualitätswesen um objektive und damit *messbare* Werte. Um ein *Produkt* herstellen zu können, benötigt man messbare Größen wie Längen, Durchmesser, Leistungen, Härten mit ihren jeweiligen Toleranzen. Damit können dann *Prozesse* installiert werden, die diese Größen in ihren jeweiligen Toleranzen herstellen können.

Wie der Ursprung der Logistik, so liegt auch der Ursprung des Qualitätswesens in der *Arbeitsteilung.* Aus der Idee *Taylors*, den Fertigungsprozess in kleinste Arbeitsschritte aufzuteilen, leitete sich eine *kontrollierende* Tätigkeit der Produkte am Ende des Fertigungsprozesses ab. Die Fertigungssteuerung war für die Steuerung des Prozesses zuständig, die Fertigung war für die Fertigung der Produkte und das Qualitätswesen war für die Qualität zuständig. Ein *Prozessgefüge* kam bei dieser *funktionalistischen* Sichtweise nicht in den Blick. Fehlerhafte Teile wurden erst am Ende des Prozesses *aussortiert.* Der Gedanke einer *Fehlervermeidung* fand so keinen Ansatzpunkt. Das Qualitätsdenken hing zu sehr am *Produkt.* Man erkannte bis weit in die 80-er Jahre des letzten Jahrhunderts noch nicht, was heute vollkommen klar ist: Nur *beherrschte Prozesse* können die *Qualität der Produkte* sicherstellen. Einem *nachträglichen* Messen ist dies unmöglich. Wie es auch dem *nachträglichen* Zuordnen von Geld unmöglich ist, die Herstellkosten eines Produktes zu senken, so lässt sich durch *Beherrschung des Prozesses* erst die Qualität sicherstellen. Und *damit* auch die Kosten senken! Eine Kostensenkung ist *immer eine Folge* beherrschter Prozesse, also Folge der Qualitätssicherung und der Logistik des Prozesses. Aber in diesem Abschnitt geht es nur um die Qualität des Produktes. Und die lässt sich nur mit dem *Prozess zur Herstellung* des Produktes sicherstellen.

Hier sind wir nun an einem entscheidenden Punkt dieses Buches. Der *Prozess* ist entscheidend für die *Qualität* des *Produktes.* Noch in den 80-er Jahren war man sich nicht im Klaren darüber, ob die Qualität am *Produkt* oder am *Prozess* gemessen werden muss. Auch war man sich nicht einig darin, wer denn für die Qualität der Produkte verantwortlich ist. Ist es die Fertigung oder das Qualitätswesen? Erst um die Jahrhundertwende setzte sich dann die Erkenntnis durch, dass *alle Mitarbeiter* des Unternehmens in *allen Fachbereichen* für die Qualität der Produkte verantwortlich sind. Es gibt *kein Ereignis* im Unternehmen, das nicht an der *Qualität der Produkte* beteiligt ist.

Das Problem dabei ist, dass man den so *ganzheitlich* (systemisch) verstandenen Prozess *weder sehen noch* als solchen *messen kann.* Dennoch ist jeder installierte *Einzelschritt messbar*, ansonsten könnte er nicht eingerichtet werden. Das Qualitätssicherungssystem ist ein *technisiertes System* und damit *auditierbar*, also überprüfbar. Dennoch ist es nicht der Prozess selbst, der ja zu *Produkten* führen würde, der in Audits überprüft wird. Überprüft wird ein *Metaprozess*, von dem man *annimmt*, dass er zur Sicherstellung der Qualitätsanforderung führt. Ein *Qualitätsaudit* führt zu einer *Anerkennung*, nicht zu einer Erkenntnis. Dennoch werden in einem Qualitätsaudit, den Richtlinien entsprechend, *objektive* überprüfbare Tatbestände festgestellt und dokumentiert.

Diesen Prozess stellen wir selbst her. Daher ist er uns auch *verfügbar.*

Erst in den späten 80-er Jahren begann man damit, *programmgesteuerte Qualitätsregelkreise* einzuführen. Es handelt sich hierbei um eine Vielzahl ineinandergreifender Programme. Mit ihrer *rekursiven* Operationsweise führen sie die Kommunikationen im Medium *Wert* zur Schließung des Systems Qualitätswesen. 70–80 % aller Qualitätsfehler haben ihren Ursprung bei der *Spezifikation der Anforderungen*, die das Produkt erfüllen muss. Wie wir schon bei der Logistik erfahren haben, werden hier auch die wesentlichen Herstellkosten festgelegt.

Das wichtigste Programm am Beginn des *Qualitätsregelkreises* ist das „Quality Function Deployment" (QFD). Es regelt die Festlegung der *Eigenschaften* des Produktes. Man beachte, dass es hierbei nicht um die *Substanz* und auch nicht um die *Form* des Produktes geht. Es gibt immer eine Vielzahl funktionaler Äquivalente zur Erfüllung der Eigenschaften. Häufig weiß der Kunde selbst noch nicht, wie das Produkt aussehen soll. Da es darum geht, die *Qualitätsanforderungen* des Kunden in *Prozessparameter* des Lieferanten umzusetzen, ist es wichtig für den Lieferanten, zum frühestmöglichen Zeitpunkt bei den Festlegungen einzugreifen. Nur so ist ein sicherer Prozess zur Herstellung des Produktes gewährleistet.

Aber das, was hier abläuft, ist noch viel tiefergehend. Am Beginn steht der *Wille* des Kunden. Dieser *Wille* liegt jedoch zu Beginn noch nicht fest. Vor allem, er ist zu diesem Zeitpunkt noch nicht *objektiv messbar.* Hier am *Ursprung* des Entstehungsprozesses von Technik zeigt sich, wie wichtig eine *gelingende Kommunikation* ist. *Technik* wird erst durch *Kommunikationsprozesse* zu Technik. Das *Produkt* ist das Ergebnis einer *sozialen Beziehung.* Das *physische Produkt* ist zunächst nur das *Medium* dieser Kommunikation. Es sind die *Eigenschaften* im Medium *Wert,* die den Kunden zufriedenstellen müssen. Die *subjektiv* empfundenen Werte des Kunden müssen zunächst in einem *sozialen* Kommunikationsprozess in *objektiv* messbare Produkteigenschaften übersetzt werden. Diese *objektiven* Werte müssen dann noch in *objektiv* messbare *Prozessparameter* transformiert werden. Erst diese sind dann in der Lage, die zunächst nur subjektiv empfundenen Werte des Kunden in objektiv messbare Produkteigenschaften zu überführen. Und zwar derart, dass der Kunde sowohl *subjektiv wie objektiv* zufrieden ist. Die *Dreidimensionalität des Mediums Wert* macht dies möglich.

Erst im Medium *Wert* (mit seinem Komplement *Zeit)* zeigt sich, dass der Entstehungsprozess von Technik in einem *sozialen Prozess eingebettet* ist. Qualitative Technik ist ohne eine gelingende Kommunikation nicht herstellbar. Ingenieure dürfen sich nicht belügen. Dies hätte fatale Konsequenzen bezüglich der Realisierbarkeit von Technik. Beim Medium *Geld* liegen die Dinge anders. Es hat *keinen direkten* Zugriff zur Technik. *Ökonomie* ist aber ohne Technik nicht möglich. Hier hat die *Ökonomik* ein Problem. Sie kann ihren Gegenstand gar nicht fassen. Dazu weiter unten mehr.

Ingenieure haben nicht vor, das *Soziale* herzustellen. *Herstellen* könnte man es ohnehin nicht, es *bildet sich.* Der *Eigenwert* des Qualitätswesens, das *Soziale*, bildet sich bei der Realisierung von *Technik.* Es ist das Resultat der rekursiven Operationsweise im Medium *Wert.* Hier treffen die *operationalen Strukturen* zweier *Willen* aufeinander. Hieraus *bilden* sich im Kommunikationsprozess die *objektiven* Werte in Form *kategorialer Strukturen*, die sich *technisieren* lassen. Dies ist die große Leistung unserer Ingenieure. Sie *müssen* sich *verständigen*, damit die *Anforderungen* des Kunden sich in der *Technik* wiederfinden. Dies ist ein *Bildungsprozess.* Seine Basis sind die uns *nicht verfügbaren operationalen Strukturen.* Niemand kann uns die *Einheit* von subjektiver Empfindung, objektiv messbarerem Erfolg und sozialem Handeln zeigen. Die *Autopoiese* ermöglicht jedoch diesen *Bildungsprozess.* Ihre *rekursive* Operationsweise *erzwingt* bei der Herstellung von *qualitativer Technik im Medium Wert das Soziale.*

Der Bau des Flughafens Berlin, der Dieselskandal, der Bau der Elbphilharmonie, der Bau des Bahnhofs in Stuttgart zeigen dies überdeutlich. Wenn wir *Qualität* erzeugen wollen, *müssen* wir die *operationalen Strukturen* der Autopoiese *anerkennen.* Es geht gar nicht anders. *Qualität* kann nur erzeugt werden, wenn in einem Unternehmen – und das meint auch zwischen den Unternehmen, also in der Ökonomie insgesamt – *alles aufeinander abgestimmt ist.* Nichts anderes bedeutet es, *Qualität sicherzustellen.* Genau dies wird heute in *Qualitätsaudits* geprüft. Hier werden *alle* Funktionsbereiche auf *systemische Schließung* hin geprüft. Zu beachten ist jedoch, dass es dem *Qualitätswesen* nur um die Sicherstellung der *objektiven Werte* geht. Ihm selbst ist (noch) *nicht bewusst,* dass es damit das *Soziale schafft* und sich somit *selbst transzendiert.*

Dass sich diese Selbsttransformation nur über die operationalen Strukturen der Autopoiese bilden kann, möchte ich an folgendem praktischen Beispiel aus der Automobilindustrie plausibel machen. Denn die operationalen Strukturen *selbst* haben schon bewiesen, dass sie sich selbst transformieren können. Das Medium *Wert,* um das es hier geht, gibt es in den *drei Modi*: objektiv, sozial und subjektiv empfindend. Folgendes Beispiel zeigt diesen transformativen Prozess im *Medium Wert:* vom *subjektiven Wunsch* des Kunden, über den *sozialen* Kommunikationsprozess zum *objektiv* zu installierenden Fertigungsprozess, der in der Lage ist, das *physische* Produkt in den *objektiv bestimmten Werten* herzustellen.

> „Der Kunde artikuliert die Forderung *Türe leicht zu schließen.* Im Rahmen der Produktplanung wird die Anforderung in die technische Spezifikation *Türschließkraft* $F_s = 10\ N$ übersetzt. Bei der Komponentenplanung wurde der Pressdruck der Türdichtung als ausschlaggebend für die Realisierung der Türschließkraft erkannt. Anschließend erfolgt die Prozessplanung. Der sich einstellende Pressdruck des Gummiprofils ist dabei stark abhängig vom Prozessparameter *Extruderdrehzahl.* Die Extruderdrehzahl wird schlussendlich bestimmt von der Stellung des Drehzahlreglers“ (Pfeifer. 1993: 43).

Zu beachten ist, dass hier Wünsche, also *Immaterielles*, über *gelingende* Kommunikationsprozesse, ebenfalls *immateriell*, in *materielle* Produkte transformiert werden. Produkte, also messbares *Objektives, Soziales* und *Subjektives* sind nur Aspekte *eines Prozesses.* Hier gibt es nichts Trennendes. Dies machen nur unsere *kategorialen Strukturen,* unsere Begriffe. Letztlich wünscht der Kunde auch nur *Eigenschaften*, die er *spürt.* Das physische *Produkt* ist nur das *Medium der Kommunikation.* Leicht einsichtig wird dies im Dienstleistungsbereich. Hier *ist* der *Prozess* das *Produkt.* Die *gelungene Kommunikation* ist das *Produkt.* D. h. die Kommunikation hat in ihrem *Gelingen* die geforderte *Qualität* erreicht und wird damit *selbstreflexiv.* Ihr *Wert* ist das *Gelingen.*

Durch *Digitalisierung* schrumpft der industrielle Sektor gegen Null. *Physische Arbeit* wird in immer stärkerem Maße durch *IT* ersetzbar. Dies gelingt umso *besser* (Qualität) und umso schneller (Logistik), je besser die hierzu notwendigen Kommunikationen gelingen. Die Rekursivität der Kommunikationen im Medium Wert haben im Qualitätswesen zum „Total Quality Management“ (TQM) geführt. Jetzt ist *jeder Mitarbeiter selbst* für die Qualität seiner Tätigkeit *verantwortlich.* Im Unternehmen gibt es keinen Funktionsbereich und keinen Mitarbeiter, für den dies nicht gilt. Dies geht in seiner *tiefen Bedeutung* weit über eine *systemische Integration* aller Qualitätssicherungsprogramme hinaus. Denn diese führt nur zu einer Schließung des Systems im *objektiven Modus* durch *Digitalisierung.* Die *Verantwortung* auf alle Mitarbeiter zu übertragen, ist aber eine *Transzendierung des Qualitätswesens selbst.* Dies war *nicht* die Absicht der Ingenieure des Qualitätswesens. Die *Rekursivität* der Kommunikationen im Medium *Wert erzwingt* dies jedoch. Die Kommunikationen im *Medium Wert* finden aufgrund ihrer Rekursivität ihren *Ursprung.* Die *Rekursivität* der *autopoietischen Operationsweise* macht dies möglich. *Alleine ihr* verdanken wir es.

In der Logistik hatten wir die Entsorgungslogistik als Schließung des Systems kennengelernt. Diese Schließung ist zugleich aber die Integration von *Logistik* und *Natur* im Medium *Zeit.* Das *Komplement* hierzu ist im *Qualitätswesen* das *Umweltmanagement.* Der *Wert* eines Produktes wird hierdurch an seine *Umweltverträglichkeit* gebunden. Mit Umwelt ist hier im Wesentlichen jedoch nur die *äußere* Natur gemeint, wie in der Logistik. Wir *selbst* sind aber auch Natur. Und diese Natur ist nicht nur *objektiv messbar.* Die oben angesprochene *Transzendierung des Qualitätswesens* macht sich denn auch hier bemerkbar.

Im Gegensatz zu der Erwartungsstruktur der Logistik kristallisiert sich erst in den letzten beiden Jahrzehnten eine *Erwartungsstruktur des Qualitätswesens* heraus.

Nach ISO haben sich alle Qualitätsregelkreise an vier *Orientierungen* auszurichten:

- Ganzheitsorientierung
- Prozessorientierung
- Kundenorientierung
- Mitarbeiterorientierung

Im Gegensatz zur Erwartungsstruktur in der Logistik ist eine Erwartungsstruktur des Qualitätswesens *nicht messbar*. Die *objektiven Werte* des Qualitätswesens sind sehr wohl messbar. Dies ist die Grundlage dafür, dass überhaupt *technische Produkte* hergestellt werden können. Bei der Erwartungsstruktur des Qualitätswesens handelt es sich um *Orientierungen*. Aber diese haben das Potential zur *Transzendierung* des Qualitätswesens.

Die *Ganzheitsorientierung* und die *Mitarbeiterorientierung* sind erst 1999 in die ISO-Normengebung aufgenommen worden:

Ganzheitsorientierung
Hiermit ist nun auch in der Normengebung festgeschrieben, dass *alle Funktionsbereiche* einer Unternehmung bei der Auditierung einbezogen werden müssen. Hinzu kommt, dass *alle Normenforderungen* umgesetzt werden müssen. Die *Ganzheit* in eine *technische* Normengebung aufzunehmen ist revolutionär. Was ist das Ganze? Erst die mehrere Jahrzehnte langen Diskussionen über die *Prozessorientierung* haben zur Idee der Ganzheit im Qualitätswesen geführt.

Prozessorientierung
Zunächst ist nicht einsichtig, warum nicht das *Produkt*, sondern der *Prozess* im Fokus des Qualitätswesens stehen sollte. Dass am Produkt die Qualität zu messen sei, war bei den Experten des Qualitätswesens bis in die 80-er Jahre des letzten Jahrhunderts unbestritten. Erst Ende des letzten Jahrhunderts setzte sich die Überzeugung durch, dass die *Qualität des Prozesses* die Qualität des Produktes bestimmt. Niemand hat einen Prozess gesehen, der sich wie ein dynamisches Netzwerk durch die Unternehmung zieht. Ein Prozess ist ein *geistiges* Produkt. Und doch muss jeder *einzelne Schritt* konkret geplant und realisiert werden. Ansonsten könnte kein Produkt den Anforderungen entsprechend hergestellt werden. Einen Prozess in seiner *Ganzheit* kann man nur *beschrei-*

ben, nicht jedoch wie ein Produkt sehen. Erst jetzt war auch die Zeit reif, um über die Gesamtheit aller Prozesse nachzudenken, die in einer Unternehmung ständig ablaufen. So kam zwingend die Frage nach dem *Ganzen* auf. Das Ganze lässt sich jedoch nicht mehr funktionsorientiert fassen, sondern nur noch *systemisch*. Denn die Funktionen müssen ja auch wieder zu einem Ganzen gefasst werden. Das geht aber nicht mehr funktionalistisch. Die Unternehmung ist aber ohne Zweifel ein *Ganzes* und wird im Qualitätswesen auch so aufgefasst (s. o.).

Kundenorientierung
In der *Prozessorientierung* liegt der *transformative Gedanke des Qualitätswesens*. Prozessorientierung heißt, das *Operationale* in den Focus zu nehmen. Aus der Prozessorientierung gehen alle weiteren Entwicklungen des Qualitätswesens hervor. So auch die *Kundenorientierung*. Die Kommunikationen im Medium *Wert* haben schließlich zu der Erkenntnis geführt, dass die Unternehmen für den *konkreten Kunden* produzieren und nicht für einen *anonymen Markt*. Hinter den *objektiv messbaren* Anforderungen an ein Produkt steht die *ortlose subjektive Zufriedenheit* des Kunden, die es letztlich zu befriedigen gilt. Es sind Ingenieure, keine Sozialwissenschaftler, die die *subjektiv empfundenen Eigenschaften* eines Produktes in *objektiv messbare Qualitätsmerkmale* übersetzen müssen. *Subjektives* muss in *Objektives* transformiert werden. Dies geht nur durch eine verständigungsorientierte Kommunikation, also durch *soziales Handeln*. Die *Messbarkeit* der Qualitätsmerkmale ist Resultat *ortlosen Prozessierens operationaler Strukturen*. Diese *Messbarkeit*, ausgedrückt in den *kategorialen Strukturen* der Qualitätsmerkmale des Produktes, ist die Bedingung der Möglichkeit, *Herstellungsprozesse* zu planen und zu realisieren.

Die Welt ist *nicht so*, wie wir sie uns *heute* vorstellen. Das *Messen*, ausgedrückt in *kategorialer Struktur*, ist das *Abstrakte*, und das *Ortlose*, also das Soziale und unsere subjektiven Empfindungen, die *operationale Struktur*, ist das *Konkrete*. *Messen* ist nur möglich aufgrund einer *hochabstrakten Theorie* von Raum und Zeit. Dass wir es heute (noch) *genau umgekehrt* sehen, liegt an unserem Schulsystem, das dem *antiken Intellektualismus*, also der *ersten Stufe der Reflexion*, verpflichtet ist. Die *„Theoriedurchtränktheit"* des „konkreten" Messens ist uns nicht bewusst. Denn wir sehen *alles* durch diese eindimensionale „intellektuelle Brille". Uns fehlt das *Andere*, die *zweite Reflexion* auf den *Ursprung*, die *operationale Struktur*. Mit der *kategorialen Struktur erkennen* wir nur die *Realität*. Mit der *operationalen Struktur erleben* wir die *Wirklichkeit*.

Mitarbeiterorientierung

Die Mitarbeiterorientierung ist die *andere Seite* der Kundenorientierung. Die Kommunikationen im Medium *Wert erzwingen* dies. Eine Übersetzung des Kundenwunsches in objektive Qualitätsmerkmale käme sonst nicht zustande. *Jeder* Mitarbeiter muss kundenorientiert sein. Zur internen Realisierung muss die Mitarbeiterorientierung auch unter den Mitarbeitern *selbst* gelten. So war sie auch gemeint, denn interne Kommunikationen müssen verständigungsorientiert ablaufen, wenn sie gelingen sollen. Und sie *müssen gelingen*, wenn die vereinbarte *Qualität der Produkte* durch die zu installierenden *Prozesse* sichergestellt werden soll.

Das Problem einer hierarchischen Struktur liegt darin, dass die *Verständigungsorientierung* von Kommunikationen *nicht kontrolliert* werden kann, *das Soziale ist ortlos*. Zur Sicherstellung der vereinbarten Qualität sind aber *gelingende* Kommunikationen *zwingend* erforderlich. D. h. das *Management* ist zur Qualitätssicherung von Bedingungen abhängig, die es selbst *nicht herstellen* kann. Die *operationalen Strukturen* sind *unverfügbar*. Das *Soziale* lässt sich *nicht herstellen*. Daher neigt es dazu, dort, wo es möglich ist, *Kommunikation* durch *Information* zu ersetzen. Eine vollkommen *digitalisierte Fabrik* benötigt *keine* Kommunikationen mehr. Aber, um dies zu erreichen, bedarf es *verständigungsorientierter Kommunikationen* höchsten Grades. D. h. die Kommunikationen im Medium *Wert* erzwingen zwei *scheinbar* widersprüchliche Ziele. Offensichtlich *erzwingt* die Qualitätssicherung das *Soziale*, um es doch *zugleich* durch Digitalisierung *zu beseitigen*. Dieser Widerspruch ist auf dem Bewusstseinsniveau der *ersten Reflexion*, also *kategorialer Strukturen*, nicht zu beseitigen. *Das* macht den Menschen heute *Angst*. Das ökonomische System scheint die *Technisierung des Menschen* zu erzwingen, ja, seine *Abschaffung* durch *künstliche Intelligenz*.

5.2.3 Das Medium Geld

5.2.3.1 objektiv messbar – ortlos, magisch

Die heutige Ökonomik kennt *nur das Medium Geld*. Das Geld ist auch nach der soziologischen Systemtheorie *Luhmanns* das alleinige Kommunikationsmedium der Ökonomie. Sein *Code ist Zahlung / keine Zahlung*. Zum eigentlichen *Produktionsprozess* dringt Geld jedoch nicht durch. Mit Geld ist es *unmöglich*, etwas herzustellen, also *Werte zu schaffen*. Das *Geld* kann dem Hergestellten erst *nachträglich* zugeordnet werden. *Heute* ist das *Geld* zwar ein *rationales Werkzeug*, allerdings mit *unbewusst magischem* Charakter. Es hat drei Funktionen: Tauschfunktion, Wertaufbewahrungsfunktion und Rechenfunktion.

Diese Funktionen beruhen *alleine* auf dem *Vertrauen* und der Akzeptanz seiner Benutzer. Einen davon unabhängigen Materialwert besitzt es heute nicht mehr. Als *Buchgeld* ist es vollkommen *immateriell*. Es ist in einer einfachen *Zahl* darstellbar. Es kann gemessen werden wie eine *physikalische* Größe. Seine Dimension ist eine spezielle Währung, zum Beispiel Euro, die in Relation zu anderen Währungen steht, z. B. Dollar. So, wie 5 m plus 3 m = 8 m sind, sind 5 Euro plus 3 Euro = 8 Euro. So wie Meter ein geistiges Konstrukt ist, ist auch Euro ein *geistiges Konstrukt.* Das, was wir *heute als Geld ansehen* und akzeptieren, hat sich *erst gebildet.* Ein geistiges Konstrukt ist es jedoch schon in seinem *Ursprung* gewesen. Nur war es kein *rationales* Konstrukt wie heute, sondern ein *magisches* Konstrukt. Die *Magie* hängt ihm jedoch *unbewusst* weiter an. Daher verbleibt es ein „Übergangsobjekt".

Wie wir weiter oben gesehen haben, liegt der *Ursprung* des Geldes *nicht im Ökonomischen*, sondern im *Sozialen.* Es hatte ursprünglich die Aufgabe, die *Gemeinschaft als Ganzes* zu erhalten. Die Gegenstände, die als Geld angesehen wurden, hatten *magischen* Charakter. Es war diese *Magie*, die von den Gegenständen ausging, die die Gemeinschaft zusammenhielt.

Erst diese *Magie* war dazu in der Lage, eine Gemeinschaft nicht nur *zusammenzuhalten*, sondern auch zu *strukturieren. Sie* hat die Menschen aus ihrem noch tierischen, sensomotorischen Bewusstsein herausgeführt. Das *magische* Denken war die erste Stufe des *symbolischen Denkens.* Auf dieser ersten Stufe des symbolischen Denkens sind die *Worte* noch die *Gegenstände* selbst. Die *Worte haben magischen Charakter* wie die Gegenstände.

Erst durch einen weiteren Bildungsprozess entwickelte sich aus dem magischen Denken eine weitere Stufe des symbolischen Denkens, das *mythische Denken.* Das mythische Denken fragt nach dem *Ursprung* der Gemeinschaft und damit auch nach dem *Ursprung des Geldes.* Es bilden sich *Schöpfungsmythen.* An den Ursprung in diesen Schöpfungsmythen ist alles gebunden. Von diesem *Ursprung* ist *alles abhängig.* Der Bestand der Gemeinschaft wie auch das, was z. B. als *Geld* angesehen wird. Es wurde von Göttern oder Königen eingeführt. Das Münzgeld trug den Stempel des Herrschers oder des Tempels. Das *Vertrauen* in dieses Geld resultierte aus der *göttlichen Herkunft* des Herrschers.

Noch für *John Locke* (1632–1704), dem Mitbegründer des englischen *Liberalismus*, hat sich das Geld *nicht gebildet*, sondern es wurde *erfunden*. Und seit der *Erfindung des Geldes* ist seine *grenzenlose Aneignung nach Locke erlaubt*, da es nicht verdirbt.

> „Das aber wage ich kühn zu behaupten: dieselbe *Regel für das Eigentum*, nämlich dass jeder Mensch so viel haben sollte, wie er nutzen kann, würde auch noch heute, ohne jemanden in Verlegenheit zu bringen, auf der Welt gültig sein, [. . .] wenn nicht die *Erfindung des Geldes* und die stillschweigende Übereinkunft der Menschen, ihm einen Wert beizumessen (durch Zustimmung), die Bildung größerer Besitztümer und das Recht darauf mit sich gebracht hätte“ (Locke. 1977: 222).

Hier wurde der *Mythos* von der *erlaubten grenzenlosen Aneignung von Eigentum* mit dem Argument *rational* begründet, dass *Geld nicht verdirbt*. Die *Magie* des Geldes gemeinschaftsstiftend zu sein, wurde nun über einen *Mythos* in die *Rationalität* des ökonomischen Handelns hineingezogen.

In der Philosophie ist es *unbestritten*, dass es eine *Steigerung des Niveaus* unseres Bewusstseins und unseres *symbolischen Denkens* gibt. Die Stufenfolge führt vom *magischen Denken* über das *mythische Denken* zum *rationalen Denken*. Auf dieser Stufe der *ersten Reflexion* befinden wir uns noch heute. Was nicht von allen Philosophen geteilt wird, ist die *Dialektik* dieses Bildungsprozesses. D. h. die Tatsache, dass auf jeder höheren Stufe das Bewusstsein der niedrigeren Stufe in ihr *aufgehoben* ist. Die jeweils höhere Stufe ist ein *Ganzes*, das als solches jedoch nicht bewusst sein muss.

Das *rationale Denken*, also das Denken, das reflexiv auf die eigenen Gedanken zurückgreift, *glaubt*, sich von magischem und mythischem Denken befreit zu haben. *Bewusst werden* kann die Abhängigkeit des rationalen Denkens von seinen Vorstufen jedoch erst auf der Stufe der *zweiten Reflexion.* Der *Aufstieg* zu einer *höheren Stufe* des Bewusstseins ist nur möglich durch den *Abstieg* zu seinem *Ursprung.* Die *kategorialen Strukturen* haben die Fähigkeit, ihr *Gewordensein* zu erkennen. Zum *Werden* selbst bedarf es jedoch *operationaler Strukturen.* Die *kategorialen Strukturen* sind so sehr von ihrer Leistungsfähigkeit überzeugt, dass es ihnen schwer fällt, die *Unverfügbarkeit* ihres Ursprungs *anzuerkennen.* Dazu bedarf es *Demut.* Demut ist jedoch *keine Kategorie* der kategorialen Strukturen.

Auf der höheren Stufe des Bewusstseins, dem *integralen Bewusstsein,* wirkt das *Geld* nicht mehr *gemeinschaftszerstörend* wie heute, sondern *gemeinschaftsbildend,* wie in seinem *Ursprung.* Nun jedoch nicht mehr *magisch,* was *heute* die Gesellschaft zerstört, sondern *sozial,* weil es *rational* eingesetzt werden kann als *Werkzeug* der Gesellschaft. Die *Ökonomie* ist dann als *Objekt rational* erkennbar, als in den Medien *Zeit* und *Wert* operierend. Dass die Ökonomie im Medium *Geld* operiert, ist ein *Mythos,* der der *Magie des Geldes* geschuldet ist.

Das *reflexive Denken,* also das Denken, das Mitte des ersten Jahrhunderts vor unserer Zeitrechnung auf seine eigenen Gedanken zurückgreifen konnte, *hat weder den Mythos noch die Magie abgeschafft.* Es ist ein *Mythos,* dass wir mit dem *rationalen Denken* die *Wirklichkeit* fassen können! Zur *Wirklichkeit* gehört die *operationale Struktur!* Erst die *bildet* die Wirklichkeit. *Wirklichkeit* ist ein *Prozess.* Aber sie ist kein Prozess, den wir *herstellen* können. *Bildungsprozesse* sind *unverfügbar* und liegen den *Herstellungsprozessen zugrunde.* Sie sind *ortlos* wie das Soziale und unsere subjektiven Empfindungen und operieren in einem *anderen Modus* als Herstellungsprozesse.

Aus dem *ortlos Magischen* kann heute das *ortlos Soziale* werden. Ohne dass es die Absicht der Menschen war, hilft uns die *rationale Ökonomie* mit ihrem *rational gewordenen Geld*, dass sich das *Soziale bilden kann*. Es wird das erste Soziale in der Menschheitsgeschichte sein, das sich auch sozial *anfühlt*.

5.2.3.2 Controlling im Medium Geld

Ich lasse hier das *„objektiv"* vor *Geld* weg, weil Geld heute immer noch wegen seiner *Magie* ein „Übergangsobjekt" ist. *Zeit* und *Wert* sind dagegen reine objektive ökonomische Größen. An ihnen hängen keine Emotionen. Geld ist hierzu (noch) nicht fähig. Dennoch können wir mit ihm messen, z. B. Kosten, Preise, Vermögen, Einkommen etc.

Controlling ist das zu Logistik und Qualitätswesen *komplementäre* ökonomische System. Alle Kommunikationen im Medium *Geld* gehören zum *Controlling. Jedem* Ereignis im Unternehmen kann Geld *zugeordnet* werden. Im Gegensatz zu den Medien Zeit und Wert *konstituiert* Geld jedoch kein Ereignis. Geld kann selbst keinen Wert hervorbringen. Es kann lediglich einem Ereignis *zugeordnet* werden. Diese Aufgabe hat das Controlling. Es hat insgesamt die Aufgabe, die *Erwartungsstruktur* sicherzustellen. Langfristig muss jede Unternehmung vier Fähigkeiten haben:

- Gewinnfähigkeit
- Zahlungsfähigkeit
- Kreditfähigkeit
- Marktpreisfähigkeit

Alle Fähigkeiten werden in *Geld* gemessen. Aber alle Fähigkeiten sind nur dann gegeben, wenn die Unternehmung die *Prozesse* zur

Herstellung seiner *Produkte* beherrscht, die es am Markt anbietet. Die *Sicherstellung* der Erwartungsstruktur ist selbst *nicht* im Medium *Geld* herstellbar und damit auch *nicht* durch das *Controlling*, das im Medium *Geld* kommuniziert. Dies gilt es nun zu zeigen.

Das von mir hier *systemisch* verstandene *Controlling* ist nicht zu verwechseln mit dem *Funktionsbereich Controlling*, das in der Betriebswirtschaftslehre (BWL) einer Abteilung zugeordnet ist. Da *allen Ereignissen* in der Unternehmung *Geld* zugeordnet werden muss, ansonsten wäre es kein *ökonomisches Ereignis*, betrifft das Controlling auch *alle Funktionsbereiche* eines Unternehmens. Die BWL kennt noch einen anderen Begriff für das *Controlling*, das ist das *Rechnungswesen*. Bei diesem Begriff unterscheidet sie zwischen dem *internen* und dem *externen* Rechnungswesen. Häufig wird aber auch nur das *interne* Rechnungswesen mit dem Begriff *Controlling* belegt. Das *externe Rechnungswesen* nennt man dann *Finanzwesen*. Eine eindeutige Sprachregelung gibt es nicht (Amshoff. 1993).

Das Herzstück des nach *innen* gerichteten Rechnungswesens ist die *Kosten- und Leistungsrechnung*. Hier wird der *reale Kern* des Wertschöpfungsprozesses *monetär*, also im Medium *Geld*, abgebildet. Da der *reale Prozess* nur in den Medien *Zeit* und *Wert* erfasst werden kann, bedeutet dies, das *Geld* wird diesem in Zeit und Wert beschriebenen Ereignis *nachträglich* zugeordnet. Die *Kosten* eines Produktes (= Leistung) werden dabei *kalkulatorisch* bestimmt.

Der Begriff *kalkulatorisch* ist nur im Verhältnis zu *pagatorisch* zu verstehen. Kalkulatorischen *Kosten* stehen keine oder keine gleich hohen *Aufwendungen* (Aufwand) gegenüber. *Pagatorisch* bedeutet, auf *Zahlungsvorgängen* beruhend (pagare = zahlen). Zahlungsvorgänge sind nach *außen* gerichtet, also auf den *Markt* bezogen und werden im *Finanzwesen* abgebildet. Da bei *Luh-*

mann der *Code* des ökonomischen Systems *Zahlung / keine Zahlung* ist, hat er das eigentliche Geschehen eines Unternehmens vollkommen ausgeblendet.

Nun hat die BWL ein *Problem* damit, das *interne* kalkulatorische und das *externe* pagatorische Rechnungswesen (Controlling) als ein *geschlossenes* System aufzufassen. Die *monetäre* Trennung muss über *„Brückenrechnungen"* (Horváth. 1998: 455) wieder *künstlich* zusammengefügt werden. Im Medium *Geld* gibt es *keine Einheit.* Nur in den Medien *Zeit* und *Wert* ist diese Einheit, nicht nur für das *Unternehmen*, sondern für die *Ökonomie insgesamt* gegeben, wie ich oben gezeigt habe. Damit hat die BWL und das *Controlling* ein zweites Problem. Sie haben auf den *Prozess* der „Leistungserstellung", also der Herstellung des Produktes, im Medium *Geld* gar *keinen Einfluss.* Dies ist nur in den Medien *Zeit* und *Wert* möglich, wie oben gezeigt. Dem *Controlling* wird dies in den letzten Jahren zunehmend bewusst. Dies mache ich nun an den Kommunikationen, die in den letzten Jahren im Controlling selbst geführt werden, deutlich. Dies sind die *Prozesskostenrechnung* und das *Selbstcontrolling.*

Prozesskostenrechnung

Die Prozesskostenrechnung wurde entwickelt, weil dem Controlling der *Gegenstand* seiner Tätigkeit dahinschwindet. Zu Beginn des Industriezeitalters konnte fast *jedem Ereignis* im Unternehmen *nachträglich Geld* direkt zugeordnet werden, *nachdem* es über *Zeit* und *Wert* bestimmt war. Mit zunehmender *Bürokratisierung* und vor allem Verdrängung der *Industrie* durch den *Dienstleistungsbereich* ist dies kaum noch möglich. Eine *verursachungsgerechte* Zuordnung von *Geld* ist aber die Grundlage des internen Rechnungswesens.

Die meisten Funktionsbereiche in Unternehmen sind heute sogenannte *Gemeinkostenbereiche.* Dies sind Bereiche, in denen die *Kosten* der dortigen Tätigkeiten nicht mehr direkt einem

Produkt zugeordnet werden können. Ihre Kosten werden über *Schlüssel pauschal* den Produkten zugeordnet. Im Zuge der funktionalen Ausdifferenzierung der Unternehmen sind heute *fast alle* Funktionsbereiche *Gemeinkostenbereiche.* Der Gedanke der *Prozessorientierung* des Qualitätswesens hat die Controller auf die Idee gebracht, die Kosten nicht mehr einem *Produkt* sondern einem *Prozess* zuzuordnen. Auf diese Weise konnte man die Methode der *nachträglichen Zuordnung* des *Geldes* beibehalten. Die *monetäre* Zuordnung erfolgte nun nicht mehr auf ein *Produkt,* sondern auf einen *Prozess.*

Das Problem dabei ist jedoch, dass die *Prozesskostenrechnung* selbst wiederum mit *hohen Kosten* verbunden ist. Daher kann hierin nicht die Lösung des Problems liegen. Denn der Controller hat die Aufgabe, *Kosten zu senken* und nicht zu *erhöhen.* Wie schon im Qualitätswesen beschrieben, wurde nun auch das Controlling *selbstreflexiv.* Die *Rekursivität* der Kommunikationen im *Medium Geld* führte zur Idee des *Selbstcontrollings.*

Selbstcontrolling

Da man eine Tätigkeit oder ein Ereignis ganz allgemein ohnehin nicht im Medium *Geld* beobachten, beschreiben oder gar beeinflussen kann, erkannten die Controller nun selbst, dass *Zeit* und *Qualität* die *„wahren Treiber"* der *Kostenreduktion* sind. Die Kosten waren *noch nie direkt* erkennbar. Auch als man sie noch *direkt* zuordnen konnte, waren die *Controller* nur *Übersetzer* von *Zeit* und *Wert* in *Geld.* Dies war und ist immer noch eine bittere Erkenntnis der Controller. Nach den Einsichten im Qualitätswesen Ende der 80-er Jahre kam man nun auch im *Controlling* zur Jahrhundertwende zu der Erkenntnis, die *Funktion des Controllings* den Mitarbeitern in den Funktionsbereichen selbst zu übertragen. Denn die mussten ohnehin schon in den Medien, in denen *direkt* auf die Prozesse eingewirkt werden kann, ihre Tätigkeiten erledigen. Eine *Übersetzungstätigkeit* wurde als *absurd* erkannt, da sie nur *zusätzliche Kosten* verursacht.

Doch zu einer *Erkenntnis* zu kommen, ist etwas anderes als daraus die *Konsequenzen* zu ziehen. Die Konsequenz ist die gleiche wie im Qualitätswesen, nämlich sich *selbst überflüssig* zu machen. Dies ist die Konsequenz des *Codes Kosten einsparen / keine Kosten* einsparen. Nach dem Schock der ersten Erkenntnis neigte man denn auch zuerst dazu, sich *selbst* der geeigneteren Medien *Zeit* und *Wert* zu bedienen. *Prozessorientierteres* Vorgehen war daher angesagt. Dies geht nur mit diesen Medien, wie man auch im *Controlling* nun erkannt hatte:

> „Allerdings wird zunehmend deutlich, dass der Fokus auf Kosten und Erlöse dem Management bei dessen Führungsaufgaben heute nur noch beschränkt weiterhelfen [. . .] Die Schlacht um Wettbewerbsfähigkeit wird derzeit in vielen Unternehmen nicht durch akribische Kostenplanung und Abweichungsanalysen, sondern durch prozessorientierte Strukturveränderungen gewonnen. Controller müssen sich deshalb sobald als möglich auf ungewohnte neue Steuerungsgrößen einstellen und eine aktive Rolle in der Prozessorientierung spielen [. . .] Geeignete Mengen-, Zeit- und Qualitätsdaten helfen dem Management unmittelbar; eine Übersetzungsleistung durch Controller ist nicht erforderlich (Weber 1999: 399 f.).

Sein akademischer Kollege *Peter Horváth* kommt zu demselben Ergebnis. Er nennt *Zeit* und *Qualität* Sachzieldimensionen. Sie sind seiner Ansicht nach bezüglich *Markt- und Kundenorientierung* völlig vernachlässigt. Vor allem kommt er zu der Erkenntnis, dass Kosten nur die *Wirkung* vorgelagerter *Aktivitäten* sind, die durch *Zeit* und *Qualität* beeinflusst werden.

> „Für gewöhnlich erfolgt bei der Einführung des Benchmarkings eine Konzentration auf die Kosten. Es wird aber schnell klar, dass es viel bedeutender ist, die zugrundeliegenden Prozesse und Methoden zu verstehen. Erst dann können entsprechende Maßnahmen eingeleitet werden, die die Kosten beeinflussen. Die Kosten stellen darüber hinaus nur eine Wirkung der Aktivitäten des Unternehmens dar. Andere Faktoren wie Zeit und Qualität sind bei der Beurteilung der Aktivitäten ebenfalls einzubeziehen“ (Horváth. 1998: 410 ff.).

Die Erkenntnis ist im Controlling vorhanden. Da es allerdings häufig nicht um die Sache geht, sondern um Macht und Einfluss, neigt man bei den Controllern eher zu einem *Supercontrolling* als zu einem *Selbstcontrolling*. *Jürgen Weber* ist hin- und hergerissen zwischen diesen Alternativen. Einerseits fordert er die Controller auf, sich auf die Steuerungsgrößen *Zeit* und *Qualität* einzustellen. Andererseits meint er aber auch, dass die *Mitarbeiter selbst* die Controllingaufgaben übernehmen können.

> „Die Rede ist von *Self-Controlling*. Dieser Begriff drückt anschaulich aus, dass Controllingaufgaben im Zuge der Veränderung nicht nur gänzlich entfallen, sondern auch den Träger wechseln können (Weber. 1999: 403).

Wir sehen also, dass *selbst die Vertreter des Faches* der BWL, die sich um das *Geld* zu kümmern haben, zu der Erkenntnis kommen, dass die Überlebens- und Steuerungsfähigkeit des Unternehmens nicht vom Geld, sondern von *Zeit* und *Qualität* abhängig ist. Im Medium Geld lässt sich keine Aktivität realisieren, um Gewinne zu erzielen. Geld ist keine Steuerungsgröße. In *Geld* lassen sich nur *Wirkungen von Aktivitäten* feststellen, die in den Medien *Zeit* und *Wert* geschaffen wurden. Die in Geld gemessenen *Gewinne*, die ein Unternehmen erzielen kann, sind von den Medien Zeit und Wert abhängig, in denen allein *Effizienz herstellbar* ist.

Das *Zukunftsweisende* an den Medien *Zeit* und *Wert* ist, dass sie die *nur durch sie* erzielbare *Effizienz* eines Unternehmens nur erzielen, wenn sie *in die Hände der Mitarbeiter* gelegt werden. Dies macht deutlich, dass *Effizienz* nur aus dem *Sozialen* heraus erzielbar ist. Die *Rekursivität* der operationalen Strukturen erzwingt die *Autopoiese der dritten Stufe*, auf der *Effizienz* und *Gerechtigkeit* nicht mehr als Widersprüche erscheinen, sondern sich *wechselweise* bedingen. Die operationalen Strukturen III, wie ich dieses Kapitel überschrieben habe, ist ein *Modus der Autopoiese*, der menschheitsgeschichtlich dabei ist, sich *zu bilden*. Dieser Modus hebt zugleich unser Bewusstsein auf ein *höheres Niveau*, das *integrale Bewusstsein*.

Das *integrale Bewusstsein* ist die zweite Stufe der Reflexion, die sich über die erste Stufe erhebt, indem sie *erstmalig die operationalen Strukturen anerkennt*. Dies kann sie aus den *kategorialen Strukturen* heraus – die sich selbst zum Problem werden –, indem sie sich auf ihren eigenen Ursprung zurückbeugen. Denn *nur mit* ihrem *eigenen Ursprung* sind die kategorialen Strukturen in der Lage, die Effizienz der Unternehmen ständig zu steigern bis zur *autopoietischen Operationsweise* des *ökonomischen Systems*. Solange wir dem *Mythos* anhängen, dass das *ökonomische System* nur im Medium *Geld* operiert, gefährdet es nicht nur die *Gesellschaft*, sondern auch die *Natur* und *macht uns selbst zum Objekt* unseres selbst geschaffenen Systems. *Alle* globalen Probleme, vor denen wir heute stehen, haben hier ihre Ursache.

5.3 Freilegung der Intelligenz

Im letzten Abschnitt „Freilegung des Geldes“ habe ich gezeigt, dass *Geld* gar nicht zu dem fähig ist, was man ihm unterstellt. Es ist *nicht* das Steuerungsmedium der Ökonomie. Es ist hierzu vollkommen unfähig. *Mit Geld lassen sich keine Werte herstellen.* Darum *geht* es aber in der Ökonomie. *Wertschöpfung* ist alleine in den Medien *Zeit* und *Wert* möglich. Ob bei dem *Wertschöpfungsprozess* auch *Gewinne* erzielt werden, kann erst nachträglich festgestellt werden. Sollte *kein Gewinn* erzielt werden, ist *alleine* in den Medien *Zeit* und *Wert* Besserung möglich. Nur mit ihnen lässt sich in unternehmerische Prozesse *eingreifen*. Nur mit ihnen lässt sich die *Effizienz* erzielen, die das Unternehmen in die *Gewinnzone* bringen kann. Am Markt bestehen nur die Unternehmen, die ihre *Prozesse* beherrschen. Und Prozesse lassen sich heute *digitalisieren*. In ihrer *digitalisierten Form* haben sie ihre *höchste Effizienz* erreicht. Digitalisierte Prozesse lassen sich ohne Transaktionskosten vernetzen. Aufgrund der *weltweit einheitlichen ökonomischen Erwartungsstrukturen* entsteht so *ein*, weltweit operierendes *ökonomisches System*. In dieses ökonomische System kann sich jeder „einloggen“, wenn er den Erwartungsstrukturen genügt.

Wir sind damit zu einer ganz wichtigen Erkenntnis gelangt. Der *Wertschöpfungsprozess*, also das, was die Ökonomie ausmacht und unseren *Wohlstand beschert*, wird *nicht durch Geld ermöglicht*. Noch klarer: *Geld* ist hierzu *unfähig*. Dennoch hat Geld Bedeutung für die Gesellschaft insgesamt. Doch dazu später.

Seit *John Locke* haben wir einen verengten Blick auf die Ökonomie und sehen sie nur durch die Brille des *Geldes*. Ökonomie ist aber nicht der *Umgang mit dem Geld*. Ökonomie ist der *Austausch der menschlichen Gesellschaft mit der Natur*. Es ist unser Weg *aus der Natur* zu einem *Kulturwesen*, zum *Menschen*. Diesen Weg haben wir noch nicht vollendet. Der Weg aus der Natur erschöpft sich auch nicht in der besten Anwendung unserer *kategorialen Strukturen*, also des Intellektsystems. Denn die lassen sich *digitalisieren* und zu Information transformieren, zum *ökonomischen System.*

Zu beachten ist jedoch, dass die Transformation der *kategorialen Strukturen* in *digitale Strukturen*, letztlich in *künstliche Intelligenz* (KI), eine *Reduktion* ist. *Kategoriale Strukturen* sind *mehr* als *künstliche Intelligenz. künstliche Intelligenz ist hergestellt*, hingegen haben sich *kategoriale Strukturen gebildet.* Daher können *kategoriale Strukturen* über sich hinausgehen. Sie können sich *selbst transzendieren* und daher *durch das Zurückgreifen auf ihren eigenen Ursprung über sich selbst hinausgehen.* Das Entscheidende dabei ist, dass sie dabei auch in der Lage sind, einen *vollkommen neuen Modus* zu entdecken. Durch die *herstellende Reduktion* der kategorialen Struktur zu *Information* hingegen ist es der *Informationsverarbeitung unmöglich, einen neuen Modus zu finden.* Die *Informationstechnologie (IT)* bleibt in ihrem *objektiven* Modus gefangen, auch die von Mythen umgebene *künstliche Intelligenz (KI).*

Die *künstliche Intelligenz* operiert nicht nur im *objektiven* Modus. Es ist auch gegenüber unserem begrifflichen Denken, also den *kategorialen Strukturen*, ein *reduzierter* objektiver Modus. Aber in diesem reduzierten objektiven Modus ist sie *wesentlich leistungsfähiger* als unser *Intellektsystem.* Deshalb ist es sinnvoll, uns dieser Fähigkeiten bei der *Digitalisierung* des ökonomischen Systems zu bedienen. Wegen der *hohen Bedeutung* der KI einerseits und andererseits wegen ihres *mythischen* Charakters ist wie beim Geld eine Freilegung notwendig.

5.3.1 natürliche Intelligenz – künstliche Intelligenz

Das, was wir *heute* unter *Intelligenz* verstehen, hat sich erst *gebildet.* Das *reflexive Denken,* und damit unser menschliches *Intellektsystem,* ist erst zweieinhalbtausend Jahre alt!

Das Denken selbst war zunächst sensomotorisch nicht symbolisch. Wenn wir von Denken sprechen, meinen wir immer das *symbolische Denken*, das sich durch Sprache äußern kann. Sprache ist schon mehrere hunderttausend Jahre alt. Die ersten Entwicklungen begannen wahrscheinlich schon vor mehr als einer Million Jahren. Intelligenz jedoch hat es schon im vorsprachlichen Bereich gegeben. Schon im vorsprachlichen Bereich gab es *Werkzeugherstellung.* Werkzeuge herstellen ist sicherlich ein *intelligentes Verhalten.* Aber ab wann kann man von Intelligenz sprechen?

Liegt nicht im *Zusammenschluss* von Atomen zu Molekülen und dann zu Zellen schon Intelligenz vor? Ist *diese Art von Kooperation* nicht schon *intelligent?* Vor allem, wenn man bedenkt, was sich daraus *gebildet* hat? Steckt nicht in *jeglichem Bildungsprozess*, der dann zur *Anpassung an die Umwelt* beigetragen hat, Intelligenz? Ja, ist nicht *andererseits* der *Einfluss auf die Umwelt*, die Organismen ausüben können, intelligent? *Ist Intelligenz kooperative Wechselwirkung?*

Wir neigen dazu, alles *definieren* und damit festlegen zu wollen, um die Dinge letztlich zu *beherrschen.* Aber natürliche Intelligenz lässt sich nicht *feststellen*, sie *operiert.* Natürlich kann man Intelligenz *definieren* und dann als *IQ messen.* Aber haben wir damit das gefasst, was Intelligenz ausmacht? Intelligenz scheint doch wohl *im ganzen Kosmos zu wirken* und das vom Ursprung an. Der *Kosmos* hat Struktur – eine *operationale Struktur.* In ihm hat sich die *kategoriale Struktur* erst ausdifferenziert. Und dies erst sehr spät. Die *kategoriale Struktur ruht* im wörtlichen Sinne auf der *operationalen Struktur.* Denn nur in ihr können sich überhaupt *Veränderungen verwirklichen.*

Also müssen wir nach der *operationalen Struktur* fragen, wenn wir das *fassen* wollen, was wir mit *Intelligenz* bezeichnen. Denn ihre *kooperativen Wechselwirkungen* sind schon intelligent, insofern sie autopoietisch operieren bzw. eine autopoietische Struktur bilden. Erst diese Operationsweise ermöglicht es, dass sich *ein* Ganzes bildet aus einer unendlichen Vielzahl von *Ganzen*, die sich in Wechselwirkung befinden. Was sich nicht in Wechselwirkung befindet, geht unter und geht in einer neuen Wechselwirkung wieder auf. Denn in *einem* Ganzen, also dem Kosmos, geht nichts verloren.

Wir Menschen bestehen aus 50 Billionen Zellen. Jede dieser *eukaryotischen* Zellen ist schon von ihrem Ursprung her ein *Zusammenschluss* zweier individueller Organismen. Sie haben für ihr gemeinsames Überleben eine kooperative Strategie entwickelt. Aus dieser *Kooperation* ist die erste eukaryotische Zelle entstanden. Unser *Körper* wiederum ist ein *kooperatives Operieren* der gerade erwähnten 50 Billionen eukaryotischen Zellen.

Es gibt *keinen Ort* in unserem Körper, in dem sich die Intelligenz eingenistet hat. Der ganze Körper ist *ein intelligentes Prozessieren.* Und es gibt auch *keinen Zeitpunkt*, an dem *diese Intelligenz* eingesetzt hätte. Denn alle Einzelzellen prozessieren funktional schon so wie der ganze Körper.

> „Obwohl der Mensch aus Billionen von Zellen besteht, gibt es in unserem Körper keine einzige Funktion, die nicht bereits in der Einzelzelle angelegt ist. Jede Eukaryote (Zelle mit Zellkern) besitzt ein funktionales Äquivalent zu unserem Nervensystem, Verdauungssystem, Atmungssystem, Ausscheidungssystem, Drüsensystem, Muskel- und Skelettsystem, Kreislauf- und

> Fortpflanzungssystem, sogar ein primitives Immunsystem, in dem antikörperartige Ubiquitin-Proteine eingesetzt werden“ (Lipton. 2018: 33).

Jede Zelle ist ein *intelligentes* Wesen, das überleben kann. Wie der gerade zitierte Zellbiologe *Bruce H. Lipton* gezeigt hat, können einzelne Zellen durch Erfahrung lernen. Sie sind sogar in der Lage, zelluläre Erinnerungen zu speichern und diese an ihre Nachkommen weiterzugeben. Zellen haben auch ein „Gehirn“. Das „Gehirn“ der einzelnen Zelle ist die *Zellmembran.* Zellen können so dynamisch auf ihre Umwelt reagieren. Sie können *wahrnehmen* und *handeln.*

> „Die Funktion der Membran, »intelligent« auf jeden Umweltimpuls zu reagieren und daraus ein Verhalten abzuleiten, macht aus ihr das wahre Gehirn der Zelle [. . .] Um »intelligentes« Verhalten zu zeigen, braucht die Zelle eine funktionierende Membran mit Rezeptoren (Wahrnehmung) und Effektoren (Handlung). Diese Proteinkomplexe sind die grundlegenden Einheiten der zellulären Intelligenz“ (Lipton. 2018: 97).

Auch die Gen-Aktivitäten werden von diesem Rezeptor-Effektor-Proteinkomplex bestimmt. Gene benötigen eine Umwelt. Die Zellmembran ermöglicht diese Wechselwirkung mit der Umwelt. Während der ersten drei Milliarden Jahre bestand das Leben aus freilebenden Einzellern. Diese Einzeller konnten miteinander „kommunizieren“, indem sie Signalmoleküle freisetzten, die das Verhalten anderer Einzeller beeinflussten. So war ein abgestimmtes Verhalten der Einzeller möglich, das zu *Bildung primitiver Gemeinschaften* führte. Die Gemeinschaftsbildung verbesserte so die Überlebenschancen der Einzeller.

Erst vor etwa 700 Millionen Jahren gelang es den Einzellern, eine noch engere Verbindung einzugehen. Sie verbanden sich zu einem *neuen Ganzen*, zu *einem* Organismus aus vielen Zellen, zu *einem Lebewesen*. Dabei spezialisierten sich die einzelnen Zellen. Es kam zu einer *kooperativen Arbeitsteilung* und zur *Bildung von Funktionssystemen*, die jeweils für *einen Aspekt des Ganzen* zuständig sind. Wie auf primitiver Basis schon jeder Einzeller diese Funktionssysteme besaß, wurden nun mit *spezialisierten kooperativen Zellen* die *Funktionssysteme wesentlich effizienter*. Verdauungssystem, Immunsystem, Atmungssystem etc. wirken jeweils für den ganzen Organismus. Denn jede Zelle wirkt im *Medium Leben* für den *ganzen* Organismus. Die Fähigkeit hierzu bringt sie vom *Ursprung* her schon mit. Die *analoge* Operationsweise eines autopoietisch operierenden *ökonomischen Systems* sollte uns dabei nicht mehr überraschen.

Im ökonomischen System wird das *Medium Leben* durch die beiden *komplementären* Medien *Zeit* und *Wert* im *objektiven* Modus *imitiert*. Ihr Modus muss *objektiv* bestimmbar sein, da die Prozesse zur Herstellung von Produkten auch *hergestellt* werden. Diese Herstellung erfolgt in den komplementären Medien *Zeit* und *Wert*. Jedes Ereignis im Unternehmen hat diese beiden *Aspekte*. Das Ereignis selbst ist *ein* Ereignis. Ich kann also zwischen diesen beiden *Perspektiven* wechseln. Es liegt aber immer dasselbe Ereignis vor. Das ökonomische System besteht also aus *Teilsystemen* mit jeweils eigenem Medium. Biologische Systeme haben keine Teilsysteme, daher auch nur *ein* Medium, das *Leben*. Sehr wohl haben sie Funktionssysteme wie das ökonomische System. Wie im ökonomischen System alle *Mitarbeiter* in den komplementären Medien *Zeit* und *Wert* kommunizieren, kommunizieren alle *Zellen* im Organismus im Medium *Leben*.

Der Begriff „Imitation" ist nicht ganz korrekt. Denn Imitation ist ein bewusstes Vorgehen. Die *natürliche* (biologische) Operationsweise *Leben* hat sich aber über einen *Bildungsprozess* in die beiden *komplementären objektiven* Operationsweisen *Zeit* und *Wert vollzogen*. Dies habe ich ausführlich oben beschrieben. Es sind die *biologischen Rhythmen* (Zeit) *und Intensitäten* (Wert), in denen sich *zugleich* der Modus der *subjektiven Empfindung* und der Modus des *Sozialen* bilden. Erst hieraus hat sich dann unser *objektiver* Modus gebildet bzw. ausdifferenziert, und damit auch die objektive Zeit und der objektive Wert. Die Medien *Zeit* und *Wert* sind damit *durch* ihren Bildungsprozess *dreidimensional*. Es gibt die Zeit und den Wert in den Modi der subjektiven Empfindung, des Objektiven und des Sozialen. *Lipton* nennt dann auch die *Emotionen die Sprache der Zellen* (2018: 158). Im ökonomischen System ist die *begriffliche Sprache* das Kommunikationsinstrument, in dem sich in den Medien Zeit und Wert eben dieses im *objektiven* Modus operierende System gebildet hat. Wie *jede Zelle* in einem Organismus wirkt hier *jeder Mitarbeiter* an allen Aspekten des Ganzen mit. *Effizienz erfordert Kooperation*. In dieser *Operationsweise* steckt die *Intelligenz*. Sie lässt sie weder *örtlich* noch *zeitlich* feststellen. Die *Intelligenz* ist nur die andere Seite des *materiellen Geschehens*. So wie *Körper* und *Geist* nur zwei Perspektiven auf denselben Prozess darstellen.

Das *ökonomische System* ist *kein Organismus*. Dies wird sich gegen Ende des Buches zeigen. Die *Modi* des Operierens sind verschieden! Hier *bildet sich* eine menschheitsgeschichtlich vollkommen *neue Operationsweise*. Eine *integrale Ökonomie*. Ein *ökonomisches System*, das in die *Gesellschaft integriert* ist. Da die Ökonomie weltweit operiert, wird es *eine Weltgesellschaft* sein. So seltsam es erscheinen mag, es ist die *Operationsweise des ökonomischen Systems*, die zu diesem *neuen integralen und globalen Modus* führt. Das *ökonomische System* ist jedoch *nur der Mittler* der *Autopoiese*, die über diesen Mittler einen *neuen Modus ihrer selbst* ausdifferenziert. Auch dieser neue Modus *bildet sich*, ihn hat niemand geplant oder gar hergestellt. *Dennoch* ist eine Vielzahl der Einzelschritte diesmal *systematisch geplant*. Genau dies ist bei der Bildung eines Organismus und seinen Operationen *nicht* der Fall.

Lipton spricht schon der Einzelzelle *Intelligenz* zu. Natürlich weiß er, dass dies nicht die Intelligenz unseres *reflexiven Denkens* ist, die auf der Fähigkeit der *symbolischen* Repräsentation basiert. Hierzu bedarf es eines speziellen Zelltyps, der Neuronen. Die gibt es aber erst bei größeren Organismen. Hier haben sich die Neuronen zu einem *Gehirn mit Nervensystem* ausdifferenziert. Es gibt aber ein *weit umfassenderes Netzwerk*, das sich durch den ganzen Körper erstreckt, in dem wie im Gehirn auch Erinnerungen gespeichert sind. Diese Erinnerungen sind auf Rezeptorebene gespeichert, wie *Candace B. Pert* festgestellt hat. Das bedeutet, dass auch Gedächtnisprozesse hierüber gesteuert werden. Es sind die Rezeptoren, die *Lipton* schon bei Einzellern analysiert hat.

Lipton weist in seinem Buch „Intelligente Zellen“ ausdrücklich auf das Buch „Moleküle der Gefühle“ von *Pert* hin. Beide sind bei ihren Forschungen aus unterschiedlichen Richtungen auf das gleiche Ergebnis gestoßen. Der *Geist* „sitzt“ nicht nur im *Kopf*, sondern im ganzen *Körper*.

> „Zur gleichen Zeit, in der ich mich mit dem Gehirn der Zelle und seinen Parallelen zum menschlichen Gehirn befasste, untersuchte Candace Pert das menschliche Gehirn und erkannte Parallelen zu den Funktionsweisen des zellulären Gehirns. In ihrem Buch *Moleküle der Gefühle* erzählt Candace Pert, wie ihre Erforschung der informationsverarbeitenden Rezeptoren in den Nervenzellmembranen zu der Entdeckung führte, dass die gleichen »neuralen« Rezeptoren in den meisten, wenn nicht gar in allen Körperzellen auftreten. Ihre raffinierten Experimente offenbaren, dass der

menschliche Geist nicht nur im Kopf sitzt, sondern durch Signalmoleküle im ganzen Körper verteilt ist (Lipton. 2018: 159).

Die *Rezeptoren* an der Zellmembran, die wir schon weiter oben kennengelernt haben, haben die Funktion von Sensor-Molekülen. Sie sind die zellulären *Sinnesorgane*. Wenn ein anderes Molekül, der *Ligand*, auf den Rezeptor stößt, kann es zu einer *Bindung* kommen. Daher der Name *Ligand* (vom lateinischen ligare = das, was bindet). Der Bindungsprozess selbst erfolgt in *rhythmischen Schwingungen*. Zur Bindung kommt es aber nur, wenn beide zusammenpassen. Dann wird es, wie *Pert* schreibt, ein gemeinsamer Tanz. Es gibt drei chemische Ligandentypen. (1) *Neurotransmitter*, die meist im Gehirn produziert werden. (2) *Steroide*, z. B. Cholesterin und Hormone, (3) *Peptide*, sie machen 95 % aller Liganden aus, sind also mit weitem Abstand die größte Gruppe.

Bis fast zur Jahrhundertwende hielt man das *Gehirn* mit seinem Zentralnervensystem für ein in erster Linie elektrisches Informations- und Kommunikationssystem. Diese Vorstellung hielt sich nach *Pert* deshalb so lange, weil man mit den verfügbaren Instrumenten das elektrische Gehirn gut sichtbar machen konnte.

„Da konnte sich die Idee, dass das Ligand-Rezeptor-System ein zweites Nervensystem darstellt, das über sehr viel längere Zeiträume mit sehr viel größere Entfernungen wirkt, nur schwer durchsetzen [. . .] Besondere Schwierigkeiten bereitete ihnen der Gedanke, dass dieses chemisch funktionierende System eindeutig älter und von viel grundlegenderer Bedeutung für den Organismus war. Beispielsweise wurden Peptide wie die Endorphine schon im Inneren von Zellen hergestellt, bevor es Dendriten, Axonen oder auch Neuronen gab – ja, als überhaupt noch keine Gehirne existierten

> [. . .] Die musikalischen Schwindungen der Rezeptoren, die bei der Bindung an ihre vielen Liganden entstehen – oft in weit auseinanderliegenden Teilen des Organismus –, sorgen für eine einheitliche Struktur und Funktion, die dem Organismus sein reibungsloses, planvolles Verhalten ermöglicht (Pert. 2011: 35, 36).

Wie *Pert* immer wieder betont, sind Neuropeptide und ihre Rezeptoren die *biochemischen Stoffe des Gefühls*. Es gibt eine Fülle eindeutiger neurophysiologischer Daten, die darauf schließen lassen, dass das Nervensystem nicht all das aufnehmen kann, wozu das Ligand-Rezeptor-System in der Lage ist. Es ist auch dazu in der Lage, *alle* Funktionssysteme des Körpers (das neurale, hormonale, immunologische etc.) als eine *geschlossene Einheit* unseres Körpers wirken zu lassen (2011: 224). Ja noch mehr, es ist Materie und Intelligenz zugleich. Gefühle sind zugleich materiell und geistig.

> „Die Neuropeptide und Rezeptoren, die biochemischen Stoffe des Gefühls, sind, wie ich gesagt habe, die Botenstoffe, die durch Informationsübertragung die großen Körpersysteme zu einer Einheit zusammenschließen, einer Einheit, die wir als Körpergeist bezeichnen können. Also dürfen wir nicht länger so tun, als hätten Gefühle geringere Bedeutung als die konkrete, materielle Substanz. Vielmehr müssen wir sie als Zellsignale begreifen, die an der Übersetzung von Information in physische Realität beteiligt sind – buchstäblich an der Verwandlung von Geist in Materie. Gefühl ist das Bindeglied zwischen Materie und Geist; es wechselt zwischen ihnen hin und her und beeinflusst beide (Pert. 2011: 289).

Hier kommt eine *Immunbiologin* zu einer analogen Aussage, wie wir sie schon aus der *Quantenphysik* kennen. Auch dort gibt es keine Eindeutigkeit in der Zustandsbeschreibung. Dort nennt man dies nach *Heisenberg Unschärfe.* Sie zeigt sich im Wechsel von Welle und Teilchen. Beides lässt sich nicht zugleich feststellen. Aber es gibt beide Erscheinungsformen. So auch in der Biologie. Es gibt ein materielles Molekül und es gibt ein Gefühl. Jedoch lässt sich nicht beides zugleich feststellen. Das eine ist objektiv messbar, das andere ist eine subjektive Empfindung. Zwei (scheinbar) unvereinbare Modi und dennoch eine Einheit. Wir tun uns heute noch schwer mit der *Einheit einer Differenz.* Der *geistige Zustand* von Freude oder Angst oder auch eine geistige Vorstellung und spirituelle Eingebung kann keine *Materie* sein.

Das Gefühl ist nicht Nichts. Es ist eine operationale Struktur. Es kann wechseln zwischen Materie und Geist. Aus dem Gefühlssystem hat sich letztlich unser Intellektsystem ausdifferenziert. Dies war ein *Bildungsprozess.* Das Gefühlssystem, an anderer Stelle habe ich es Affektsystem genannt, war zuerst da. Schon Einzeller hatten diese operationale Struktur, die alleine dazu in der Lage ist, ein *Ganzes* zu bilden und *neue* Ganze zu bilden. Sie alleine kann *neue Modi* bilden und bleibt doch sie selbst. *Candace B. Pert* sagt dies mit ihren Worten wie folgt:

> „Überlegen Sie einmal, was es bedeutet, dass das gleiche grundlegende Informationsnetz im Einzeller und in uns anzutreffen ist. Wenn diese Peptide und ihre Rezeptoren – die Gefühlsmoleküle – nicht nur seit ihrer Entstehung in den frühesten und einfachsten Lebensformen erhalten geblieben sind, sondern sich auch zu jenem unendlich komplizierten psychosomatischen Netzwerk weiterentwickelt haben, das wir im menschlichen Körper entdeckt haben, so ergibt sich daraus der Schluss, dass sie in der Evolution eine einflussreiche

> und entscheidende Rolle gespielt haben. Für mich ist das ein verblüffender Beweis für die Einheit des Lebens. Wir Menschen haben ein Erbe, die Moleküle des Gefühls, mit einem der bescheidensten Lebewesen von winzigen Ausmaßen, einen Einzeller, gemeinsam, und das, obwohl wir uns im Laufe unserer Stammesgeschichte zu einem Geschöpf mit Milliarden Zellen von erstaunlichen Fähigkeiten entwickelt haben (2011: 296).

Wir sind die einzigen *natürlichen* (biologischen) *Lebewesen*, die im *objektiven* Modus *planvoll* in die natürliche Umwelt eingreifen können, aus der wir selbst kommen. Wir können Dinge, Maschinen, Systeme etc., *bewusst herstellen* mit Hilfe unserer sich *natürlich gebildeten Intelligenz.* Die Intelligenz durchwirkt den ganzen Kosmos. Bei uns Menschen hat sie vor etwa zweieinhalbtausend Jahren das *Intellektsystem* auf der Basis symbolischer Repräsentation *ausdifferenziert.* D. h. *das symbolische Denken kann auf seine eigenen Gedanken zugreifen*. Damit konnte das entstehen, was wir *Objektivität* nennen. *Objektivität* ist die Befreiung von jeglicher *Subjektivität,* insbesondere von unseren *Gefühlen,* die das *Leben* ausmachen. Das *Werkzeug* hierzu ist die *begriffliche Sprache,* die kategorialen Strukturen. So sind z. B. die Medien des ökonomischen Systems, Zeit und Wert, begrifflich definiert. Die objektive *Zeit* wird gemessen in Stunden, Minuten, Sekunden. Diese Maßeinheiten sind *künstlich* festgelegt. Ebenso ist es beim Medium Wert. Seine Maßeinheiten sind ebenfalls *künstlich* festgelegt, wie zum Beispiel Meter, Kilogramm, Ampere, Kelvin etc. In der *Natur* finden wir diese Größen *nicht.* Dennoch können wir mit den so definierten Zeit- und Wertgrößen Dinge *herstellen.* Etwas herstellen ist *nur so überhaupt zu verstehen.* Und alle verstehen deshalb darunter dasselbe, weil diese Größen *international genormt* sind. Eine gewaltige kulturelle Leistung auf der Grundlage der Kommunikationen in der *begrifflichen Sprache.*

Die begriffliche Sprache ist das Medium des ausdifferenzierten Intellektsystems. Mit seinen sprachlichen Zeichen erzeugt es eine *eigene Realität.* Die Realität der sprachlichen Zeichen ist *losgelöst* von seiner Umwelt. Sprache erzeugt damit eine „zweite Realität". Damit wird auch das möglich, was wir *Lüge* nennen. *Zeichen* haben jedoch den Vorteil, dass sie *wiederholbar* sind und damit *gleich bleiben können.* Die *dynamische sichtbare Welt* wird damit überlagert von einer *statischen Welt,* die nicht voraussetzt, dass es die Außenwelt gibt.

> „Zeichen sind mithin Strukturen für (wiederholbare) Operationen, die keinen Kontakt zur Außenwelt erfordern. Sie dienen auch nicht, wie oft angenommen, der »Repräsentation« von Sachverhalten der Außenwelt im Inneren des Systems. Vielmehr ist die Unterscheidung von Bezeichnendem und Bezeichnetem eine interne Unterscheidung, die nicht voraussetzt, dass es das in der Außenwelt gibt, was bezeichnet wird (Luhmann. 1997: 208).

Im Zeitalter „alternativer Fakten" wird *Luhmann* mit dieser Aussage sozusagen empirisch bestätigt. Schwerwiegender ist jedoch ein anderer Sachverhalt. Die begriffliche Sprache *kann* mit ihren Begriffen, ihrer kategorialen Strukturen die *Zeit stillstellen.* Sie *kann sich aber auch mit* ihrer Begrifflichkeit *selbst überschreiten.* Das ist aber nur durch eine *zweite Reflexion* auf ihren *Ursprung* möglich, ihre *operationale Struktur.* Wird die *kategoriale Struktur* mit ihren *statischen Zeichen* jedoch von der *operationalen Struktur absolut* getrennt, bedeutet dies, dass die *Zeit stillgestellt* wird. Dies ist dann der Fall, wenn die Sprache von ihrem *lebendigen* Erzeuger getrennt wird und nur noch in einer *Maschine* verarbeitet wird. Einer Maschine ist der Wechsel in einen *anderen Modus* nicht möglich. Der evolutionäre Bildungsprozess ist ein *gerichteter* Prozess. Aus den operationalen Strukturen konnten sich die kategorialen Strukturen ausdifferenzieren. Der umgekehrte Weg ist nicht möglich. Eine Maschine kann aus sich selbst heraus keine Gefühle entwickeln. Aus *Sprachverarbeitung* kann nicht *Leben* entstehen. Aus *objektiven* Strukturen können keine *sozialen* Strukturen entstehen. Dazu bedarf es *lebendiger* Wesen.

Allerdings ist ein *Computer* wesentlich leistungsfähiger als unser *Intellektsystem*. Aber das auch nur in einem *reduzierten* Bereich dieses Systems. Er ist einfach nur *schneller* und kann daher massenhaft Daten analysieren und verarbeiten. Auch ein KI-System kann sich nicht *selbst transzendieren*, das Intellektsystem sehr wohl, solange es von seinem „Erzeuger betrieben" wird. Denn in seinem Erzeuger, dies ist die gesamte Menschheit, steckt die hochverdichtete Erfahrung der gesamten Menschheitsgeschichte einschließlich des gesamten Vorlaufs der Naturgeschichte, ohne die die Menschheitsgeschichte nicht möglich gewesen wäre. In einer KI-Software steckt nur *immaterielle Logik* - allerdings dies vom Feinsten – und von außen zugeführte *Energie*. Aber – dieses *Konstrukt* mitsamt der Hardware ist das Ergebnis eines ca. 14 Milliarden Jahre langen Bildungsprozesses. In Worten: Es hat 14 Milliarden Jahre benötigt, um eine *künstliche Intelligenz* (KI) zu schaffen. Wie klein sieht dieses Ergebnis aus angesichts des gewaltigen Prozesses? Der *Prozess* ist entscheidend für ein Produkt! Wenn wir heute einen Computer bauen, in dem eine KI-Software abläuft, benötigen wir dazu nur *wenige Wochen*. Möglich ist dies aber nur, weil die *14 Milliarden Jahre* vor uns die *Voraussetzungen* dazu geschaffen haben. In *jeder* KI sind diese Voraussetzungen *aufgehoben. Ohne sie gäbe es sie nicht.*

Aufgehoben ist in ihr neben der gesamten Naturgeschichte die Arbeit aller unserer Vorfahren, die *Arbeit der gesamten Mensch-*

heit. Immer waren es 14 Milliarden Jahre lang kleine *Verbesserungen* einer Verbesserung einer Verbesserung einer Verbesserung . . . Niemand hat alleine jemals das Ganze geschaffen. *Immer ist im Neuen das Alte auch enthalten.* Ohne das Alte gäbe es das Neue nicht. Auch unsere Rechner bestehen nur aus Atomen und Molekülen und der *Fähigkeit des Prozessierens*, wie wir selbst auch. Dieses Prozessieren hat jedoch Struktur, die operationale Struktur der *Autopoiese*, ohne die es niemals etwas *Ganzes* geben könnte. Sie steht uns allerdings nicht zur Verfügung, sie ist *unverfügbar.* Ohne sie gäbe es auch keine *künstliche Intelligenz.* Es muss also etwas viel Größeres geben, als die KI. Diese *uns nicht verfügbare Intelligenz* durchwebt den gesamten Kosmos. Aus ihr hat sich auch das gebildet, was wir *gemeinhin als unsere Intelligenz* bezeichnen.

Ein KI-System kann nur im *objektiven* Modus operieren. Es kann nur intelligente Operationen im Sinne von Logiken und Algorithmen ausführen. Durch massenhafte Datenanalysen kann es dabei auch „lernen" und selbstständig neue logisch abgeleitete Parameter finden und neue Pfade beschreiten. Es kann aber nicht aus diesem *objektiven* Modus heraus. Ein Weg in einen Modus subjektiver Empfindung oder in einen lebendigen sozialen Modus ist ihr aus strukturellen Gründen unmöglich. *Sie bleibt im Netzwerk objektiver Operationen gefangen.* KI-Systeme können weder analogisch noch metaphorisch noch dialektisch operieren. *Sie sind nicht kreativ.* Das bleibt nur uns Menschen vorbehalten.

Analogische Strukturen und Operationsweisen über unterschiedliche Modi hinweg, wie z. B. weiter oben beschrieben, zwischen der Ökonomie und der Biologie, übersteigt die Fähigkeiten eines *logisch* operierenden KI-Systems bei noch so viel vorhandenen Daten. Die *lebende Dialektik*, dass das Alte im neuen aufgehoben ist und im Hier und Jetzt transmodal wirkt, bleibt einem logisch operierenden System für immer verborgen. Ein KI-System wird niemals die Einheit einer Differenz *erleben* können. Es könnte es als *Wissen* nur *errechnen*. So wie ein KI-System errechnen kann, ob die in einem Gesichtsausdruck gezeigte *Freude* echt ist oder nicht. Aber *errechnete Freude* ist nicht das *Gefühl der Freude*. Ein Mensch kann von der Einheit der Differenz von Gefühl und Intelligenz nicht nur *wissen*. Wir *erleben* sie jeden Tag. Schon im ursprünglichen Gefühl eines Einzellers „steckt" nicht nur Intelligenz. Ein Einzeller verhält sich schon intelligent auch ohne Gehirn, seine Zellmembran *ist* sein zelluläres Gehirn. Es ist ein *funktionales Äquivalent*. Dieser Begriff ist vollkommen offen, seine Bedeutung erschließt sich nur aus seinem *Kontext*. Aber ein Kontext wiederum hat keine Grenzen. Es könnte das ganze Universum umfassen, wie z. B. beim Begriff *Autopoiese*. Ein Rechner kann aber niemals das gesamte Universum in seiner geschichtlichen Entfaltung *berechnen* oder gar selbst *sein*.

Ein KI-System wird nie *metaphorisch*, also über Bilder, Vorstellungen und Empfindungen, zu neuen physikalischen Zusammenhängen finden, wie dies z. B. *Einstein* von sich berichtet (siehe Zitat S. 104). Wörter und Begriffe kann er seinen Vorstellungsbildern oder seinen senso-motorischen Phänomenen muskulärer Art erst später zuordnen. Den *kategorialen Strukturen* eines logisch-mathematisch operierenden KI-Systems fehlt die Verbindung zu den *operationalen Strukturen* des Lebens. Die *Intelligenz* steckt in der Operationsweise unseres ganzen Körpers. Dazu brauchte es einen Bildungsprozess von 14 Milliarden Jahren. Dass wir in *objektivistischem Modus* dies heute durch *künstliche Intelligenz* überbieten können, ist *Magie*.

Was wir nutzen können, ist die gewaltige Leistung der KI, riesige Datenmengen zu analysieren, die wir menschheitsgeschichtlich gesammelt und strukturiert haben – siehe z. B. oben den Datenaufbau in Logistik und Qualitätswesen – und in *logische Strukturen mit Aussagecharakter* bringen. Dies ist auf allen Gebieten möglich, die wir heute mit dem *Begriff Arbeit* adressieren. Alles, was wir heute unter Arbeit fassen, ob physische oder geistige, ist digitalisierbar. Übrig bleiben nur die Tätigkeiten, bei denen die *direkte Beziehung zwischen Menschen* betroffen ist wie bei Pflege, Gesundheit, Erziehung etc. Das ökonomische System ist dann nichts anderes als *ein* gewaltiges KI-System, das Reste klassischer physischer Prozesse steuert, die wir, als auch weiterhin *körperliche Wesen*, benötigen. Wir werden uns weder in Roboter verwandeln noch von Robotern beherrscht werden. Denn wir *benötigen unseren Körper*, er ist nur die andere Seite des Geistes. In ihm „steckt" nicht die Intelligenz, er *ist* die Intelligenz, das Komplement des Körpers. Es wäre töricht, *diese* Intelligenz eines *Ganzen* durch Chips zu ersetzen. Es wäre eine *Reduktion* auf physikalisches Niveau, also auf den *objektiven* Modus.

Der Körper ist aber als Ganzes der „Speicher" der Erinnerungen und unserer Intelligenz. Woher *wissen* wir das? Erstens aus Forschungsergebnissen, wie die von *Candace Pert*. Zweitens aus den Erfahrungen, wie sie *Maria Montessori* gemacht hat. In den *„sensiblen Phasen"* jeder Lebensgeschichte bilden sich die wesentlichen kulturellen Fähigkeiten, für die die Menschheit *Hunderttausende von Jahren* benötigt hat. D. h. die *Voraussetzungen* für diese Fähigkeiten, wie Sprechen, Schreiben, Lesen, Rechnen, reflexives Denken etc., sind „in" unserer Umwelt „hochkomprimiert gespeichert". Ansonsten könnten wir sie nicht in wenigen Monaten oder Jahren „erlernen". Es ist aber nicht nur so, dass wir hiervon *wissen*, wir *erleben* es auch. Und dies nicht nur durch beobachten, sondern wir erleben es *an uns selbst*. Der Hintergrund dieses Geschehens ist eine *fundamental andere „Speicherung"* als die eines digital operierenden Computers.

In uns und unserer Umwelt ist aber nicht nur die ganze Menschheitsgeschichte „gespeichert", sondern die ganze Naturgeschichte bis zum *Ursprung*. Denn wir bestehen aus den Atomen, die die Sterne ausgebrütet haben. Ihre Operationsweise hat sich nicht verändert. Sie operieren „in" uns wie vor Milliarden von Jahren auch schon. Von diesen Zusammenhängen *unseres Körpers* mit dem gesamten *Kosmos* haben wir gerade den Zipfel eines Zipfels eines Zipfels . . . *erkannt.* Das *Erleben* dieses Geschehens durch die Wechselwirkung von *Geist* und *Körper* wird uns heute erst *bewusst.* Das ist ein *Bildungsprozess.* Dieser so „verstandene" Bildungsprozess hat aber eine andere Bedeutung als der unseres Schulsystems. In unserem Schulsystem dominiert der *objektive* Modus. Dass dieser ein *ausdifferenzierter* Modus ist, wird nicht berücksichtigt. Er wird für das Ganze des Prozesses gehalten. Seit dem Reflexivwerden des Denkens in der Antike dominiert diese *Eindimensionalität.* Sie ist Segen wie Fluch zugleich. Der Intellektualismus hat uns materiellen Wohlstand beschert. Er macht uns aber auch in seiner Einseitigkeit *krank*, zerreißt die *Gesellschaft* und zerstört die *Umwelt.*

Dass „Schule" auch stressfrei und mit Freude besucht werden kann, kommt den Verantwortlichen des „Bildungssystems" solange nicht in den Sinn, wie die Eindimensionalität des vorherrschenden Intellektualismus die Schule dominiert. Es könnte alles viel einfacher und mit einem Glücksempfinden der Kinder begleitet sein. In der *Einfachheit* liegt der *Vorteil*, dies wusste schon *Wilhelm von Ockham* (1285–1347). Das nach ihm benannte *„Sparsamkeitsprinzip"* ist in der *autopoietischen* Operationsweise am perfektesten verwirklicht. Dass Bildungsprozesse *selbstorganisatorisch* ablaufen, und dies schon seit dem Ursprung des Kosmos – und nicht anerkannt wird –, ist eine *Selbstblockade* des Intellektualismus. Der Intellektualismus will *erkennen* und mit Hilfe der Erkenntnis *beherrschen.* Die *Autopoiese* ist aber *unverfügbar.* Die Operationsweise der Selbstorganisation kann nur *anerkannt* werden, sie ist *nicht beherrschbar.* Von ihr ist alles in diesem Kosmos *abhängig. Abhängigkeit* und *Anerkennung* sind aber keine

Option des Intellektualismus, der nach *Erkenntnis* zum Zwecke der *Beherrschung* strebt.

Was nicht hinreichend beachtet wird, ist die Erkenntnis von *Candace Pert*, dass im *biochemisch* operierenden Ligande-Rezeptoren-System des Körpers das im Wesentlichen *elektrisch* operierende Neuronen-Netzwerk des Gehirns mit seinem Nervensystem *aufgehoben ist*. Das biochemisch operierende System ist sowohl *älter* als auch *umfassender* als das elektrische System. Das *spezialisierte* Neuronen-Netzwerk operiert auf der *Grundlage* des biochemischen Systems. Daher sind auch alle *Gedanken* von *Gefühlen getragen*. Da die *künstliche Intelligenz* von dieser Basis *getrennt* ist, fehlt ihr diese Ressource. Die KI ist eine nochmalige Ausdifferenzierung nun aber von ihrer *lebendigen* Grundlage und damit eine *nochmalige Spezialisierung*. *Diese* Spezialisierung ist von der *natürlichen Intelligenz hergestellt*, sie hat sich nicht *gebildet*.

Möglich wurde dies erst, als das *Denken reflexiv* wurde und sich zum Intelligenz-*System* ausdifferenziert hat. Damit erst war *Wissenschaft* möglich, die sich vom Gefühl befreit *wähnt*. Eine *magische* Vorstellung. Erst die *künstliche Intelligenz* ist von jeglichem Gefühl frei. Denn erst jetzt ist die zusätzliche *Ausdifferenzierung* auch mit einer *räumlichen* Trennung verbunden.

5.3.2 Verfügbarkeit – Unverfügbarkeit

Der *Mittler* zwischen natürlicher Intelligenz und künstlicher Intelligenz ist, wie gerade dargestellt, die *Sprache*. Wegen der *räumlichen* Trennung ist die Sprache des Computers eine *reduzierte* Sprache. Ihr fehlt die Verbindung zum *lebendigen Körper*.

Der *Mittler* zwischen *lebendigem Körper* und *Geist* ist, wie *Candace Pert* zeigen kann, das *Gefühl*. Das Gefühl ist sowohl materiell wie auch geistig. Der Geist ist nur der andere *Aspekt* der Materie, die schon intelligent *ist*, wie uns der Einzeller zeigt. Hier handelt es sich um *keine Reduktion,* sondern nur um einen *anderen Aspekt,* vergleichbar mit der „Unschärfe“ von Teilchen und Welle in der Quantenphysik. Bei der „Sprache“ des Computers handelt es sich um eine *echte Reduktion,* dem Computer *fehlt das Leben* seiner Materie, der Hardware.

Beim Computer kann es kein *Selbstverhältnis* von „Körper“ und „Geist“ geben. Bei Hardware und Software ist dies unmöglich. Beides ist *unabhängig* voneinander *hergestellt.* Hier liegt kein *Bildungsprozess* vor, wie bei Körper und Geist des Menschen. Daher sind *sie* ein *Eins.* Sie lassen sich nicht trennen. Sie sind *ein* autopoietischer Prozess, der wegen seiner *operationalen* Struktur nicht *kategorial* feststellbar ist. Diese Autopoiese steht uns *nicht zur Verfügung.* Wir *sind* diese Autopoiese. *Sie steht uns nicht verfügbar* gegenüber. Sie verbindet *alles* und *ist der* Prozess *des* Ganzen.

Weil es aber die *Einheit der Differenz* von Gehirn und Körper gibt – der Körper ist nach *Damasio* im Gehirn „kartiert“ –, kann es hier ein *Selbstverhältnis* von *Körper* und *Geist* geben, das über das *Gefühl* vermittelt ist. Das Gehirn mit seinem Nervensystem ist nicht der ganze Körper, sondern nur ein Funktionssystem. Allerdings besteht es aus *lebendigen* Zellen, wie der *ganze* Körper. Das *Leben,* das lebendige Prozessieren, die Autopoiese, ist das *Ganze.* Zum menschlichen Leben gehört der Körper wie der Geist. Das Leben *ist* Körper und Geist. Beides sind nur Aspekte im Modus des Lebendigen wie Teilchen und Welle nur Aspekte des Anorganischen sind. Allerdings mit dem Unterschied, dass im Lebendigen das Anorganische *aufgehoben* ist.

Zwischen Gehirn und Körper gibt es eine *Hierarchie* (Damasio, 2006), nicht *im* Gehirn mit seinem Nervensystem. Dieses Funktionssystem operiert *autopoietisch* (Maturana. 1985). Dieses Funktionssystem ist aber ein erst spät aus dem Gefühlssystem ausdifferenziertes System, das sich schließlich *symbolbasiert* (nicht senso-motorisch) zum *Intellektsystem* ausdifferenziert hat. Das ist das System, das seine Gedanken auf die eigenen Gedanken beziehen kann. Damit kann es Logiken und Algorithmen entwickeln, die aber nicht aus diesem *objektiven* Modus heraustreten können, wenn wir ihn *nicht* nach seinem *Ursprung* befragen. Dazu bedarf es aber der *Anerkennung* eben dieses *Ursprungs* aus dem *Gefühlssystem*.

Die *Wissenschaft*, die sich nach Ausdifferenzierung des *Intellektsystems* gebildet hat, besteht darauf, von allem Gefühl gereinigt zu sein. Das ist ihr blinder Fleck. Es ist der *narzisstische Stolz*, indem das *magische Denken* aus archaischer Zeit noch durchschlägt. Das magische Denken ist auch weiterhin *aufgehoben* in uns wirksam, weil wir menschheitsgeschichtlich durch die Zeit des magischen Denkens hindurchgegangen sind. Unser von jeglichem Gefühl isolierter Intellektualismus ist ein *Mythos*. Das mythische Denken war die Vorstufe unsers *logischen* Denkens. Auch *Platons* Denken ist nicht frei von Mythen (Janka u. a. 2014). Eine saubere Trennung gibt es nicht. Und noch für *Kant* sind Kategorien *a priori* gegeben, also unabhängig von unserer Erfahrung. D. h. dasjenige, in dem sich unser Denken bewegt, liegt nach *Kant* schon *immer fest in uns*. Es gibt demnach *keine operationalen* Strukturen, aus denen sie sich erst gebildet haben. Bis heute spielen *operationale Strukturen* in der Wissenschaft so gut wie keine Rolle. Selbst in der soziologischen Systemtheorie, wo mit diesem Begriff gearbeitet wird, verbleibt sie eine *kategoriale Struktur*, ein Begriff, mit dem etwas *beschrieben* wird, z. B. das *Gefühl*. Es geht nicht um das *Gefühl selbst*, denn das gehört nicht zum System Wissenschaft. Das *Medium* der Wissenschaft ist nach Luhmann *Wahrheit*. Wahrheit verbleibt aber so nur ein Begriff. Als Begriff kann Wahrheit aber niemals zur *Wirklichkeit* werden, die sich in einer menschlichen Gesellschaft *vollzieht*.

Dies *spüren* wir an ihrer Abwesenheit. *Unwahrheit tut weh.* Unwahrheiten sind das, was sich heute in unserer Gesellschaft als soziale Ungerechtigkeit, Vertreibung, Terror etc., also an leiblichem und seelischem *Leid* äußert. Es ist das dynamische Ungleichgewicht von Geist und Körper, weil Geist als Intellekt *verstanden* wird. Auf *individueller* Ebene äußert sich in *psycho-somatischen Krankheiten* das, was sich auf *gesellschaftlicher* Ebene als soziale Ungerechtigkeit, Unfreiheit, Überwachung, Terror etc. äußert. Auch unsere Verbindung zur *äußeren Natur* ist durch die Eindimensionalität des Intellektualismus zerrissen, was sich an der Zerstörung unserer eigenen Umwelt zeigt. Wir haben weder ein gesundes Verhältnis zu uns *selbst* noch zur *Gesellschaft* bzw. den anderen, noch zur *Natur*. Alle Beziehungen sind zerstört. Unsere Aufgabe ist heute, *Fähigkeiten* zu entwickeln, damit sich diese Beziehungen *bilden* können. Es sind die Beziehungen zwischen *unterschiedlichen Modi des Operierens.*

Dies ist zunächst eine Frage der *Erkenntnis*. Diese Fähigkeit ist uns seit etwa zweieinhalbtausend Jahren gegeben. Ich habe sie die *erste Reflexion* genannt. Die Menschen wurden fähig, ihre Gedanken auf ihre *eigenen* Gedanken zu *beziehen*. Damit wurde aber die *Beziehung* zum Ursprung der Gedanken *verschüttet*. Die Ursache hierfür liegt in dem gewaltigen Erfolg ihrer *Anwendung*. Die Verschüttung des Ursprungs ist eine *doppelte*. Der *Erfolg* dieses *objektiven* Modus als bewusste *Befreiung* von unseren *„nicht beherrschbaren“* Gefühlen erzeugt *zugleich* noch eine *emotionale* Bindung an unser *Intellektsystem*. Dies entspricht der *emotionalen* Bindung ans *Geld*. Durch die *erste Reflexion* ist das Intellektsystem *durch seine Schließung* (die Gedanken greifen nur noch auf ihre Gedanken zurück) *ausdifferenziert*. Die Ausdifferenzierung erfolgt auf der *Basis* lebendiger Zellen, die jedoch *zusätzlich* einen neuen Modus (elektrisch) der Signalübertragung haben. Diese *neue*, in Lebendigen *aufgehobene* Operationsweise ist die *biologische* Grundlage für die Möglichkeit von Entfremdung oder gar Selbstverdinglichung durch das *Intellektsystem*, das vorgibt das *Ganze* zu sein. Das ist noch die Magie, die wirkt. Aber der in uns aufgehobene *Ursprung* liegt noch tiefer. *Elektrizität* ist kein lebendiger Modus. Hier wirkt das *Anorganische* im Organischen.

Das neue Funktionssystem operiert als *solches* im Wesentlichen *elektrisch*, während es *als integraler Bestandteil* des Ganzen auch weiterhin *biochemisch* operiert. Daher ist es auch möglich, dass wir in einer „hierarchischen" Weise mit unseren *Gedanken* Einfluss auf unseren Körper nehmen können. Jeder, der Joga oder Autogenes Training betreibt, *weiß* dies, *weil er es erlebt*. Wir Menschen sind *„dezentrierte"* Wesen. Dies hat den großen *Vorteil*, dass wir auch *steuernd* auf unsere *Umwelt* Einfluss nehmen können. So können nur Menschen ein *hierarchisch* strukturiertes Unternehmen (generell Organisationen) aufbauen. Kein sonstiges Lebewesen kann dies. Dies *kann* aber auch ein *Nachteil* sein, wenn die *beiden* Modi des Operierens nicht mehr *integral* operieren. Dann kommt es zur *Entfremdung* oder gar zur *Verdinglichung*. Dann läuft unsere *Selbst-* und *Weltbeziehung* aus dem Ruder. Das ist dann der Fall, wenn wir mit unserer *kategorialen Struktur* alleine unser *Leben führen* wollen. Das Leben lässt sich *nicht feststellen*, es ist eine operationale Struktur, das Leben ist ein Prozess, der *autopoietisch* abläuft. Die Autopoiese *umfasst* die Hierarchie. Mit *hierarchischer* Organisation können wir *beherrschen*, z. B. *ökonomische Prozesse*, aber nicht den *autopoietischen Prozess* des Lebens.

Wir können aber unseren *Erkenntnisprozess*, der uns durch das *Intellektsystem* möglich wurde, *steigern*. Der Erkenntnisprozess läuft im Intellektsystem ab. Aber dieses Intellektsystem ist noch nicht alt und hat daher *Vorläufer*, aus denen es sich *gebildet* hat. Daher geht der Weg zur *Anerkennung* über den *Erkenntnis-*

prozess. Das *objektiv* operierende Intellektsystem erkennt, dass es aus dem Leben entstanden ist. Das Leben operiert *autopoietisch*, nicht *hierarchisch.* Dies ist das Ergebnis wissenschaftlicher, also *objektiver* Erkenntnis. Es bleibt nur noch die *Anerkennung*, dass das Intellektsystem in dem viel älteren *biochemisch* operierenden Gefühlssystem aufgehoben ist. Das Gefühlssystem ist das System des Lebendigen. Es *ist* schon das *Ganze des Lebendigen.* Es ist die biochemische *Verkörperung* des *geistigen* Prinzips der Autopoiese. In ihr ist alles aufeinander abgestimmt. Das Lebendige ist *ein Modus* der Autopoiese.

Die Geisteswissenschaften einschließlich der Philosophie meiden die Biologie. Sie haben Angst vor dem Vorwurf, *sozialdarwinistisch* zu argumentieren. Andererseits haben sie ebensolche Angst davor, der Unwissenschaftlichkeit geziehen zu werden, weil sie *anthropomorph* argumentieren. Lieber zieht man sich auf den *reinen Intellekt* zurück. So entsteht eine *fragmentierte*, aber keine *ganze Welt*, in der alles miteinander verbunden ist.

Im Organischen ist das Anorganische aufgehoben. Nur *weil* dies so ist, ist es möglich, dass es ein im Wesentlichen *elektrisch* operierendes Funktionssystem gibt, das in einem *biochemisch* operierenden ursprünglicheren System des Lebens aufgehoben ist. Damit hat sich aber auch eine *höher entwickelte Form des Lebens* gebildet. *Diese* Form des Lebens kann *symbolisch denken* und seit zweieinhalbtausend Jahren auf dieser Basis dies auch *reflexiv.* Und noch eins gilt es zu bedenken. Seit Lebewesen *Neuronen* besitzen, hat es einen *wechselseitigen Steigerungsprozess* von Denkprozessen *und* Gefühlsprozessen gegeben. Ein Hase hat nicht das empathische Einfühlungsvermögen wie ein Mensch. Und ein archaischer Mensch hat nicht die empathische Sensibilität wie ein heutiger Mensch (Pinker. 2011, Röttger. 2014). Schon ein Einzeller hat ein Gefühlssystem, das intelligentes Verhalten zeigt. Weder seine Gefühle noch seine Intelligenz haben das Niveau von uns Menschen. Aber es ist ein *autopoietisches* Operieren. Das *Prinzip* ist so alt wie unser Kosmos.

Ohne das *Prinzip* dieser immer *konkreten* Operationsweise gäbe es uns nicht. Und ohne die Autopoiese wären wir vollkommen hilflos. Wir sind von diesem Prinzip *vollkommen abhängig. Alles* im Kosmos ist von dieser Operationsweise abhängig. Daher auch unsere *Freiheit*. Frei können wir nur sein, wenn wir dieses Prinzip *anerkennen*, das uns zugleich *unverfügbar* ist. Unfreiheit, Demütigung, Terror etc. entstehen durch Nichtanerkennung dieses *konkreten Prinzips*.

Es ist die Einseitigkeit unserer Lebensform, die nur die *kategorialen Strukturen* beachtet, aber nicht die *operationalen Strukturen*. Dies erzeugt bei uns *dezentriert* organisierten Wesen Entfremdung bis hin zur Verdinglichung, nicht nur in unserem *Selbstverhältnis*. Denn auch *zur Welt* um uns herum sowohl zur *gesellschaftlichen* Umwelt wie zur *natürlichen* Umwelt fehlt uns ein *Resonanzgefühl* (Rosa. 2016, 2018). Die Strategie mit unserer *Rationalität*, über *Erkenntnis* uns selbst besser zu verstehen, die sozialen, ökonomischen und natürlichen Prozesse zu steuern, indem wir sie *beherrschen*, macht uns die Welt immer fremder. Sie macht die Welt *„stumm“*, wie *Hartmut Rosa* sagt. Ja, sie steht uns *drohend* gegenüber. Das ökonomische System *bedroht* den Bestand der Gesellschaft, ebenso der Terror, die Klimakatastrophe, die Digitalisierung etc.

Die Mitte zwischen Individuum, Gesellschaft und Natur ist die *Handlung* der Menschen, die sowohl natürliche wie auch gesellschaftliche Wesen sind. Über die Handlung *bildet* sich gleichursprünglich das Individuum wie auch die Gesellschaft. Über die Handlung finden wir auch zur Natur. Heute finden wir, vermittelt über das ökonomische System, wieder zur Natur. Denn Ökonomie ist schon immer der *Austausch der menschlichen Gesellschaft mit der Natur*. Dies ist bei allen Lebewesen so.

Eine Handlung kann *kooperativ* (verständigungsorientiert), *koordinierend* (strategisch, hierarchisch) oder *instrumentell* (Arbeit) sein. Beim kooperativen Handeln wird ein Ziel gemeinsam gefunden und gemeinsam verwirklicht. Beim koordinierenden Handeln werden die Handlungen hierarchisch auf ein vorgegebenes Ziel hin gesteuert. Beim instrumentellen Handeln wird der / die / das Ausführende(n) als Instrument benutzt, um ein vorgegebenes Ziel zu erreichen. Die Ausführungen zu den drei Handlungstypen sollen keine Definition sein. Sie soll nur den sinkenden Grad der Freiheit bei Zielfindung und seiner Verwirklichung erkennen lassen vom kooperativen über das koordinierende zum instrumentellen Handeln. Beim kooperativen Handeln ist die Freiheit am größten und sie ist beim instrumentellen Handeln nicht mehr gegeben. Hier ist das Ziel mit seiner Realisierung *objektiv* verbunden.

Interessant ist nun, dass die Autopoiese sowohl im *objektiven* Modus wie auch im *sozialen* Modus, der für das kooperative Handeln steht, operiert. Wie weiter oben gezeigt, bildet sich der soziale Modus aus der Wechselwirkung der Modi *subjektiver Empfindungen.* Die *koordinierende* Handlung ist *hierarchisch.* Mit ihr wurde z. B. die Unternehmung bzw. die Ökonomie aufgebaut. Sie entspricht dem *ökonomischen Handeln* der *Manager.* Die koordinierende steuernde Handlung in der *Ökonomie* entspricht der koordinierenden und steuernden Funktion des *Gehirns* mit seinem Nervensystem im *individuellen Körper.*

Wir werden sehen, dass, sobald die Ökonomie durch die Manager *digitalisiert* ist, also Arbeit in Software transformiert worden ist, also im *objektiven* Modus der Autopoiese operiert, dieser Modus in dem dann sich *zugleich* gebildeten *lebenden sozialen Modus* der Autopoiese *aufgehoben* ist. Damit bildet sich menschheitsgeschichtlich ein vollkommen neuer Modus der *Autopoiese.* Es bildet sich zugleich eine *integrale Ökonomie* (eine in die Gesellschaft integrierte Ökonomie) und ein *integrales Bewusstsein.* Also ein Bewusstsein auf dem Niveau der *zweiten Reflexion*, eine Reflexion des Intellektsystems auf seinen *Ursprung.*

Die *Handlung* ist umfassender als die *Sprache.* Wie *Habermas* schon dargestellt hat, ist die sprachliche Handlung auch eine Handlung. Die *Sprache* ist der Mittler zwischen *natürlicher Intelligenz* (nach Bildung von Neuronen) und *künstlicher Intelligenz.* Die *Handlung* ist der Mittler zwischen *Individuum* (Gehirn und Körper) und *Gesellschaft* sowie der *Natur*, die wir selbst ja auch sind.

Nur *vergesellschaftete* Individuen können handelnd die *Arbeit digitalisieren* und damit das ökonomische System in ein Digitalsystem mit einem Rest physikalischer Prozesse *herstellen.* Der Rest physikalischer Prozesse muss bleiben, weil wir körperliche Wesen sind, die Lebensmittel *produzieren müssen.* Im Übrigen auch noch andere Dinge wie Behausung, Transportmittel mit ihrer Infrastruktur etc.

Unabdingbar für das neue *integrale Niveau* der Autopoiese ist, das ökonomische System zur *Autopoiese im objektiven Modus* operierend zu führen. Nur dann bildet sich auch *zugleich* ein *lebendiger sozialer Modus*, in den der dann objektive Modus des ökonomischen Systems sich integrieren kann. Der lebendige soziale Modus ist wiederum die Bedingung der Möglichkeit eines autopoietisch operierenden ökonomischen Systems. Der *Steigerungsprozess* zum *neuen integralen Niveau* ist ein *wechselseitig* wirkender Prozess, der zu einem *neuen Modus* der Autopoiese führt, in dem wieder alles aufeinander abgestimmt ist.

Auch dieser Modus wird wieder zu einer Dezentrierung führen, dessen Spannung den Bildungsprozess auf ein nochmals neues höheres Niveau führen wird. Aber das ist ein neues Kapitel der Geschichte der *Dialektik des Bildungsprozesses*, der immer wieder etwas Neues aus sich selbst ausdifferenziert und damit die notwendige Spannung entstehen lässt, um *autopoietisch* Neues entstehen zu lassen. *Die Autopoiese bleibt.* Quantenphysiker gehen davon aus, dass eine geringfügige Abweichung vom Gleichgewicht die Bildung des Kosmos in Gang gesetzt hat. Ein Beispiel für den Effekt einer kleinen Ursache ist der Flügelschlag eines Schmetterlings, der einen Sturm auslösen *kann*, nicht muss. Die Wahrscheinlichkeit ist sehr gering, unmöglich ist es nicht.

Die *Dezentrierung*, die nur uns Menschen auszeichnet, muss uns nicht in einer resonanzlosen, fremden und stummen Welt zurücklassen. Körper und Geist sind nur zwei Perspektiven auf dasselbe Phänomen Mensch. Die Autopoiese *dominiert* dieses Wesen. Unser Gehirn mit seinem Nervensystem ist in der autopoietischen Operationsweise des Ganzen *aufgehoben*. Dennoch gibt es eine *Hierarchie* zwischen Gehirn und Körper.

Bei unseren *Handlungen* macht sich das als *hierarchisch-koordinierender* Handlungstyp bemerkbar, der auch digitalisierte Systeme herstellen kann. Aber das hierarchische Handeln führt nicht *per se* zu einer *resonanzlosen Welt*. Die Handlungsstruktur ist zu Beginn jeder Lebensgeschichte hierarchisch organisiert. Kein Kind könnte sich heute so schnell auf ein so hohes kulturelles Niveau entwickeln, wenn es nicht diese gewaltige Niveaudifferenz gäbe, die eine Hierarchie ist. Das Kind lernt von der Bezugsperson. Dennoch gelingt dieser Entwicklungsprozess umso besser, *je resonanter* er abläuft. Dies ist nur dann gegeben, wenn der Intellekt der Bezugsperson in der Autopoiese aufgehoben ist. Nur wenn die Autopoiese der Bezugsperson *dominiert*, findet sie Resonanz mit der Autopoiese des Kindes. Der Bildungsprozess lässt sich nicht intellektuell herstellen.

Nun wäre es ein Missverständnis, würde man annehmen, dass sich Resonanz *per se* bildet, wenn Autopoiese (Kind) auf Autopoiese (Bezugsperson) stößt. Die Autopoiese hat sich nicht nur selbst ausdifferenziert in *unterschiedliche Modi*. Selbst innerhalb desselben Modus sind ihre *Rhythmen* und *Intensitäten unterschiedlich.* Jedes Kind hat seine nur ihm eigenen. Sie sind es, die das *Feingefühl* der Bezugsperson erfordern. Und dieses *Feingefühl* ist im Laufe der Menschheitsgeschichte immer besser geworden, in *Wechselwirkung* mit dem Intellekt. Durch die *Dezentrierung* haben sich Intellekt und Gefühl auf unser heutiges Niveau *steigern* können.

Erst mit den *natürlichen* Rhythmen und Intensitäten kamen auch *Zeit* und *Wert* in die Welt, wie ich oben dargestellt habe. In ihrem Ursprung sind sie die subjektiv empfundene Zeit (Rhythmus) und der subjektiv empfundene Wert (Intensität). Wenn die des Kindes mit denen der Mutter in Resonanz kommen, *bildet* sich das, was ich oben *soziale Zeit* und *sozialen Wert* genannt habe. Dieser Bildungsprozess ist *ortlos,* d. h. er lässt sich nicht messen. Erst hieraus konnte sich das bilden, was wir nach Schließung des Intellektes zu einem *System* (als die Gedanken auf ihre eigenen Gedanken zurückgreifen konnten) *objektive Zeit* und *objektive Werte* nennen, die wir *messen* können. *Dies* sind die Medien, in denen wir die Ökonomie zu einem *autopoietisch operierenden System* aufbauen können *und* aufgrund der *Genese* ihrer Medien in die Gesellschaft integrieren können.

Dazu benötigen wir das Intellektsystem. Es ist also nicht das Intellektsystem *per se,* das die Resonanz mit der Welt beseitigt. Es ist die *Einseitigkeit* unserer Lebensform, die das Intellektsystem und damit seine *kategorialen Strukturen* alleine Beachtung schenkt. In Wissenschaft und Philosophie geht es nur um *Geltung.* Die lässt sich in *kategorialen Strukturen* explizieren. Aber die haben eine *Genese! Habermas* kommt das Verdienst zu, die Geltungsbedingungen der drei Weltperspektiven, der objektiven, der sozialen und der subjektiven, erarbeitet zu haben. Diese sind nach ihm die *Wahrheit* für die objektive Weltperspektive, die

Richtigkeit für die soziale Weltperspektive und die *Wahrhaftigkeit* für die subjektive Weltperspektive.

Es kann aber *nicht wahr* sein, in den *kategorialen* Strukturen *alleine* eine dreidimensionale Welt zu beschreiben, obwohl die Wissenschaft, die *objektiv* zu sein vorgibt und *erkannt* hat, dass die kategorialen Strukturen, in denen sie sich ausdrückt, *abhängig* sind von den *operationalen Strukturen.* Dies ist ein *Selbstwiderspruch.* Es ist einfach *nicht wahrhaftig,* die operationalen Strukturen nicht anzuerkennen, *obwohl sie erkannt* sind. Somit kann auch die soziale Weltperspektive *nicht richtig* sein. Denn Richtigkeit ist eine *kategoriale Struktur,* sie ist aber nicht lebendig. Daher *verstummt* unsere Welt um uns herum. Und zwar verstummt sie umso mehr, je umfassender wir sie *alleine* in kategorialen Strukturen *erkennen* und *beherrschen.* Denn dies geht nur im *objektiven* Modus. Damit machen wir uns aber selbst *zum Objekt* unserer objektiv operierenden Systeme, vor allem *des alles dominierenden ökonomischen Systems.* Denn wir sind dabei, mit Hilfe der *künstlichen Intelligenz* dieses System zu einem weltweit im *digitalen Modus* operierenden System zu machen.

Diese alleinige Beachtung der *kategorialen Strukturen,* die sich *digitalisieren* lassen, führen zu den beiden mythischen Vorstellungen von *Geld* und *Intelligenz. Candace Pert* hat die Schwingungen der Moleküle mit einem Tanz verglichen, der *rhythmisch* und mehr oder weniger *intensiv* sein kann. Aus diesen *leiblichen Rhythmen* und *Intensitäten bildet* sich das *Zeit- und Wertempfinden.* Diese leiblichen Rhythmen und Intensitäten der Gefühle auf molekularer Ebene können in *Resonanz* mit den *Sinnesmolekülen* eines anderen Körpers geraten.

Zeit und *Wert* sind die *basalsten Strukturen,* weil sie auch *leibliche* Strukturen sind. Zeit und Wert sind *zugleich* kategoriale Struktur und operationale Struktur. Die Kategorien *Zeit* und *Wert* sind dem lebendigen Menschen eingeschrieben. Aber nicht wie *Kant* annahm *vor aller Erfahrung*, sondern als Kategorien bilden sie sich *mit der Erfahrung*. Ihre objektive, kategoriale Struktur hat eine Genese aus lebendiger, operationaler Struktur. Zeit und Wert sind daher die *einzigen Kategorien*, die in *drei unterschiedlichen Modi der Autopoiese* auftreten. Dies ist die *Bedingung der Möglichkeit*, dass die im objektiven Modus operierende Ökonomie in die Gesellschaft und zugleich in die Natur *integrierbar ist*.

Die Operationsweise der *Autopoiese* erreicht die Ökonomie erst dann, wenn alles miteinander vernetzt ist. Dies ist erst bei vollständiger *Digitalisierung* möglich. Zugleich ist damit das *ökonomische Prinzip*, mit möglichst wenig Aufwand ein Ziel zu erreichen, verwirklicht. Das verwirklichte ökonomische Prinzip *ist* der *objektive Modus* der Autopoiese auf *gesellschaftlicher Ebene*. Verwirklicht werden kann es nur durch das im gleichen Modus operierende Intellektsystem vergesellschafteter *Individuen*. Die dabei zugleich ablaufende Vergesellschaftung bildet den *sozialen Modus* der Autopoiese. Der dabei sich erst bildende *soziale Modus* ist dann von allem *objektiven* Operieren befreit, also dem, was entfremdet, verdinglicht etc.

Die *Autopoiese* ist die uns *unverfügbare Bedingung* dieser Möglichkeit einer integralen Ökonomie und eines integralen Bewusstseins. Ihre Operationsweise gewährleistet auch die hierzu notwendige *zweite Reflexion*. Ihr alleine verdanken wir die Möglichkeit der *Übergänge zu neuen Modi ihrer selbst*. Sie ist die einzige Konstante, das *Prinzip*, das sich selbstorganisatorisch operierend gleich bleibt und doch *konkretes* Neues schafft. Sie entspricht dem unbewegten Beweger von Aristoteles. Jedoch mit dem gewaltigen Unterschied, dass Beweger und Bewegtes *ein* Ganzes bilden. Da ein Prinzip, in kategorialer Struktur bestimmt ist, also im objektiven Modus, ist dies kein Widerspruch. Widersprüche können nur innerhalb einer kategorialen Struktur auftreten. Die operationale Struktur lässt Bildungsprozesse und damit Neues zu, indem das Alte *aufgehoben* bleibt, das ja das Neue schafft. Das Neue hätte ja kein Fundament, wenn das Alte vollständig verschwinden würde. Es wandelt sich nur um.

Dialektik ist nicht unlogisch. Im oben beschriebenen Bildungsprozess steckt nichts Unlogisches. *Dialektik* geht aber über die Logik hinaus. Sie ist ein wirklicher, d. h. *konkreter* und nicht nur intellektueller Prozess. Das *wirklich Neue* sind *neue Modi* des Operierens. Logische Operationen eines KI-System mögen neue, bisher unbekannte Ergebnisse und Zusammenhänge erzeugen. Aber die werden immer nur im „Raum" der *Logik*, also des *objektiven* Modus, verbleiben. Niemals werden sie in den größeren „Raum" der *Dialektik* kommen können. Dazu bedarf es des 14 Milliarden Jahre alten *Bildungsprozesses*. Der ist uns aber *unverfügbar*.

Unverfügbar bedeutet *nicht*, dass er uns *fremd* ist oder gar von uns *getrennt* ist. Ganz im Gegenteil. Wir selbst *nehmen* an diesem Prozessieren *teil*. Daher ist er uns *unverfügbar* im Sinne von *unhintergehbar*. Wir haben ihn *nicht* wie ein *Objekt gegenüberstehen*. Daher kann er uns *prinzipiell* nicht fremd werden. Sein Prinzip schließt alles ein. Daher ist die *Einseitigkeit* des *nur* objektiven Prozessierens des Intellektsystems das *Ausschließende* und Fremdmachende. Es ist aber auch nicht das Intellektsystem *per se* und sein objektiver Modus, der uns Probleme bereitet, ganz im Gegenteil. Die Steigerung dieses Modus bis zur instrumentell-digitalen Operationsweise einer künstlichen Intelligenz durch die menschliche, einmalige Intelligenz ist eine notwendige Bedingung zur *Autopoiese des ökonomischen Systems*. Nur dann sind wir *nicht mehr Teil dieser objektiven* Prozesse. *Arbeit* ist dann *digitalisiert*.

Wir haben dann – aus *heutiger* Sicht, die noch nicht die eines integralen Bewusstseins ist – ein neues Problem. Ein *vollkommen digitalisiertes* und damit vernetztes *ökonomisches System* ist *extrem verletzlich.* Kein *hierarchisch* organisiertes Sicherheitssystem könnte diese Sensibilität des Systems *beherrschen.* Es würde unermesslich aufwändig und komplex und stellte daher selbst wieder ein Sicherheitsproblem dar, da es ja auch überwacht werden müsste. Also in der *Strategie der Beherrschung* kann nicht die Lösung liegen. Dennoch gibt es die ersten Ansätze dazu, darüber hinaus mittels *Totalüberwachung*, siehe China, die hierarchische *Totalkontrolle* mittels digitaler Technik zu bekommen, um diejenigen ausfindig zu machen, die gefährlich werden könnten. Darüber hinaus führt dies mittels Vergabe von „Sozialpunkten" zur direkten *„sozialen"* Steuerung.

Die vollkommene Digitalisierung des ökonomischen Systems ist nicht mehr zu stoppen. Es wäre auch *kontraproduktiv*, da erst ein *autopoietisch* operierendes ökonomisches System die Operationsweise erreicht hat, um es dann in den *sozialen* Modus der Gesellschaft zu integrieren. Wie der objektive Modus des ökonomischen Systems von allem Sozialen befreit wäre, wäre der soziale Modus von allem Objektiven befreit und wäre *wirklich sozial.* Je mehr wir das ökonomische Handeln instrumentalisieren, umso mehr können wir uns von der *eigenen* Instrumentalisierung befreien. Diese Befreiung ist nur möglich mit der digitalisierten Ökonomie. Und die Digitalisierung des ökonomischen Systems ist *nur kooperativ* möglich. Wer jemals ein Rationalisierungsprojekt durchgeführt hat, weiß, dass er auf starke Widerstände der Beschäftigten stößt. Diese Widerstände lassen sich nur „beseitigen", wenn es *sozial positive* Lösungen für die „freigestellten" Mitarbeiter gibt. Lösbar ist die vor uns liegende Aufgabe *nur gesamtgesellschaftlich.* Der Austritt aus dem Braunkohleabbau ist ein solches Beispiel, an dem wir die Zukunftsaufgaben in überschaubarer Größe testen können. Nur ist dies noch nicht der „Ernstfall". Denn hier geht es nur um die *Transformation* von

Beschäftigung, also *Arbeit*. In Zukunft geht es um die *Abschaffung* der Arbeit.

Im Übrigen ist das ökonomische System, aufgrund seines Prinzips, ein System, das *Arbeit beseitigt*, nicht Arbeit schafft. Das ist ein *Mythos*, den die Ökonomen selbst in die Welt gesetzt haben. Natürlich schaffen die Unternehmer Arbeitsplätze. Fast alle Arbeitsplätze, die es heute gibt, gab es vor 50 Jahren mit ihrem jetzigen Tätigkeitsfeld noch gar nicht. Das ist der normale Veränderungsprozess, der aber *langfristig* dazu führt, dass diese Arbeit beseitigt wird. Jeder Mensch ist bestrebt, seine Arbeit zu *erleichtern*. Das war schon bei der Herstellung des ersten Werkzeuges der Fall. Heute wissen wir, dass wir sie *abschaffen können*. Das bedeutet *nicht*, dass wir in Zukunft keiner *Tätigkeit* mehr nachgehen werden. Sie wird nur eine andere sein. Hierin besteht der Transformationsprozess, in dem wir uns schon längst befinden. Er ist so gewaltig, dass er nur vergleichbar ist mit dem vor 12.000 Jahren. Damals hat die Menschheit über Jahrhunderte und *Jahrtausende* ihre *aneignende Lebensform* in die *produzierende Lebensform* umgestellt. In ihr befinden wir uns noch heute.

Heute sind wir dabei, diese *produzierende* Lebensform in eine *sich bildende Lebensform* zu transformieren. Dies wird in den ersten Kerngebieten in nur wenigen *Jahrzehnten* ablaufen. D. h. der schon 14 Milliarden Jahre ablaufende Bildungsprozess wird selbstreflexiv und *erkennt* seinen *Ursprung*, die *Autopoiese*. Dieser Bewusstwerdungsprozess wird mit zunehmender Digitalisierung des ökonomischen Systems (selbstorganisatorisch) immer breitere Schichten unserer Gesellschaft erfassen. Die *Mythen*, die heute noch das *Geld*, die *Intelligenz*, die *Arbeit* etc. umgeben, werden sich dann als solche zu erkennen geben. Der Theoretiker *Habermas* ahnte schon vor Jahrzehnten, dass sich unsere Zukunft an unseren Grundbegriffen entscheiden wird. Der Pragmatiker

Adenauer würde sagen, „die Lage ist da“ und würde entsprechend handeln. Zum notwendigen politischen Handeln gleich mehr.

Ein weiterer *Mythos* ist daher, dass der *Bildungsprozess* nur das Intellektsystem betrifft. Er betrifft *alle Modi* unseres Operierens. Er ist das *Ganze* des kosmischen Prozessierens von seinem Ursprung an. Der Bildungsprozess ist ein dialektischer Prozess, in ihm ist im Hier und Jetzt sein *gesamtes Prozessieren aufgehoben.* In unserem *konkreten Gegenwärtigsein* ist unser *Gewordensein* in hochkomprimierter Form *aufgehoben. Wie* dies geschieht, wissen wir nicht. Wir wissen aber, *dass* es geschieht. Die *„sensiblen Phasen“* sind der Beweis. Durch sie geht in hochkomprimierter Weise in *jeder Lebensgeschichte* die *gesamte Menschheitsgeschichte* bezüglich der in ihr erworbenen kulturellen Fähigkeiten (Sprechen, Schreiben, Rechnen, Lesen) hindurch.

Aber das ist bei weitem noch nicht alles. Denn *in diesem Bildungsprozess* hat sich das gebildet, was wir heute das *ökonomische System* nennen. D. h. aber, dass in dem, was wir heute vorfinden, die *Leistung der gesamten Menschheit* hochkomprimiert *aufgehoben* ist. Wir haben es der *Arbeit unserer Vorfahren* zu verdanken, dass wir diesen Wohlstand haben. Es ist nahezu 100 %-ig *nicht* unsere Leistung. Daher ist es ein *Mythos*, von einer leistungsgerechten Entlohnung zu sprechen, da nur *ein vernachlässigbarer* Anteil uns Heutigen zugerechnet werden kann. Niemand wäre in der Lage, ein Auto oder ein Flugzeug zu bauen, ohne die *gewaltigen Vorleistungen*, die uns unsere Vorfahren überlassen haben.

Man bedenke nur, dass das erste „Flugzeug“ wie ein Vogel konstruiert war. Das erste „Auto“ war wie eine Pferdekutsche gebaut. Aber auch die Pferdekutsche konnte nur gebaut werden, nachdem das Pferd domestiziert war. Und die Kutsche selbst konnte erst gebaut werden . . . und . . . nachdem die *Vorgänger* des *Homo sapiens* das erste Werkzeug hergestellt hatten. Ja, als sie den ersten (gefundenen) *geeigneten Stein* als ein Werkzeug eingesetzt hatten. Es sind immer *kleine Verbesserungen* des *ersten Werkzeuges*, die noch heute in unserem Auto aufgehoben sind. Daher ist es auch ein *Mythos* anzunehmen, man könne mit *künstlicher Intelligenz*, ohne mit schon *zuvor bearbeiteter Materie* (die bis auf das erste Werkzeug zurückgeführt werden kann) etwas Materielles herstellen. In jedem Roboter ist das erste Werkzeug *aufgehoben und demnach konkret wirkend vorhanden*, weil es des ersten (und alle hieraus weiterentwickelten) Werkzeuges bedarf. Das erste Werkzeug *wirkt* noch in jedem Roboter *einschließlich* seiner Software. Denn ihre Intelligenz ist nur eine Weiterentwicklung der Intelligenz, die in der Lage war, das erste Werkzeug herzustellen. Und diese Intelligenz war erst eine vorsprachliche Intelligenz. Ein *symbolbasiertes* Denken gab es noch nicht, es war noch *handlungszentriert*, also sensomotorisch repräsentiert.

Die *Handlung* war zuerst da, dann kam die *Sprache*. Besser, die Handlung *war* die Sprache. Aus ihr hat sich die symbolbasierte Sprache ausdifferenziert. Sie ermöglichte die Bildung des Intellektsystems. Aber dies war erst möglich, als vor etwa zweieinhalbtausend Jahren die Gedanken sich auf sich selbst zurückbeugen konnten. Die *Sprache*, in der sich dies vollzog, kann heute in *künstliche Intelligenz* transformiert werden und in einem *hergestellten Computer* ablaufen. Daher ist *diese* Intelligenz *räumlich* von seinem *14 Milliarden währenden Bildungsprozess getrennt*. Unsere *natürliche Intelligenz* hingegen ist *in* diesem Bildungsprozess *aufgehoben*.

Heute wird der *Teil* für das *Ganze* des Bildungsprozesses gehalten. Die *Intelligenz* wird mit dem IQ *gemessen*. Bildungsprozesse werden auf Klassenarbeiten reduziert, denn deren *Produkte* kann man mit *Noten messen*. Die *Prozesse* in der *Schule* werden über Standards mittels *Qualitätsprüfung* zertifiziert. Was für die

Schule gilt, gilt mittlerweile auch für die *Universität.* Sie werden beide wie *Herstellungsprozesse gemanagt.* Damit sind die Absolventen „bestens" auf das Handeln im *ökonomischen System* vorbereitet.

Auf dem Bewusstseinsniveau der *ersten Reflexion,* also des reflexiven Denkens, ist dies alles stimmig. Dass es neben den *kategorialen Strukturen,* über die dieses Bewusstseinsniveau wegen der *Selbstblockade* nicht hinaus kommt, noch *operationale Strukturen* gibt, kann nicht erkannt werden. Die Selbstblockade ist der Ausdifferenzierung des Intellektsystems geschuldet. Der *gewaltige Fortschritt* der *Schließung des Systems* im *reflexiven Denken* verdeckt einen *Narzissmus,* eine Selbstverliebtheit, eine *emotionale Abhängigkeit.* Genau dies glaubt man durch die Fokussierung auf den Intellekt überwunden zu haben. Das ist nicht nur ein *Mythos.* Dies berührt noch tiefere Schichten unseres menschheitsgeschichtlichen Bildungsprozesses, das *magische Denken.*

Die meisten *Bildungsexperten sind Magier.* Sie glauben, sie könnten den uns *unverfügbaren* autopoietisch operierenden Bildungsprozess von *außen steuern.* Das, was möglich ist, ist das *Umfeld* so zu gestalten, dass das Kind hierauf *seiner* Reife entsprechend agieren kann. Hier entscheiden die individuellen *Rhythmen* und *Intensitäten* des kindlichen Geistkörpers, die in *Resonanz* mit dem *Umfeld* kommen müssen. Dies kann kein Außenstehender *erkennen,* sondern nur *anerkennen.* Es gibt jedoch einen gewaltigen Unterschied zwischen den Magiern der archaischen Zeit und heute. Die archaischen Schamanen haben ihren damaligen ganzen Geistkörper wirken lassen. Bei den meisten heutigen Bildungsexperten spielt sich alles lediglich im *objektiven Modus* der *kategorialen Strukturen* ab.

Es ist abzusehen, dass es in fünf bis spätestens zehn Jahren Demonstrationen der Kinder und Jugendlichen geben wird, die für die *Anerkennung* ihres Bildungsprozesses auf die Straße gehen. Heue demonstrieren sie schon für die *Anerkennung* der klimatischen Auswirkungen unseres ökonomischen Handelns. *Kinder* haben von Natur her noch eine *höhere Sensibilität* für die *äußere* wie ihre *innere* Natur. Sie *spüren*, wenn ihre Rhythmen und Intensitäten nicht mehr in Resonanz mit ihrer Umwelt sind. In der Schule ist dies schon lange der Fall. Im Grunde schon seit es Schule gibt. Nur heute ist die *Schere* von Sensibilität und Intellektualität viel weiter geöffnet. Beides hat sich gesteigert aufgrund ihrer *autopoietischen Wechselwirkung*.

5.3.3 kategoriale Struktur – operationale Struktur

Uns Erwachsenen wird mit Studium und Eintritt ins Berufsleben das Gefühlsleben vollends ausgetrieben. Gefühle gehören weder zur *Wissenschaft* noch zum *ökonomischen Handeln*. Da letztlich fast jeder Erwachsene erwerbstätig ist, unterliegen fast alle Menschen dem Diktat des *rational* handelnden *„homo öconomicus"*.

Nun darf man nicht verkennen, dass diese Einstellung, die mindestens acht Stunden am Tag beibehalten werden muss, uns unseren heutigen Wohlstand beschert hat. Dem *objektiven Modus*, der die Subjektivität ausblenden *muss*, haben wir dies zu verdanken. Dieser objektive Modus operiert auf der Basis *kategorialer Strukturen*. Ohne das der Reflexion fähige begriffliche Denken wäre dies unmöglich. Erst wenn unsere Gedanken sich auf die Gedanken zurückbeugen können, sind wir *theoriefähig*. Das bedeutet aber, dass wir uns mit dieser *„zweiten Realität"* (Luhmann), vor allem unserer naturwissenschaftlichen und ökonomischen *Theorien*, die Welt, in der wir leben, *erst schaffen konnten*.

Nach *Max Weber* führt dieser Rationalisierungsprozess jedoch zu einem *„stahlharten Gehäuse"*. Da die *Arbeit* in einem objektiv bestimmbaren System abläuft, *entfremden* wir uns auch von unserer eigenen Arbeit. Nach *Marx* entfremden wir uns sowohl vom *Prozess* der Arbeit wie auch von seinem *Produkt*. Nach *Emil Durkheim* leben wir in einer *beziehungslosen* Welt. Unser rationales Handeln raubt uns die Beziehung zur Gesellschaft, also zu den Anderen, der Natur und sogar zu uns selbst. *Lukács* und *Adorno* nennen diese Austreibung des Lebendigen *Verdinglichung*. Nach *Hartmut Rosa* wird die Welt *stumm* und *resonanzlos*, je stärker wir sie *beherrschen*.

Für den gewaltigen *Wohlstand*, den wir erzielt haben, zahlen wir mittlerweile einen *hohen Preis*. Unser Vorgehen scheint *alternativlos* zu sein. Wir müssen die Welt von der Natur über die Gesellschaft bis zu uns selbst eben *noch besser beherrschen*. Die *künstliche Intelligenz* scheint eine solche Möglichkeit zu sein. Doch schon haben wir *Angst* davor, dass sie *uns selbst beherrschen* kann.

Das Problem liegt nicht in der *Rationalität*. Es liegt in der *Einseitigkeit* unseres Vorgehens. Wir kennen nur die *kategorialen Strukturen*. Wir wissen zwar, dass es auch *operationale Strukturen* gibt. Denn es gibt Bewegung und Veränderungen. Aber, diese Bewegungen und Veränderungen werden wiederum nur in *kategorialen Strukturen beschrieben*. Es geht nie um die Bewegung und die Veränderung *selbst*. Wenn wir z. B. die Geschwindigkeit einer beschleunigten Bewegung an einem Ort genau messen wollen, benutzen wir dazu den Differentialquotienten. D. h. wir bringen die Bewegung zur vollkommenen *Ruhe*, um die *Geschwindigkeit* an einem Punkt überhaupt messen zu können. Das ist eine fantastische Methode, die wir erst seit *Newton* kennen. Aber sie findet in einer „zweiten Realität" statt, in den *kategorialen Strukturen*. Das Faszinierende dabei ist, wenn alle *angenom-*

menen Bedingungen richtig sind, stimmt die *theoretische* Geschwindigkeit mit der *tatsächlichen* überein. Das Problem dabei ist, dass die Bedingungen, die ja auch in *kategoriale Strukturen* gefasst sein müssen, falsch sein können. Dann stimmt natürlich auch das Ergebnis nicht. Entscheidend ist also die *Wirklichkeit*, die *logische Struktur* der Ableitung mag noch so richtig sein.

Die *Wirklichkeit* ist eine *operationale Struktur*. Die Quantenphysiker mussten Anfang des letzten Jahrhunderts *erkennen*, dass sie die *Wirklichkeit* selbst im Bereich der *objektivsten* Wissenschaft, die wir kennen, gar *nicht messen* können. Mal zeigt sie sich als Welle, mal als Teilchen. Dann gibt es noch vollkommen unverstandene *Fernwirkungen verschränkter* Teilchen, z. B. Elektronen, die über sehr weite Entfernungen das gleiche Verhalten zeigen, obwohl sie keinerlei Kontakt haben können. Das nennen Physiker *Nichtlokalität der Kausalität*. Selbst *Einstein* konnte damit nichts anfangen. Für ihn konnte es so etwas nicht geben.

Für uns von Interesse sind hier nicht die Details, sondern die Tatsache, dass es sich hier um *operationale Strukturen* im physikalischen, also *objektiven* Bereich handelt, die den Physikern nicht zugänglich sind, also *unverfügbar* sind. Und dies nicht, weil wir heute noch nicht das entsprechende Wissen haben. Die *Unverfügbarkeit* ist grundsätzlicher Art. Die *Wirklichkeit ist nicht messbar*, selbst im physikalischen Bereich. Die Wirklichkeit entzieht sich der Messung, *weil die Messung die Wirklichkeit*, also das zu Messende, *zerstört*.

Wir benötigen also einen *anderen* Zugang zur Wirklichkeit. *Wenn* die Wirklichkeit eine *operationale Struktur* ist, dann ist nur die operationale Struktur selbst dazu in der Lage. *Dass* die Wirklichkeit eine *operationale Struktur* ist, wissen wir, weil sich die *kategoriale Struktur* erst aus ihr *gebildet* hat. Die kategoriale Struktur ist daher nicht unwirklich, sie ist aber *nicht die ganze Wirklichkeit*. Und genau das ist ihr Problem, bzw. *unser Pro-*

blem. Das ist aber auf dem Niveau der *„ersten Reflexion" nicht lösbar!* Denn hier stehen uns nur *kategoriale Strukturen* zur Verfügung.

Bevor ich zur operationalen Struktur selbst komme, noch etwas zur kategorialen Struktur, also unseren *Begriffen*, in denen wir versuchen, die Welt zu fassen und zu gestalten. Alle wesentlichen Grundbegriffe wie *Geld, Intelligenz, Arbeit, Leistung, Bildung* etc. sagen nicht das aus, was wir uns bisher darunter vorgestellt haben. Mit ihren *alten* Inhalten *können wir gar nicht* die Welt fassen und gestalten. Daher unsere *Orientierungslosigkeit.* Die *operationalen Strukturen* haben schon längst die Welt verändert. Veränderungen sind auch *nur* in ihnen möglich. Unsere Grundbegriffe konnten dem nicht folgen. Dennoch haben wir sie, vor allem seit etwa 300 Jahren, *mit Hilfe* unseren *kategorialen Strukturen* verändert. Verändert haben wir sie aber im Wesentlichen mit Hilfe der Begriffe *Zeit* und *Wert.* Nur sie sind *zugleich* auch operationaler Art, weil sie als *fundamentale* Begriffe *zugleich* in *drei Modi* der operationalen Struktur auftreten und damit bis zum *Ursprung* reichen. Auf diese Weise sind sie *als einzige Begriffe* der *Autopoiese inhärent.*

Jetzt zur *operationalen Struktur.* Nur in ihr *vollziehen sich* Veränderungen. Sie werden aber bisher nur in kategorialen Strukturen *beschrieben.* Das soziale Leben *vollzieht* sich. Die Wissenschaft beschreibt sie. Unsere Gefühle *erleben* wir. Die Wissenschaft beschreibt sie. Die operationale Struktur vollzieht sich also in *unterschiedlichen Modi.* Die kategoriale Struktur kennt nur den *objektiven* Modus. Mit ihrer Hilfe können wir daher Dinge *herstellen.* Denn was hergestellt werden soll, muss zuvor *beschrieben* werden. Weil wir es beschreiben können, können wir es auch *digitalisieren.*

Die operationale Struktur wirkt im Anorganischen, Organischen und im Geistigen. Ihr Prinzip, die Autopoiese, hält sich über alle Modi ihres Operierens durch. Die Autopoiese bildet Ganze und verbindet Ganze zu umfassenderen Ganzen. Weil sie sowohl Prinzip, also etwas Geistiges ist, wie auch materielles Prozessieren, ist sie das alles Umfassende, der *Kosmos*. Weil auch wir Menschen autopoietisch prozessieren, *nehmen wir teil an diesem alles umfassenden Prozessieren.*

Weil wir also *Teilnehmer* dieses Prozessierens sind und *zugleich dezentrierte Wesen*, können wir auch die Dinge in Unordnung bringen. Dies ist im Übrigen die einzige Möglichkeit, dass wir bemerken, dass wir da sind. Wäre *alles autopoietisch* abgestimmt, würden wir nicht wissen, dass wir überhaupt existieren. Es gäbe dann aber weder den Kosmos noch uns. Erst die *Differenz* treibt die Autopoiese weiter. Wir sollten die Differenzen allerdings nicht zu groß werden lassen. Denn sie tun uns dann weh. Sie machen uns krank, bringen Ungerechtigkeit, Unfreiheit, bis hin zur Verdinglichung, Vertreibung und Terror oder gar zur Zerstörung unserer eigenen Lebensgrundlage. Ich fühle, dass ich krank bin, ich fühle mich ungerecht behandelt, ich fühle mich unfrei, ich fühle mich verdinglicht, ich erlebe die Vertreibung, ich erlebe den Terror, ich fühle den Hunger, ich fühle, dass ich ersticke etc. Das *Erleben* und Fühlen ist etwas Anderes als die *Beschreibung* dieser Gefühle oder der Erlebnisse. *Operationale Strukturen erzeugen* erst die *Wirklichkeit*. Messen kann ich sie nicht. Messen können wir nur die *Realität des objektiven Modus*.

Allerdings benötigen wir auch als geistige Wesen die *kategorialen Strukturen*. Erst sie bringen den *Sinn* in unser *Leben*. Wir benötigen beides. Bisher hielten wir allerdings das *begriffliche Denken* für das Ganze. Damit haben wir uns zwar Wohlstand geschaffen, aber uns zugleich in eine fast aussichtslose Lage manövriert. Aus ihr können wir uns nur befreien, wenn wir die operationalen Strukturen nicht nur erkennen, sondern auch *anerkennen*. Und dieses *Anerkennen* meine ich in einem *sehr starken Sinne*.

Ich muss mich *leiblich* von dieser Anerkennung *berührt fühlen.* Eine Analogie wäre hierzu das, was im *religiösen Sinne* eine *Offenbarung* ist. Allerdings eine Offenbarung, die jetzt eine *wissenschaftliche* Grundlage hat. Anerkannt wird nun die selbstorganisatorisch wirkende *Autopoiese*, die bis zum Ursprung des Universums zurückverfolgt werden kann. Sie ist es, die den *Bildungsprozess* des Kosmos bis zu uns Menschen als Geistkörper-Wesen vorangetrieben hat. Sie wirkt auch in unserem Körpergeist und lässt Körper und Geist als Aspekte *eines* Ganzen erscheinen.

Dieses Ganze wirkt bei *jedem Neuen*, das in unserem Geist erscheint. Das Neue *bildet* sich *selbstorganisatorisch.* Der *Bildungsprozess* ist ein *selbstorganisatorischer Prozess.* Bei jedem Bildungsprozess *wirkt in mir die Autopoiese.* Doch nur dann, wenn etwas *wirklich Neues* erscheint, kann ich auch *„überwältigt"* sein von diesem *Erlebnis.* In diesem Erlebnis *offenbart* sich die Autopoiese: *In mir* hat sich das Neue gebildet. Mit dem gleichzeitigen *Wissen* vom Kosmos kann ich mich *eins fühlen* mit ihm: *Ich nehme dann teil an dem umfassenden Ganzen.*

Warum ist diese Tiefe eines *Offenbarungserlebnisses* notwendig?

1. Wegen der großen *Verletzlichkeit* eines weltweit operierenden *digitalisierten* ökonomischen Systems ist es notwendig, dass sich die Menschen als *Teil des Ganzen* erleben. Nur dann werden sie es nicht schädigen, sondern daran mitwirken wollen.
2. Die *Autopoiese* als *Allumfassendes* und *Unverfügbares*, von dem wir *alle abhängig* sind und die uns doch zugleich *Freiheit* bringt, ist *anschlussfähig* an Religion *und* Wissenschaft. Damit kann sie auch die *Religionen einen* in einem religiösen und *zugleich* wissenschaftlichen Sinne.

3. Die *„zweite Reflexion"* auf den *Ursprung* allen Gewordenseins schließt an eine in allen Religionen angelegte Vorstellung an: *Der Abstieg zum Ursprung ist der Aufstieg zum Höchsten.* In diesem Fall zu einem höheren Bewusstseinsniveau als Stufe zum noch Höheren.
4. Auch die Mysterien Trinität und die Menschwerdung des einen Gottes sind in analoger (wissenschaftlicher) Weise abgedeckt. Die Einheit von Vater, Sohn und Heiligem Geist finden sich wieder in der Einheit der drei Modi objektiv (Vater), subjektiv empfindend (der Mensch gewordene Gott) und sozial (verbindendes Sozialfeld = Heiliger Geist). Bei der „zweiten Reflexion" bildet sich ein *integrales Bewusstsein*, das den *objektiven Modus* der „ersten Reflexion" *transzendiert*, also über ihn hinausgeht.

Das *heutige Verständnis* von dem, was *Bildung* ausmacht, erweist sich auf dem Niveau der „zweiten Reflexion" als *eindimensional.* Die *Wirklichkeit ist dreidimensional.* Sie ist in der *Einheit der Differenz der drei Modi* das *Prinzip der Autopoiese.* Die *vollkommene Abhängigkeit* von ihm, die dennoch erst Freiheit möglich macht, seine *Unverfügbarkeit* sowie sein *„Werdesein"* (Ratzinger) macht es anschlussfähig an *alle wesentlichen religiösen Vorstellungen* und hat *zugleich wissenschaftliche* Grundlagen. Das Prinzip *(geistig)* der Autopoiese ist sowohl in der *anorganischen* Materie (Prigogine, Haken) wie auch in der *lebendigen* Materie (Maturana, Varela) nachgewiesen.

5.4 Die Transformation unserer Lebensform

5.4.1 Intellektsystem und ökonomisches System

Auf dem Niveau der *„zweiten Reflexion"* wird sich der Bildungsprozess seiner selbst *bewusst*, als Bildungsprozess. Im *integralen Bewusstsein* ist sein Gewordensein im Gegenwärtigsein, also im Hier und Jetzt, aufgehoben. Der selbstorganisatorisch operierende *Bildungsprozess* hat diese *neue Stufe des Bewusstseins* hervorgebracht. Die *drei Modi* des Operierens sind auf dieser *höheren* Bewusstseinsstufe *integriert*. Die *Integration* bildet die höhere Stufe. Damit entsteht aber auch ein ganz *neuer Modus des Bildungsprozesses* und seiner Autopoiese.

Wie ist dies zu verstehen? Der Bildungsprozess ist das Ganze des Kosmos. Seine operationale Struktur ist selbstorganisatorisch. Es gibt auch keinen Energiezufluss von Außen. Es gibt kein Außen, sonst wäre es nicht das Ganze. Wie dies physikalisch zu verstehen ist, wissen wir nicht. Das wirkende Prinzip ist die Autopoiese. Durch sie hat sich u. a. das *Intelligenzsystem* vor etwa zweieinhalbtausend Jahren *im menschlichen Organismus* (Individuum) ausdifferenziert. Mit seiner Hilfe differenziert sich heute, in *analoger* Weise auf *gesellschaftlicher* Ebene, das *ökonomische System* aus. Beide Systeme operieren daher im *objektiven* Modus. Die Schließung zu einem autopoietisch operierenden System wird durch die Digitalisierung erreicht. Die *menschliche Sprache*, die sich vor mehreren hunderttausend Jahren gebildet hat, ist hierzu die Bedingung der Möglichkeit der *Digitalisierung* und damit der Autopoiese des ökonomischen Systems.

Diese im *objektiven* Modus operierende *Autopoiese* ist wiederum die Bedingung der Möglichkeit, ein neues Ganzes zu bilden. Die erst jetzt zum ersten Male im *sozialen* Modus operierende Gesellschaft kann die nun autopoietisch operierende Ökonomie in sich integrieren. Die Analogie zur *Symbiose*, die die eukaryotische Zelle gebildet hat, macht dies vielleicht verständlicher. Die Gesellschaft nimmt die Ökonomie in sich auf. Dies meine ich mit *integraler Ökonomie*. Das ökonomische System ist integraler Bestandteil der Gesellschaft. Sie ist in der Gesellschaft aufgehoben.

Dabei ist zugleich das *Soziale erst entstanden*, weil es jetzt erst frei ist von allem Objektiven. Wir sind jetzt *nicht mehr Teil eines objektiv operierenden Systems*, das uns als digitalisiertes System verdinglichen würde. Dies ist ein *dialektischer Prozess*. Die Digitalisierung des ökonomischen Systems – und damit seine Autopoiese – ist nur *kooperativ* möglich. Dabei ist kooperativ noch ein zu schwacher Ausdruck. Wir müssen den/die Anderen in ihrer Autopoiese *anerkennen*, ihre jeweils individuellen Rhythmen und Intensitäten. Damit bedingen sich wechselseitig die Bildung der *sozialen* Operationsweise der Gesellschaft und die *objektive* Operationsweise des ökonomischen Systems. Da der *ortlose soziale* Modus sich ohnehin aus den Modi subjektiver Empfindungen gebildet hat, entsteht nun auf *gesellschaftlicher Ebene* ein vollkommen *neuer Modus*, in dem der *räumliche objektive* Modus des ökonomischen Systems aufgehoben ist, analog dem *integralen Bewusstsein* auf *individueller* Ebene, in dem das Intellektsystem aufgehoben ist.

Da sich die Autopoiese im Laufe des kosmischen Bildungsprozesses selbst noch in unterschiedliche Modi ausdifferenziert, ist eine Integration dieser Modi wegen des *einen durchgängigen Prinzips* möglich. Voraussetzung ist allerdings die Erreichung der Autopoiese. Wie ich gezeigt habe, ist die Autopoiese der Ökonomie nicht schon von Anfang an da gewesen. Wir haben sie erst geschaffen, ohne dass dies unsere Absicht war. *Insofern* hat sie sich *gebildet*. Das autopoietisch operierende System ist weder ein

Automat noch ein Organismus. Es existiert nur in einem *sozialen* Modus der Gesellschaft. Analog unserem *Intellektsystem*, das nur in unserem *Körpergeist* existieren kann. Das ökonomische System existiert als autopoietisches System im *Gesellschaftskörper*. Wir können es nun als Gesellschaft, die im *sozialen* Modus operiert, *nutzen*. Das ist der menschheitsgeschichtlich noch nie dagewesene *neue Modus*. Er integriert Individuum, Gesellschaft und Natur, das *Räumliche* mit dem *Ortlosen*, das *Materielle* mit dem *Geistigen*. Möglich wird dies durch die *Einheit* der Differenz der drei Modi der *Autopoiese*. Ihr *selbstorganisatorisches* Operieren hat dies *selbst gebildet*. Dass wir selbst das ökonomische System *hergestellt* haben, ändert nichts daran, dass es sich *gebildet* hat. Denn der *Fähigkeit* zur *Herstellung* liegt ihre *Bildung* zu Grunde. Sie ist im Bildungsprozess aufgehoben. Der Bildungsprozess ist das *Ganze*.

Das *integrale Bewusstsein*, als Ergebnis der „zweiten Reflexion“, ist daher nur in der Verbindung mit der *integralen Ökonomie* möglich. Das Ganze ist ein Bildungsprozess. Die im Laufe des Bildungsprozesses immer größer werdende *Verletzlichkeit* der Welt-Gesellschaft ist nur die andere Seite dieses dialektischen Bildungsprozesses. Da wir noch nicht das *Ganze* sehen, macht uns diese Entwicklung *Angst*. Wir brauchen daher auch vor allem ein *neues Verständnis* für den *ökonomischen Prozess*, der unsere Gesellschaft zu zerreißen droht.

5.4.2 Geldwirtschaft und Realwirtschaft

Ich habe weiter oben gezeigt, dass sich das ökonomische System *mit* der Schließung zu einem System intern nochmals in drei Teilsysteme ausdifferenziert hat. Erst *mit* ihrer Ausdifferenzierung kann sich das ökonomische System zu *einem* System schließen. Dies erfolgt mit seiner Digitalisierung.

Deutlich wurde dabei, dass die *Wertschöpfung* nur in den Medien *Zeit* und *Wert* möglich ist. Mit *Geld* ist dies *unmöglich.* Dies ist schon immer so gewesen. Noch nie hat jemand oder eine Unternehmung ein Werkzeug, eine Maschine oder einen Roboter mit Geld gebaut. Geld ist jedoch ein vorzügliches Medium, um Zeit zu „kaufen". Mit *Krediten* können vor allem jedoch *Investitionen* ermöglicht werden. Mit diesem Geld können dann am Markt diejenigen Ressourcen *erworben werden*, die man benötigt, um in den Medien Zeit und Wert Herstellungsprozesse zu installieren, mit denen dann Produkte hergestellt werden können. Aber auch die Ressourcen, die mit Geld erworben wurden, sind entweder im Medium Zeit in der Natur entstanden oder wurden in den Medien Zeit und Wert hergestellt, bis zum *ersten Werkzeug.*

Dies wurde von den Ökonomen bis heute noch nicht erkannt, weil bis ins 20. Jahrhundert hinein fast jedem Ereignis in einer Unternehmung *Geld zugeordnet* werden *konnte.* Wie ich oben auch gezeigt habe, haben die Experten für den Geldaspekt im Unternehmen, *die Controller*, selbst feststellen müssen, dass auch dies *heute* nicht mehr geht und *Zeit* und *Wert* die entscheidenden Größen im Wertschöpfungsprozess darstellen. Der tiefere Grund liegt allerdings in der *Selbstblockade* des ökonomischen Denkens, das alleine den *homo öconomicus* gelten lässt mit seinem rein rationalen Denken. So kann ein Verständnis für das, was die *Zeit* ausmacht, gar nicht aufkommen. Letzteres gilt für die Wissenschaft insgesamt, die das *Ideal der Wertfreiheit* propagiert. Da *Wert* nur die andere Seite der *Zeit* ist, ist die Blockade absolut. Was der *Wertschöpfungsprozess* eigentlich ausmacht, kann so gar nicht in den Blick kommen. *Wert* und *Zeit* gibt es nur als *objektiv* messbare Größen *ohne Ursprung.* Damit wird die *Zeit* selbst noch *stillgestellt.* Dazu gleich noch einmal mehr.

Hier geht es mir um die *Bedeutung des Geldes* im ökonomischen System. *Weil* sich die Teilsysteme Logistik und Qualitätswesen in den Medien *Zeit* und *Wert* schließen, kann sich Geld tatsächlich verselbstständigen. D. h. der objektive Wert ist nur die andere Perspektive der objektiven Zeit im ökonomischen System. Es gibt kein ökonomisches Ereignis ohne diese beiden Aspekte. *Nur* mit ihnen lassen sich messbare Dinge oder Dienstleistungen herstellen. Sie *bilden* die *Realwirtschaft*. Die *Schließung* dieses Systems in den Medien *Zeit* und *Wert* ist die Bedingung der Möglichkeit der *Verselbstständigung des Geldes*. Da Geld ein sinnvolles Medium ist, um am Markt Dinge in einfacher Weise *zu tauschen*, konnte der *Mythos* entstehen, dass man mit Geld Dinge *herstellen* kann.

Weil man am Markt *mit Geld alles kaufen* kann und sich das Geld im Finanzsystem *verselbstständigt* hat, kann man *das Vermögen der Welt kaufen, ohne Werte zu schaffen*. Denn *im Finanzsystem* ist es möglich, *aus Geld mehr Geld zu machen*. Dies bringt der Begriff *„Finanzindustrie"* auf den Begriff. Dieser Begriff wird unreflektiert in einer Reihe mit Automobilindustrie, Flugzeugindustrie, Chemieindustrie etc. gesehen. Selbst unser ehemalige Finanzminister Schäuble benutzte diesen Begriff. Offenbar glaubt er wirklich daran, dass die *„Finanzindustrie"* Werte schaffen kann. Der Mainstream der Ökonomen hat bis heute noch keine Einwendungen gegen diesen Begriff vorgebracht. So verfestigt sich der *Mythos* immer mehr, dass der *alte* Kapitalismus nun zum *Finanzkapitalismus* übergegangen ist. Die Werte werden nun mit Geld geschaffen. Das ist *Magie*.

Die Wirklichkeit ist eine andere. Der *Wertschöpfungsprozess* findet weiterhin in der in den Medien Zeit und Wert operierenden Realwirtschaft statt. Wer schon viel Geld hat, spekuliert mit diesem Geld am Finanzmarkt und macht aus diesem Geld mehr Geld. Weil vor allem durch die Politik des billigen Geldes der

EZB viel Geld im System ist, wird viel spekuliert. Dies treibt die Preise von Aktien und Immobilien in die Höhe. Beim Verkauf zum richtigen Zeitpunkt kann viel Geld mit viel Geld realisiert werden, ohne Werte geschaffen zu haben. Aber die Tatsache der *Verselbstständigung der Geldwirtschaft* (Finanzsystem) führt dazu, dass dort *reine Finanzgeschäfte* kreiert werden. Das Finanzsystem stellt *„Finanzprodukte"* her, wohlgemerkt aus dem Finanzsystem *selbst* heraus, und handelt mit ihnen. Der Sinn dieser Tätigkeit liegt alleine darin, *aus Geld mehr Geld zu machen*. Während Aktien und Immobilien noch einen Bezug zur Realwirtschaft haben, fehlt dies bei *reinen Finanzgeschäften* ganz. Das ist die *Magie des Geldes*. künstliche Intelligenz ist hierbei sehr nützlich. Zur Herstellung von KI-Systemen bedarf es *intelligenter* Menschen. Dies zeigt aber auch *die Gefahr*, die sich *heute* in der Einseitigkeit des *objektiven* Modus kundtut.

Denn mit diesem Geld können dann Unternehmen und Infrastruktur gekauft werden, die alleine in der Realwirtschaft geschaffen werden konnten. So ist es möglich, dass sich das *Vermögen der Welt* bei *wenigen* Menschen konzentriert. Ihr „Können" besteht darin, aus Geld mehr Geld zu machen, um damit das Vermögen zu kaufen, das in der Realwirtschaft geschaffen wurde. Die *Konzentration auf diese Tätigkeit* hat das Finanzsystem geschaffen, das lediglich im Medium Geld operiert. Diese reine Geldwirtschaft gibt es nur, *weil* sich die *Realwirtschaft* in den Medien *Zeit* und *Wert* schließt.

Der *Mythos*, dass die Wertschöpfung durch Geld erfolgt, kann entstehen, weil die *Realwirtschaft* ja weiterhin, und das immer *effizienter,* produziert und *Gewinne* abwirft, die in *Geld* gemessen werden. Volkswirtschaftler kennen in ihren mathematischen Modellen nur die *eine Dimension Geld*. Die *Zeit* hat keine wirkliche Bedeutung. Man könnte genauso gut rückwärts rechnen wie in der Newtonschen Physik. *Newton* kennt *keinen Zeit-*

pfeil, den gibt es nur in *selbstorganisatorischen* Prozessen (Prigogine). *Herstellungsprozesse* sind nicht selbstorganisatorisch. Ökonomische Modelle sind hergestellt. *Bildungsprozesse* sind selbstorganisatorisch. Sie haben einen *Zeitpfeil*.

Ökonomen werden daher nie die Ökonomie mit ihren Modellen steuern können. Auch mit künstlicher Intelligenz wird das nicht gehen. Das ökonomische System kann nur digitalisiert *mit* künstlicher Intelligenz, in der Gesellschaft *aufgehoben*, in einem vollkommen *neuen Modus der Autopoiese* operieren. Dazu wird man auch mit ökonomischen Modellen arbeiten als Werkzeuge einer sich im sozialen Modus selbstorganisierenden Gesellschaft.

Das in die Gesellschaft integrierte ökonomische System ist ein *neues Ganzes* mit einem vollkommen *neuen Modus*. Es ist operational die Integration der Modi des subjektiven Empfindens, des sozialen und des objektiven Modus. Auf *individueller* Ebene entspricht er dem *integralen Bewusstsein*. *Integrales Bewusstsein* und *integrale Ökonomie* sind jedoch nur zwei Aspekte dieses neuen Modus der Autopoiese.

Thomas Piketty hat den Mechanismus herausgearbeitet, der unweigerlich dazu führt, dass in wenigen Jahren wenigen Menschen das Vermögen der Welt gehört. Unweigerlich führt es jedoch nur dann dazu, wenn wir in der eindimensionalen Weltsicht, also auf dem Niveau der „ersten Reflexion", d. h. im *objektiven* Modus alleine, verharren. Solange wir im objektiven Modus verharren, gilt die Ungleichung r > g. Die Variable r steht für *Kapitalrentabilität* und die Variable g steht für das *Wachstum der Realwirtschaft* bzw. das Einkommen/Kopf.

In den letzten 200 Jahren lag das *Wachstum* bei durchschnittlich 1,5 %. Die *Kapitalrentabilität* lag bei durchschnittlich 4 % (Piketty). Da nur die Reichen von der wesentlich höheren Kapitalrentabilität profitieren, bedeutet dies, dass die Reichen immer reicher werden. D. h. die Schere zwischen Reichtum und Armut wird immer größer. Zur Kapitalrentabilität zählt heute vor allem die Vermehrung des Geldes aus Geld. Bei *reinen Finanzgeschäften* sind auch mehr als 4 % Rendite möglich. Hier gilt der Zusammenhang: je reicher umso höher die Rendite. Denn nur Reiche können sich die Ressourcen leisten, wie z. B. KI, die auch 10 % Rendite ermöglichen. Das bedeutet, dass sich der Reichtum tendenziell auf wenige Superreiche konzentrieren wird. Schon heute besitzt 1 % der Menschheit 50 % des Weltvermögens. Wegen des *Zinseszinses* wird dies im Zusammenhang mit r > g immer extremer werden. Das Problem, das hierin steckt, ist nicht einmal der einseitige Reichtum an sich, sondern der *gesellschaftliche Einfluss*, also die Macht, die sich hieraus ergibt. Wir würden wieder zu *feudalen* Verhältnissen zurückkehren. Wenige *Oligarchen* hätten dann das Sagen. Das wäre nicht eine Gesellschaft, die im *sozialen Modus* operieren würde und das ökonomische System in sich *aufgehoben* hat. An der *Wegscheide* in die eine oder andere Richtung stehen wir heute.

5.4.3 Produktivität und Wachstum

Im gerade erwähnten *Zinseszins* steckt der entscheidende Zusammenhang in Verbindung mit der Ausdifferenzierung von *Geldwirtschaft* und *Realwirtschaft*. Die *Geldwirtschaft* nimmt mit der Möglichkeit, *aus Geld mehr Geld* zu machen in Verbindung mit der *Zinseszinsformel*, unvorstellbare Größen an. Sie ermöglicht, dass die *Geldwirtschaft* die gesamte *Realwirtschaft* kaufen kann. Und dies, *obwohl* sie keine Werte schafft. Denn um *Werte* zu schaffen, benötigt man *Zeit*. In der Geldwirtschaft ist es möglich, *in Sekunden Milliarden* zu verdienen.

Dies zeigt überdeutlich, dass es keinen Zusammenhang zwischen *Wertschöpfung* und *Geld* geben kann. Es zeigt jedoch die *Magie des Geldes*, dem offensichtlich *Wert* inhärent sein muss, der in Sekunden hervorgeholt werden kann. Hierin steckt zugleich die *Magie der künstlichen Intelligenz*, denn mit ihr ist dies möglich. Unvorstellbare Bereicherung ohne Werte zu schaffen. Denn mit den erzielten Milliarden in der Geldwirtschaft kann das Vermögen der Welt gekauft werden. Das *Geld als Geld* auf einem großen Haufen wäre wertlos, wenn es nicht auch die *Realwirtschaft* gäbe.

Aber hierin steckt alleine noch nicht die *Erklärungskraft* der *Zinseszinsformel.* Es macht aber deutlich, dass *zuerst* verstanden werden muss, dass sich das ökonomische System intern nochmals ausdifferenziert hat. Es gibt nicht nur das *Geld*, mit dem alleine man, wie der *Mainstream der Ökonomen* noch *heute* annimmt, das ökonomische System verstehen kann. Heute wird diese Eindimensionalität sogar zur Gefahr für die Gesellschaft.

Anhand der Zinseszinsformel, die man in der Schule spätestens in der 10. Klasse kennenlernt, lässt sich sehr schön die Differenz von *Logik* und *Dialektik* aufzeigen. Genauer, es lässt sich zeigen, dass die Logik in der Dialektik *aufgehoben* ist. Die Dialektik ist höherwertig, weil sie mehr umfasst. Die Zinseszinsformel ist eine *Exponentialfunktion.* Und genau darin steckt der Zusammenhang von Logik und Dialektik in *mathematischer Begrifflichkeit.* Da Mathematik jedoch alleine im *objektiven* Modus operiert, müssen wir *die Mathematik transzendieren.* Wir müssen über sie hinaus. Wie ist das zu verstehen?

Wir verbleiben zunächst im *objektiven* Modus der Mathematik. Die Zinseszinsformel ist die folgende Funktionsgleichung:

$$K(t) = K_0 \cdot q^t$$

Die Variable t stellt die *Zeit* in Jahren dar. Mit dieser Funktionsgleichung lässt sich das *Endkapital* K(t) berechnen. K_0 ist das *Anfangskapital* und q ist der *Zinsfaktor.* Allgemein ist er der Wachstumsfaktor. Bei einem *Zinssatz* von 2 % lautet der *Zinsfaktor*

1,02. Der Zinsfaktor ist also einfach eine Zahl, die sich aus dem Zinssatz, in Prozent ausgedrückt, ergibt (pro cent = von Hundert).

Da die Zinsen immer wieder dem Kapital zugeschlagen werden, ergibt sich jährlich ein *ständig steigender absoluter Zuwachs*, auch bei *konstant bleibendem Zinssatz*. Nach mehreren hundert Jahren wächst so das Anfangskapital auf unvorstellbare Höhen an, obwohl der Zinssatz relativ klein sein kann. Ein solches Wachstum gibt es auf unserem Planeten in der *äußeren Natur nicht*. Es würde den Planeten zerstören. Die Natur hat hierfür vorgesorgt. Dort sind alle Wachstumsprozesse begrenzt. Ein Baum wächst zwar am Anfang seiner Lebenszeit relativ schnell (etwa exponentiell), aber geht dann in ein *beschränktes* Wachstum über. Ein Baum wird bei uns maximal 30–40 m hoch. In anderen Regionen maximal vielleicht 120 m. Dann ist allerdings Schluss.

Die Natur kennt auch exponentielles Wachstum, aber nur für eine *kurze Zeit*. Für den Mainstream der Ökonomen ist ein *beschränktes* Wachstum ein Horror. Ohne Wachstum ist Ökonomie nicht vorstellbar. Die *Logik* der Zinseszinsformel kennt kein Ende des Wachstums. Aber das ist nur in der *Mathematik* so. Heute ist Ökonomik Mathematik. Nur wenn Ökonomik mathematisch hinterlegt ist, ist sie *wissenschaftlich*. Und *Wissenschaftlichkeit verbleibt im objektiven Modus*.

Echte Wachstumsprozesse gibt es in der Ökonomie erst seit etwa 1800. Auch davor gab es natürlich auf Grund von *Produktivitätsfortschritten* Wachstum. Aber im Verhältnis zu dem ab 1800 können wir diese Zuwächse vernachlässigen. D. h. wir betrachten eine noch überschaubare Zeit von gut 200 Jahren. Wie schon oben erwähnt, gab es während dieser Zeit ein durchschnittliches Wachstum von 1,5 %. Bei einem solchen Wachstum hat sich ein Anfangswert fast um das 20-fache vergrößert ($q^t = 1{,}015^{200} = 19{,}6$). D. h. der *Zuwachs* im *letzten Jahr* ist fast *zwan-*

zigmal größer als im *ersten Jahr*, obwohl auch im letzten Jahr die Zunahme nur 1,5 % war. Dies ist der Effekt der *Akkumulation*, d. h. der letzte Zuwachs, der viel viel größer ist, ist bedingt und damit *abhängig* von allen Zuwächsen der 199 Jahre davor. Da *ökonomisches* Wachstum durch Produktivitätsfortschritte erzielt wird (bei konstanter Bevölkerung), ist der heutige wesentlich höhere *absolute* Zuwachs der *Arbeit unserer Vorfahren zu verdanken*. Denn die haben uns erst *ermöglicht, was* wir heute *können*. D. h. die Arbeit unserer Vorfahren ist im Hier und Jetzt *aufgehoben*. Wir *profitieren* von *ihren Leistungen*. Den *Profit*, den wir Heutige erzielen, verdanken wir zu nahezu 100 % unseren Vorfahren.

Die Exponentialfunktion hat es in sich. Denn nach nur 100 Jahren, also der Hälfte der Zeit, ist der Zuwachs im letzten Jahr zwar mit dem 4,4-fachen des Zuwachses gegenüber dem ersten Jahr auch erheblich, aber er liegt doch weit unter dem Wert von 19,6 im letzten Jahr der 200 Jahre. Im Übrigen wäre der Zuwachs nach 300 Jahren, also im Jahre 2100 87-mal höher als im Jahr 1801. Aber diesen 87-mal höheren Zuwachs im letzten Jahr haben die dann lebenden Menschen *nicht sich selbst* zu verdanken, sondern *ihren Vorfahren*. Dazu hätten dann auch wir Heutige einen Anteil beigetragen.

Nichts dazu beigetragen haben dann diejenigen, *denen dann das ganze Vermögen gehört*. Denn Eigentümer dieses in den Medien Zeit und Wert geschaffenen Vermögens werden dann diejenigen sein, die aus *Geld mehr Geld* gemacht haben. Das sind diejenigen, die *nichts Nachhaltiges* geschaffen haben, also keine akkumulierten Werte, aber mit ihrem in der Geldwirtschaft *schneller wachsenden Geld* das in der Realwirtschaft geschaffene Vermögen kaufen konnten. Bei einer Kapitalrendite von 4 % ist ihr Vermögen schon nach 100 Jahren auf das 50-fache gestiegen ($q^t = 1{,}04^{100} = 50{,}5$). In 200 Jahren wäre es auf das unvorstellbare

2550-fache des Anfangswertes gestiegen. Das *Beschämende* daran wäre gar nicht einmal, dass das *Vermögen der Welt* dann nicht uns Heutigen gehört, sondern dass nur wenige Menschen sich das aneignen, wozu es der *Leistungen der gesamten Menschheit* bedurfte. Unseren Wohlstand haben wir zu fast 100 % ihnen zu verdanken.

Die schnellen *Veränderungsprozesse*, die wir seit dem 19. Jahrhundert erleben, sind dem Wachstumseffekt, der nach der *Zinseszinsfunktion* verläuft, geschuldet. Die Zinseszinsfunktion ist eine *Exponentialfunktion*. Bei einer solchen Funktion nehmen die *absoluten* Zuwächse *ständig zu*. Dabei kann der Wachstumsfaktor = Zinsfaktor konstant bleiben. Die *Zinseszinsfunktion* operiert *rekursiv* analog der Selbstorganisation des *Bildungsprozesses*. Bei der Zinseszinsfunktion wird auf ihr *Ergebnis immer wieder dieselbe Operationsvorschrift angewendet*. Auch der *Bildungsprozess* ist *rekursiv*, denn im Neuen ist das Alte (Ergebnis) aufgehoben und *wirkt weiter*. Diese *rekursive* Operationsweise führt zu den immer größer werdenden *absoluten* Zuwächsen bei konstantem *relativem* (Zinssatz) Zuwachs.

Es gibt jedoch einen entscheidenden Unterschied. Eine Exponentialfunktion ist *hergestellt* und operiert *rein logisch*. Der Bildungsprozess verläuft selbstorganisatorisch, sein Operationsprinzip, die Autopoiese, ist uns *unverfügbar*. Die Autopoiese ist auf Grund ihrer *Selbstreferentialität* in der Lage, *aus sich selbst heraus* noch *Modi* ihrer Operationsweise bei *Konstanz* ihres Operations*prinzips* zu *bilden*. Das Prinzip ist, alles aufeinander abzustimmen. Der Bildungsprozess operiert *dialektisch*.

Er ist in der Lage, neue *Qualitäten* zu bilden. Die Exponentialfunktion kann *Quantitäten* kumulieren. In der Dialektik ist die Logik *aufgehoben*. Denn der *dialektisch* operierende Bildungsprozess hat das Intellektsystem, aus dem die *Logik* erst hervorgehen konnte, selbst noch gebildet. Die *künstliche Intelligenz* ist aus der *natürlichen Intelligenz* des Intellektsystems hervorgegangen. Ihre *Algorithmen* operieren rein *logisch*. Sie können aus der Logik nicht heraus, weil sie vom schon 14 Milliarden Jahre operierenden Bildungsprozess *abgeschnitten* sind. Ihnen fehlt daher das Potential *Qualitäten*, also neue Modi ihres Operierens, zu *bilden*. Sie können *sich* gar nicht *bilden*.

Eine *künstliche Intelligenz* kann durch geeignete Programmierung und entsprechender Zufuhr von Daten *fähig* werden, das Lächeln einer Person als echt oder unecht zu *erkennen*. Sie wird aber nicht in der Lage sein, die *Gefühle* des Lächelnden zu *haben*. Hierzu müsste sie den *objektiven* Modus ihres Operierens verlassen. Was ihr unmöglich ist. Nur Bildungsprozesse sind hierzu fähig. Aber *Bildungsprozesse* sind uns im Gegensatz zu *Herstellungsprozessen unverfügbar*.

Bildungsprozesse haben daher wie eine *Exponentialfunktion keine Grenze* bezüglich ihres Wachstums. Aber dies nur deshalb, weil sie in der Lage sind, in *neue Modi* des Operierens überzugehen. Das *eindimensionale* Wachstum des ökonomischen Systems im Medium *Geld* kann nicht aus seinem *objektiven* Modus heraus und droht in seiner *Grenzenlosigkeit*, die Gesellschaft mit ihrer Ökonomie zu zerstören.

Der *Bildungsprozess*, der uns zur „ersten Reflexion" geführt hat, hat uns das *ökonomische System* errichten lassen mit Hilfe des Intellektsystems. Mit seiner letzten Errungenschaft der *künstlichen Intelligenz* können wir es zur Autopoiese im *objektiven* Modus führen. Dieser objektive Modus *alleine* wird aber unsere Gesellschaft und unseren Planeten zerstören, wenn sich *dieses Wachstum* im *objektiven* Modus fortsetzt. Die Lösung unserer Probleme kann daher nicht im *objektiven Modus des Herstellens* liegen. Nur der Bildungsprozess *selbst* kann uns weiterhelfen. Denn nur er ist in der Lage, aus sich selbst heraus zu neuen Modi des Operierens zu finden, dank seines ihm zu Grunde liegenden

Prinzips der *Autopoiese*. Wir stehen daher vor einer *Transformation* unserer gesamten *Lebensform.*

Wir werden die *produzierende Lebensform*, in der wir seit 12.000 Jahren leben, in die *sich bildende Lebensform* transformieren. Wir werden auch weiterhin produzieren (herstellen), aber die Herstellungsprozesse werden unser Leben *nicht mehr dominieren.* Das digitalisierte ökonomische System wird dann in der im *sozialen Modus* operierenden Gesellschaft *aufgehoben* sein. Man darf sich das ökonomische System nicht wie ein Ding vorstellen. Es ist ein prozessierendes Ganzes in einem umfassenderen Ganzen, das ebenfalls prozessiert, aber in einem anderen Modus des *einen Prinzips* der Autopoiese. Das *logische, objektiv* messbare Prozessieren des ökonomischen Systems ist nur ein Aspekt des Ganzen. Für sich alleine könnte es gar nicht existieren. Es ist an Gesellschaft und Natur gebunden. *Ökonomie ist der Austausch der menschlichen Gesellschaft mit der Natur. Ökonomie ist nicht der Umgang mit Geld.* Das ist ein *Mythos*, der mit der *Ökonomik* in die Welt gekommen ist. Für sie operiert das ökonomische System im objektiv messbaren Medium Geld. Diesen *Mythos* gilt es zu überwinden. Ansonsten zerstören wir unsere Gesellschaft und unsere eigene Lebensgrundlage.

Geld ist nicht unbedeutend für unser *soziales Zusammenleben* auch in der *sich bildenden Lebensform.* Diese Bedeutung leitet sich aber aus seinem *Ursprung* ab. Wie schon weiter oben aufgezeigt, liegt der Ursprung des Geldes im *Sozialen.* In seinem Ursprung war es *Stütze* des sozialen Zusammenhaltes. Heute in seiner auf den *objektiven* Modus reduzierten Form wird es die Gesellschaft *zerstören.* Einer der wenigen Ökonomen, die von dem sozialen Ursprung des Geldes wussten, war *Joseph Schumpeter.*

> „Das Geldwesen ist ganz so wie jede andere ökonomische Institution ein Element des sozialen Gesamtprozesses [. . .] Beispiel: Wenn der Gegenstand, welcher

die Geldfunktion erfüllt, zugleich ein heiliger Gegenstand und Verfügung über ihn an kultische Voraussetzungen geknüpft ist, so wird der Geldverkehr der betreffenden Gemeinschaft nicht nur kulturhistorisch, sondern auch wirtschaftlich anders aussehen, als er es sonst täte [. . .] (Schumpeter. 1970: 12 f.)

Schumpeter kannte den *Ursprung des Geldes*, der im Kult und den Riten der Gemeinschaft lag. Kult und Riten hatten die Funktion, so wie heute das Recht, den Zusammenhalt der Gemeinschaft sicherzustellen. So wie das *Recht* in öffentliche Hand gekommen ist, wird auch das *Geld* in öffentliche Hand kommen.

Es gibt noch einen weiteren Leuchtturm unter den Ökonomen seit *Adam Smith*, dem Begründer der Nationalökonomie. Gemeint ist *John Maynard Keynes*. Er hat schon vor fast 100 Jahren (1928) das vorausgesehen, was *heute deutlich erkennbar* ist. Wegen der hohen *Anerkennung*, die er noch heute weltweit genießt, werde ich ihn recht ausführlich zitieren.

„Die moderne Zeit begann, so denke ich, mit der Kapitalakkumulation im sechzehnten Jahrhundert [. . .]
Von dieser Zeit an bis heute wurde die Kraft der Akkumulation, die über viele Generationen hinweg geschlafen zu haben scheint, mittels Zinseszins wiedergeboren und in ihrer Stärke erneuert. Und die Macht des Zinseszinses über zweihundert Jahre hinweg ist etwas, was die Vorstellungskraft ins Wanken bringt.
[. . .] Vom sechzehnten Jahrhundert an, und besonders nach dem achtzehnten, begann das große Zeitalter wissenschaftlicher und technischer Erfindungen [. . .]
Im Augenblick schmerzt uns die hohe Geschwindigkeit dieser Veränderungen und bringt schwer zu lösende Probleme mit sich. [. . .] Dies ist aber nur eine vor-

übergehende Phase einer mangelhaften Anpassung. Auf lange Sicht bedeutet all dieses, *dass die Menschheit dabei ist, ihr wirtschaftliches Problem zu lösen* [. . .]

Unter der Annahme, dass keine bedeutenden Kriege und keine erheblichen Bevölkerungsvermehrung mehr stattfinden, komme ich zu dem Ergebnis, dass das *wirtschaftliche Problem* innerhalb von hundert Jahren gelöst sein dürfte, oder mindestens kurz vor der Lösung stehen wird. Dies bedeutet, dass das wirtschaftliche Problem – wenn wir in die Zukunft sehen – nicht *das beständige Problem der Menschheit* ist.

Die emsigen und zielbewussten Geschäftsmänner mögen uns alle mit sich in den Schoß des wirtschaftlichen Überflusses ziehen. Aber es werden nur solche Menschen sein, die am Leben bleiben können und eine höhere Perfektion der Lebenskunst kultivieren [. . .]

Die meisten von denen, die ein eigenständiges Einkommen haben, aber ohne Anhang oder Pflicht oder Bindungen sind, haben, so scheint es mir, bei der Lösung der ihnen gestellten Aufgaben katastrophal versagt.

Ich bin sicher, dass wir mit ein wenig Erfahrung die neugefundenen Gaben der Natur ganz anders nutzen werden, als es die Reichen heute tun, und dass wir einen Lebensplan für uns entwerfen werden, der ganz anders als der ihre ist [. . .]

Denn wir werden wesentlich wissbegieriger, als es heute opportun ist, nach dem wahren Charakter dieser »Zielstrebigkeit« fragen, mit der die Natur beinahe alle von uns in verschiedenen Abstufungen ausgestattet hat [. . .]

Ich sehe deshalb für uns die Freiheit, zu einigen der sichersten und zuverlässigsten Grundsätze der Religion

und der althergebrachten Werte zurückzukehren – dass Geiz ein Laster ist, das Eintreiben von Wucherzinsen ein Vergehen, die Liebe zum Geld abscheulich [. . .]
Aber Achtung! Die Zeit für all dies ist noch nicht gekommen. Für wenigstens noch einmal hundert Jahre müssen wir uns selbst und allen anderen vormachen, dass das Anständige widerlich und das Widerliche anständig ist; denn das Widerliche ist nützlich, das Anständige ist es nicht. Geiz, Wucher und Vorsicht müssen für eine kleine Weile noch unsere Götter bleiben. Denn nur sie können uns aus dem Tunnel der wirtschaftlichen Notwendigkeit ans Tageslicht führen [. . .]
Ich freue mich also auf die nicht zu fernen Tage, auf den größten Wandel, welche sich jemals in der physischen Lebenswelt der Menschheit als Ganzer ereignet hat. Aber natürlich wird sich alles nach und nach ereignen, nicht als eine Katastrophe. Tatsächlich hat es schon begonnen. Der Gang der Dinge wird einfach der sein, dass es immer größere und größere Schichten und Gruppen von Menschen geben, für die sich Probleme wirtschaftlicher Notwendigkeit einfach nicht mehr stellen [. . .]
Vor allem aber lässt uns die Bedeutung der wirtschaftlichen Aufgabe nicht überbewerten oder ihren vermeintlichen Notwendigkeiten andere Dinge von größerer und beständigerer Bedeutung opfern [. . .] Wenn Ökonomen es fertigbringen würden, dass man sie für bescheidene, sachkundige Leute, Zahnärzten vergleichbar, halten würde, das wäre großartig! (Keynes. 1928. In: Kóvce, Philip u. Birger P. Priddat [Hrsg.]. 2019: 246 ff.)

So wie sich der *Adel* durch Aufbau des Staates selbst überflüssig gemacht hat, so werden sich die *Manager* durch Schaffung des digitalisierten ökonomischen Systems selbst überflüssig gemacht haben. So wie es nicht in der Absicht des Adels war, sich selbst überflüssig zu machen, so ist dies auch nicht die Absicht der Manager. Die *Autopoiese* macht es jedoch möglich.

Das, was heute das ökonomische System hervorbringt, ist nahezu *zu 100 % die Leistung unserer Vorfahren*. Wir schreiben es nur uns zu, weil *wir* diese durch *Akkumulation* entstandene, kaum fassbare *Produktivität*, in der gewaltigen Größe des *exponentiellen Zuwachses erleben*. Also rechnen wir ihn *unseren* Anstrengungen zu. Das ist ein *Mythos*, dem auch der Mainstream der Ökonomen aufsitzt. Es wäre *Magie*, wenn es unsere Leistung wäre. *Logisch* ist dies alleine nicht zu erkennen, sondern nur *dialektisch*. In ihr ist nicht nur die Logik aufgehoben, sondern auch die *Wirklichkeit der Produktivität*. Die *Dialektik des Bildungsprozesses* hat sie hervorgebracht. Ihre selbstorganisatorische Operationsweise wird uns auch auf die „zweite Stufe" der Reflexion führen. Damit wird der *Bildungsprozess selbst reflexiv* und unsere *neue Lebensform*. Möglich macht dies die *Autopoiese*, die uns *unverfügbar* ist. Auf sie können wir uns jedoch schon seit 14 Milliarden Jahren verlassen. Es sollte an der Zeit sein, die *anzuerkennen*, denn von ihr sind wir *vollkommen abhängig*. Sie bringt uns die *Freiheit*, auf die die *Moderne* schon lange wartet.

Logisch ist dies nicht zu verstehen. Wie sollte eine *vollkommene Abhängigkeit* zur *Freiheit* führen?

5.4.4 Die Freiheit der sich bildenden Lebensform

Der Ausdruck „sich bildende Lebensform" kann zwei Bedeutungen annehmen. Zum einen den *Übergang* zu einer neuen Lebensform. Zum anderen *die neue Lebensform selbst*. Der Übergang zu einer neuen Lebensform lässt sich weder zeitlich noch räumlich bestimmen. Die *„produzierende Lebensform"* ließe sich z. B. insgesamt als den Vorlauf zur „sich bildenden Lebensform" ansehen. Denn letztlich führt sie zum digitalisierten ökonomischen System. Aber das Produzieren (Herstellen) hört auch in der neuen „sich bildenden Lebensform" nicht auf. Herstellprozesse *dominieren* dann allerdings unsere Lebensform *nicht* mehr. Aber auch die „Neolithische Revolution" war nicht der Beginn des Überganges zur „sich bildenden Lebensform", auch nicht das *erste Werkzeug* der Jäger und Sammler. Es lassen sich immer Vorläufe bis zum *Ursprung* unseres Kosmos finden. Warum? *Weil der Kosmos das Ganze des Bildungsprozesses ist.*

Die zweite Bedeutung dieses *einen* Bildungsprozesses, die „sich bildenden Lebensform" *als* neue Lebensform, ist ein *Bewusstwerdungsprozess.* Der *Bildungsprozess* wird sich im *integralen Bewusstsein* seiner selbst bewusst. Aber es ist *nicht nur* ein Bewusstwerdungsprozess. Denn die *materiellen* Strukturen haben sich in Wechselwirkung mit den *immateriellen* Strukturen ebenfalls verändert. Es hat sich dabei *gleichzeitig* die *integrale Ökonomie* gebildet. Auf diesem Niveau der „zweiten Reflexion" sind Ökologie, Ökonomie und Gesellschaft integriert. Unser begriffliches Denken hat mit den wirklichen Veränderungen nicht mithalten können. Unsere *Begriffe* haben, wie oben gezeigt, einen *mythischen Schleier.* Dies erkennen wir erst auf dem Niveau des *integralen Bewusstseins.*

Was hat dies nun alles mit unserer *Freiheit* zu tun? Nun, bei der Transformation von der *produzierenden Lebensform* zur *sich bildenden Lebensform* greifen wir Menschen in einem viel stärkeren Maße in den selbstorganisatorisch ablaufenden Bildungsprozess ein. Das digitalisierte ökonomische System werden wir dann *selbst hergestellt* haben. Die *absoluten Zuwächse* unseres Eingreifens – in den Medien *Zeit* und *Wert* – nehmen *exponentiell zu.*

Wir können unsere Zukunft *in zunehmendem Maße* selbstorganisatorisch bestimmen. Wenn wir unsere ökonomischen Probleme gelöst haben, *wächst unsere Freiheit*. Aber diese Freiheit ist keine absolute Freiheit. Wir können nur immer mit dem weitermachen, was die Menschheit vor uns geschaffen hat. *Absolute Freiheit* wäre *vollkommene Strukturlosigkeit*. Es wäre Chaos und Anarchie.

Wir sind also *vollkommen abhängig* von dem bisherigen kosmischen Bildungsprozess. Aus ihm können wir nicht einfach herausspringen. Dieser Bildungsprozess steht uns in seiner prinzipiellen, also *autopoietischen* Operationsweise, *nicht zur Verfügung*. Wir können auch nicht über unseren *eigenen* Bildungsprozess verfügen. Denn wir nehmen „nur" teil an diesem *einen* kosmischen Bildungsprozess. Aber genau *diese Teilnahme macht uns frei*. Wir nehmen nicht teil, wenn wir glauben, es stünde uns *objektiv gegenüber*. Das Objektive *alleine* ist nicht das Ganze. Genau das ist es, was uns von der Welt entfremdet. Es ist das, was wir auch mit *Unfreiheit* bezeichnen oder gar als *Verdinglichung empfinden*.

Freiheit und Abhängigkeit sind nur in einem objektiven, *logischen* „Raum" Gegensätze. In einem trinitarischen, *dialektischen* „Raum" bedingen sich Freiheit und Abhängigkeit. Die *operationale Struktur* der Autopoiese, die sich selbst, noch bei Konstanz ihres Prinzips, in unterschiedliche Modi ihres Operierens ausdifferenzieren kann, macht dies möglich. Die eindimensionale objektive *kategoriale Struktur* führt zur *Selbstblockade*, weil sie die *Zeit stillstellt*. Sie stellt die Zeit still, *weil* sie lediglich eine kategoriale Struktur ist und bleibt. Sie *ist* nicht *operational*, sie operiert nicht, sie bleibt ein Begriff. Sie ist reine Statik. Sie *beschreibt* nur die Dynamik. Das, was sie beschreibt, steht ihr *objektiv gegenüber*. Sie ist *nicht teilnehmend* in *einem* Ganzen. Selbstbestimmung heißt, sich selbst zu organisieren, nach dem Prinzip der

Autopoiese, das uns jedoch *nicht zur Verfügung* steht. Aber sie macht unsere *Selbstorganisation* erst möglich. Von ihr sind wir *vollkommen abhängig.*

Frei sind wir erst mit einer *integralen Ökonomie* und mit einem dann *integralen Bewusstsein.* Nur dann nehmen wir Teil am Ganzen der Autopoiese. Erst dann ist dieses *Prinzip* (kategoriale Struktur) zur *Wirklichkeit* (operationale Struktur) geworden. Der *Intellekt* hat dann seinen *Ursprung* gefunden. Dieser Ursprung ist dann nicht mehr der Ursprung eines Ursprungsmythos. Denn der erzählt von einem konkret vorgestellten Geschehen. Wir kennen unseren Ursprung nicht. Wir kennen aber auf einer *wissenschaftlichen* Weise, dass es ein *allumfassendes Prinzip* gibt, das bis heute *konstant operiert.* Wie kommen wir von dieser *Erkenntnis* zur *Anerkennung?*

Wir müssen es *erleben.* Nur Erlebnisse sind *konkret.* Ein *Bildungsprozess* ist ein *persönliches* Erlebnis von großer *emotionaler Tiefe.* Er steht uns jedoch nicht zur Verfügung, er widerfährt uns. Ein Bildungsprozess lässt sich *nicht herstellen.* Die emotionale Tiefe rührt daher, weil der *Intellekt*, dem etwas bewusst wird, auf seinen *Ursprung* gestoßen ist, aus dem er sich ausdifferenziert hat. Mit dieser Ausdifferenzierung hat sich ein neuer Modus gebildet. Dieser Modus hat sich dadurch gebildet, dass sich die Gedanken auf ihre eigenen Gedanken beziehen können. Das ist mit einer *Schließung* des *objektiven* Modus zum Intellektsystem verbunden. *Nur* in diesem Modus ist *Logik* möglich. Erst im *integralen Bewusstsein* wird diese Logik in der *Dialektik aufgehoben* sein. Auf diesem Niveau sind Intellekt und Affekt keine Gegensätze mehr. Der Intellekt bedarf der Gefühle, um überhaupt *nachhaltig* zu wirken, weil er nun im Ganzen aufgehoben ist.

Das heute in der Schule vermittelte *Wissen* hat sich *nicht selbstorganisatorisch gebildet.* Es wird im Wesentlichen von *außen eingetrichtert.* Deshalb geht es auch schnell verloren. In der

Regel ist es nach der Klassenarbeit und nach dem Erwerb der Punkte bzw. des Scheines oder Zertifikates wieder verloren. Nur Bildungsprozesse sind *nachhaltig*, weil sie selbstorganisatorisch operieren. Nur *Selbstorganisation* betrifft das *Ganze*. Der Intellekt *alleine* kann dies nicht leisten. Dass dies so ist, sehen wir in jedem menschlichen Lebensprozess.

Jede menschliche Lebensgeschichte „beginnt" mit dem Bildungsprozess des Fötus im Leib der Mutter. Ein Intellektsystem beim Fötus existiert in diesem Stadium beim Fötus noch gar nicht. Der Fötus ist im *biologischen Modus* der Autopoiese der Mutter *aufgehoben*. Nach Durchtrennung der Nabelschnur ist diese *biologische* Einheit der Autopoiese nicht mehr vorhanden. Das *materielle* Umfeld des Fötus muss in ein vollkommen neues *immaterielles* Umfeld transformiert werden. Aus dem *biologischen* Modus bildet sich der *soziale* Modus. *In ihm alleine* hat das Neugeborene die Möglichkeit *zu leben*. Keine *Logik* der Welt schafft einen solchen selbstorganisatorischen Bildungsprozess. Es geht hier um die Einheit der Differenz von Materiellem und Immateriellem.

Die Logik schließt alles subjektive Empfinden aus. Aber genau das Gegenteil ist hier notwendig. Wir benötigen daher etwas Umfassenderes als den objektiven Modus der Logik. Wie *Candace Pert* gezeigt hat, ist das *Gefühlssystem* der Mittler zwischen Körper und Geist. Die *Schwingungen* der *materiellen* Moleküle erzeugen das, was *Pert* einen Tanz nennt. Das Gefühlssystem bildet erst unser Körperbewusstsein als Einheit von Materiellem und Geistigem. Die Rhythmen und Intensitäten dieses Ganzen sind individuell verschieden. Kommen sie bei Neugeborenem und Bezugsperson zur Resonanz, hat sich aus den *biologischen* Rhythmen und Intensitäten das *Soziale* gebildet. Diese Rhythmen und Intensitäten sind das erste *Zeit- und Wertempfinden* des Kleinkindes außerhalb des Mutterleibes. Es ist eine *operationale* Zeit und ein *operationaler* Wert. Es sind *keine kategorial* bestimmte Zeit und *kein kategorial* bestimmter Wert.

Ich habe sie die subjektiv empfundene Zeit und den subjektiv empfundenen Wert genannt. Wenn diese Rhythmen und Intensitäten in Resonanz sind, entsteht etwas *Gemeinsames*, das Kleinkind und Mutter *teilen*. Sie *nehmen teil* an dem, was sie beide gemeinsam geschaffen haben, indem sie die Autopoiese des anderen *anerkannt* haben. Das Soziale haben sie zwar geschaffen, aber *nicht über Erkenntnis hergestellt*. Das *Soziale* hat sich über wechselseitige *Anerkennung des Operierens gebildet*. Eine Mutter mag noch so viel *theoretisches Wissen* über diese Bildungsprozesse besitzen, wenn sie nicht den Anschluss an die *Operationsweise ihres Kindes* findet, wird die notwendige *Bindung* nicht befriedigend gelingen. Hier liegt die *wesentliche Quelle* der *Mythen*, die ich oben aufgezeigt habe.

Die ersten Monate des Kleinkindes stellen die *„sensible Phase"* dar, um die *Bindung* zur Bezugsperson zu finden. Dieser Prozess der Bindung ist ein *Bildungsprozess* und daher das Ganze für das Kleinkind, sein *Kosmos*, der noch zuvor der *Mutterleib* war. Wenn dieser neue Kosmos einfühlsam auf die Rhythmen und Intensitäten reagiert, nimmt das Kind teil an der Operationsweise *dieses* Kosmos. Das Kleinkind nimmt alles in seinem Umfeld auf. Im dritten Lebensjahr ist es vor allem die *Sprache*. Es lernt die Sprache *ohne Lehrer*, selbstorganisatorisch. Natürlich verläuft diese *„sensible Phase"* für den Spracherwerb umso besser, je geeigneter das *sprachliche Umfeld* ist. Aber die Sprache erwirbt das Kind in dieser „fördernden Umwelt" *selbstorganisatorisch*.

Und nun entsteht in unserer Kultur im kindlichen Entwicklungsprozess ein *Bruch*. Denn im *vierten* Lebensjahr schließt nach dem Spracherwerb die nächste *„sensible Phase"* an. Hier ist das Kind *bereit* Rechnen, Schreiben und Lesen zu lernen. Unseren Kindern wird dies jedoch *noch heute* vorenthalten, mit *fata-*

len Folgen. Wir *zwingen* unsere Kinder, diese Kulturtechniken dann mit *Mühe* ab dem *siebten* Lebensjahr zu erlernen. Außerhalb der *„sensiblen Phase"* ist jedes Lernen mit *Mühe* verbunden. Wir glauben noch heute, dass dies so sein muss. Dies ist jedoch ein *Mythos. Maria Montessori* hat gezeigt, dass während der *„sensiblen Phasen" jedes Lernen* mit *Freude und tiefer Dankbarkeit* bei den Kindern gegenüber den Erwachsenen (Lehrern) verbunden ist. Hierin liegt auch die Ursache dafür, dass heute die Lehrer ihre Klassen kaum noch „im Griff" haben. Weinende und von *burn out* betroffene Lehrer sind heute keine Seltenheit mehr. Wieviel Energie wird heute dafür verschwendet, um die „Disziplin" in der Klasse wieder *herzustellen?* Dass Bildungsprozesse *selbstorganisatorisch* ablaufen, wird bis heute *nicht anerkannt.* Die Voraussetzungen hierzu sind lediglich ein *geeignetes Umfeld* während der *„sensiblen Phasen"* bereitzuhalten und die individuellen Rhythmen der Kinder *anzuerkennen.*

Seit etwa zehn Jahren gebe ich Nachhilfeunterricht in Mathematik. Fast alle Kinder fragen mich: „Herr Röttger, warum muss ich das eigentlich lernen?" Das zeigt doch, dass die Kinder keinen Bezug herstellen können zwischen dem was sie in der Schule tun und ihrem eigenen Leben. Wir glauben noch heute, dass dies so sein muss. Auch dies ist ein *Mythos* einer vom Intellekt getriebenen Welt. Dass Kinder, die keinen Bezug zum „Stoff" finden können, diesen „Stoff" auch nicht verarbeiten können, ist das Natürlichste der Welt. Aber die Konsequenz hieraus ist, den „Stoff" *auswendig zu lernen.* Auswendiglernen führt jedoch nicht zum *Verständnis von Zusammenhängen.* Logik und Auswendiglernen reicht in der Regel, um eine ausreichende Note zu bekommen, aber nicht, um diese Welt zu verstehen, um sie *verändern* zu können. Es reicht zum Mitmachen und weiter so.

Ist nicht das Ziel der Schule, ein *selbstbestimmtes* Leben führen zu können? Aber wie sollte ich dies können, wenn ich es nie gelernt habe. Nur wenn der Bildungsprozess selbstorganisatorisch abläuft, ist dies möglich. Dazu muss aber *der Bildungsprozess als das Ganze des Lebens der Kinder anerkannt* sein. Schule darf keine vom *Leben der Kinder separierte* Veranstaltung sein. Wie soll *Freiheit* entstehen, wenn der Bildungsprozess wie ein *Herstellungsprozess* veranstaltet wird. Dahinter steckt der Glaube, dass Kinder zum Lernen gezwungen werden müssen.

Immer dann, wenn Kindern in einer *„sensiblen Phase"* Materialien angeboten werden, die ihrem Entwicklungsstand entsprechen, werden sie *selbstorganisatorisch* den weiteren Schritt tun. Sie benötigen hierzu die *Freiheit*, sich diesem für sie geeigneten Thema anzunehmen. Kinder müssen nicht zum Lernen aufgefordert werden. Kein Erwachsener kann von außen *erkennen*, was das gerade geeignetste Material ist. Das weiß nur das Kind selbst, *indem es danach greift*. Die Erwachsenen haben es nur anzubieten mit einer Reihe anderer Möglichkeiten, die geeignet sein könnten. Das ist das, was *Maria Montessori* das *„geeignete Umfeld"* nennt. Wir Erwachsene müssen *anerkennen*, dass der Bildungsprozess immer *das Ganze des Lebens* des Kindes ist und nicht ein abgetrenntes Etwas, das auf das eigentliche Leben nur vorbereitet. Ja, wann soll denn das Leben beginnen? Nach der Schule? Nach der Ausbildung? Nach dem Studium?

Mein *Leben* „beginnt" im Mutterleib und ist ein *Bildungsprozess*, der immer das *Ganze* umfasst. Mein Bildungsprozess ist Teil des kosmischen Bildungsprozesses, an dem ich somit teilhabe. Nur indem ich an ihm *teilhabe*, führe ich *kein entfremdetes Leben*. Zur Teilhabe gehört auch das *Wissen*, dass ich nur deshalb die Sprache schon im dritten Lebensjahr beherrsche, weil die gesamte Menschheit vor mir dies ermöglicht hat. Unsere Vorfahren waren Erwachsene, die hunderttausende von Jahren zur Entwicklung der Sprachfähigkeit benötigt haben. Uns steht sie heute im dritten Lebensjahr zur Verfügung. So steht es mit allen unseren

Kulturtechniken. Der *gesamten Menschheit vor uns verdanken* wir, dass wir Rechnen, Schreiben und Lesen während der *„sensiblen Phasen"* in wenigen Monaten oder Jahren erlernen. Die Kinder, die diese Kulturtechniken *während* der dafür geeigneten *„sensiblen Phasen"* erlernen, empfinden auch ihren aktuellen Lehrern gegenüber eine tiefe *Dankbarkeit*. Gleichzeitig zum *Glücksgefühl*, das der Bildungsprozess bei den Kindern erzeugt, entsteht bei den Kindern ein positives *soziales* Verhalten den anderen Kindern gegenüber. *Maria Montessori* spricht davon, dass die *Kinder ihr* dies alles *offenbart haben*.

Eine für *Maria Montessori* sehr wichtige *„sensible Phase"* ist die für die *handwerkliche Geschicklichkeit*. Sie liegt zwischen dem 13. und 15. Lebensjahr. Auch diese Fähigkeit, die *heute* in der frühen Jugend erworben wird, haben menschheitsgeschichtlich Erwachsene erworben. *Heute* liegt diese *„sensible Phase"* in der Zeit der *Pubertät*. Unsere vom Intellekt getriebene Schule nimmt hierauf keine Rücksicht. Dies gilt in einem doppelten Sinn. Zum einen wird keine Rücksicht darauf genommen, dass die Leistungsfähigkeit des Gehirns für intellektuelle Tätigkeiten während der Pubertät eingeschränkt ist. Zum anderen spielen handwerkliche Fähigkeiten in der Schule nicht die Rolle, die ihr gebührt. Denn die *symbolische* Repräsentanz geht aus der *sensomotorischen* Repräsentanz hervor. Alle Intelligenz ist zunächst handlungszentriert. Die Intelligenz bildet sich über die Handlung. Das erste *Werkzeug* gab es vor der symbolischen *Sprache*.

Daher wäre es aus zwei Gründen sinnvoll während der Zeit zwischen dem 13. und 15. Lebensjahr die Jugendlichen schwerpunktmäßig handwerklichen Tätigkeiten nachgehen zu lassen. (1) Auf die Pubertät könnte mehr Rücksicht genommen werden. (2) Diese handwerkliche Intelligenz wäre die beste Vorbereitung auf die dann folgende *„sensible Phase"*. Denn ab etwa dem 16. Lebensjahr bildet sich das *reflexive Denken*. Durch die drei Jahre mit dem handwerklichen Schwerpunkt geht auch keine Zeit verloren. Denn wenn die Kinder während ihrer *„sensiblen Phasen"* Rechnen, Schreiben und Lesen erlernen, sind sie den heute erst mit sechs Jahren eingeschulten Kindern schon weit voraus. Und dies vor allem mit *nachhaltigem* Erfolg.

Auch das *reflexive Denken* hat sich im ersten Jahrtausend vor unserer Zeitrechnung zuerst bei *Erwachsenen* gebildet. Heute erwerben diese Fähigkeit schon *Jugendliche*. Im Allgemeinen wird diese *„sensible Phase"* als die letzte im lebensgeschichtlichen Bildungsprozess angesehen. Aber das bedeutet nicht, dass der kosmische Bildungsprozess nicht weiter ginge. Bevor ich zu diesem Punkt komme, müssen wir noch die *Bedeutung der „sensiblen Phasen"* in der Lebensgeschichte des Menschen vertiefen.

Die *„sensiblen Phasen"* sind der *Mittler* zwischen dem *konkreten* Menschen und der *zunächst* nur *abstrakt* fassbaren Menschheit. *Im konkreten* Bildungsprozess wird die Einheit dieser Differenz jedoch *Wirklichkeit*. Denn *dass* der konkrete einzelne Mensch die Sprache, das Rechnen, das Schreiben und Lesen nur *in wenigen Monaten erlernen kann*, ist der Jahrtausende langen Vorarbeit unserer *Vorfahren zu verdanken*. Die *„sensiblen Phasen"* sind die *zeitlich hochverdichteten* Anstrengungen der *Menschheit vor uns*. Sie ermöglichen uns heute, diese Kulturtechniken in kurzer Zeit zu erlernen. Und das *ohne Mühe*.

Kinder ab dem vierten Lebensjahr können auch das Rechnen, Schreiben und Lesen erlernen, *wie* sie die Sprache zuvor erlernt haben. Voraussetzung ist lediglich ein *„geeignetes Umfeld"*. Aber das war auch bei der Sprache *prinzipiell* schon so. Beim Erlernen des Rechnens, Schreibens und Lesens ist dieses Umfeld lediglich *spezifischer* zu gestalten. Das Prinzip der *Freiheit* des Kindes für die Entscheidung mit welchem Material es sich *selbstorganisatorisch* beschäftigt, entspricht dem beim Erlernen der Sprache.

Auch hier „entscheidet“ das *Kind*, was es sprachlich aus dem Umfeld aufnimmt.

Die *Wirklichkeit der Einheit* von konkretem Menschen und Menschheit wird uns Menschen nur in einem Bildungsprozess zugänglich, der die *„sensiblen Phasen“ berücksichtigt* und in *Freiheit selbstorganisatorisch* abläuft. Da *dieses* Erlernen der Kulturtechniken zum *frühestmöglichen* und *optimalsten* Zeitpunkt abläuft, ist zugleich der *Bildungsprozess das Ganze* für das Kind. Er ist *nichts Abgetrenntes vom Leben des Kindes.* Es gibt *kein Außerhalb* des Bildungsprozesses. Heute ist das Objektive, Messbare des *Schulsystems* getrennt vom Ganzen des *Bildungsprozesses* Der Bildungsprozess *ist* das Ganze des Kosmos, an dem das Kind wie auch wir Erwachsene *teilhaben.* Das Ganze des Lebens nachträglich wieder zusammenzusetzen *kann nicht* gelingen. Das *Leben* ist ein *Bildungsprozess* und kein *Herstellungsprozess.* Letzteren kann man aus Teilen zusammenbauen.

Menschen, die einen derartigen Bildungsprozess (= Leben) durchlaufen, empfinden nicht nur in diesem Prozess ein tiefes *Glücksgefühl* – weil sie es *selbst* waren, die das Neue hervorgebracht haben –, sondern auch eine tiefe *Dankbarkeit* der gesamten Menschheit gegenüber. Denn sie wissen, dass sie ihren *Vorfahren* dies zu verdanken haben. Sie wissen, dass ihnen *diese Abhängigkeit* die *Freiheit* erst ermöglicht. Diese Menschen wissen auch, dass sie der *ganzen Menschheit vor uns* nicht nur diese *kulturellen Fähigkeiten,* sondern auch den gesamten *heutigen Wohlstand* zu verdanken haben. Denn der wäre ohne diese Fähigkeiten gar nicht möglich. All dies wäre Bildungsinhalt eines *reflexiven Bildungsprozesses.* Es wäre unsere neue *„sich bildende Lebensform“*.

In dieser Lebensform dominieren die Bildungsprozesse die Herstellungsprozesse. Letztere sind in den Bildungsprozessen, die das Ganze sind, aufgehoben. Niemand würde wissentlich das

Ganze gefährden, an dem er selbst *teilhat* und dem er *alles* zu verdanken hat. Dieses *Ganze* ermöglicht ihm erst die *Freiheit*, am *Ganzen teilzuhaben.*

Die *„sensiblen Phasen“* haben sich erst im Laufe der Menschheitsgeschichte gebildet. Sie ermöglichen uns das *mühelose Lernen*, wie das *digitalisierte ökonomische System* uns das *mühelose Produzieren* ermöglichen wird. Im Laufe der Menschheitsgeschichte haben sich die *„sensiblen Phasen“* immer stärker verdichtet und sind damit „effizienter“ geworden. Das Entsprechende habe ich für das ökonomische System an Hand des exponentiellen Verhaltens der Zinseszinsfunktion dargestellt. Ihre Zuwächse ≙ Produktivitätszuwächse akkumulieren sich und werden dadurch *absolut* immer größer.

Bei den *„sensiblen Phasen“* gibt es aber noch eine *Besonderheit.* Sie schieben sich in der Menschheitsgeschichte bei der jeweiligen Lebensgeschichte immer weiter nach vorne. So wird z. B. die Sprache heute schon im dritten Lebensjahr erlernt. Dies war nicht immer so. Denn ursprünglich waren es ja Erwachsene, die die Sprache hervorgebracht haben. Erst im Laufe der Menschheitsgeschichte verschob sich diese Phase immer weiter nach vorne. Gleiches gilt auch für die anderen Kulturtechniken. Die letzte *„sensible Phase“* ist die des *Reflexivwerdens des Denkens.* Dies ist uns Menschen erst seit etwa zweieinhalb Jahrtausenden möglich. Aber auch sie hat sich schon verdichtet und auf etwa das 16. Lebensjahr verschoben. Die *Reihenfolge* bleibt aber immer gleich. So wie die Fähigkeiten menschheitsgeschichtlich auftraten, so treten sie auch in jeder Lebensgeschichte auf.

Heute befinden wir uns nun in einer *neuartigen* Situation. Wir haben keine weiteren *„sensiblen Phasen“* mehr, durch die wir *„mühelos“* gehen könnten. Nun sind wir *selbst* die Erwachsenen der Menschheitsgeschichte, die eine *neue kulturelle Fähigkeit* auf den Weg bringen. Es ist die Fähigkeit zur „zweiten Reflexion“.

Die Reflexion auf den *Ursprung* dessen, was die *„erste Reflexion"* hervorgebracht hat. Dieses Reflexivwerden des Bildungsprozesses selbst bedeutet *nicht*, dass wir nun unabhängig wären von dem, was die Menschheit vor uns erarbeitet hat. Ganz im Gegenteil. Das *integrale Bewusstsein* macht uns erst deutlich, dass wir ihnen *alles* zu verdanken haben. Vor allem, die *neue Fähigkeit* zum *integralen Bewusstsein*. Dies wird uns erst jetzt *offenbar*.

Diese *Offenbarung* lässt in uns die *Liebe zur Menschheit entstehen*. Bei den Kindern erzeugt dies zunächst eine *tiefe Dankbarkeit* denjenigen gegenüber, die ihnen das *Glücksgefühl*, das der Bildungsprozess hervorruft, *ermöglichen, ihren Lehrern. Diese* Lehrer trichtern den Kindern kein Wissen von *außen* ein, sondern *ermöglichen* ihnen, das Neue *selbstorganisatorisch in Freiheit* zu erarbeiten. Während dieses Bildungsprozesses lässt sich dann auch das *objektive Wissen* über diesen Bildungsprozess *nachhaltig integrieren, weil* er das *konkrete Leben* des Kindes *berührt. Dieser* Bildungsprozess ist das *Ganze*. Es gibt *nichts außerhalb* dieses *kosmischen* Bildungsprozesses, an dem wir *teilhaben*. Dies ermöglicht uns die *Autopoiese*, die uns *prinzipiell unverfügbar ist*. Diese *Erkenntnis* ist in ihrer *Anerkennung aufgehoben*.

5.4.5 Die Aufhebung der funktionalen Differenzierung

In diesem letzten Abschnitt vor dem Schlusskapitel möchte ich zeigen, wie die *integrale Ökonomie* den Anschluss an die *funktional differenzierte Gesellschaft* findet.

Die Sozialwissenschaften gehen heute im Anschluss an *Parson* und *Luhmann* von einer *dreistufigen* Entwicklung der *Sozialstruktur* aus:

1. Segmentäre Differenzierung
   In den archaischen Gesellschaften gab es lediglich eine Differenzierung nach Familien und Clans. Es gab *kein soziales Gefälle.*

2. Stratifikatorische Differenzierung
   Die segmentäre Differenzierung wurde von einer *hierarchischen Differenzierung* in Schichten sowie in *Zentrum/Peripherie* abgelöst. Im Mittelalter unterscheiden wir z. B. Adel, Kleriker, Bauern, Bürger und Besitzlose. Die jeweilige Schicht zeichnete sich durch ein spezifisches Rollenverhalten und Rollenverständnis aus.

3. Funktionale Differenzierung
   Etwa seit dem 16. Jahrhundert hat die Gesellschaft begonnen sich in Funktionssysteme auszudifferenzieren. Sie erfüllen jeweils *spezifische Funktionen* und operieren in einem jeweils speziellen *Medium* und *Code.* Nach diesem Verständnis operiert z. B. das Teilsystem Ökonomie im Medium Geld, sein Code ist Zahlung/keine Zahlung. Das Rechtssystem operiert im Medium Recht, sein Code ist Recht/kein Recht. Das Politiksystem operiert im Medium Macht, sein Code ist Macht/keine Macht. Die Wissenschaft operiert im Medium Wahrheit, ihr Code ist wahr/nicht wahr.
   Nach dem Verständnis der Systemtheorie sind die Medien *binär codiert* und *nicht* in andere Medien *übersetzbar.* Die Teilsysteme *schließen* sich, indem sie sich *rekursiv* immer wieder nur auf Kommunikationen in ihrem spezifischen Medium beziehen. Es gibt lediglich so etwas wie strukturelle Kopplungen. So sind z. B. rechtliche Regeln sehr wohl

im ökonomischen System gültig. Bezug wird hierauf jedoch nur im Medium Geld genommen.

Weder die Teilsysteme noch die Gesellschaft *sind hierarchisch* organisiert. Auch kennen Systeme *kein Zentrum*. Es gibt vor allem *kein gemeinsames Medium*, über das sich die Gesellschaft als Ganzes verständigen könnte.

Die gesamte Gesellschaft besteht nur noch aus Funktionssystemen. Zwei weitere wichtige seien noch genannt: Religionssystem und Bildungssystem. Hierzu später mehr. Die Medien der Funktionssysteme sind *symbolisch generalisierte Kommunikationsmedien*. Ihre wichtigste strukturelle Eigenschaft ist die Fähigkeit zur *binären Codierung*. Damit finden sie den Anschluss an die *Digitalisierung* der Gesellschaft. *Armin Nassehi* ist davon überzeugt, damit die *grundlegenden Strukturen der Gesellschaft* offenlegen zu können. Nicht nur das, er geht davon aus, dass die *Digitalität der funktionalen Differenzierung* der Gesellschaft eine „brutale Stabilität" verleiht (Nassehi. 2019: 324 f.).

Aufgrund der binären Codierung der Funktionssysteme gibt es im Operieren – auf der Basis ihrer Medien – *keine Stoppregel* (2019: 259). Das führt *Nassehi* dann zu der Aussage, dass eine Transformation der Gesellschaft *nicht* zu erwarten ist.

> „Ich bin der Überzeugung, dass derzeit keine Epoche zu Ende geht, dass keine »nächste Gesellschaft« anbricht [. . .] zumindest wäre diese nächste Gesellschaft wahrscheinlich auch eine funktional differenzierte Gesellschaft" (2019: 184).

D. h. die *binäre Codierung* der Funktionssysteme der Gesellschaft *stabilisiert* die Gesellschaft als Ganzes. *Nicht Gemeinsamkeiten* halten die Gesellschaft zusammen, sondern die *Rationalität* der *Funktionssysteme*. Im Zeitalter von Big-Data können nach *Nassehi* ihre Strukturen sogar dargestellt werden. Die Rationalität des Bewusstseins auf *individueller* Ebene entspricht der Rationalität der Funktionssysteme auf *sozialer* Ebene.

Mit der *Digitalisierung* ist die *„erste Reflexion"* auf ihrem Höhepunkt angelangt. Das *Denken*, das auf dieser Stufe auf seine eigenen Gedanken zurückgreifen kann, ist nun auf *Daten*, die im Computer nur noch auf Daten zurückgreifen können, geschrumpft. Während das *Denken* noch an die *Leiblichkeit* gebunden ist, ist das bei den *Daten* nicht mehr gegeben. Daten können nur Daten erzeugen. Ihnen ist es unmöglich, aus sich selbst auszubrechen (Nassehi. 2019: 106). Die „kennen" nur die Welt der Daten und erzeugen damit eine *„zweite Realität"*.

> „Die Datentechnik kann nur Muster vorfinden – aber nicht Muster der Welt, sondern Muster der Welt in der Form ihrer Datenförmigkeit [. . .] Sie (die Daten, G. R.) kennen nicht die Welt, sondern nur sich selbst, und verdoppeln die Welt doch mit dem, was sie tun [. . .] Die Welt ist nur noch in der Verdoppelung zugänglich, genauer: nur noch *als* Verdoppelung, die ihr Original nur in der Verdoppelung kennt (2019: 106 ff.).

Das Problem des *rationalen Bewusstseins* auf der Stufe der *„ersten Reflexion"* liegt in seiner Unfähigkeit, die *Differenz* zwischen *Realität* und *Wirklichkeit* zu erfassen. Die *Realität* wird durch *Beobachtung* erfasst und in *Daten* transformiert. So kann der Beobachter das Beobachtete nur noch verdoppeln. Erkennbar ist nur noch, *dass* es lediglich eine Verdoppelung der *ersten* Realität ist. D. h. der Beobachter erzeugt zwar mittels Digitalisierung immer *transparentere Muster*, die sich aber zugleich von der *ersten* Realität *entfernen*, anstatt sich ihr zu *nähern*. Erst mit einer *„zweiten Reflexion"* auf den *Ursprung* des *rationalen Bewusstseins* lässt sich die *Wirklichkeit* fassen. Hierdurch entsteht keine *Verdoppelung*, sondern eine *Erweiterung* des Bewusstseins.

Die Erweiterung bildet sich durch den *Einbezug* der *Leiblichkeit.* Über die *Empfindungen* der Rhythmen und Intensitäten *bilden* sich die fundamentalsten *Kategorien*, die wir kennen, *Zeit* und *Wert.* Sie sind die Grundlage des *rationalen Bewusstseins*, die ihre *höchste Form* der Rationalität in der *Digitalisierung* findet. Durch eine *Reduktion* der Kategorien auf die *Form* von Daten ist zugleich noch eine *Steigerung* möglich. Aber *diese* Steigerung findet lediglich im *objektiven Modus* statt. Sie *erweitert* das Bewusstsein nicht. Es ist eine *Technisierung*, mit der wir unsere *ökonomischen Probleme* lösen können, nicht jedoch unsere *sozialen Probleme.*

Soziale Problem lassen sich nur im *sozialen Modus* lösen. Durch *Technisierung des Sozialen* werden sie noch *vergrößert.* Dies erkennt das rationale Bewusstsein nicht, da sein Denken sich nur auf seine Gedanken bezieht und glaubt, in der *Form* von Daten noch die Muster des Sozialen erkennen zu können. Aber die „Muster" des Sozialen liegen im *Sozialfeld.* Dieses Feld ist das erste Feld, das wir *selbst* erzeugt haben. Es ist das erste *dynamische* Feld. In ihm ist das *Gedächtnis der Menschheit* „gespeichert". Es ist aber keine Speicherung von Daten, sondern ein *morphogenetisches Feld*, an dem wir nur in *Resonanz teilhaben* können. *Rupert Sheldrake* nennt dies *morphische Resonanz.* Diese morphische Resonanz lässt sich heute *empirisch nachweisen* beim Erlernen unserer kulturellen Fähigkeiten während der *„sensiblen Phasen".*

Am *Sozialfeld* können wir nur *teilhaben.* Es ist unbeobachtbar und steht uns *nicht* zur *Verfügung* wie *gespeicherte Daten.* Das *Sozialfeld* hat sich erst durch unsere *subjektiven Empfindungen* gebildet. Daher sind es auch unsere subjektiven Empfindungen, die uns die *ortlose Teilhabe* am Sozialfeld ermöglichen. Die soziologische Systemtheorie kennt nur die *Beobachtung*. Sie hat die Erkenntnisse der Quantenphysik noch nicht aufgearbeitet. Denn die hat *erkannt*, dass es keine Trennung von Beobachter und Beobachtetem gibt. Wir sind *Teilhaber* des kosmischen Geschehens, nicht nur *Beobachter*. Der Status des Beobachters ist nur *eine* Perspektive und sie ist noch nicht einmal die fundamentalere.

In der soziologischen Systemtheorie werden *Operationen* nur *beobachtet*. Sie kennt zwar die Unterscheidung von *objektiv, sozial* und *subjektiv*. Da aber unabhängig von dieser Unterscheidung *nur beobachtet* wird, werden anorganische, technische, biologische, soziale und psychische Systeme immer nur *beschrieben*. Ihre *unterschiedlichen Modi* des Operierens kommen so nicht zur *Wirkung*. Alle Modi werden *durch die Beobachtung* auf den *objektiven Modus standardisiert*. Die *Ausdifferenzierung* der autopoietischen Operationsweise in *unterschiedliche Modi* kommt daher auf dem Niveau der *„ersten Reflexion"*, also des rationalen Bewusstseins, nicht zur *Wirklichkeit*.

In der Soziologie dominiert heute die Systemtheorie. Ihre Grundlage ist die Unterscheidung *Operation/Beobachtung*. Damit kann sie über den *objektiven Modus* der Autopoiese nicht hinaus. Dies entspricht dem Niveau des *rationalen Bewusstseins*, der Stufe der „ersten Reflexion". Der heute wohl prominenteste Vertreter dieser Richtung der Soziologie ist der schon mehrfach zitierte *Armin Nassehi*. In seinem neuesten Buch ist seine wichtigste These:

> *„dass die Digitalisierung unmittelbar verwandt ist mit der gesellschaftlichen Struktur* [. . .] Ich werde sogar behaupten, dass die Digitalisierung nicht nur eine soziale Erscheinung ist, sondern sogar *ein soziologisches Projekt*. Vieles von dem, was die Digitalisierung betreibt, ist gerade von soziologischer Denkungsart: sie nutzt soziale Strukturen, sie macht soziale Dynamiken

> sichtbar und sie erzeugt aus diesen Formen der Mustererkennung ihren Mehrwert [. . .] Das Soziologische daran ist jedenfalls, latente Ordnungsmuster zu erkennen oder zu generieren und damit etwas zu tun (Nassehi. 2019: 18 f.).

Damit würde die Soziologie jedoch zur *Sozialtechnologie.* Diese Diskussion wurde schon in den 70-er Jahren des letzten Jahrhunderts geführt (Habermas u. a. 1971). Damals gab es noch keine Big-Data. Auch war die *künstliche Intelligenz* kein Thema. Weder die Befürworter noch die Gegner der Systemtheorie haben das *eigentliche Potential* der selbstorganisatorischen Operationsweise erfassen können. Vor 40 Jahren war dies noch nicht möglich. Heute können wir hierin eine *kosmische Operationsweise* erkennen. Dies bedeutet, dass sie in der Lage ist, nicht nur Systeme mit *gleichem* operationalem Modus auszudifferenzieren, sondern sich *selbst* noch in unterschiedliche Modi des Operierens auszudifferenzieren. D. h. es gibt nicht nur den Modus des *Beobachtens* (objektiv), sondern auch den der *Teilhabe* (sozial) und des *Empfindens* (subjektiv). Erst alle *drei Modi* machen das *Ganze* aus. Sie sind dazu in der Lage, ein *integrales Ganzes* zu bilden. Die Systemtheorie auf dem Niveau der *„ersten Reflexion"* leugnet, dass es überhaupt ein *Ganzes* geben kann, das uns *gemeinsam* ist. Die ausdifferenzierten Funktionssysteme haben danach nichts *Gemeinsames.* Auf dem Niveau des *rationalen Bewusstseins erscheint* uns die Gesellschaft tatsächlich als funktional differenziert. Etwas *Einigendes* scheint es nicht zu geben.

Auf dem Niveau der *„zweiten Reflexion"*, dem *integralen Bewusstsein*, erkennen wir die *Operationsweise selbst* als das einigende Band. Einigen können uns nur die *operationalen Strukturen*, nicht die *kategorialen Strukturen.* Mit letzteren können wir nur unsere *Beobachtungen beschreiben* und heute auf *Daten reduzieren* und maschinell verarbeiten. Aber aus den Daten können die Daten auch mit den besten Algorithmen nicht heraustreten. Es bleiben rekursive und iterative Operationen, die immer wieder nur auf Daten zurückgreifen. Auch wenn sie *abduktiv* neue Parameter und Regeln erzeugen, bleiben es Daten. Sie erzeugen lediglich eine *„zweite Realität"* mit Hilfe *logischer* Schlussverfahren. Dazu zählt auch neben Induktion und Deduktion die Abduktion. Dies sieht auch *Nassehi* so (2019: 241).

Allerdings lässt sich die Abduktion auch im Entdeckungszusammenhang als *kreative Schöpfung* einer *neuen Hypothese* auffassen. Das obige Zitat von *Einstein* wäre ein solcher Fall. Aber genau das ist einem Computer *unmöglich*. Als *logisches* Schlussverfahren ist die *neue Regel*, die der Rechner findet, schon in den *Daten implizit enthalten*. Der Rechner kann nicht aus diesen Daten heraustreten. Er kann lediglich mit Hilfe seiner gewaltigen Rechenleistung ein *„neues Muster"* aus den ihm zur Verfügung stehenden Daten „herauslesen". Eine *kreative Schöpfung* lässt sich nicht auf *Logik reduzieren*. Bei einer *kreativen Schöpfung* ist der *ganze Mensch* beteiligt. *Als solcher* ist er *Teilhaber* am *kosmischen Bildungsprozess*.

Da wir Menschen uns jedoch *sprachlich*, also über *kategoriale Strukturen* verständigen, ist die *operationale Struktur* als einigendes Band *alleine* nicht hinreichend. Es muss auch kategoriale Strukturen geben, die *zugleich* operationale sind. Dies trifft *nur* für *Zeit* und *Wert* zu. Sie *bilden* sich aus den *leiblichen Rhythmen und Intensitäten*. Zeit und Wert sind die einigenden kategorialen Strukturen, die allen Funktionssystemen gemeinsam sind. Ohne Zeit und Wert gibt es keine Funktionssysteme, obwohl sie in einem anderen Medium sprachlich kommunizieren mögen.

Wie ist nun diese Gemeinsamkeit zu fassen? Auf dem Niveau des *integralen Bewusstseins* und der *integralen Ökonomie* sind auch die anderen *Funktionssysteme* in der Gesellschaft *aufgehoben*, in einer *integralen Gesellschaft*. Ja, noch mehr, auch die *Na-*

tur ist integriert. Denn auch sie operiert selbstorganisatorisch. Im Übrigen hat *Luhmann* das Konzept der *Autopoiese* aus der *Natur* übernommen.

Beginnen wir bei unserer „Gesamtschau“ mit der heute alles dominierenden *Ökonomie*. In diesem Buch habe ich gezeigt, dass sich das ökonomische System nochmals in den Medien *Zeit* und *Wert* ausdifferenziert hat. Ohne diese weitere Ausdifferenzierung hätte sich das *Finanzsystem* nicht von der *Realwirtschaft* trennen können. Zeit und Wert sind die fundamentalen Medien der Ökonomie. Dies ist schon immer so gewesen. Denn *Ökonomie ist der Austausch der menschlichen Gesellschaft mit der Natur*.

Zeit und *Wert* haben sich in ihrem *objektiven* Modus aus dem *Sozialen* heraus gebildet. Auch dies habe ich oben gezeigt. *Daher* haben sie in ihrer rekursiven Operationsweise *Attraktoren* ausgebildet, die ich weiter oben als ihre *Eigenwerte* bezeichnet habe. Diese Eigenwerte sind die sozialen Werte *Nachhaltigkeit* (Zeit) und *Solidarität* (Wert). In diesen Eigenwerten macht sich ihr *Ursprung* als *Attraktor* bemerkbar. Im Medium Zeit gehört die Nachhaltigkeit sowohl der *Natur* wie dem *Sozialen* an. *Natur* und *Soziales* sind auf dem Niveau der „zweiten Reflexion“ *komplementäre* Größen. Auch das Medium *Geld* ist von seinem *Ursprung* her, wie ich oben gezeigt habe, eine *soziale* Größe. Auf dem Niveau des *integralen Bewusstseins* wird Geld als *soziale Größe* verwendet, weil es nun das Stadium als „Übergangsobjekt“ verloren hat. Es hat seinen *mythischen* Charakter verloren und kann nun als *Objekt* aus dem *Sozialen* heraus *verwendet* werden.

Beim Teilsystem *Recht* ist die Lage einfacher. Das Recht hat sich aus dem *gesellschaftlichen* Zusammenhang ausdifferenziert. Sein *Eigenwert* ist *Gerechtigkeit*. Auch hier verweist der *Attraktor* auf seinen *Ursprung*.

Beim Teilsystem *Wissenschaft* ist die Sache komplexer. Ihr Medium ist *Wahrheit*. Aber es handelt sich hier um die *objektive*

Wahrheit des *rationalen Bewusstseins.* Neben dieser *wissenschaftlichen Wahrheit* gibt es noch die *Glaubenswahrheit* des *Religionssystems.* Hieraus hat sich das Wissenschaftssystem erst ausdifferenziert.

Nach *Luhmann* ist das Medium des Religionssystems das *„Zwischen"* von *Immanenz* und *Transzendenz.* Damit unterscheidet sich nach *Luhmann* die religiöse Codierung von der Codierung *aller* anderen Teilsysteme.

> „Der Negativwert der Transzendenz wird als Grund und Quelle der Codierung selbst eingesetzt [. . .] Das verändert, im Vergleich zu anderen Codierungen, die Form von Begründungen. Im Falle von Religion ist Begründung nicht durch *Ausschluss,* sondern nur durch *Einschluss* des Gegenwertes zu erreichen, nicht wie Wahrheit durch Ausschluss von Unwahrheit, sondern durch Neubewertung aller Unterscheidungen in transzendenter Sinngebung.
> [. . .] Die Besonderheit von Religion liegt in der Radikalität dieses gegen das Unterscheiden gerichteten Unterscheidens. Nur so kann das gefasst werden, worauf es ankommt: dass *alles* Beobachten (alles Unterscheiden, Erleben, Handeln, Kommunizieren) *immer* aus der *Unbeobachtbarkeit* (kursiv, G. R.) heraus operiert [. . .] (Luhmann. 2002: 91).

In der *Unbeobachtbarkeit* treffen sich die höchste Form von Wissenschaftlichkeit, die *Quantenphysik* und das *Religionssystem.* In der Quantenphysik zeigt sich die Unbeobachtbarkeit als *Unbestimmbarkeit,* hervorgerufen vom sogenannten *Beobachtereffekt.* D. h. in einem noch nicht verstandenen Sinne *bildet* sich erst im Experiment das, was der Beobachter beobachten *will,* nämlich Teilchen oder Welle.

Und genau dieser *Bildungsprozess* ist uns *unverfügbar*. Er läuft *selbstorganisatorisch* ab. Wir können zwar die Rahmenbedingungen im Experiment *herstellen*, aber der Prozess selbst ist uns nicht zugänglich. Damit sind wir beim *Bildungssystem*. Ein Bildungssystem, so wie wir es heute als Funktionssystem auffassen, kann es gar nicht geben, weil der *Bildungsprozess* selbst ein *kosmischer Prozess* ist, also das *Ganze*. An diesem Ganzen können wir *teilhaben*, beobachten lässt er sich nicht. Wir *erkennen*, dass es ein Prinzip gibt, die *Autopoiese*, von dem wir alle abhängig sind. Aber wir wissen nicht, *was es ist*. Wir kennen lediglich seine *Wirkung*. Das *integrale Bewusstsein* kann dieses Prinzip, das uns *unverfügbar* ist, *anerkennen*. Dies gelingt ihm, weil es nicht *beherrschen* will.

Damit sind wir beim letzten wesentlichen Teilsystem der Gesellschaft, dem *Politiksystem*. Nach herrschender Auffassung ist das Medium des *Politiksystems Macht*. *Weil* dies die herrschende Auffassung ist, beobachten wir die Macht im Politiksystem. *D. h. wir stellen sie selbst her*. Wenn uns die Sozialwissenschaft dies nicht mehr lehrt, wird es diese Macht auch nicht geben und wir können *sozial*, d. h. *solidarisch* miteinander verkehren. Diese *Möglichkeit* kann heute *Wirklichkeit* werden, weil wir unsere ökonomischen Probleme durch Digitalisierung lösen können.

Damit kommt – selbstorganisatorisch – das *Soziale* in den Blick, und dies aus zwei Gründen. Die Digitalisierung beseitigt die *Erwerbsarbeit*, an der heute unser Einkommen hängt. Die Digitalisierung führt zweitens zu einer Vernetzung *aller* Bereiche unserer Gesellschaft. Die hierdurch entstehende *Verletzbarkeit* unserer Gesellschaft ist dann nicht mehr durch *Kontrolle und Sicherungsmaßnahmen herstellbar*. Nur noch der *Prozess selbst* kann dies gewährleisten. Daher *wird* sich die Transformation von der *produzierenden* zur *sich bildenden Lebensform* vollziehen. Auf dem Niveau der integralen Gesellschaft wird der *Bildungsprozess* die weiterhin notwendigen *Herstellungsprozesse* in sich *aufgehoben* haben. Die Funktionssysteme der Gesellschaft werden weiterhin operieren. Ihre *Attraktoren* „ziehen" uns *subjektiv empfindsame* Wesen jedoch in den *„globalen"* Medien *Zeit* und *Wert* ins *Soziale*.

Hier sind wir nun im Kern des Transformationsprozesses. Bei *Luhmann* sind die Funktionssysteme *soziale* Systeme. Diese *„sozialen"* Systeme sind aber von *objektiven* Prozessen durchtränkt. Nun geschieht zweierlei. Einerseits wirken die sich *selbstorganisatorisch gebildeten Attraktoren* in den Funktionssystemen in Richtung des *Sozialen*. Andererseits wird das *Objektive* der Funktionssysteme *digitalisiert*. Damit werden die Funktionssysteme immer stärker zu *objektiven Prozessen vernetzt*. Tendenziell wird das *Soziale* so immer sozialer, sodass es sich auch sozial *anfühlt*. Gleichzeitig wird das *Objektive* immer mehr vom Sozialen befreit und kann so digital vernetzt werden. Letztlich wird das Objektive im Sozialen *aufgehoben* sein und damit auch die Funktionssysteme als rein *objektiv* operierende Systeme.

Die *neue* Lebensform ist die *Einheit* der Differenz der Modi der *operationalen* Strukturen objektiv, sozial und subjektiv empfindend. Wir können sie in *kategorialen* Strukturen beschreiben, aber das ist *nicht die Wirklichkeit*. Die Wirklichkeit ist *nur operational* ein *Ganzes*, dafür garantiert die *Autopoiese*. Das Ganze operiert nach diesem *einen Prinzip*, das alles aufeinander abstimmt und von dem wir *alle abhängig* sind.

Man könnte es auch als ein Netzwerk ansehen, in dem alles miteinander verknüpft ist. Es ist aber kein *„inferentielles Netzwerk"*, das einen *„Raum von Gründen"* aufspannt. Dieser „Raum von Gründen" (Habermas. 2019: 173, Brandom. 2015: 58) ist lediglich das Vernunft- oder *Intellektsystem*. Dies ist aber ein *Produkt* operationaler Strukturen. Dieses *Produkt* ist das *Ergebnis* eines *Prozesses*. Es ist das Produkt eines *Bildungsprozesses*. Im Gegensatz zu *Luhmann* bleiben für *Habermas* die Funktionssysteme Recht und Politik miteinander *verschränkt*. Sie schließen sich nicht über ihre jeweiligen Medien Recht und Macht gegenüber der Gesellschaft als *Ganze* ab, trotz ihrer Eigenfunktionen. Dennoch sieht *Habermas* im politischen System ein *Herrschaftssystem*, auch in seiner demokratischen Variante. Allerdings sieht die *Legitimation* heute anders aus als in vordemokratischen Zeiten. Damals war die Herrschaft des Monarchen *sakral* legitimiert. Die *Bindungskraft* dieser *sakralen Autorität* ist für *Habermas* heute auf die *Vernunft* und den *„zwanglosen Zwang des besseren Arguments“ übergeleitet* worden. Hierfür sorgt nach *Habermas* vor allem die *Philosophie*, letztlich jedoch die *Bürgerschaft insgesamt*. Im *„Raum der Gründe“* wird im *Medium Recht politische Herrschaft legitimiert*.

> „[. . .] nach der durchgängigen Positivierung des Rechts (kann) die Rechtfertigung der Prinzipien des Verfassungsrechts mehr oder weniger gleitend auf eine wissenschaftlich denkende Philosophie übergehen, auf deren überzeugende Autorität sich der politische Verfassungsgesetzgeber allerdings rückbeziehen muss. Die Philosophie übernimmt auf eine Weise, die den mit den Verfassungsrevolutionen tatsächlich eingetretenen Bruch eher verschleiert, von der Religion die Rolle der Herrschaftslegitimation [. . .]
> Allerdings kann die wissenschaftliche Theorie nicht einfach an die Stelle des christlichen Naturrechts treten und das letzte Wort beanspruchen, denn ihr fehlt die autorisierende Kraft der gelebten Religion, auf die sich die Theologie stützen konnte [. . .], aber am Ende wird die Überzeugungskraft im Prozess der Rechtfertigung der Verfassungsnormen nicht aus dem Munde von

> Philosophen und Juristen kommen, sondern aus den guten Gründen, die im Stimmengewirr ein inklusiv am verfassungsgebenden oder verfassungsändernden Prozess beteiligten Bürgerschaft zum Zuge kommen. Wie wir sehen werden, ist der verfassungsgebende demokratische Prozess die letzte Legitimationsquelle einer sich selbst autorisierenden Rechtsordnung politischer Herrschaft" (Habermas. 2019: 863 f.).

Habermas übernimmt hier die *aristotelische* Vorstellung, dass es, aufgrund der *arbeitsteilig* organisierten Gemeinschaft, eine *politische Herrschaft* geben *muss*. Der Fortschritt gegenüber der Antike ist heute jedoch, dass sie *demokratisch* im Medium des *positiven Rechts* von den Bürgern selbst legitimiert ist. *Habermas* lässt jedoch keinen Zweifel daran, dass es (1) eine *politische Herrschaft* geben *muss* und es (2) hinreichen ist, dass sie *„Kraft positiven Rechts besteht"* (2019: 915).

(zu 1) *Aristoteles* konnte nicht wissen, dass die Menschheit jemals das *ökonomische Problem* lösen könnte. Heute *wissen* wir, dass dies möglich ist. Offensichtlich lag für ihn im ökonomischen Problem aber die Notwendigkeit einer politischen Herrschaft. (zu 2) Für *Habermas* ist die demokratische Legitimation der politischen Herrschaft kraft *positiven Rechts* ein funktionales Äquivalent für die *Bindungskraft* der *sakralen Autorität*. Dies wäre jedoch nur dann möglich, wenn die kategoriale Struktur des *Rechts zugleich* eine operationale Struktur *ist*. Denn *nur* eine *operationale Struktur* kann *binden*.

Bindungen können nur in der *Wirklichkeit* entstehen, bzw. Wirklichkeit überhaupt bilden. *Kategorialen Strukturen* fehlt diese Fähigkeit zur Bindung. Mit ihnen stellen wir die *Realität* dar. Diese Differenz kannte *Whitehead* schon vor 100 Jahren. Die Wirklichkeit ist das *Wirkende*, die Realität ist das *Vergegenständlichte*. *Whitehead* nennt diese *Bindung* an die Wirklichkeit *„er-*

fassen" und meint damit das *„Empfinden"*, also eine operationale Struktur, die alleine *wirkend* sein kann. *Begriffe* sind für ihn in der *Realität* angelegte Strukturen. Sie harren der Verwirklichung. Sie haben *„Potentialität"*. Die primäre Funktion von Aussagen und Theorien besteht für *Whitehead* darin, als Anreiz für Empfindungen zu wirken:

> „Offensichtlich besteht jedoch die primäre Funktion von Theorien darin, einen Anreiz für das Empfinden zu bilden und dadurch für Unmittelbarkeit des Erlebens und der Zwecksetzung zu sorgen" (Whitehead. 1987: 344).

Und wenig später schreibt er:

> „Das Interesse an der Logik, das die übertrieben intellektuellen Philosophen beherrscht, hat die Hauptfunktion von Aussagen in der Natur der Dinge verschleiert. Sie dienen nicht primär der Überzeugung, sondern dem Empfinden auf der physischen Ebene des Unbewussten. Sie bilden eine Quelle für die Entstehung des Empfindens, die sie nicht auf ein bloßes Datum reduzieren lässt (1987: 347).

Dies schreibt ein Mathematiker und Logiker, der erst später zur Philosophie gekommen ist. *Alfred North Whitehead* wurde bekannt durch das dreibändige Standardwerk „Principia Mathematica" über Logik, das er zusammen mit seinem Schüler und Freund *Bertrand Russell* 1910–1913 veröffentlichte.

Nur die fundamentalen Kategorien *Zeit* und *Wert* sind jedoch *zugleich* auch operationale Strukturen aus ihrem Ursprung heraus, den *leiblichen* Rhythmen (Zeit) und Intensitäten (Wert). Dieser Ursprung ist zugleich auch der Ursprung des *Sozialen*. Das

Soziale hat deshalb die Bindungskraft des *Religiösen*, weil das Religiöse das *Soziale ist*, von dem wir *nach Durchtrennung der Nabelschnur vollkommen abhängig* sind. Das Soziale ist das *Unsagbare*, das wir Menschen dann als *Religion* in *Begriffen* ausdifferenziert haben. Religion ist aber nicht das *Religiöse*. Das Religiöse ist ein *operationaler* Modus. Das Religiöse kann man nur *erleben*. Es ist daher *unsagbar*, es ist ein *Bildungsprozess*, der uns *nicht verfügbar* ist. Er kann uns aber *binden*, weil er eine *operationale Struktur ist*. Während der *„sensiblen Phasen"* bilden sich Bindungskräfte, die uns mit der *Menschheit als Ganzes* verbinden.

Diese *Bindungskräfte* haben ihren Ursprung in der ersten *dyadischen* Beziehung zwischen *Individuen*. In der ersten *„sensiblen Phase"* zwischen Mutter und Kind bildet sich in der *face-to-face*-Beziehung *die* Bindung, die sich im *Sozialfeld* zu einer *kollektiven* Bindung ausbildet, an der wir *teilhaben* können. Das *Sozialfeld* ist das, was das Christentum den *Heiligen Geist* nennt als eine „Perspektive" der Trinität. Für *Augustinus* war dies das *Gedächtnis* in seiner *analogischen* Erklärung der Trinität. Dieses Gedächtnis hat er noch als *individuelles Gedächtnis* aufgefasst. Tatsächlich *ist* es das morphogenetische Feld des *Menschheitsgedächtnisses*, das *wir* heute als das *Sozialfeld* auffassen können.

Daher kann auch die Autopoiese *Wissen* und *Glauben* einen. Wissenschaft/Philosophie und Religion führen auf ihren *gemeinsamen* Grund, das *Unsagbare*, von dem wir jedoch *alle abhängig* sind. Selbst die „härteste" aller Wissenschaften, die *Quantenphysik*, ist auf eine *„Unbestimmtheit"* gestoßen.

In den *Sozialwissenschaften* haben wir es sogar mit einer *Unbestimmbarkeit* zu tun. Denn das *Soziale* operiert in einem *anderen Modus* als die kategorialen Strukturen eines inferentiellen Netzwerkes. Der *rationale* „Raum der Gründe" hat sich erst in der Achsenzeit durch *Bildungsprozesse* ausdifferenziert. Das *„inferentielle Netzwerk"* erzeugt *Erkenntnisse*. Erkenntnisse sind aber lediglich *Produkte* eines Prozesses und *nicht der Prozess selbst.* Mit diesen *rational* gewonnenen *Erkenntnissen* lassen sich daher *soziale Probleme nicht lösen.* Dies geht *nur operational,* nicht kategorial. Wir müssen vom Produkt zum *Prozess vordringen.* Und dies aus vier Gründen.

1. *Nur operationale Strukturen* können *Bindungskräfte* erzeugen. *Kategorialen Strukturen* ist dies unmöglich. Mit ihnen lassen sich funktionale Zusammenhänge darstellen und beschreiben, auch solche lebensweltlicher Art. Sie *sind* aber nicht die *Lebenswelt selbst.* Nur *operationale Strukturen* können Resonanz und damit *Bindung* erzeugen. Die hierzu notwendigen *Bindungskräfte* lassen sich nicht über *Begriffe* und *Normen* herstellen, wie *Brandom* (2015: 639 und *Habermas* (2019. Bd. 1: 863 f.) annehmen. Begriffe und Normen sind nur in *Sprache* (kategoriale Struktur) ausgedrückte operationale Strukturen, also das *Produkt* eines *vorgängigen Prozesses.* Nur diesem *Prozess* sind Bindungskräfte inhärent.
   Der *einseitige Intellektualismus* der kategorialen Strukturen führt zur *sozialen Kälte* und zu den *verdinglichenden Verhältnissen,* unter denen wir heute leiden. Mit *kategorialen Strukturen* wird das *Soziale objektiviert.* Das ist zunächst nichts Verwerfliches und ist sogar ein Fortschritt. Aber dieser verbleibt auf der Stufe der „ersten Reflexion". Dieser Fortschritt ist wegen der *Eindimensionalität nicht die Wirklichkeit.* Es ist lediglich die *Realität,* von der wir heute annehmen, dass es darüber hinaus nichts mehr gibt. In der in dieser Eindimensionalität *nicht vorhandenen Bindungskraft* liegt die *Hilflosigkeit* der heuteigen *„Intellektuellen"*. Sie haben uns *daher* nicht mehr viel zu *sagen.*

Selbst *Physiker* wissen *nicht, was* eigentlich *Kraft* ist. Die analytische Philosophie mutet der Sprache zu viel zu, wenn sie ihren *Begriffen* eine *Kraft* zuschreibt.

2. Die globalen Probleme, vor denen unsere *heutige Lebensform* steht, können nicht durch ein noch so dichtes inferentielles Netzwerk gelöst werden. Es ist *prinzipiell* unmöglich. Unsere *ökonomischen Probleme* werden wir damit in naher Zukunft gelöst haben. Aber unsere *sozialen Probleme* sind dagegen resistent. Sie operieren im *sozialen Modus* und nicht im *objektiven Modus.*

3. Auch *praktisch* lässt sich dies ganz einfach zeigen. Wahrscheinlich werden auf dieser Welt weniger als 0,1 % aller Menschen Wittgenstein, Sellars, Brandom und Habermas gelesen haben und verstehen, was ein *„Raum von Gründen"* und ein *„inferentielles Netzwerk"* ist. Wenn wir aber auf einer *demokratischen* Weise die anstehenden Probleme lösen wollen, müssen wir *alle Menschen* mitnehmen. Dies geht nur durch den selbstorganisatorisch operierenden *Bildungsprozess selbst. Alle* müssen die Möglichkeit haben, hieran *teilzuhaben* und mitzuwirken. Dies ist über die *„sensiblen Phasen"* der Aneignung unserer Kulturtechniken in *selbstorganisatorischer* Weise möglich.

4. Die hohe *Verletzbarkeit* der Gesellschaft aufgrund der *Vernetzung* aller dann im *objektiven* Modus operierenden *Funktionssysteme* ist nur *selbstorganisatorisch* sicherzustellen. *Technisch* ist ein Angriff auf die digitalisierten und vernetzten Funktionssysteme nicht abzuwehren. Mit Sanktionen und staatlicher Gewalt ebenso wenig. So wie das *Qualitätswesen* dem *Herstellungsprozess* heute selbst *inhä-*

rent ist, so muss die *neue Lebensform als Ganzes* ein *Bildungsprozess* werden.

In der neuen *sich bildenden Lebensform* sind die im *objektiven Modus* operierenden Funktionssysteme im *Sozialfeld* aufgehoben, auch der rationale *„Raum von Gründen"*. Zum Verständnis mag die *Analogie* zum Organismus dienen. Wie der Organismus aus *Organen* besteht, die bestimmten *Funktionen* bezüglich der Aufrechterhaltung des Ganzen dienen, so sind in der neuen Lebensform das *Intellektsystem* und die *objektiv* operierenden vernetzten und *digitalisierten Funktionssysteme* aufgehoben. *Aufgehoben* ist das Gesamt der kooperativ zusammenarbeitenden *Organe* in der *natürlichen Operationsweise* der *Autopoiese*, dem *Leben*. Dieser *biologische* Modus der Autopoiese *muss* nach Durchtrennung der Nabelschnur in einen *sozialen* Modus transformiert werden. Das *Leben* hat sich *selbst transzendiert*. Es bildet selbstorganisatorisch das *Sozialfeld*. Das Sozialfeld ist *ort- und raumlos*, eben *transzendent*, aber dennoch *innerweltlich*.

Über dieses *Sozialfeld* findet auch das „Erlernen" der Kulturtechniken während der *„sensiblen Phasen"* statt. Hierdurch ist jeder *Mensch* mit der *Menschheit* als Ganzes *verschränkt*. *Rupert Sheldrake* hat gezeigt, dass auch einmal in enger Verbindung lebende *Individuen bleibend verschränkt* sind. Dies gilt auch schon bei Tieren und *natürlich* auch zwischen Tieren und Menschen (Sheldrake. 2018). Im *Sozialfeld* gibt es ein *instantan* (zeit- und ortlos) wirkendes *verschränktes* Verhalten wie im *Quantenfeld* zwischen Elektronen bzw. Photonen. *Wie* dies geschieht, wissen die Physiker nicht. Sie sind jedoch „gezwungen", eine *„Nichtlokalität" anzuerkennen*. Ihre *Erkenntnis* hat sie zur *Anerkennung* des für sie *Unverfügbaren* geführt.

Die *Sprache* ist ein *Produkt* des *kosmischen Bildungsprozesses*. Sie ist *das* Werkzeug der Wissenschaft, zugleich aber auch *ein*

Kommunikationsmedium der Gesellschaft. Die *Sprache* ist die *Mitte* zwischen ihrer *reduzierten* Form bei der technischen Verarbeitung von *Daten* einerseits und ihrer reflektierten und damit *erweiterten* Form des *Sozialfeldes*. Im Sozialfeld sind Medium und Datenform im morphogenetischen Feld des Sozialen = Sozialfeld *aufgehoben*. Die Gesellschaft und die Menschheit insgesamt tauscht sich nicht nur im Medium der Sprache aus. Die Sprache ist nur *eine ausdifferenzierte Form* der menschlichen Kommunikation. Wissenschaft und Philosophie fällt es heute noch schwer, dies *anzuerkennen*. *Erkenntnis* geht nicht über den *Werkzeugcharakter* hinaus. Sie verbleibt im Modus der *Herstellung*.

Schon *Hegel* wusste gut einhundert Jahre vor den Erfahrungen, die dann die *Quantenphysiker* machen mussten, dass ein *„Werkzeug"* zerstörenden Charakter annehmen kann.

> „Denn ist das Erkennen das Werkzeug, sich des absoluten Wesens zu bemächtigen, so fällt sogleich auf, dass die Anwendung eines Werkzeugs auf eine Sache sie vielmehr nicht lässt, wie sie für sich ist, sondern eine Formierung und Veränderung mit ihr vornimmt. Oder ist das Erkennen nicht Werkzeug unserer Tätigkeit, sondern gewissermaßen ein passives Medium, durch welches hindurch das Licht der Wahrheit an uns gelangt, so erhalten wir auch so sie nicht, wie sie an sich, sondern wie sie durch und in diesem Medium ist. Wir gebrauchen in beiden Fällen ein Mittel, welches mittelbar das Gegenteil seines Zwecks hervorbringt; oder das Widersinnige ist vielmehr, dass wir uns überhaupt eines Mittels bedienen" (Hegel. 1973: 68 f.).

Hegel geht es hier nicht um die *Sprache*, sondern um das *Erkennen* als Werkzeug des Bewusstseins, wovon es selbst Bewusstsein ist.

6. Schluss

Das Buch begann mit unseren globalen Problemen Klimakatastrophe, Migration, Terror, Ungleichheit, Digitalisierung. Wir suchen nach einer Lösung, um mit diesen Bedrohungen unserer Zivilisation auf diesem Planeten zurechtzukommen. Der Glaube, dies mit unserem *Intellekt alleine* zu schaffen, im Sinne eines *Herstellungsprozesses*, ist zum Scheitern verurteilt. Erst wenn die *kategorialen Strukturen* unseres begrifflichen reflexiven Denkens in den *operationalen Strukturen* aufgehoben sind, wird diese Möglichkeit *Wirklichkeit* werden.

Der *Bildungsprozess* = operationale Struktur *beschleunigt* sich. Die kategoriale Struktur, die hierin *aufgehoben* ist, kann hiermit nicht Schritt halten. Mit ihnen glauben wir aber, das *Ganze* fassen zu können. Dies ist ein *Mythos*. Unsere *Begriffe* passen nicht mit der *Wirklichkeit* überein. Denn die Wirklichkeit ist *nicht nur objektiv* fassbar. Die Wirklichkeit operiert in *drei Modi. Der Bildungsprozess ist das Ganze des Kosmos.* Wir verstehen aber unter *Bildung* nur das *intellektuelle Geschehen* in unseren Schulen und Universitäten. *Schulen und Hochschulen unterliegen heute* Qualitätsstandards. Ihr „Produkt" wird *gemessen.* Sie werden heute wie Unternehmen im *objektiven* Modus geführt. Dass dies den Verantwortlichen nicht auffällt, liegt daran, dass wir uns heute noch bewusstseinsmäßig auf dem Niveau der *„ersten Reflexion"* befinden. Dieses Bewusstseinsniveau ist heute etwa zweieinhalbtausend Jahre alt. Es basiert auf dem *reflexiven Denken.* Dies bedeutet die Fähigkeit, dass sich unser Denken auf die eigenen Gedanken zurückbeugen kann. Das hat uns *theoriefähig* gemacht. So konnten *objektiv* operierende *Wissenschaft* und *Technik* entstehen. Sie haben uns über das *ökonomische System* unseren heutigen *Wohlstand* beschert. Das ist der *positive* Aspekt der Ausdifferenzierung des *Intellektsystems.*

Eine systemische Ausdifferenzierung bedeutet aber auch die Schließung des Systems. Erst diese *Schließung* konnte uns diesen *Wohlstand* bescheren. Die Schließung bedeutet aber *auch*, dass sich *dieses so erfolgreiche System für das Ganze hält*. Es wird auch noch von seinem eigenen Erfolg darin bestätigt. Das *begriffliche abstrakte Denken* stellt aber die *Zeit*, die es nur in seinem *objektiven Modus* kennt, *selbst still*. Der *kategorialen Struktur* ist diese *Selbstblockade* inhärent. Es ist ihr *blinder Fleck*, den sie im *objektiven Modus* nicht selbst erkennen kann.

Nun ist dies nicht *absolut* so. Denn das im objektiven Modus operierende Intellektsystem operiert in *Wirklichkeit* in einem umfassenderen System. Das *spürt* das Intellektsystem auch. Es *erkennt* es sogar. Aber das Intellektsystem *alleine* findet aus dieser Situation nicht heraus. Es ist ihm sogar *wissenschaftlich „verboten"*. *Nicht rein objektiv* zu sein, widerspricht der Wissenschaftlichkeit.

Das *Auseinanderdriften* von *kategorialer Struktur* und der dreidimensionalen *operationalen Struktur* der Wirklichkeit hat heute ein Ausmaß erreicht, das *wehtut*. Siehe unsere großen *Zivilisationsprobleme*. Da das *Intellektsystem* sich aus dem ganzen kosmischen Bildungsprozess, also der operationalen Struktur ausdifferenziert hat, *gibt es eine Lösung*. Denn es ist zwar *ausdifferenziert*, aber weiterhin im Ganzen *aufgehoben*. Es kann sich durch eine *„zweite Reflexion"*, jetzt auf seinen *Ursprung*, aus dieser Situation befreien. Das *Intellektsystem* muss seinen *Narzissmus* aufgeben und *anerkennen*, dass es selbst *teilhat* an *etwas Umfassenderen*, das ihm selbst jedoch *nicht zur Verfügung steht*.

Das Intellektsystem muss *anerkennen*, dass es von etwas *vollkommen abhängig* ist, das ihm jedoch *prinzipiell* niemals *zur Verfügung stehen* wird. Aber genau dies macht uns auf dem Niveau der *„zweiten Reflexion"* erst *frei*. Vollkommene Abhängigkeit und Freiheit sind nur auf dem Niveau der *„ersten Reflexion"*

Widersprüche, denn *begriffslogisch* schließen sie sich aus. *Dialektisch* sind dies *keine* Widersprüche. Dies *offenbart* sich jedoch erst, wenn wir die im *objektiven* Modus operierende *Realität* auf dem Niveau der „zweiten Reflexion" *erweitert* haben zur *dreidimensionalen Wirklichkeit* eines *„integralen Bewusstseins"*. Dialektik ist nicht unlogisch. In ihr ist die Logik weiterhin wirksam. Sie ist nur umfassender. Das *„integrale Bewusstsein"* ist die *Einheit* der Differenz der *drei Modi der Autopoiese:* objektiv, sozial und subjektiv empfindend. Der Weg dorthin ist ein *Bildungsprozess.*

Mit Hilfe des Intellektsystems können wir auch das im objektiven Modus operierende *ökonomische System* zur Autopoiese führen, indem wir es *digitalisieren.* Mit seiner *Digitalisierung* können wir es zum autopoietisch operierenden System *schließen.* Digitalisierung des ökonomischen Systems heißt *Erwerbsarbeit* durch *künstliche Intelligenz* ersetzen. Dies bedeutet, dass alles Objektive aus dem Sozialen und alles Soziale aus dem Objektiven entfernt ist. Damit ist die Bedingung der Möglichkeit zur Integration der Ökonomie in Gesellschaft und Natur gegeben. Dies nenne ich die *„integrale Ökonomie"*. Sie ist in der Gesellschaft aufgehoben. Die *Einheit* der Differenz von Ökologie, Ökonomie und Gesellschaft ist möglich durch das *eine Prinzip der Autopoiese.*

Wie ich vorne gezeigt habe, haben wir über die Medien *Zeit* und *Wert* die Verbindung zur *äußeren* Natur wie zu unserer *inneren* Natur. Über die *Ökonomie* tauschen wir uns mit der äußeren Natur aus. In unserem individuellen *Bildungsprozess* haben wir über die Rhythmen (Zeit) und Intensitäten (Wert) unseres Leibes nicht nur eine direkte Verbindung zu unserer inneren Natur, sondern auch zur *sozialen* Welt. Während jedoch das *objektive* Wachstum der *Ökonomie begrenzt* ist, ist dies bei der *Bildung* anders. Hier gibt es aufgrund der Ausdifferenzierung der Modi *keine Grenzen.* Der kosmische Bildungsprozess bildet aufgrund seiner *autopoietischen* Operationsweise immer wieder *neue Modi* bei *Konstanz seines Prinzips.*

Entscheidend ist daher das Operationale, der *Prozess* und nicht das *Produkt* (z. B. das Werkstück oder auch der Begriff, der ja für etwas *steht).* Bei der Analyse der Ökonomie hat sich gezeigt, dass nur *beherrschte Prozesse* ein Produkt mit den vom Kunden geforderten Eigenschaften erzeugen können. Bis in die 80-er Jahre des letzten Jahrhunderts war selbst den Experten nicht klar, wie man die Qualität eines Produktes sicherstellen kann. Bis zu dieser Zeit glaubte man noch, dass man *das Produkt am Ende des Prozesses zu messen hat*, um seine Qualität sicherzustellen. Es war ein *Bildungsprozess*, der den verantwortlichen Experten der Qualitätssicherung *offenbarte*, dass der *Herstellungsprozess* die Qualität des Produktes bestimmt.

Heute, im 21. Jahrhundert, wird der *Bildungsprozess selbst reflexiv.* Man muss sich vorstellen, dass noch vor ca. 40 Jahren die *Bedeutung* des *Herstellungsprozesses* nicht *erkannt* war. Heute ist die *Prozessorientierung* Teil der *Erwartungsstruktur* des Qualitätswesens. Sie ist in den ISO-Regeln heute *weltweit* festgelegt. Dieser *Erkenntnisprozess* hinsichtlich *objektiv messbarer* Prozesse ist die Bedingung der Möglichkeit des *Anerkennungsprozesses* der *Autopoiese* als *unverfügbares Prinzip* des *kosmischen Bildungsprozesses.* Dieses Prinzip ist eine *Analogie* zum Prinzip der *Prozessorientierung* bei *Herstellungsprozessen.* Der *Bildungsprozess selbst* ist entscheidend für das „Produkt", von dem Bildungsexperten heute noch glauben, es *messen* zu müssen. Es gibt jedoch einen fundamentalen Unterschied zwischen einem *Herstellungsprozess* und einem *Bildungsprozess.* Letzterer ist uns nicht zugänglich. Er ist uns *unverfügbar.*

Die Zusammenhänge richtig einzuordnen, vor allem die *Analogie* von Herstellungsprozess und Bildungsprozess, fällt dann leichter, wenn *vor* dem *Reflexivwerden des Denkens* eine *hand-*

werkliche Phase im Bildungsprozess liegt. *So war es auch menschheitsgeschichtlich.* Den Anerkennungsprozess können wir nicht mit unserem Intellektsystem *herstellen, er bildet sich.* Die Autopoiese *offenbart* sich im Bildungsprozess. Im Übrigen ist auch die *Bedeutung* des *Prozesses* bei der Herstellung eines Produktes *zunächst* eine Offenbarung. Erst dann wird *diese* Offenbarung auch eine Erkenntnis. Eine *Erkenntnis* ist immer zuerst in einer *Offenbarung aufgehoben* (siehe oben das Zitat *Einsteins).*

Wenn wir den *Bildungsprozess* als das auffassen, was er ist, nämlich das *Ganze* des kosmischen Geschehens, an dem wir *teilhaben*, lösen sich unsere zentralen ökologischen, ökonomischen und gesellschaftlichen Probleme *selbstorganisatorisch* auf. D. h. nicht, dass wir die Hand in den Schoß legen und abwarten können. Ganz im Gegenteil. Teilhabe an der *autopoietischen* Operationsweise heißt, *selbstorganisatorisch* am Ganzen dieses Bildungsprozesses *mitzuarbeiten. Mitarbeiten* heißt Teilhabe an seiner *Operationsweise*, an der *operationalen Struktur.* Die *kategoriale Struktur* unseres Intellektsystems wird uns dabei helfen. Aber sie *alleine* ist vollkommen ungenügend zur *Lösung* der Probleme. Sie kann sie nur *beschreiben.* Sie kann die Lösung *nicht* vollziehen. Dies geht nur *operational.*

Wir müssen das *Umfeld* auf gesellschaftlicher Ebene erst *herstellen*, das die *Selbstorganisation* ermöglicht. Das klingt zunächst wiederum widersprüchlich. Allerdings nur im *objektiven* Modus. Denn dieser Modus des Herstellens ist im Bildungsprozess, also *im Ganzen*, aufgehoben. D. h. er ist selbst noch in der *Autopoiese aufgehoben.* Wir könnten ansonsten niemals das ökonomische System mittels Digitalisierung zur *Autopoiese* führen. Denn mit dieser „Überführung" *bildet* sich zugleich menschheitsgeschichtlich ein vollkommen *neuer Modus* der Autopoiese. Die *„integrale Ökonomie"*, also die Integration von Ökologie, Ökonomie und

Gesellschaft *ist* dieser *neue Modus* der Autopoiese. Dabei bildet sich zugleich, wechselseitig bedingt, das „integrale Bewusstsein“.

Während die „erste Reflexion“ zur *Ausdifferenzierung* des Intellektsystems geführt hat, ist die „zweite Reflexion“ auf seinen *Ursprung* eine *Integration.* Die „erste Reflexion“ macht die Digitalisierung des ökonomischen Systems möglich. Dies ist jedoch, ohne uns selbst zu verdinglichen, nur *aufgehoben* im *sozialen* Modus möglich. Dieser *soziale* Modus bildet sich jedoch erst während dieses Bildungsprozesses. Wir leben heute noch *nicht* in diesem Modus, daher auch unsere Probleme, die es zu lösen gilt.

Bildungsprozesse hat es schon immer gegeben. Sie *sind* das Ganze des kosmischen Geschehens. Sein Prinzip des Operierens, die *Autopoiese* hat sich während ihres Operierens in unterschiedliche Modi ausdifferenziert. *Herstellungsprozesse* gibt es, seitdem es Menschen gibt, die der kosmische Bildungsprozess auch erst hervorbringen musste. *Herstellungsprozesse* sind daher schon immer in *Bildungsprozessen* aufgehoben. Die *„zweite Reflexion“* macht dies erst fassbar. Aber dadurch, dass sie auf den *Ursprung* geht, offenbart sich sein Prinzip, die *Autopoiese*, die uns *unverfügbar* ist und damit der kosmische Bildungsprozess selbst. An ihm *haben* wir *teil,* weil wir selbst autopoietisch operieren. Und wir operieren selbstorganisatorisch, weil wir aus diesem kosmischen Bildungsprozess hervorgegangen sind.

Auf dem Niveau der *„zweiten Reflexion“* erkennen wir die *Objekthaftigkeit* des *Intellektsystems.* Auf dem Niveau der *„ersten Reflexion“* befindet es sich selbst noch im Zustand eines *„Übergangsobjektes“*, von dem wir *emotional* abhängig sind. Als im *objektiven* Modus operierend erkennen wir es erst auf dem Niveau des *„integralen Bewusstseins“*. In seiner reinen *Selbstreferentialität*, auf dem Niveau der „ersten Reflexion“, ist es noch *narzisstisch* in sich selbst verliebt. Hierin gründet der (Rest-)*Mythos* des begrifflichen Denkens, der *kategorialen Strukturen.*

Die Lösung unserer Zivilisationsprobleme kann sich *nur aus dem Bildungsprozess selbst* heraus *bilden.* Nur die Autopoiese ist in der Lage, alles aufeinander abzustimmen. Kein *Herstellungsprozess* kann dies aus sich selbst heraus leisten. Nur Menschen, die *teilhaben* am *Ganzen* des Bildungsprozesses werden diesen nicht gefährden. Sie werden der gesamten Menschheit vor uns dankbar sein, die ihnen diese *Erkenntnis* ermöglicht hat. Hierzu zählen auch die Lehrer im Hier und Jetzt, die ihnen ihre *Selbstwirksamkeitserfahrung* konkret ermöglicht haben.

Diese Selbstwirksamkeitserfahrung ist das *konkrete Erleben der Autopoiese*, die *Teilhabe am Ganzen.* Für Kinder, die ihr Wissen in den *„sensiblen Phasen"* *selbstorganisatorisch* erarbeitet haben, ist das Prinzip der Autopoiese kein *eingetrichtertes* Wissen, sondern eine *konkrete Erfahrung von Freiheit.* Denn das *Wissen* von diesem *Prinzip* und seine Abhängigkeit von ihm erfahren sie natürlich erst später in ihrem Bildungsprozess. Aber *dieses* Wissen ist dann *nachhaltig*, weil es mit seinem *Erleben* verbunden ist und übereinstimmt. Dem Kind wird bewusst, dass es von diesem Prinzip, in dem es selbst operiert, *vollkommen abhängig ist.* Ein *Narzissmus* kann sich so nicht verfestigen. Denn seine *Selbstwirksamkeitserfahrung* hat ihm dieses Prinzip, das ihm *unverfügbar* ist, erst ermöglicht. Unsere heutige *„Ellbogengesellschaft"* beruht im Wesentlichen auf dieser *fehlenden Erfahrung.* Niemand, der durch das *Erleben* der *Teilhabe* an diesem kosmischen Bildungsprozess die Erfahrung von *Freiheit* und *Selbstständigkeit* gemacht hat, wird *diesen Prozess zerstören* und damit seine *Teilhabe selbst.*

Dieser Bildungsprozess ist daher *selbststabilisierend* in seinem Prozessieren. Auf dem Niveau der „zweiten Reflexion" haben wir, durch das *Reflexivwerden* des Bildungsprozesses, diese *dynamische Stabilität* erreicht. Die Lösung der Probleme auf dem Niveau der „ersten Reflexion" liegt daher in der *Herstellung des Umfel-*

des, um den Bildungsprozess zu *unserer Lebensform* werden zu lassen. Hierzu zählen folgende Maßnahmen:

1. Berücksichtigung der *„sensiblen Phasen“* in einem *selbstorganisatorischen* individuellen Bildungsprozess
2. *Entkopplung* des Einkommens von der Erwerbsarbeit
3. *Digitalisierung* des ökonomischen Systems
4. Aufbau eines *Staatsfonds*

Da die *Produktivität*, auf die wir heute zurückgreifen können, durch die Akkumulation der gesamten *Arbeit unserer Vorfahren* entstanden ist, macht es keinen Sinn, das *individuelle* Einkommen an die Erwerbstätigkeit *einer* Lebenszeit zu koppeln. Unsere *heutige Wertschöpfung* haben wir der *Arbeit der gesamten Menschheit vor uns zu verdanken*. Daher sollte die gesamte *heutige Gesellschaft* daran zu einem wesentlichen Anteil gleichmäßig *teilhaben*. Dies ist am sinnvollsten durch einen *Staatsfonds* gewährleistet, der an alle ein *bedingungsloses Grundeinkommen* auszahlt. Ein Staatsfonds ist keine Verstaatlichung. Er würde nicht in unser Wirtschaftssystem eingreifen. Ein Staatsfonds würde nur teilhaben am Vermögen der Gesellschaft. Diese monetäre Teilhabe am Wertschöpfungsprozess würde er nur gleichmäßig an seine Bürger weiterleiten.

Dieses bedingungslose Grundeinkommen *muss* eine *ausreichende Höhe* haben, damit sich jeder seinen Fähigkeiten entsprechend entwickeln und in die Gesellschaft einbringen kann. Das ist nicht nur *sozial*, sondern auch *ökonomisch* sinnvoll. Entscheidend ist hierzu eine *finanzielle Unabhängigkeit bei Wegfall des Arbeitsplatzes*. Denn um die Digitalisierung des ökonomischen Systems zu realisieren, wird dies der *Normalfall* für jeden Bürger sein. Daher darf der Wegfall des aktuellen Arbeitsplatzes zu keinem *„Sozialfall“* werden. D. h. das bedingungslose Grundeinkommen muss *letztlich* eine Höhe haben, die eine *uneingeschränkte* Teilhabe am sozialen Leben gewährleistet. Nur dann arbeiten alle an dem Ziel mit, das ökonomische System zur Autopoiese zu führen. Denn nur dann ist es in der Gesellschaft integriert. Nur dann gibt es *keine Restriktionen mehr, die durch Geld hervorgerufen* wären.

Bei diesem Übergang hat *Geld* die *soziale* Funktion *wie* in seinem *Ursprung*. Es hat die Funktion, *den sozialen Zusammenhalt zu gewährleisten*. Jetzt aber nicht *mythisch*, sondern *objektiv*. Denn *objektiv* profitieren wir heute von dem, was die *Menschheit vor uns an akkumulierter Produktivität erarbeitet* hat. *Subjektiv erleben* wir diese Verbindung zur Menschheit vor uns während unseres individuellen Bildungsprozesses in den *„sensiblen Phasen"* unserer Lebensgeschichte. In ihnen bilden sich für *uns heute mühelos* alle unsere *kulturellen Fähigkeiten*. Unsere Vorfahren haben hierfür hunderttausende von Jahren gearbeitet. Unser gesamter heutiger Wohlstand beruht hierauf. Im Übrigen hat ein bedingungsloses Grundeinkommen nicht nur eine *sozial stabilisierende* Funktion. *Ökonomisch* hat es den Vorteil der Beseitigung oder mindestens der Glättung konjunktureller Schwankungen, da die *Nachfrage stabil bleibt*.

Während ich die letzten Korrekturen am Manuskript dieses Buches vornehme, ist weltweit eine Viruspandemie ausgebrochen. Ein bedingungsloses Grundeinkommen, d. h. eine *Trennung* von *Arbeit* und *Einkommen* würde besonders in dieser Zeit unsere ökonomischen Prozesse stabilisieren. Das Einkommen wäre für *alle* gesichert und die Unternehmen zugleich entlastet. Ein *Staatsfond* würde die hektischen Ausschläge an der Börse vermeiden. Der Staat würde in solchen Zeiten keine Wertpapiere verkaufen und könnte damit das Finanzsystem stabilisieren. Nicht zuletzt würde der Staat die Unternehmen während der Krise nicht nur mit Krediten versorgen, sondern auch mit Finanzmitteln unterstützen, die *nicht zurückzuzahlen* sind.

Wie wir oben gesehen haben liegt der Ursprung des Geldes im *Sozialen.* Das Zusammenbrechen der Gesellschaft kann vermieden werden, wenn wir das *Geld als Objekt* verwenden. Die „Coronakrise" kann uns dabei helfen dies zu erkennen. Wenn einige „Staatsführer" heute von einem „Krieg" sprechen, leben sie noch auf dem Niveau der „ersten Reflexion". In einem Krieg dominiert die *Aggressivität.* Was uns heute jedoch alleine helfen kann ist das Gegenteil, die *Solidarität.* Wenn alles mit allem zusammenhängt, ist dies die einzige Option. Der schon wirkende *Attraktor* zieht uns autopoietisch ins *Soziale.* In ihm macht sich der Ursprung des Geldes bemerkbar, die *Gesellschaft zusammenzuhalten.*

In der *sich bildenden Lebensform* arbeiten wir nicht für Geld. *Geld* ist dann ein Mittel (Objekt) und kein *Zweck.* Heute ist der Zweck der Arbeit Einkommen zu erzielen. *Bildung* wiederum ist heute noch ein *Mittel.* In der *sich bildenden Lebensform* wird sie *Selbstzweck* sein. Wir leben heute in einer „verkehrten Welt" bzw. in einem „falschen Bewusstsein". Was Mittel sein sollte ist Zweck (Geld) und was Zweck sein sollte ist Mittel (Bildung).

Geld wird schon auf *dem Weg* in die neue Lebensform nur noch eine *technische Funktion* haben. Es wird die Gesellschaft nicht mehr dominieren. Dies übernehmen *Zeit* und *Wert.* Die *Experten des Geldes,* die Controller in den Unternehmen, haben dies Ende des letzten Jahrhunderts erkennen müssen. Die „Treiber" des ökonomischen Prozesses sind *Zeit* und *Wert* in ihrem objektiven, technischen Modus. In wenigen Jahren werden auch die *Experten des Bildungswesens* erkennen, dass die wirklichen „Treiber" des Bildungsprozesses ebenfalls *Zeit* und *Wert* sind. Jetzt jedoch in ihren *drei Modi* gemeinsam. Sie werden erkennen, dass ein vom Leben getrenntes Bildungswesen zu kurz greift. Der *Bildungsprozess ist das Ganze.* Im kosmischen Bildungsprozess beruht das jeweils *Vorhandene* auf dem bis dahin *Gewordenen*, und das zu 100 %.

Auf dem Niveau des *„integralen Bewusstseins"* wäre es nicht nur *beschämend*, sich davon etwas anzueignen, ohne selbst Werte zu schaffen. Da *diese* Werte dreidimensional sind, wäre es auch *ein Selbstwiderspruch*. Der Bildungsprozess wäre *absurd*. Niemand würde auf dem Niveau des *„integralen Bewusstseins"* seine eigenen *Fähigkeiten*, die er ja diesem Bildungsprozess verdankt, zerstören. Er würde diesen Bildungsprozess, von dem alles und er selbst abhängig ist, beschädigen. Es wäre vor allem deshalb ein Selbstwiderspruch, weil er von dem, was er beschädigen *will*, den *Willen* hat. Der *Wille des Lebens* hat einen *Zeitpfeil* und zeigt in Richtung der *Liebe zur Menschheit*. Und dies aus seinem *eigenen* Prozessieren heraus. Der Menschheit vor uns haben wir alles zu verdanken.

Aus der *Autopoiese* können wir uns nicht selbst ausschließen. Jedoch ist die Autopoiese nicht vollkommen. Wenn das der Fall wäre, gäbe es keine Veränderung und damit keinen Bildungsprozess. Jedoch ist die Autopoiese *fehlertolerant*. Es mag erhebliche Abweichungen geben, wie die, die wir derzeit wahrnehmen. Aber die Autopoiese wird dies wieder richten und einfangen.

Genau darum geht es heute. Wir müssen es nur *erkennen*. Dies können wir schon auf dem Niveau der „ersten Reflexion". *Anerkennen* können wir es erst auf dem Niveau der „zweiten Reflexion". Es geht heute darum, das *„Aggressionsverhalten"*, wie es *Hartmut Rosa* nennt, in ein *„Resonanzverhalten"* zu transformieren. Dieses Aggressionsverhalten zur Menschheit wird es nicht mehr geben, wenn wir uns in *großer Dankbarkeit* während der *„sensiblen Phasen"* mit ihr verbunden fühlen.

Dieses Aggressionsverhalten zeigt sich heute im *Nationalismus* und in der *Handelspolitik*. Weil das einfache *Konkurrenzverhalten* versagt, steigert es sich zum Aggressionsverhalten. Entsprechendes lässt sich in der *Migrationspolitik* und in der *narzisstischen Aneignung von Vermögen* beobachten. Ebenso sehen wir es in der *Zerstörung der Umwelt* und der *Zerstörung unserer Persönlichkeitssphäre* durch *Hass* im Netz sowie durch digitale *Überwachung*. Der körperliche *Terror* ist der Gipfel dieses Prozesses.

Die Lösung kann nicht in einer Steigerung des Konkurrenzverhaltens liegen, das zwangsweise zur Aggression führt, wenn es eng wird. Es kann nur in einer *Richtungsänderung* zur *Kooperation* führen. Doch selbst dies reicht nicht bei der massiven *Ungleichheit*. Wir müssen und *können* selbst noch die Kooperation zur aktiven *Vor- und Fürsorge* führen (Biesecker. 2003: 179 ff.). Dies schulden wir unseren Vorfahren. Die heutige *Produktivität* hat die Menschheit vor uns nicht für uns alleine erarbeitet, sondern der Menschheit insgesamt geschenkt. Dass *wir* im Wohlstand leben, haben wir nur dem Zufall zu verdanken, weil wir hier im *Wohlstand geboren* wurden.

Unsere *neue Lebensform* wird zu einem großen Anteil darin bestehen, *den Menschen* der Regionen in der Welt, die dieses Glück nicht hatten, *zu helfen*, um an diesem Wohlstand teilhaben zu können. Eine weitere wesentliche Aufgabe wird darin bestehen, *unseren Nachfahren* eine *lebensfreundliche Umwelt* zu hinterlassen. Nicht zu letzt besteht unsere Aufgabe darin, das *ökonomische System* durch *Digitalisierung* zur *Autopoiese* zu führen. Nur so können wir es in die Gesellschaft und die Natur *integrieren*. Damit haben wir nicht nur unsere ökonomischen Probleme gelöst *(Keynes)*, sondern zugleich die *Ursache* für *alle* unsere heutigen Probleme.

Die *Corona-Krise* macht sehr deutlich, was ich in diesem Buch – noch vor ihrem Ausbruch – beschrieben habe. Die Menschheit als *Ganze* ist gefordert.

1. Mit *Geld* kann man nichts herstellen. Das erkennen wir jetzt deutlich. Mit noch so viel Geld lässt sich die *Produktion* nicht anwerfen.

2. Wären die *Herstellungsprozesse* jedoch schon *digitalisiert*, könnten wir weiter produzieren. Wir hätten *kein Produktionsproblem.* (s. hierzu Pkt. 4)

3. Bei einem *bedingungslosen Grundeinkommen* für alle hätten wir auch *keine Einkommensprobleme.* Hier zeigt sich die Bedeutung des Staates bzw. der Gemeinschaft.

4. Voraussetzung für Punkt (2) ist allerdings eine *weltweite* Digitalisierung wegen der Notwendigkeit der *geschlossenen Lieferketten.*

5. Dies in der Zukunft schnell zu erreichen, erfordert von den reichen Ländern, den *armen Ländern* beim Aufbau der digitalisierten Ökonomie zu *helfen.* Dies erfordert eine *weltweite Solidarität.* Dies *Wirklichkeit* werden zu lassen ist unsere kommende *Menschheitsaufgabe.*

6. Für das *rationale Bewusstsein* sind *Solidarität* und *Effizienz* Gegensätze. Für das *integrale Bewusstsein* bedingen sie sich wechselseitig. Das eine ist ohne das andere nicht zu haben.

Auf dem Niveau des *rationalen Bewusstseins* bleiben Solidarität und Effizienz *Begriffe.* Begriffe *müssen* sich voneinander *abgrenzen* und *definiert* werden, sonst entsteht keine *Rationalität* und *Logik.* Ein Begriff ist ein *Produkt,* also erst das Ergebnis eines *Prozesses.* Auf dem Niveau des rationalen Bewusstseins leben wir in einer *vergegenständlichten* und damit *fragmentierten* Welt.

Die Welt ist aber ein *Ganzes.* Unser rationales Bewusstsein *zerlegt* sie nur und ist *als* rationales Bewusstsein nicht in der Lage, sie wieder zusammenzusetzen. Denn das wäre ein *Herstellungsprozess.*

Eine rationale Welt besteht aus *Objekten* und *Zweck-Mittel-Relationen.* Unsere Ökonomie ist eine solche Welt. In ihr sind notwendigerweise die *Menschen* selbst *Objekte.* Sie dienen als Mittel und das *Ergebnis* (Produkt) ihres Einsatzes wird *gemessen.* Der *Prozess*, der zu diesem Ergebnis führt, kann nicht gemessen werden. Aber er ermöglicht erst das Ergebnis und ist daher das *Entscheidende.* In diesen *Prozess* kann das rationale Bewusstsein nicht vordringen, und zwar *prinzipiell* nicht. Es würde diesen Prozess *zerstören* (objektivieren).

Unser Leben findet an der messbaren *Oberfläche* statt, weil es *eindimensional* ist. Das „Leben" in einer rationalen Welt hat *keine Tiefe.* Wegen dieser mangelhaften Tiefe werden immer weitere Bereiche unseres *Lebens* dem rationalen Bewusstsein unterstellt. *Habermas* nennt es die „Kolonisierung der Lebenswelt". Dies führt z. B. so weit, dass unsere *Krankenhäuser* privatisiert werden und damit *gewinnorientiert* geführt werden. Dies hat zur Folge, dass Kosten auf ein Minimum reduziert werden. Resultat dieses Rationalisierungsprozesses ist, dass *Personal* eingespart wird und die *Kapazität* der Betten und damit auch der Intensivbetten aus Kostengründen *minimiert* werden. Wie ich weiter oben gezeigt habe, entspricht dies der Erwartungsstruktur des ökonomischen Systems. Hierzu zählt auch die Minimierung der *Lagerbestände.* So z. B. die Bestände an Atemmasken, Schutzkleidung und Beatmungsgeräten. Für ein *gewinnorientiertes* Unternehmen sind dies Kosten, die den *Gewinn reduzieren.* Das *Ganze* ist nicht Teil des Interesses eines Unternehmens.

Das *ökonomische* Prinzip operiert lediglich in Zweck-Mittel-Relationen. Wenn der *Zweck* des Krankenhauses ist, *Gewinn* zu erzielen, ist es *vollkommen rational*, die Kosten zu minimieren. Kein Unternehmen wird Überkapazitäten und hohe Lagerbestände längere Zeit überleben. Ein Unternehmen muss *effizient* arbeiten. *Solidarität* ist kein rationales Handeln auf dem Niveau des *rationalen Bewusstseins*, es ist ganz einfach ein *anderer Modus*.

Erst das *Ganze*, das *integrale Bewusstsein*, lässt auch diesen Modus zu, durch *Anerkennung*. Die *Corona-Krise* öffnet uns den Blick dafür, dass nur die *Gemeinschaft* globale Krisen meistern kann, letztlich die *Weltgemeinschaft*. Wir Menschen sind keine *Mittel*, wir sind *Selbstzweck*. Wir können allerdings zugleich Mittel einsetzen, um den Selbstzweck *Wirklichkeit* werden zu lassen. Aber diese Wirklichkeit ist ein *Prozess*, an dem wir *alle teilhaben*. Der *Selbstzweck* des Menschen ist der *kosmische Bildungsprozess*, an dem wir teilhaben *können*.

7. Nachwort

Maria Montessori hat schon vor 100 Jahren den *Bildungsprozess* als ein *kosmisches Geschehen* aufgefasst. *Offenbart* haben ihr dies die *Kinder*. Sie sah im Bildungsprozess einen *weltverändernden Prozess*. Heute offenbaren uns die Kinder die *Dringlichkeit*, auf unserem Planeten auch für die Zukunft eine lebensfreundliche Umwelt zu erhalten. In einigen Jahren werden sie auf die Straße gehen und diesen *kosmischen Bildungsprozess einklagen*.

Kleinkinder leben in der „Ewigkeit". Sie kennen keinen *Anfang* und kein *Ende*. Wenn sie in Resonanz mit ihrem Umfeld aufwachsen, leben sie in dem, was man *Paradies* nennt. Erst die *Erkenntnis* reißt sie aus diesem Paradies heraus. Dieses Lebensgefühl kann als der *Ursprung* angesehen werden, wenn ich sage, wir müssen uns auf den Ursprung zurückbeugen. Allerdings ist dies nur *analogisch* zu sehen, denn das Lebensgefühl auf dem Niveau der „zweiten Reflexion" hat ein entschieden höheres Niveau.

In diesem Nachwort möchte ich dies, anhand der Begriffe *Produkt* und *Prozess*, mit dem *kindlichen* Bildungsprozess in Verbindung bringen. Ich habe in diesem Buch beschrieben, wie die *Experten des Qualitätswesens* erst in den letzten Jahrzehnten des letzten Jahrhunderts erkannten, dass der *Prozess* beherrscht werden muss, damit das gewünschte Produkt überhaupt entstehen kann. D. h. das Produkt ist lediglich die *Manifestation* des Prozesses. Denn *hergestellt* werden musste der *Prozess*. Das Produkt ist kein Ding, das für sich *alleine* steht. Das Produkt ist nur das *Medium* für die *Eigenschaften*, die der Kunde haben möchte. Das Produkt könnte auch ein ganz anderes sein, um diese Eigenschaften zu haben. Es würde keinen Sinn ergeben, das Produkt als Ding für sich zu sehen. Es wird in etwas eingebaut, genutzt, verzehrt etc. Kurz, das „fertiggestellte" Produkt „lebt" weiter. Irgendwann geht es in den Kreislauf der Natur zurück. Es gibt also *kein*

Ende, das man benennen könnte. Denn das Produkt ist der *Prozess*, der sich lediglich im Produkt *manifestiert*. Es gibt auch *keinen Anfang* dieses Prozesses. Ich habe ihn zwar weiter vorne mit der *Konzeptionsphase bestimmt*. Aber das ist nicht wirklich der *Anfang* des Prozesses. Die Entwicklungsingenieure leben in einem *Umfeld*, aus dem die Anforderungen erst entstehen. Sie selbst können auch nicht aus dem Nichts heraus diese Ingenieurleistungen erbringen. Die ganze Menschheit vor ihnen hat dies erst ermöglicht.

Der Prozess ist *zuerst* da. Dies *muss* so sein. Ein Produkt *entsteht*, es ist nicht plötzlich da. Das wäre Magie. Das *erste Werkzeug* ist aus der *Sensomotorik* des Körpers hervorgegangen. Die Sensomotorik ist der *Mittler* zwischen Bildungsprozess und Herstellungsprozess. Zur Herstellung ist Intelligenz erforderlich, die gehört der Sensomotorik aber schon an. Aus ihr bildet sich erst das symbolische Denken, mit dem wir heute *theoriegeleitet* Herstellungsprozesse installieren. Das ökonomische System *insgesamt* ist der Gipfel des *ersten* Herstellungsprozesses. Es ist aus der Herstellung des *ersten Werkzeuges* entstanden.

Am Produkt *Auto* lässt sich dies gut zeigen. Denn dieses Produkt geht in den nächsten Jahren im *Mobilitätskonzept* der Automobilindustrie *als P*rodukt unter. Es wird zu *einem* Element eines *Prozesses* werden. Und dieses *Element* (Auto) wird selbst nur noch ein vollkommen automatisierter *Prozess* sein, an dessen Ende dieses Element erscheint, das in einem *umfassenderen Prozess* aufgehoben wird. Der *automatisierte Prozess* ist selbst auch *nicht mehr* vom Autohersteller hergestellt. Ebenso wie die Bauteile, die *dieser automatisierte Prozess* montiert. Dann wird es auch keinen Sinn mehr machen, die Automobilindustrie *Automobilindustrie* zu nennen. Sie wird dann *Prozesse* anbieten und keine Autos. Am Anfang nennen sie es noch Mobilitäts*konzept*. Dies erzeugt noch eine *dinghafte* Vorstellung. Unser *dinghaft-begriffli-*

ches Denken können wir nicht so schnell überwinden. Dies gelingt uns erst auf dem Niveau der „zweiten Reflexion". Dann allerdings mühelos. Schon einigen der ersten Philosophen war bewusst, dass *alles Prozess* ist. Der bekannteste Ausspruch stammt von *Heraklit, „panta rhei"* (alles fließt).

Der *Herstellungsprozess bildet sich* erst aus dem *kosmischen Bildungsprozess.* Es gibt hier *keine Grenzen* zwischen diesen beiden Prozessen. Dennoch prozessieren sie in unterschiedlichen Modi, wenn diese sich *manifestiert* haben. Die Manifestation ist eine *Offenbarung*, die erst dann zur *Erkenntnis* führt. Erst die *Erkenntnis* schafft die Grenzen durch *begriffliche Bestimmungen.* Die *Wirklichkeit* zeigt diese Grenzen nicht. Es gibt nur den *einen* kosmischen Prozess.

Das *Reflexivwerden* dieses Bildungsprozesses, also das Zurückbeugen auf seinen *Ursprung*, bedeutet *nicht*, einen *Anfang* gefunden zu haben. Der Bildungsprozess hat weder einen *Anfang* noch ein *Ende.* Was wir jedoch durch die „zweite Reflexion" erkennen können, ist die *Operationsweise* des Bildungsprozesses, ihr *autopoietisches* Operieren, in dem wir selbst *aufgehoben* sind, *analog* dem *Lebensgefühl* unserer Kinder. Dies jedoch nur, wenn wir das *geeignete Umfeld* hierzu *herstellen.* Nur dann *erfahren* wir auch die *Selbstwirksamkeit* in uns, die uns erst in die Lage versetzt, an diesem Prozess *teilzuhaben.* Analog der *amodalen* Wahrnehmung, die *Daniel Stern* bei Kindern festgestellt hat, können Erwachsene zu einem *integralen* Bewusstsein gelangen, das die unterschiedlichen operationalen *Modi integriert.*

Das *Leben* hat sich auch *selbst* seine eigene Umwelt geschaffen. Die *sauerstoffhaltige* Atmosphäre hat sich durch das Leben selbstorganisatorisch gebildet und damit die vom Sauerstoff abhängige *Biosphäre* insgesamt. So, wie sich das *Leben* sein *eigenes* Umfeld geschaffen hat, schafft sich der *Mensch* auch sein eigenes Umfeld, in dem er als *Kulturwesen* leben kann. Der Mensch, als sich seiner *selbst bewusstes* Wesen, kann sich zum Kulturwesen *nur* entwickeln, wenn er *sich selbst* sein hierzu *notwendiges Umfeld* schafft. Dazu sind Babys in Wechselwirkung mit der Bezugsperson schon fähig. Wie *Tomasello* gezeigt hat, hat die *Natur* ihnen schon die Fähigkeit zur *geteilten Intentionalität* mitgegeben. Über diese *biologisch* fundierte Fähigkeit kann das *Sozialfeld* aufgebaut werden. Das *Sozialfeld* der *Menschen* entspricht der *Biosphäre* des *Lebens*, aus dem der Mensch sich entwickelt hat.

Schon im Anorganischen existieren *Felder*. Die *anorganische Materie* hat sich das *Gravitationsfeld* geschaffen, in dem sie *aufgehoben* ist. Im gesamten Kosmos wirkt dieses *Gravitationsfeld*. Es stellt die Beziehung zwischen Sternen, Planeten und allen Galaxien her. Was im Makrokosmos gilt, gilt ebenso im Mikrokosmos. Hier wirkt das *Quantenfeld*. Aber das Quantenfeld ist nicht vom Gravitationsfeld getrennt. Es wirkt ebenfalls im *gesamten Kosmos*. Das *Sozialfeld* ist nur ein weiteres Feld, das die Menschen nun *selbst* schaffen. Schon seit Anbeginn der Menschheit bildet sich dieses *Sozialfeld*. Heute wird uns dies auf dem Niveau der „zweiten Reflexion" bewusst. Die *Verschränkung* der Lebensgeschichte mit der Menschheitsgeschichte über die *„sensiblen Phasen"* macht uns dies deutlich. *Hier wirkt das Sozialfeld*.

Auf dem Niveau der „zweiten Reflexion" können wir nun *bewusst* durch *gezielte Maßnahmen* dieses *Sozialfeld allen* Menschen *zugänglich* machen. Dieses Feld ist das *erste* Feld, an *dessen Aufbau* Menschen *bewusst mitwirken* können. Es ist das erste Projekt, an dem die *gesamte Menschheit teilhaben* kann und sich hierdurch *selbst erst bildet*. *Gleichursprünglich* bildet sich dabei der Mensch erst zum *Menschen*.

Der *Ursprung* ist kein Ding oder Zustand, der *begrifflich bestimmt* werden könnte. Auf dem Niveau der „ersten Reflexion" braucht unser *logisches* Denken einen Anfang und bestimmbare Anfangsbedingungen. Heute ist der *Urknall* dieser Ursprung.

Aber unser *kausales* Denken fragt sofort, wie denn dieser Urknall in die Welt gekommen ist. Die Antwort der Physiker ist allgemein, durch eine *Quantenfluktuation*. Aber wie kam es zu dieser Fluktuation? Die Suche nach einer mathematischen *Weltformel* wird ebenfalls ins Leere laufen. Dies entlarvt schon die Frage der Kinder, wofür wir denn die Mathematik eigentlich benötigen. Denn die kommt in ihrem *Leben* nicht vor. In Anlehnung an *Einsteins* Spruch, der „liebe Gott würfelt nicht“ (als die Physiker die Wahrscheinlichkeit bei der Quantenphysik ins Spiel brachten), haben die Kinder schon längst erkannt, dass der „liebe Gott“ nur *einseitig begabt* ist, wenn alles nur Mathematik wäre.

Daher zum Abschluss die *Stufen* der *Bewusstseinsbildung* im Überblick. Zu beachten ist, dass in jeder Folgestufe die Vorstufe(n) *aufgehoben* ist(sind).

1. *Magisches Bewusstsein*
   Die Menschen sind noch *eins* mit der Natur. Menschen begegnen den Tieren noch auf einer Ebene. Worte sind die Gegenstände selbst. Mit Worten und Ritualen kann die Umwelt direkt beeinflusst werden. *Anfang und Ende einer Handlung bedarf es nicht.* Auf *Bewusstseinsebene* ist die Welt noch *differenzlos*, nicht jedoch auf der Handlungsebene.

2. *Mythisches Bewusstsein*
   Alles ist jetzt mit einem *Ursprung* verknüpft. Der Ursprung wird durch einen Ursprungsmythos repräsentiert. Jede Handlung muss mit diesem Urgeschehen in Übereinstimmung gebracht werden. Über dieses Urgeschehen ist alles vermittelt und dadurch von ihm *abhängig*. Es gibt einen Anfang. *Das Ende ist von ihm abhängig.* Daher leben

die Menschen in ständiger Angst, die Verbindung zum Ursprung zu verlieren.

3. *Rationales Bewusstsein*
   Das Denken kann sich nun direkt auf die eigenen Gedanken beziehen. Das *Denken wir reflexiv.* Die Menschen werden *theoriefähig.* Damit beginnt das wissenschaftliche Denken, das auf *empirischer Beweisführung* beruht. Sein Produkt ist ein *objektives* Ergebnis in *kategorialer Struktur.* Die Beweisführung ist *logisch hergestellt.* Die Daten beruhen auf *Beobachtung.* Ihre Grundlage ist der *Kausalnexus.* Gedacht wird in Ursache-Wirkungs-Zusammenhängen. Notwendig sind hierzu Anfang und Ende. *Das Ende ist vom Anfang abhängig.* Jetzt allerdings über einen *theoriebasierten Zusammenhang.*

4. *Integrales Bewusstsein*
   Die *kategorialen Strukturen,* die bisher die Welt *alleine* verständlich machten, sind nun in den *operationalen Strukturen* aufgehoben. Diese operationalen Strukturen sind uns *unverfügbar.* Die zur *Objektivität* führenden *kategorialen Strukturen* sind jedoch hiervon *abhängig.* Dies bedarf der *Anerkennung* durch eine *zweite Reflexion.* Dies führt zur *Erkenntnis,* dass der *Prozess* das *Produkt* bestimmt. *Die kategorialen Strukturen sind selbst ein Produkt der operationalen Strukturen.* Diesem Prozess liegt die *Autopoiese* des *kosmischen Bildungsprozesses* zugrunde, an dem wir alle *teilhaben.*

Während wir *Herstellungsprozesse* theoriegeleitet konstruieren und installieren können, ist uns dies bei *Bildungsprozessen* unmöglich, da sie uns *nicht zur Verfügung stehen.* Wir können allerdings das hierzu notwendige *Umfeld herstellen*. Hierzu bedarf es des *objektiven* Modus. Der Bildungsprozess selbst läuft jedoch *selbstorganisatorisch* ab und ist Außenstehenden *unverfügbar*. Durch die zweite Reflexion auf den *Ursprung* der *kategorialen Strukturen* wird uns bewusst, dass diese sich erst aus den *ortlosen* Modi der Autopoiese ausdifferenziert haben. Diese sind der *soziale* Modus und der Modus der *subjektiven Empfindung*. Beide Modi sind *zuerst* da. Aus den Rhythmen (Zeit) und Intensitäten (Wert) des Kleinkindes *bildet* sich durch ihre *Resonanz* mit denen der Bezugsperson der *soziale* Modus durch *Teilhabe*. Erst hieraus bildet sich der *objektive* Modus, mit denen wir unser ökonomisches System zur Autopoiese führen können und damit zur *integralen* Ökonomie.

Das *integrale Bewusstsein* bildet sich gleichursprünglich durch Integration des heute noch dominierenden *objektiven* Modus in die beiden *ortlosen* Modi. Durch diese Integration bildet sich ein *erweitertes* und daher *höherstufiges Bewusstsein*.

Durch diese *Prozessorientierung* ist der (Rest-)Mythos, der einen Anfang benötigt, beseitigt. *Kinder* benötigen auch *keinen Anfang*, sie *nehmen* einfach am Prozess *teil*. Leider werden sie heute noch aus diesem *selbstorganisatorischen Prozess* im vierten Lebensjahr herausgerissen und ab dem siebten Lebensjahr von *außen* mit Wissen per *Trichtermethode beschult*. Dies entspricht noch einem *Herstellungsprozess*. Die *Teilhabe* am *kosmischen Bildungsprozess* wird dadurch gestört, mit all den zivilisatorischen Folgen, an denen wir heute leiden.

Es bedarf nur *dreier Begriffe*, um diesen *kosmischen Bildungsprozess* verständlich zu machen: *Zeit, Wert* und *Autopoiese*. Es gibt keine fundamentaleren Begriffe. Denn nur ihnen ist die *operationale Struktur* inhärent, da sie sich aus den *leiblichen* Rhythmen (Zeit) und Intensitäten (Wert) *bilden*. Daher können sie sich noch wechselseitig verständlich machen. Die operationale Struktur hat sich in *drei unterscheidbare Modi* ausdifferenziert. Aus der Perspektive der *Beobachtung* und des Messens ist sie *objektiv.* Aus der Perspektive der *Teilhabe* ist sie *sozial.* Aus der Perspektive der *Empfindung* ist sie *subjektiv. Alleine* das *Prinzip der Autopoiese* – alles aufeinander abzustimmen – kann diese drei Modi *integrieren.* Denn dieses Prinzip bleibt *als* Prinzip noch in der *Veränderung* der Modi seines Operierens *konstant.*

Literatur

Adorno, Theodor W. 2015. Einführung in die Dialektik. Frankfurt am Main: Suhrkamp Verlag.

Amshoff, Bernhard. 1993. Controlling in deutschen Unternehmen. Realtypen, Kontext und Effizienz. Wiesbaden: Gabler Verlag.

Aristoteles. 1978 a. Nikomachische Ethik. München: Deutscher Taschenbuch Verlag.

Aristoteles. 1978 b. Politik. München: Deutscher Taschenbuch Verlag.

Aristoteles. 1987 a. Physik. Bücher I–IV. Hamburg: Felix Meiner Verlag.

Aristoteles. 1987 b. Physik. Bücher V–VIII. Hamburg: Felix Meiner Verlag.

Aristoteles. 2005. Metaphysik. Reinbek: Rowohlt Verlag.

Aristoteles. 2011. Über die Seele. Stuttgart: Reclam Verlag.

Asfa-Wossen Asserate. 2016. Die neue Völkerwanderung. Wer Europa bewahren will, muss Afrika retten. Berlin: Propyläen Verlag.

Augustinus, Aurelius. 1951. Über den dreieinigen Gott. München: Kösel-Verlag.

Augustinus, Aurelius. 1978 a. Vom Gottesstaat. Buch 1 bis 10. München: Deutscher Taschenbuchverlag.

Augustinus, Aurelius. 1978 b. Vom Gottesstaat. Buch 11 bis 22. München: Deutscher Taschenbuchverlag.

Augustinus, Aurelius. 1982. Bekenntnisse. München: Deutscher Taschenbuchverlag.

Bauer, Wolfgang. 2006. Geschichte der chinesischen Philosophie. München: C. H. Beck Verlag.

Beckmann, Jan P. 2010. Wilhelm von Ockham. München: C. H. Beck Verlag.

Berger, Klaus. 2008. Paulus. München: C. H. Beck Verlag.
Bergson, Henri. 2013. Schöpferische Evolution. Hamburg: Meiner Verlag.
Bick, Almut. 2006. Die Steinzeit. Stuttgart: Theiss Verlag.
Biesecker, Adelheid und Stefan Kestrug. 2003. Microökonomik. München: Oldenbourg Verlag.
Bowlby, John. 2005. Frühe Bindung und kindliche Entwicklung. München: Ernst Reinhard Verlag.
Brandom, Robert B. 2000. Expressive Vernunft. Begründung, Repräsentation und diskursive Festlegung. Frankfurt am Main: Suhrkamp Verlag.
Brandom, Robert B. 2001. Begründen und Begreifen. Eine Einführung in den Inferentialismus. Frankfurt am Main: Suhrkamp Verlag.
Brandom, Robert B. 2015. Wiedererinnerter Idealismus. Berlin: Suhrkamp Verlag.
Brockmann, John. 2017. Was sollen wir von Künstlicher Intelligenz halten? Die führenden Wissenschaftler unserer Zeit über intelligente Maschinen. Frankfurt am Main: Fischer Verlag.
Brösch, Marco u. a. (Hrsg.). 2014. Handbuch. Nikolaus von Kues. Leben und Werk. Darmstadt: Wissenschaftliche Buchgesellschaft.
Brown, Peter. 1973. Augustinus von Hippo. Frankfurt am Main: Societäs-Verlag.
Brown, Peter. 1991. Die Keuschheit der Enkel. Sexuelle Entsagung, Askese und Körperlichkeit am Anfang des Christentums. München: Hanser Verlag.
Brück, Michael von. 2007. Zen. Geschichte und Praxis. München: C. H. Beck Verlag.

Buchta, Wilfried. 1016. Die Strenggläubigen. Fundamentalismus und die Zukunft der islamischen Welt. Berlin: Hanser Verlag.

Burckhardt, Martin. 2018. Eine kurze Geschichte der Digitalisierung. München: Penguin Verlag.

Cassee, Andreas. 2016. Globale Bewegungsfreiheit. Ein philosophisches Plädoyer für offene Grenzen. Frankfurt am Main: Suhrkamp Verlag.

Cassirer, Ernst. 2001. Bd. 11. Philosophie der symbolischen Formen. Erster Teil. Die Sprache. Hamburg: Meiner Verlag.

Cassirer, Ernst. 2002 Bd. 12. Philosophie der symbolischen Formen. Zweiter Teil. Das mythische Denken. Hamburg: Meiner Verlag.

Cassirer, Ernst. 2002. Bd. 13. Philosophie der symbolischen Formen. Dritter Teil. Phänomenologie der Erkenntnis. Hamburg: Meiner Verlag.

Childe, V. Gordon. 1952. Stufen der Kultur. Von der Urzeit zur Antike. Stuttgart: Kohlhammer Verlag.

Collier, Paul. 2016. EXODUS. Warum wir Einwanderung neu regeln müssen. München: Pantheon Verlag.

Collier, Paul. 2017. Die unterste Milliarde. Warum die ärmsten Länder scheitern und was man dagegen tun kann. München: Pantheon Verlag.

Cox, Brian und Jeff Forshaw. 2018. Warum ist $E = mc^2$? Einsteins berühmte Formel verständlich erklärt. Stuttgart: Kosmos Verlag.

Csikszentmihalyi, Mihaly. 2010. Flow. Stuttgart: Klett-Cotta Verlag.

Damasio, Antonio. 2006. Descartes‘ Irrtum. Fühlen, Denken und das menschliche Gehirn. Berlin: List Verlag.

Damasio, Antonio. 2011. Selbst ist der Mensch. Körper, Geist und die Entstehung des menschlichen Bewusstseins. München: Siedler Verlag.

Damasio, Antonio. 2017. Im Anfang war das Gefühl. Der biologische Ursprung der menschlichen Kultur. München: Siedler Verlag.

Descartes, René. 2002. Meditationen über die Erste Philosophie. Stuttgart: Reclam Verlag.

Dietrich, Frank. 2017. Ethik der Migration. Philosophische Schlüsseltexte. Frankfurt am Main: Suhrkamp Verlag.

Dinzelbacher, Peter. 2012. Bernhard von Clairvaux. Leben und Werk des berühmten Zisterziensers. Darmstadt: Wissenschaftliche Buchgesellschaft.

Dornes, Martin. 1994. Der kompetente Säugling. Die präverbale Entwicklung des Menschen. Frankfurt am Main: Fischer Verlag.

Dornes, Martin. 1998. Die frühe Kindheit. Entwicklungspsychologie der ersten Lebensjahre. Frankfurt am Main: Fischer Verlag.

Dornes, Martin. 2001. Die emotionale Welt des Kindes. Frankfurt am Main: Fischer Verlag.

Dyson, George. 2016. Turings Kathedrale. Die Ursprünge des digitalen Zeitalters. Berlin: Ullstein Verlag.

Ebner, Julia. 2018. WUT. Was Islamisten und Rechtsextreme mit uns machen. Darmstadt: Theiss Verlag.

Eisenstadt, Shmuel N. (Hrsg.). 1987. Kulturen der Achsenzeit (I). Ihre Ursprünge und Vielfalt. Teil 1. Griechenland, Israel, Mesopotamien. Frankfurt am Main: Suhrkamp Verlag.

Eliade, Mircea. 1988. Das Mysterium der Wiedergeburt. Versuch über einige Initiationstypen. Frankfurt am Main: Insel Verlag.

Eliade, Mircea. 2002. 4 Bde. Geschichte der religiösen Ideen. Freiburg im Breisgau: Herder Verlag.

Engelhardt, Marc. 2016. Die Flüchtlingsrevolution. Wie die neue Völkerwanderung die ganze Welt verändert. München: Pantheon Verlag.

Ess, Hans van. 2003, Der Konfuzianismus. München: C. H. Beck Verlag.

European Communication Council Report (Hrsg.). 1999. Die Internet-Ökonomie. Strategien für die digitale Wirtschaft. Heidelberg: Springer-Verlag.

Fischer, Ernst Peter. 2017. Hinter dem Horizont. Eine Geschichte der Weltbilder. Darmstadt: Wissenschaftliche Buchgesellschaft.

Flasch, Kurt. 2000. Das philosophische Denken im Mittelalter. Von Augustinus zu Machiavelli. Stuttgart: Reclam Verlag.

Flasch, Kurt. 2008. Meister Eckhart. Die Geburt der „Deutschen Mystik" aus dem Geist der arabischen Philosophie. München: C. H. Beck Verlag.

Flashaar, Hellmut. 2014: Aristoteles. Lehrer des Abendlandes. München: C. H. Beck Verlag.

Floridi, Luciano. 2015. Die 4. Revolution. Wie die Infosphäre unser Leben verändert. Berlin: Suhrkamp-Verlag.

Geldsetzer, Lutz u. a. 2008. Chinesische Philosophie. Eine Einführung. Stuttgart: Reclam Verlag.

Glasenapp, Helmuth von. 1974. Die Philosophie der Inder. Stuttgart: Alfred Kröner Verlag.

Godelier, Maurice. 1999. Das Rätsel der Gabe. Geld, Geschenke, heilige Objekte. München: C. H. Beck.

Haarmann, Harald. 2008. Weltgeschichte der Zahlen. München: C. H. Beck Verlag.

Haarmann, Harald. 2010. Weltgeschichte der Sprachen. Von der Frühzeit der Menschen bis zur Gegenwart. München: C. H. Beck Verlag.

Haarmann, Harald. 2012. Die Indoeuropäer. Herkunft, Sprachen, Kulturen. München: C. H: Beck.

Habermas, Jürgen. 1971. Theorie der Gesellschaft oder Sozialtechnologie. Frankfurt am Main: Suhrkamp Verlag.

Habermas, Jürgen. 1981 a. Theorie des kommunikativen Handelns. Bd. 1. Handlungsrationalität und gesellschaftliche Rationalisierung. Frankfurt am Main: Suhrkamp Verlag.

Habermas, Jürgen. 1981 b. Theorie des kommunikativen Handelns. Bd. 2. Zur Kritik der funktionalen Vernunft. Frankfurt am Main: Suhrkamp Verlag.

Habermas, Jürgen. 2019. Auch eine Geschichte der Philosophie. Band 1. Die okzidentale Konstellation von Glauben und Wissen. Berlin: Suhrkamp Verlag.

Habermas, Jürgen. 2019. Auch eine Geschichte der Philosophie. Band 2. Vernünftige Freiheit. Spuren des Diskurses über Glauben und Wissen. Berlin: Suhrkamp Verlag.

Haken, Hermann. 1990. Synergetik. Eine Einführung. Nichtgleichgewichts-Phasenübergänge und Selbstorganisation in Physik, Chemie und Biologie. Berlin: Springer Verlag.

Hands, John. 2017. Cosmo Sapiens. Die Naturgeschichte des Menschen von der Entstehung des Universums bis heute. München: Knaus Verlag.

Hartmann, Michael. 2018. Die Abgehobenen. Wie die Eliten die Demokratie gefährden. Frankfurt am Main: Campus Verlag.

Hegel, Georg Wilhelm Friedrich. 1973. Phänomenologie des Geistes. Frankfurt am Main: Suhrkamp Verlag.

Hegel, Georg Wilhelm Friedrich. 1976. Grundlinien der Philosophie des Rechts. Frankfurt am Main: Suhrkamp Verlag.

Hegel, Georg Wilhelm Friedrich. 1986. Vorlesungen über die Philosophie der Geschichte. Frankfurt am Main: Suhrkamp Verlag.

Hofstadter, Douglas und Emmanuel Sander. 2014. Die Analogie. Das Herz des Denkens. Darmstadt: Wissenschaftliche Buchgesellschaft.

Hofstetter, Yvonne. 2016. Das Ende der Demokratie. Wie die Künstliche Intelligenz die Politik übernimmt und uns entmündigt. München: Bertelsmann Verlag.

Hofstetter, Yvonne. 2016. Sie wissen alles. Wie Big Data in unser Leben eindringt und warum wir um unsere Freiheit kämpfen müssen. München: Penguin Verlag.

Holz, Hans Heinz. 2011. Bd. I–V. Dialektik. Problemgeschichte von der Antike bis zur Gegenwart. Darmstadt: Wissenschaftliche Buchgesellschaft.

Horváth, Peter. 1998. Controlling. München: Vahlen Verlag.

Hübner, Kurt. 2002. Kritik der wissenschaftlichen Vernunft. Freiburg: Alber Verlag.

Hübner, Kurt. 2004. Glauben und Denken. Dimensionen der Wirklichkeit. Freiburg: Alber Verlag.

Hübner, Kurt. 2005. Die Wahrheit des Mythos. Freiburg: Alber Verlag.

Janka, Markus und Christian Schäfer (Hrsg.). 2014. Platon als Mythologe. Interpretationen zu den Mythen in Platons Dialogen. Darmstadt: Wissenschaftliche Buchgesellschaft.

Jaspers, Karl. 1952. Vom Ursprung und Ziel der Geschichte. München: Piper Verlag.

Joas, Hans. 1999. Die Entstehung der Werte. Frankfurt am Main: Suhrkamp Verlag.

Kant, Immanuel. 1957. Bd. X. Werkausgabe. Kritik der Urteilskraft. Frankfurt am Main: Suhrkamp Verlag.

Kant, Immanuel. 1974. Kritik der praktischen Vernunft. Frankfurt am Main: Suhrkamp Verlag.

Kant, Immanuel. 1976. Bd. 1. Kritik der reinen Vernunft. Frankfurt am Main: Suhrkamp Verlag.

Kant, Immanuel. 1976. Bd. 2. Kritik der reinen Vernunft. Frankfurt am Main: Suhrkamp Verlag.

Klein, Stefan. 2017. Das All und das Nichts. Von der Schönheit des Universums. Frankfurt am Main: Fischer Verlag.

Kohut, Heinz. 1975. Die Zukunft der Psychoanalyse. Frankfurt am Main: Suhrkamp Verlag.

Kohut, Heinz. 1976. Narzißmus. Eine Theorie der psychoanalytischen Behandlung narzißtischer Persönlichkeitsstörungen. Frankfurt am Main: Suhrkamp Verlag.

Kohut, Heinz. 1977. Introspektion, Empathie und Psychoanalyse. Aufsätze zur psychoanalytischen Theorie, zu Pädagogik und Forschung und zur Psychologie der Kunst. Frankfurt am Main: Suhrkamp Verlag.

Kohut, Heinz. 1981. Die Heilung des Selbst. Frankfurt am Main: Suhrkamp Verlag.

Koselleck, Reinhart. 1989. Vergangene Zukunft. Zur Semantik geschichtlicher Zeiten. Frankfurt am Main: Suhrkamp Verlag.

Koselleck, Reinhart. 2003. Zeitschichten. Studien zur Historik. Frankfurt am Main: Suhrkamp Verlag.

Koselleck, Reinhart. 2010. Begriffsgeschichten. Studien zur Semantik und Pragmatik der politischen und sozialen Sprache. Frankfurt am Main: Suhrkamp Verlag.

Kosiol, Erich. 1979. Kosten- und Leistungsrechnung, Grundlagen, Verfahren, Anwendungen. Berlin: Walter de Gruyter Verlag.

Kóvce, Philip und Birger P. Priddat. 2019. Bedingungsloses Grundeinkommen. Grundlagentexte. Berlin: Suhrkamp Verlag.

Krohn, Wolfgang und Günter Koppers (Hrsg.). 1990. Selbstorganisation. Aspekte einer wissenschaftlichen Revolution. Braunschweig: Vieweg Verlag.

Kubin, Wolfgang. 2011. Konfuzius. Gespräche. Freiburg: Herder Verlag.

Kuckenburg, Martin. 2016. Wer sprach das erste Wort? Die Entstehung von Sprache und Schrift. Darmstadt: Theiss Verlag.

Kuhn, Thomas S. 1978. Die Entstehung des Neuen. Studien zur Struktur der Wissenschaftsgeschichte. Frankfurt am Main: Suhrkamp Verlag.

Kumar, Manjit. 2011. Einstein, Bohr und die große Debatte über das Wesen der Wirklichkeit. Berlin: Berlin Verlag.

Lagier, Niklaus (Hrsg.). 2008 a. Meister Eckhart. Werke I. Frankfurt am Main: Deutsche Klassiker Verlag.

Lagier, Niklaus (Hrsg.). 2008 b. Meister Eckhart. Werke II. Frankfurt am Main: Deutsche Klassiker Verlag.

Lane, Nick. 2015. Leben. Verblüffende Erfindungen der Evolution. Darmstadt: Theiss Verlag.

Lane, Nick. 2017. Der Funke des Lebens. Energie und Evolution. Darmstadt: Theiss Verlag.

Lesch, Harald und Josef M. Gaßner. 2017. Urknall, Weltall und das Leben. Vom Nichts bis heute Morgen. München: Verlag Komplett-Media.

Lesch, Harald und Klaus Kamphausen. 2017. Die Menschheit schafft sich ab. Die Erde im Griff des Anthropozän. München: Komplett-Media Verlag.

Lesch, Harald und Ursula Forstner. 2020. Wie Bildung gelingt. Ein Gespräch. Darmstadt: Wissenschaftliche Buchgesellschaft.

Lesch, Harald. 2017. Universum für Neugierige. Vom Urknall bis heute. München: Verlag Komplett-Media.

Lessenich, Stephan. 2016. Neben uns die Sintflut. Die Externalisierungsgesellschaft und ihr Preis. Berlin: Hauser Verlag.

Lipton, Bruce H. 2018. Intelligente Zellen. Wie Erfahrungen unsere Gene steuern. Dorfen: KOHA-Verlag.

Loske, Reinhard. 2015. Politik der Zukunftsfähigkeit. Konturen einer Nachhaltigkeitswende. Frankfurt am Main: Fischer Verlag.

Ludwig, Harald (Hrsg.). 1999. Montessori-Pädagogik in der Diskussion. Aktuelle Forschungen und internationale Entwicklungen. Freiburg: Herder Verlag.

Luhmann, Niklas. 1988. Die Wirtschaft der Gesellschaft. Frankfurt am Main: Suhrkamp Verlag.

Luhmann, Niklas. 1994. Soziale Systeme. Grundriß einer allgemeinen Theorie. Frankfurt am Main: Suhrkamp Verlag.

Luhmann, Niklas. 1997. Die Gesellschaft der Gesellschaft. 2 Bde. Frankfurt am Main: Suhrkamp Verlag.

Luhmann, Niklas. 2002. Die Religion der Gesellschaft. Frankfurt am Main: Suhrkamp Verlag.

Lüke, Ulrich und Georg Souvignier (Hrsg.). 2017. Wie objektiv ist Wissenschaft? Darmstadt: Wissenschaftliche Buchgesellschaft.

Maciejewski, Franz. 1975. Theorie der Gesellschaft oder Sozialtechnologie. 3 Supplementbände. Frankfurt am Main: Suhrkamp Verlag.

Majoros, Ferenc und Bernd Rill. 2016. Das Osmanische Reich 1300–1922. Die Geschichte einer Großmacht. Hamburg: Nikol Verlag.
Mann, Frido und Christine Mann. 2017. Es werde Licht. Die Einheit von Geist und Materie in der Quantenphysik. Frankfurt am Main: Fischer-Verlag.
Mansur, Ahmad. 2017. Generation Allah. Warum wir im Kampf gegen religiösen Extremismus umdenken müssen. Frankfurt am Main: Fischer Verlag.
Marchart, Oliver. 2013. Die Prekarisierungsgesellschaft. Prekäre Proteste. Politik und Ökonomie im Zeichen der Prekarisierung. Bielefeld: Transcript Verlag.
Margulis, Lynn. 2017. Der symbiotische Planet oder wie die Evolution wirklich verlief. Frankfurt am Main. Westend Verlag.
März, Daniel. 2017. Kinderarmut in Deutschland und die Gründe für ihre Unsichtbarkeit. Weinheim: Beltz-Verlag.
Maturana, Humberto R. 1985. Erkennen: Die Organisation und Verkörperung von Wirklichkeit. Ausgewählte Arbeiten zur biologischen Epistemologie. Braunschweig: Vieweg Verlag.
Maturana, Humberto R. und Francisco, J. Valera. 1987. Der Baum der Erkenntnis. Die biologischen Wurzeln des menschlichen Erkennens. Bern: Goldmann Verlag.
Mauss, Marcel. 1990. Die Gabe. Frankfurt am Main: Suhrkamp.
Meyer-Abich, Karl Michael. 1965. Korrespondenz, Individualität und Komplementarität. Eine Studie zur Geistesgeschichte der Quantentheorie in den Beiträgen Niels Bohrs. Wiesbaden: Franz Steiner Verlag.
Meyer-Abich, Karl Michael. 1997. Vom Baum der Erkenntnis zum Baum des Lebens. Ganzheitliches Denken der Na-

tur in Wissenschaft und Wirtschaft. München: C. H. Beck Verlag.

Mieth, Dietmar. 1969. Die Einheit von vita aktiva und vita contemplativa in den deutschen Predigten und Traktaten Meister Eckharts und bei Johannes Tauler. Regensburg: Friedrich Pustet Verlag.

Mieth, Dietmar. 1972. Christus, das Soziale im Menschen. Texterschließung zu Meister Eckhart. Düsseldorf: Patmos-Verlag.

Mieth, Dietmar. 2002. Einheit mit Gott. Düsseldorf: Patmos-Verlag.

Milanović, Branko. 2016. Die ungleiche Welt. Migration, das eine Prozent und die Zukunft der Mittelschicht. Frankfurt am Main: Suhrkamp-Verlag.

Milanović, Branko. 2017. Haben und Nichthaben. Eine kurze Geschichte der Ungleichheit. Darmstadt: Theiss Verlag.

Montessori, Maria. 1966. Über die Bildung des Menschen. Freiburg: Herder Verlag.

Montessori, Maria. 1973. Frieden und Erziehung. Die Bedeutung der Erziehung für die Verwirklichung des Friedens. Freiburg: Herder Verlag.

Montessori, Maria. 1979. Von der Kindheit zur Jugend. Freiburg: Herder Verlag.

Montessori, Maria. 1996. „Kosmische Erziehung". Die Stellung des Menschen im Kosmos. Menschliche Potentialität und Erziehung. Von der Kindheit zur Jugend. Freiburg: Herder Verlag.

Montessori, Maria. 1998. Erziehung für eine neue Welt. Freiburg: Herder Verlag.

Montessori, Maria. 2001. Die Macht der Schwachen. Vertrauen statt Kampf: Abrüstung in der Erziehung. Frieden und

Erziehung. Spannungsfeld Kind–Gesellschaft–Welt. Freiburg: Herder Verlag.

Montessori, Maria. 2002 a. Schule des Kindes. Montessori-Erziehung in der Grundschule. Freiburg: Herder Verlag.

Montessori, Maria. 2002 b. Gott und das Kind. Grundgedanken: Gott und das Kind. Religiöse Erziehung: Buchauszüge und Kursusvorträge. Unbekannte Texte aus dem Nachlass. Freiburg: Herder Verlag.

Montessori, Maria. 2007 a. Dem Leben helfen. Das Kind in der Familie und andere Vorträge. Nach der Rückkehr aus Indien. Über die Bildung des Menschen. Freiburg: Herder Verlag.

Montessori, Maria. 2007 b. Das kreative Kind. Der absorbierende Geist. Erziehung ohne Zwang. Freiheit. Gehorsam. Unabhängigkeit. Normalisierung. Freude und Leistung. Spontaneität. Frieden. Sozialität. Freiburg: Herder Verlag.

Montessori, Maria. 2010 a. Die Entdeckung des Kindes. Bd. 1. Freiburg: Herder Verlag.

Montessori, Maria. 2010 b. Kinder sind anders. Stuttgart: Klett-Cotta Verlag.

Montessori, Maria. 2011. Erziehung und Gesellschaft. Kleine Schriften aus den Jahren 1897–1917. Bd. 3. Freiburg: Herder Verlag.

Montessori, Maria. 2013. Durch das Kind zu einer neuen Welt. Freiburg: Herder Verlag.

Moore, Walter J. 2015. Erwin Schrödinger. Eine Biographie. Darmstadt: Theiss Verlag.

Müller-Beck, Hansjürgen. 2004. Die Steinzeit. Der Weg des Menschen in die Geschichte. München: C. H. Beck Verlag.

Nassehi, Armin. 2019. Muster. Theorie der digitalen Gesellschaft. München: C. H. Beck Verlag.

Neumann, Peter R. 2016. Der Terror ist unter uns. Dschihadismus und Radikalisierung in Europa. Berlin: Ullstein Verlag.

Nicolaus von Kues. 2014. Bd. I–III. Philosophisch-Theologische Schriften. Freiburg: Herder Verlag.

Nirenberg, David. 2015. Antijudaismus. Eine andere Geschichte des westlichen Denkens. Darmstadt: Wissenschaftliche Buchgesellschaft.

Oeser, Erhard. 2015. Die Angst vor dem Fremden. Die Wurzeln der Xenophobie. Darmstadt: Theiss Verlag.

Oltmer, Jochen. 2017. Migration. Geschichte und Zukunft der Gegenwart. Darmstadt: Theiss Verlag.

Paslack, Rainer. 1991. Urgeschichte der Selbstorganisation. Zur Archäologie eines wissenschaftlichen Paradigmas. Braunschweig: Vieweg Verlag.

Pauldrach, Adalbert W. A. 2017. Das dunkle Universum. Der Wettstreit Dunkler Materie und Dunkler Energie: Ist das Universum zum Sterben geboren? Heidelberg: Springer Verlag.

Pert, Candace B. 2011. Moleküle der Gefühle. Körper, Geist und Emotionen. Reinbek: Rowohlt Verlag.

Piketty, Thomas. 2014. Das Kapital im 21. Jahrhundert. München: C. H. Beck Verlag.

Pinker, Steven. 2011. Gewalt. Eine Geschichte der Menschheit. Frankfurt am Main: Fischer Verlag.

Platon. 2004. Sämtliche Werke. 4 Bde. Reinbek: Rowohlt Verlag.

Popitz, Heinrich. 1995. Der Aufbruch zur Artifiziellen Gesellschaft. Zur Anthropologie der Technik. Tübingen: J. C. B. Mohr (Paul Siebeck).

Popper, Karl R. 2014. Die Welt des Parmenides. Der Ursprung des europäischen Denkens. München: Piper Verlag.

Priddat, Birger. 1990. Hegel als Ökonom. Volkswirtschaftliche Schriften. Heft 403. Berlin: Duncker & Humblot Verlag.

Prigogine, Ilya. 1992. Vom Sein zum Werden. Zeit und Komplexität in den Naturwissenschaften. München: Piper Verlag.

Priogogine, Ilya und Isabella Stengers. 1993. Dialog mit der Natur. Neue Wege naturwissenschaftlichen Denkens. München: Piper Verlag.

Radaj, Dieter. 2017. Philosophische Grundbegriffe der Naturwissenschaften. Sein und Werden, Raum und Zeit, Kausalität und Wechselwirkung, Zufall und Notwendigkeit. Darmstadt: Wissenschaftliche Buchgesellschaft.

Randers, Jorgen und Graeme Maxton. 2016. Ein Prozent ist genug. Mit wenig Wachstum soziale Ungleichheit, Arbeitslosigkeit und Klimawandel bekämpfen. Der neue Bericht an den Club of Rome. München: oekom verlag.

Reichholf, Josef H. 2009. Warum die Menschen sesshaft wurden. Das größte Rätsel unserer Geschichte. Frankfurt am Main: S. Fischer Verlag.

Roelz, Heiner. 1992. Die chinesische Ethik der Achsenzeit. Frankfurt am Main: Suhrkamp Verlag.

Römpp, Georg. 2005. Kant leicht gemacht. Eine Einführung in seine Philosophie. Köln: Böhlau Verlag.

Römpp, Georg. 2008. Hegel leicht gemacht. Eine Einführung in seine Philosophie. Köln. Böhlau Verlag.

Röttger, Georg. 2019. Ökonomie ohne Geld? Warum ZEIT und WERT das Geld als dominierendes Medium der Gesellschaft ablösen werden. Traunreut: Ebozon-Verlag.

Röttger, Georg. 2020. Ökonomie und Bildung. Die Transformation unserer Lebensform. Traunreut: Ebozon-Verlag.

Rosa, Hartmut. 2005. Beschleunigung. Die Veränderung der Zeitstruktur in der Moderne. Frankfurt am Main: Suhrkamp Verlag.

Rosa, Hartmut. 2013. Beschleunigung und Entfremdung. Entwurf einer kritischen Theorie spätmoderner Zeitlichkeit. Berlin: Suhrkamp Verlag.

Rosa, Hartmut. 2016. Resonanz. Eine Soziologie der Weltbeziehung. Berlin: Suhrkamp Verlag.

Rosa, Hartmut. 2018. Unverfügbarkeit. Wien: Residenz Verlag.

Scherschel, Karin u. a. (Hrsg.). 2012. Neue Prekarität. Die Folgen aktivierender Arbeitsmarktpolitik – europäische Länder im Vergleich. Frankfurt am Main: Suhrkamp Verlag

Schleichert, Hubert u. a. 2009. Klassische chinesische Philosophie. Frankfurt am Main: Klostermann Verlag.

Schmidt, Klaus. 2007. Göbekli Tepe. In: Badisches Landesmuseum Karlsruhe (Hrsg.). 2007. Die ältesten Monumente der Menschheit. Vor 12.000 Jahren in Anatolien. Stuttgart: Karl Theiss Verlag.

Schmidt, Klaus. 2008. Sie bauten die ersten Tempel. Das rätselhafte Heiligtum der Steinzeitjäger. München: C. H. Beck.

Schmidt-Glintzer, Helwig. 2007. Der Buddhismus. München: C. H. Beck Verlag.

Schopenhauer, Arthur. 2014. Die Welt als Wille und Vorstellung. Hamburg: Nikol Verlagsgesellschaft.

Schumpeter, Josef A. 1965. Geschichte der ökonomischen Analyse. 2 Bde. Göttingen: Vandenhoeck & Ruprecht.

Schumpeter, Josef A. 1970 a (1908). Wesen und Hauptinhalte der theoretischen Nationalökonomie. Berlin: Duncker & Humblot.

Schumpeter, Josef A. 1970 b. Das Wesen des Geldes. Göttingen: Vandenhoeck & Ruprecht.

Schumpeter, Josef A. 1993. Theorie der wirtschaftlichen Entwicklung. Eine Untersuchung über Unternehmergewinn, Kapital, Kredit, Zins und Konjunkturzyklus. Berlin: Duncker & Humblot.

Sensberg, Patrick Ernst (Hrsg.). 2017. Sicherheit in einer digitalen Welt. Baden-Baden: Nomos Verlag.

Sheldrake, Rupert. 2010. Das schöpferische Universum. Die Theorie der morphogenetischen Felder und der morphischen Resonanz. München: Nymphenburger Verlag.

Sheldrake, Rupert. 2018. Der siebte Sinn der Tiere. Frankfurt am Main: Fischer Verlag.

Simmel, Georg. 1989. Philosophie des Geldes. Frankfurt am Main: Suhrkamp.

Smolin, Lee. 2015. Im Universum der Zeit. Auf dem Weg zu einem neuen Verständnis des Kosmos. München: Pantheon Verlag.

Snell, Bruno. 1980. Die Entdeckung des Geistes. Studien zur Entstehung des europäischen Denkens bei den Griechen. Göttingen: Vandenhoeck & Ruprecht.

Stern, Daniel. 2007. Die Lebenserfahrung des Säuglings. Mit einer neuen Einleitung des Autors. Stuttgart: Klett-Cotta Verlag.

Stietencron, Heinrich von. 2006. Der Hinduismus. München: C. H. Beck Verlag.

Stiglitz, Joseph. 2002. Die Schatten der Globalisierung. München: Siedler Verlag.

Stiglitz, Joseph. 2004. Die Roaring Nineties. Der entzauberte Boom. Berlin: Siedler Verlag.

Stiglitz, Joseph. 2006. Die Chancen der Globalisierung. München: Siedler Verlag.

Stiglitz, Joseph. 2012. Der Preis der Ungleichheit. Wie die Spaltung der Gesellschaft unsere Zukunft bedroht. München: Siedler Verlag.

Stiglitz, Joseph. 2016. Europa spart sich kaputt. Warum die Krisenpolitik gescheitert ist und der Euro einen neuen Start braucht. München: Siedler Verlag.

Stiglitz, Joseph. 2017. Reich und Arm. Die wachsende Ungleichheit in unserer Gesellschaft. München Pantheon Verlag.

Tapscott, Don und Alex Tapscott. 2018. Die Blockchain Revolution. Wie die Technologie hinter Bitcoin nicht nur das Finanzsystem sondern die ganze Welt verändert. Kulmbach: Plassen Verlag.

Tattersall, Jan. 2008. Wir waren nicht allein. Homo sapiens und seine Vorläufer. In: Senker, Andreas und Wigger, Frank (Hrsg.). 2008. Triebkraft Evolution. Vielfalt, Wandel, Menschwerdung. Heidelberg: Akademischer Verlag.

Theunissen, Michael. 2000. Pindar. Menschenlos und Wende der Zeit. München: C. H. Beck.

Theveßen, Elmar. 2016. Terror in Deutschland. Die tödliche Strategie der Islamisten. München: Piper Verlag.

Tomasello, M.. 2002. Die kulturelle Entwicklung des menschlichen Denkens. Frankfurt am Main: Suhrkamp.

Tomasello, Michael. 2009. Die Ursprünge der menschlichen Kommunikation. Frankfurt am Main: Suhrkamp.

Verheyen, Nina. 2018. Die Erfindung der Leistung. Darmstadt: Wissenschaftliche Buchgesellschaft.

Ward, Peter und Joe Kirschvink. 2016. Eine neue Geschichte des Lebens. Wie Katastrophen den Verlauf der Evolution bestimmt haben. München: Deutsche Verlags-Anstalt.

Watkins, Trevor. 2007. Der Naturraum in Anatolien. Ein Zusammenspiel von Klima, Umwelt und Ressourcen. In: Badisches Landesmuseum Karlsruhe (Hrsg.). 2007. Die ältesten Monumente der Menschheit. Vor 12.000 Jahren in Anatolien. Stuttgart: Karl Theiss Verlag.

Weber, Jürgen. 1999. Einführung in das Controlling. Stuttgart: Schäffer-Poeschel Verlag.

Weiß, Volker. 2017. Die autoritäre Revolte. Die neue Rechte und der Untergang des Abendlandes. Stuttgart: Klett-Cotta Verlag.

Weniger, Gerd-Christian. 2008. Werkzeug und Wissenschaft auf dem Weg zum kulturfähigen Menschen. In: Senker, Andreas und Frank Wigger (Hrsg.). 2008. Triebkraft Evolution. Vielfalt, Wandel, Menschwerdung. Heidelberg: Akademischer Verlag.

Whitehead, Alfred North. 1987. Prozess und Realität. Entwurf einer Kosmologie. Frankfurt am Main: Suhrkamp Verlag.

Wiegand, Klaus (Hrsg.). 2016. Mut zur Nachhaltigkeit. 12 Wege in die Zukunft. Frankfurt am Main: Fischer Verlag.

Wilson, Edward O. 2016. Die soziale Eroberung der Erde. Eine biologische Geschichte des Menschen. München: C. H. Beck Verlag.

Winnicott, Donald W. 1994. Die menschliche Natur. Stuttgart: Klett-Cotta Verlag.

Winnicott, Donald W. 2002 a. Reifungsprozesse und fördernde Umwelt. Gießen: Psychosozial-Verlag.

Winnicott, Donald W. 2002 b. Vom Spiel zur Kreativität. Stuttgart: Klett-Cotta Verlag.

Zaufi, Caterina. 2018. Bergson und die deutsche Philosophie 1907–1932. Freiburg: Alber Verlag.
Zuboff, Shoshana. 2018. Das Zeitalter des Überwachungskapitalismus. Frankfurt am Main: Campus Verlag.